SCHÄFFER
POESCHEL

Helmut Kobelt / Detlef Steinhausen

Wirtschaftsstatistik für Studium und Praxis

7., aktualisierte Auflage

2006
Schäffer-Poeschel Verlag Stuttgart

Bibliografische Information Der Deutschen Bibliothek
Die Deutsche Bibliothek verzeichnet diese Publikation
in der Deutschen Nationalbibliografie; detaillierte bibliografische
Daten sind im Internet über <http://dnb.ddb.de> abrufbar.

Gedruckt auf säure- und chlorfreiem,
alterungsbeständigem Papier.

ISBN-13: 978-3-7910-2497-4

ISBN-10: 3-7910-2497-3

www.schaeffer-poeschel.de
info@schaeffer-poeschel.de
Einbandgestaltung: Willy Löffelhardt
Druck und Bindung: Ebner & Spiegel, Ulm
Printed in Germany
Mai / 2006

Schäffer-Poeschel Verlag Stuttgart
Ein Tochterunternehmen der Verlagsgruppe Handelsblatt

Vorwort

Das vorliegende Buch trägt der ständig anwachsenden Bedeutung der Anwendung statistischer Methoden in Wirtschaft und Verwaltung Rechnung und versucht, die wichtigsten dieser Verfahren einfach und anschaulich darzustellen. Insofern ist das Buch in erster Linie konzipiert für Schüler und Studenten der wirtschafts- und sozialwissenschaftlichen Fachrichtungen, die sich einer statistischen Grundausbildung unterziehen wollen, sowie für Praktiker der Wirtschaft, die eine leichtverständliche, auf ihre speziellen Probleme bezogene Einführung in die Statistik benötigen.

Das Buch enthält zunächst eine einleitende Darstellung des begrifflichen und mathematischen Rüstzeuges für den Leser und baut auf keinen weitergehenden Voraussetzungen auf. In Anbetracht der Tatsache, dass sich die meisten Benutzer der Statistik hauptsächlich Verfahren der deskriptiven Statistik gegenübersehen, ist diesem Teilgebiet ein relativ breiter Raum gewidmet. Die hier geschilderten Methoden sollen jeden Leser in die Lage versetzen, Probleme der Praxis mit Hilfe der deskriptiven Statistik selbst zu lösen bzw. entsprechende Veröffentlichungen richtig einzuschätzen.

Kernpunkt statistischer Arbeit ist jedoch die analytische Statistik, die auch in diesem allgemeinen Lehrbuch eine entsprechend ausführliche Darstellung findet. Dabei stehen weniger die tiefgreifenden theoretischen Erörterungen, sondern die für den Studenten und Praktiker wichtigen anwendungsbezogenen methodischen Gesichtspunkte im Vordergrund.

Zur Veranschaulichung des Lehrstoffes wurden eine Vielzahl von Abbildungen und Übungsbeispielen aufgenommen, die sicherlich das Verständnis der zum Teil etwas spröden Materie erleichtern werden.

Den einzelnen Kapiteln sind Wiederholungs- und Testfragen sowie auf die Praxis der Wirtschaft bezugnehmende Übungsaufgaben angefügt, mit deren Hilfe der Leser sein Wissen überprüfen, ergänzen und sich somit gezielt auf Prüfungen vorbereiten kann. Auf den Seiten 363 ff. finden sich Lösungsskizzen zu den gestellten Fragen und Aufgaben.

Dieses Buch ist entstanden aus einer vorangehenden Publikation (KOBELT, H.: Wirtschaftsstatistik für Studium und Praxis). Die Kapitel 1–19 resultieren aus deren gründlicher Überarbeitung. Die Kapitel 20 und 21 ergeben sich neu aus der Aktualisierung und Anpassung an die modernen Methoden der Datenanalyse und dem Einsatz des PC zur Verarbeitung statistischer Daten.

Ganz besonderer Dank gebührt Herrn Christian Brummer und Frau Stefanie Rösmann, die mit unermüdlichem Einsatz alle typographischen und layoutmäßigen Probleme stets souverän meisterten.

Der erstgenannte Autor, Helmut Kobelt verstarb kurz nach Erscheinen der 6. Auflage.

Die Überarbeitung für die 7. Auflage erfolgte in der Verantwortung des Koautors, der dieses Werk dem Andenken seines verstorbenen Kollegen und Freundes Helmut Kobelt widmet.

Münster, im März 2006

Detlef Steinhausen

Inhaltsverzeichnis

Teil I: Einleitung

Teil II: Grundzüge der deskriptiven Statistik

Tabellensammlung liegt bei

Teil I

Einleitung

1 Begriff, Aufgabe und Bedeutung der Statistik

In der breiten Öffentlichkeit trifft man ständig auf Äußerungen über die Statistik, die von Witzen bis zu vordergründigen Beweisen über deren Unsinnigkeit reichen.

Jeder kennt Aussagen wie etwa:

- Die Statistik behauptet, dass die durchschnittliche Größe einer Familie in der Bundesrepublik Deutschland 3,4 Personen ist. Haben Sie schon einmal die 0,4 Personen gesehen?

- Kennen Sie den: Drei Jäger gehen durch den Wald. Der erste hat eine einfache Flinte, der zweite eine Doppelflinte und was hat der dritte? Der dritte Jäger hat Karies, denn die Statistik behauptet, dass jeder dritte Deutsche Karies hat!

- Kennen Sie die Formen der Lüge? Notlüge - gemeine Lüge - Statistik!

Diese Aufzählung ließe sich beliebig fortsetzen. Woher kommt es aber, dass über die Statistik so viel Unsinn behauptet wird?

Einerseits rührt das daher, dass jeder von uns ständig mit statistischem Material konfrontiert wird, beispielsweise in der Tageszeitung, im Fernsehen oder im beruflichen Alltag. Die wenigsten Mitmenschen können aber mit diesem Material sinnvoll etwas anfangen, können die Ergebnisse richtig interpretieren. Daraus resultiert dann als Abwehrreaktion ein gewisser Spott.

Andererseits herrscht in der Öffentlichkeit weitgehend Unklarheit darüber, was unter dem **Begriff der Statistik** zu verstehen sei. Dies erscheint durchaus verständlich, wenn man bedenkt, dass der Begriff "Statistik" heute selbst von Fachleuten mit drei verschiedenen Inhalten gebraucht wird:

Statistik als zusammenfassende Darstellung von Daten

1. Man spricht von einer Statistik, wenn man die zahlenmäßigen Ergebnisse einer Untersuchung der Realität zusammengefasst wiedergibt, beispielsweise als Tabelle, als Zeichnung oder als Diagramm. In diesem Sinne zu verstehen sind etwa die Außenhandelsstatistik der Bundesrepu-

blik Deutschland für ein bestimmtes Jahr oder die Verkehrsunfallstatistik für einen bestimmten Monat.

Statistik als Prüfgröße

2. In vielen anwendungsorientierten Veröffentlichungen über statistische Untersuchungstechniken wird unter einer Statistik eine statistische Prüfgröße oder ein Prüfverfahren verstanden.

   Man sagt hier zum Beispiel: Als Statistik für den Unabhängigkeitstest[1] hat sich die Prüfgröße χ^2 sehr bewährt.

   Diese Interpretation des Begriffes "Statistik" als **"Teststatistik"** findet sich vor allem im Schrifttum zur soziologischen, psychologischen, biologischen und geologischen Statistik, und sie entspricht dem vergleichbaren Gebrauch des Begriffes in der angelsächsischen Literatur.

Statistik als methodische Hilfswissenschaft

3. Statistik wird schließlich verstanden als eine methodische Hilfswissenschaft, in deren Rahmen eine Sammlung von mathematisch-statistischen Methoden entwickelt wurde, mit deren Hilfe Daten über numerisch fassbare Massenerscheinungen *gesammelt, aufbereitet, analysiert und interpretiert* werden können. Mit Hilfe dieser Methoden soll die Struktur von Massenerscheinungen erkannt und durchschaubar gemacht werden.

Wir wollen den Begriff der Statistik nachfolgend in dem letztgenannten Sinne verstehen, also als **statistische Methodenlehre**.

Die beiden Voraussetzungen für die Anwendungen statistischer Methoden sollen nochmals besonders herausgehoben werden:

Massen-erscheinungen

1. Statistik beinhaltet die Untersuchung von Massenerscheinungen, also von Erscheinungen, die häufig auftreten.

   Zur Untersuchung seiner Hauptgewinne im Lotto braucht der einzelne Lottospieler sicherlich keine statistischen Methoden, weil ein solcher Gewinn für ihn ein Einzelereignis sein und wahrscheinlich auch bleiben dürfte. Für die Lottogesellschaft aber tritt das Phänomen eines Hauptgewinns häufig auf, für sie sind Hauptgewinne also eine Massenerscheinung, die mit Hilfe statistischer Methoden untersucht werden kann.

Messbarkeit

2. Die zu untersuchenden Massenerscheinungen müssen **zahlenmäßig erfassbar** - auszählbar oder metrisch abmessbar - sein.

Autokennzeichen sind zum Beispiel eine Massenerscheinung. Trotzdem entziehen sie sich einer statistischen Analyse in dem Sinne, dass jedes einzelne Kennzeichen nur einmal vorkommt, das Auftreten **dieses** Kennzeichens also nicht auszählbar ist.

---

[1] Der Unabhängigkeitstest ist ein statistisches Prüfverfahren, das in Abschnitt 19.9 dieses Buches näher erklärt wird.

Statistische Methoden unterscheidet man in solche der *deskriptiven Statistik* und solche der *analytischen Statistik.*

deskriptive Statistik

Verwendet man die Daten einer statistischen Erhebung derart, dass man sich auf die Untersuchung dieser Daten selbst beschränkt, sie systematisiert und ihre Struktur hervorhebt, dann beschreibt man den beobachteten Datensatz. Diese Beschreibung (= *Deskription)* erfolgt mit Methoden der deskriptiven (= beschreibenden) Statistik.

schließende Statistik

Betrachtet man die erhobenen statistischen Daten aber als **Ausschnitt** aus einer viel umfassenderen Gesamtheit und versucht man, aus der Untersuchung der beobachteten Daten zu **Rückschlüssen** auf die komplette Datengesamtheit zu gelangen, dann verwendet man Verfahren der analytischen (= schließenden) Statistik.

Untersucht beispielsweise ein Marktforscher das Käuferverhalten weiblicher Konsumenten anhand einer Untersuchung in einem bestimmten Supermarkt, so lassen sich die gewonnenen Daten aufbereiten zu einer systematischen Beschreibung des Verhaltens der *beobachteten* weiblichen Käufer in *diesem* Supermarkt. Hierzu benötigt man Verfahren der deskriptiven Statistik,

Sollen aber die aus den Daten gewonnenen Aussagen verallgemeinert werden zu Aussagen über das Kaufverhalten *aller* Frauen in *allen* Supermärkten, so benötigt man zu diesem Vorhaben Verfahren der analytischen Statistik.

Entsprechend dieser Zweiteilung der statistischen Methodenlehre ist auch das vorliegende Buch aufgebaut.

Welche Aufgabe hat nun die Statistik?

Statistik als Grundlage für Entscheidungen

Wir haben gesehen, dass Statistik die Sammlung, Aufbereitung, Analyse und Interpretation von Daten über Massenerscheinungen bedeutet. Diese Tätigkeiten dienen aber dem Zweck, *Informationen* einer vorherbestimmten Art zu erhalten, die als Grundlage für Entscheidungen dienen.

Wenn ein Unternehmer vor der Entscheidung steht, seine Produktion wegen der Absatzlage für seine Erzeugnisse auf andere Güter umzustellen oder wie bisher weiterzuarbeiten, dann besteht für ihn zunächst Unsicherheit darüber, wie er sich entscheiden soll.

Um diese Unsicherheit und damit gleichzeitig das Risiko seiner Entscheidung zu vermindern, benötigt er Informationen. Ein großer Teil dieser Informationen ergibt sich aus Massenerscheinungen, wie etwa Informationen über die derzeitige und zukünftige Nachfragesituation. Informationen dieser Art können mit statistischen Methoden gewonnen werden. Zum anderen benötigt der Unternehmer zusätzlich Informationen über Einzelerscheinungen, wie etwa darüber, ob seine Bank ihm beabsichtigte Investitionen auch finanzieren würde. Einzelerscheinungen dieser Art sind auf einen Blick zu übersehen und einzuschätzen und bedürfen deshalb keiner weiteren statistischen Analyse.

Neben der Aufgabe der Statistik als Instrument der Informationsgewinnung beinhaltet die Wissenschaftlichkeit der Statistik die weitere Aufgabe, die Methoden zu entwickeln, mit deren Hilfe man die oben angeführten Informationen erarbeiten kann. Mit diesem Aspekt befasst sich die mathematische Statistik als wichtiges Teilgebiet der theoretischen Mathematik. Die Vorgehensweisen zur Entwicklung neuer statistischer Methoden sollen uns aber im Rahmen dieses Buches nicht weiter interessieren.

Die Bedeutung der Statistik ergibt sich aus ihrer jeweiligen Aufgabe. Es gibt Wissenschaftsgebiete, für die die Statistik keine oder noch untergeordnete Bedeutung hat, wie die Religions- oder die Rechtswissenschaft.

In anderen Bereichen, wie zum Beispiel der Psychologie, hat die Statistik eine überragende Bedeutung, weil hier in der Regel nur durch die Statistik Theorien bewiesen werden können. Viele Forschungen basieren hier auf statistischen Untersuchungen.

Statistik in der Wirtschaft

Auch in den Wirtschaftswissenschaften und speziell in der Betriebswirtschaftslehre hat die Statistik eine große Bedeutung, denn wirtschaftliche Entscheidungen müssen meist unter mehr oder weniger großer Unsicherheit getroffen werden; zur Verminderung dieser Unsicherheit werden möglichst zuverlässige Informationen benötigt. Da die größere Zahl der für wirtschaftliche Entscheidungen relevanten Faktoren aber aus Massenerscheinungen resultiert, benötigt man zur Gewinnung von Informationen über diese Faktoren statistische Methoden. Aus diesem Grunde ist die Bedeutung der wirtschaftswissenschaftlich orientierten Statistik in den letzten Jahren ständig angewachsen. Durch die verbreitete Verwendung von PCs und entsprechender Statistik-Software ist der Zugang zu den statistischen Methoden leichter geworden, aber diese erleichterte Verwendung der Methoden kann deren Verständnis nicht ersetzen. Über die wichtigsten hierbei anwendbaren Methoden soll das vorliegende Buch Aufschluss geben.

2 Der Ablauf einer statistischen Untersuchung

Bevor man sich mit den Grundlagen der Statistik und den statistischen Methoden befasst, sollte man sich darüber Klarheit verschaffen, wie eine statistische Untersuchung abläuft und an welcher Stelle im Rahmen dieser Untersuchung welche statistischen Verfahren zur Anwendung kommen. Erst das Verständnis der Tatsache, dass ein statistisches Verfahren nur ein Teil einer Untersuchung ist, unverrückbar eingebettet in eine Abfolge von logischen Schritten, vermittelt das richtige Augenmaß zur Beurteilung der Möglichkeiten und Grenzen der Statistik.

Eine statistische Untersuchung erfolgt in der Regel in fünf aufeinanderfolgenden Phasen, die durch ein Beispiel einer Untersuchung der Preisentwicklung verdeutlicht werden sollen.

2.1 Die Planung

Der erste Schritt der Planung besteht darin, den **Gegenstand der Untersuchung** in jeder Hinsicht genau zu definieren. Mit dem Auftraggeber der Untersuchung muss eindeutig geklärt werden, was er mit der Untersuchung bezweckt. Daraus ergibt sich oft schon eine Veränderung der Betrachtungsweise des Untersuchungsgegenstandes auch beim Auftraggeber. Es muss also zunächst eine *sachliche Abgrenzung* des Untersuchungsgegenstandes vorgenommen werden.

sachliche Abgrenzung

Angenommen, ein Auftraggeber möchte eine Untersuchung der Preisentwicklung vornehmen lassen. Für diese Untersuchung ist zunächst zu klären, welche Preise in ihrer Entwicklung beobachtet und analysiert werden sollen. Ist für den Auftraggeber hauptsächlich die Entwicklung der Preise für Export- oder Importgüter von Interesse, oder derjenigen für Rohstoffe oder für Halb- oder für Fertigfabrikate, oder derjenigen für Güter des Großhandels oder des Einzelhandels, oder derjenigen für Industrieprodukte oder für die Lebenshaltung und so weiter. Die Entscheidung für eine Gruppe von Preisen hängt davon ab, was der Auftraggeber mit der Untersuchung beabsichtigt.

Wir wollen unterstellen, dass der Auftraggeber eine Untersuchung der Preise für Güter der Lebenshaltung anstrebt.

Nach dieser Einschränkung muss geklärt werden, welche Güter mit welchem Gewicht zur Lebenshaltung beitragen. Sollen Mollossol-Kaviar und Krimsekt genauso gewichtet werden wie Brot und Milch? Gehört ein Auto mit seinen Kosten unbedingt zu den Gütern der Lebenshaltung? Wie lassen sich die unterschiedlichen Verbrauchsgewohnheiten einzelner Personen berücksichtigen?

Die Beantwortung der sich hier ergebenden Fragen führt zu einer eindeutigen Auswahl und Gewichtung der einzelnen zu berücksichtigenden Güter.

methodische Abgrenzung

Nach der genauen sachlichen Abgrenzung muss man sich entscheiden, **welches statistische Verfahren** für die Untersuchung verwendet werden soll. Diese *methodische Abgrenzung* wird wiederum maßgeblich beeinflusst vom Ziel der Untersuchung.

Soll die Preisentwicklung durch eine Regressionsschätzung dargestellt werden? Oder besser durch eine Zeitreihenanalyse? Oder durch welches Verfahren sonst?

Angenommen, durch den Untersuchungszweck erscheint es geboten, für die Untersuchung die statistische Methode des Preis-Index heranzuziehen.

Wie soll der Preis-Index berechnet werden? Sollen alle in Frage kommenden Preise an jeder Stelle bei jedem Verbraucher festgestellt werden (Vollerhebung), oder soll eine gezielte Auswahl vorgenommen werden (Stichprobe), wobei die Auswahl nach vorher festgelegten Regeln erfolgen muss?

Aus Kostengründen entscheidet man sich meist für eine Untersuchung auf Stichprobenbasis. Die Probleme, die sich durch diese Entscheidung ergeben, werden später im Rahmen dieses Buches eingehend erörtert.

Nachdem der Untersuchungsgegenstand und die Untersuchungsmethode genau festgelegt sind, muss man sich den Fragen zuwenden, für welche **Region** die Untersuchung durchgeführt werden soll und welcher **Untersuchungszeitraum** dabei zu beachten ist. Man hat also eine *räumliche und zeitliche Abgrenzung* vorzunehmen.

räumliche und zeitliche Abgrenzung

Soll die beabsichtigte Untersuchung nur für Nordrhein-Westfalen, nur für Süddeutschland, für die Bundesrepublik Deutschland oder für den gesamten EG-Raum vorgenommen werden? Soll die Preisentwicklung der letzten 10 oder 20 oder 30 Jahre betrachtet werden? Hat die zeitliche Abgrenzung möglicherweise einen Einfluss auf die räumliche Abgrenzung, weil sich im Untersuchungszeitraum irgendwelche räumlichen Grenzen geändert haben?

Wir wollen annehmen, dass der Auftraggeber der Untersuchung diese für die Preisentwicklung der letzten 15 Jahre in der Bundesrepublik Deutschland wünscht.

organisatorische Vorbereitung

Nunmehr ist die Untersuchung in sachlicher, methodischer, zeitlicher und räumlicher Hinsicht klar abgegrenzt. Damit ist aber die Planungsphase noch nicht abgeschlossen, denn es muss jetzt die *organisatorische Vorbereitung* der Untersuchung vorgenommen werden.

Für die Preis-Index-Untersuchung müssen die Befragungshaushalte und die aufzusuchenden Geschäfte ausgewählt werden. Fragebögen für die verschiedenen Verwendungszwecke sind zu entwerfen und auf Verständlichkeit und optimale Weiterverarbeitungsmöglichkeit zu prüfen. Die Personen, die die Befragungen und Beobachtungen vornehmen sollen, müssen angeworben und ausreichend geschult werden. Gegebenenfalls sind Datenverarbeitungskapazitäten (Terminals, Datentypistinnen, EDV-Zeiten usw.) zu planen und bereitzustellen, EDV-Programme für das statistische Verfahren zu schaffen und auszutesten. Für die gesamte Untersuchung muss ein genauer Ablaufplan, beispielsweise ein Netzplan, entworfen werden.

Wenn alle diese Überlegungen, Planungen und Vorbereitungen abgeschlossen sind, kann die zweite Phase der Untersuchung beginnen.

2.2 Die Erhebung

Wie in der Einleitung ausgeführt wurde, sind die Beschaffung und Auswertung von Daten über Massenerscheinungen Gegenstand einer bestimmten statistischen Untersuchung. In der Erhebungsphase werden diese Massendaten gewonnen.

primärstatistische Erhebung

sekundärstatistische Erhebung

Man unterscheidet bei der Datengewinnung prinzipiell zwischen einer *primärstatistischen und einer sekundärstatistischen* Erhebung. Bei primärstatistischen Untersuchungen werden die Daten eigens für diese Untersuchung erhoben. Dagegen greift man bei sekundärstatistischen Untersuchungen auf bereits vorhandenes Datenmaterial zurück, zum Beispiel auf Material aus statistischen Jahrbüchern, aus statistischen Ämtern und so weiter.

Da in unserem Beispiel die Preisentwicklung der letzten 15 Jahre bis heute untersucht werden soll, bedarf es hier einer kombinierten sekundär- und primärstatistischen Erhebung. Die in der Vergangenheit liegenden Preise können vom heutigen Standpunkt nicht mehr unmittelbar beobachtet werden, also wird man sie anderen, bereits angestellten Untersuchungen entnehmen. Die aktuellen heutigen Preise können aber direkt beobachtet werden, ebenso die derzeitigen Verbrauchsgewohnheiten, die die Bedeutung der einzelnen Güter im Vergleich zu allen anderen Gütern festlegen.

Primärstatistische Untersuchungen lassen sich durchführen in Form
- schriftlicher Befragungen (Fragebogen),
- mündlicher Befragungen (Interview),
- von Beobachtungen,
- automatischer Erfassungen,
- von Experimenten.

Jede Erhebungsform hat ihre Vor- und Nachteile, die vor der Erhebung genau gegeneinander abgewogen sein müssen.

Den primärstatistischen Teil der Untersuchung der Preisentwicklung wird man zum Teil als Beobachtung auslegen, indem Preisberichterstatter die Preise der zu untersuchenden Güter in den ausgewählten Geschäften feststellen und festhalten. Die Verbrauchsgewohnheiten, die die Gewichtung der einzelnen Güter untereinander ermöglichen, können mit schriftlicher oder mündlicher Befragung festgestellt werden.

Während der Erhebungsphase ist eine genaue Kontrolle des Ablaufs der Erhebung und der Erhebungstätigkeit notwendig. Wenn sich durch mangelnde Kontrolle unbemerkt Fehler in die Untersuchung einschleichen, kann dadurch das Ergebnis der gesamten Untersuchung gefährdet werden.

Es muss sichergestellt sein, dass zum Beispiel die Preisberichterstatter ihre Beobachtungen zur richtigen Zeit am richtigen Ort mit der notwendigen Sorgfalt vornehmen. Ohne Kontrolle bestünde beispielsweise die Gefahr, dass ein Preisberichterstatter aus Bequemlichkeit verschiedene Geschäfte nur anruft, um deren Preise zu erfragen.

Die Erhebung der Massendaten wird in der vom Untersuchungsplan festgelegten Zeit abgeschlossen. Alle benötigten Daten liegen danach vor. Jetzt tritt die Untersuchung in ihre dritte Phase.

2.3 Die Aufbereitung

In dieser Phase wird das erhobene Urmaterial geordnet, auf Fehler untersucht, verdichtet und somit für die Anwendung des statistischen Verfahrens auf diese Daten vorbereitet.

Aus den Beobachtungsbögen für die Preise werden jetzt die Preise für jedes Gut herausgezogen und gesondert zusammengestellt. Man erhält auf diese Weise zum Beispiel eine große Zahl von Preisen für ein 250-g-Stück Butter. Offensichtliche Beobachtungsfehler, wie zum Beispiel ein Butterpreis von 0,18 GE oder von 18,90 GE für 250g, müssen eliminiert werden. Die verbleibenden korrekten Daten werden weiter verarbeitet. Aus den vielen Preisen für das Gut ist ein *typischer Preis* zu ermitteln. Dabei wird in der Regel erstmals in dieser Untersuchung ein statistisches Verfahren auf die Daten angewandt, nämlich das der Mittelwertbildung. Dieses Verfahren dient an dieser Stelle aber nur zur Verdichtung der Daten und hat noch nichts mit dem eigentlichen Preis-Index-Verfahren zu tun. Am Ende der Aufbereitungsphase hat man für jeden Untersuchungszeitpunkt für jedes Gut einen Preis und eine Gewichtung dieses Gutes im Vergleich zu allen anderen Gütern.

2.4 Die Analyse

Das vorliegende aufbereitete Datenmaterial wird mit Hilfe des ausgewählten statistischen Verfahrens untersucht, bei größeren Datenmengen geschieht das in der Regel mit Hilfe der EDV.

In unserem Beispiel wird mittels EDV aus den Preisen der Güter unter Berücksichtigung ihrer Gewichtung ein Preis-Index für jeden Betrachtungszeitpunkt im Vergleich zum Basiszeitpunkt aufgestellt. Man kann die berechneten Indices hintereinandergestellt im Zeitablauf darstellen oder die jeweiligen absoluten oder relativen Steigerungsraten angeben.

Die Analyse ist der Kernpunkt der statistischen Arbeit. Hier werden die Verfahren auf die Daten angewendet, die im weiteren Verlauf dieses Buches zu erörtern sein werden.

2.5 Die Interpretation

In dieser Phase der Untersuchung werden die Ergebnisse der Analyse sachbezogen interpretiert, wobei in der Regel noch weitere, nicht in die Untersuchung einbezogene Informationen heranzuziehen sind.

Die sich aus den Preisindices im Zeitablauf ergebende Preisentwicklung kann interpretiert werden bezüglich ihrer Ursachen, ihrer Entwicklung im Vergleich zu anderen Tendenzen der Wirtschaft, ihrer möglichen zukünftigen Weiterentwicklung und so weiter.

Die Interpretation der Ergebnisse hängt maßgeblich vom Untersuchungszweck ab. Hier sollte der Statistiker an sich etwas Zurückhaltung in seinen Aussagen üben und Interpretationen nur insoweit vornehmen, als sie aufgrund der angewendeten statistischen Methoden belegbar sind. Durch eine allzu weitgehende Auslegung von Ergebnissen können diese schnell überinterpretiert werden. Darin ist aber eine Verfälschung der Ergebnisse der Untersuchung zu sehen, die der Laie dann zu Recht als statistische Lüge brandmarkt.

Aufgaben zum 2. Kapitel:

1. Angenommen, die SPEEDY GmbH erwägt, ihr Produktionsprogramm in Zukunft auszuweiten. Zur Erleichterung der anstehenden Entscheidungen ist eine Marktanalyse vorgesehen. Wie müsste diese geplant und durchgeführt werden?

3 Einige statistische Grundbegriffe

Wie wir gesehen haben, untersucht die Statistik Daten aus Massenerscheinungen. Diese Daten werden durch die Erhebung gewonnen. Sind diese Daten aber schon vor der Erhebung als Daten vorhanden? Oder bekommen irgendwelche Erscheinungen erst durch die statistische Erhebung Datencharakter?

Daten werden festgestellt an bestimmten *materiellen oder immateriellen* Objekten.

Beispiele für materielle Objekte sind Personen, Häuser, Autos u. a. Beispiele für immaterielle Objekte sind Rechte, Lizenzen, Ereignisse u. a.

Untersuchungs-elemente

statistische Gesamtheiten

Die **statistischen Objekte** bilden die kleinste *Untersuchungseinheit.* Alle unter dem Blickwinkel der jeweiligen Untersuchung gleichartigen Untersuchungseinheiten können zu *Mengen* von Untersuchungseinheiten zusammengefasst werden, die als *statistische Massen oder statistische Gesamtheiten* bezeichnet werden. Die Größe einer statistischen Gesamtheit hängt ab vom Untersuchungsziel und ist vor der jeweiligen Untersuchung exakt zu definieren.

So können, je nach Untersuchungsziel, die zwei Gegner eines Boxkampfes ebenso eine statistische Gesamtheit bilden, wie die 20 Studenten eines Seminars oder die Menge aller Bewohner der Erde.

Da statistische Gesamtheiten im mathematischen Sinne Mengen sind, gibt es auch in der Statistik Gesamtheiten, die den mathematisch definierten endlichen oder unendlichen Mengen sowie den Teilmengen entsprechen.

Die Menge aller in der Bundesrepublik Deutschland zugelassenen PKW bildet ebenso eine *endliche* statistische Gesamtheit wie die Menge aller Mitspieler in einem Fußballspiel oder die Menge aller Verkehrsunfälle eines Tages.

Dagegen bilden die (unendliche) Menge aller Tage oder die (unendliche) Menge aller Sterne *unendliche* statistische Gesamtheiten.

Die statistische Gesamtheit der Einwohner der Bundesrepublik Deutschland lässt sich aufspalten in die statistischen *Teilgesamtheiten:* "Bewohner von Schleswig-Holstein", "Bewohner von Hamburg", "Bewohner von Niedersachsen" "Bewohner von Bayern" usw.

statistisches Merkmal

Den Statistiker interessiert aber bei seiner Untersuchung nicht das Untersuchungsobjekt selbst, sondern ein *statistisches Merkmal* dieses Untersuchungsobjekts. Jedes Untersuchungsobjekt ist Träger einer mehr oder weniger großen Zahl von Merkmalen, von denen aber bei jeder Untersuchung nur eine **Auswahl** betrachtet wird.
An dem Untersuchungsobjekt "PKW" lassen sich unter anderem die Merkmale "Hersteller", "Typ, "Motorenstärke", "Hubraum", "Farbe", "Alter", "Laufleistung" und so weiter untersuchen.

Jedes Untersuchungsmerkmal hat mindestens zwei *Merkmalsausprägungen,* auf die der Statistiker bei seiner Untersuchung sein Hauptaugenmerk richtet.

Merkmalsausprägungen

Beispiele für Untersuchungseinheiten, Merkmale und Merkmalsausprägungen sind unter vielen anderen:

Untersuchungseinheit	Untersuchungsmerkmal	mögliche Merkmalsausprägungen	Zahl der möglichen Merkmalsausprägungen
PKW	Farbe der Karosserie	Weiß; Beige; Gelb; Orange; Rot;...	beliebig viele
PKW	polizeiliche Anmeldung	angemeldet; nicht angemeldet	zwei
Person	Familienstand	ledig; verheiratet; verwitwet; geschieden	vier
Person	Leistung in einer Klausur	Zensuren: sehr gut; gut;....mangelhaft; völlig ungenügend	sechs
Person	Körpertemperatur	37,5°C; 37,6°C;... oder die entsprechenden Ausprägungen: 99,5°F; 99,7°F	je nach Messgenauigkeit beliebig viele
Person	Körpergröße von erwachsenen Männern	98 cm; 99 cm; .....; 248 cm; 249 cm	je nach Messgenauigkeit beliebig viele
Verkehrsunfälle	Zahl der beteiligten Fahrzeuge	1; 2; 3	beliebig viele

Die vom Statistiker an den Untersuchungsobjekten erfassten **Merkmalsausprägungen** sind die Daten, die erhoben und der statistischen Analyse unterzogen werden. Die Ausprägungen des Untersuchungsmerkmals werden also erst durch die statistische Untersuchung zu Daten für eben diese Untersuchung.

Die verschiedenen Merkmalsausprägungen und damit die statistischen Daten sind aber, wie man sich anhand der oben angeführten Beispielübersicht überzeugen kann, von unterschiedlicher "Qualität". Die Ausprägungen des Merkmals "Farbe" sind sicher nicht so hochwertig, wie die Ausprägungen des Merkmals "Körpergröße", denn die Ausprägungen des letztgenannten Merkmals lassen sich beispielsweise zusammenzählen, man kann daraus einen Durchschnittswert berechnen, was alles bei den Ausprägungen des Merkmals "Farbe" nicht möglich ist. Diese unterschiedliche Qualität der Daten liegt darin begründet, dass die Merkmale auf unterschiedlichen Niveaus *gemessen* werden. Der Diskussion dieser Mess-Problematik ist das nächste Kapitel gewidmet.

Aufgaben zum 3. Kapitel:

2. Geben Sie Beispiele für
   a) Grundgesamtheiten
   b) Teilgesamtheiten
   c) Statistische Untersuchungsmerkmale
   d) Merkmalsausprägungen
   e) Untersuchungsobjekte!

4 Statistische Messprobleme

4.1 Der Begriff des Messens

Im dritten Kapitel hatten wir den Begriff des statistischen Merkmals kennengelernt, dessen Ausprägungen an den Untersuchungsobjekten festgestellt werden. Bei der Betrachtung der Ausprägungen verschiedener Merkmale stellen wir jedoch fest, dass diese Ausprägungen von ganz unterschiedlicher Art und Qualität sein können. Wie wird aber diese unterschiedliche Art und Qualität von Merkmalsausprägungen bewertet, das heißt, wie werden die verschiedenen Merkmale *gemessen?* Um diese Frage beantworten zu können, müssen wir zunächst klären, was unter dem Begriff *"Messen"* zu verstehen ist.

Messen

Allgemein kann man sagen: Messen ist das Zuordnen von Ziffern zu Objekten, Ereignissen oder Merkmalsausprägungen nach bestimmten Regeln. Dabei sei eine Ziffer nur als ein Zahlensymbol zu verstehen, nicht als Zahl im mathematischen Sinn. Genauso gut könnte man zur Zuordnung auch andere Symbole wie Buchstaben oder graphische Zeichen verwenden, nur hätten wir dann zu wenige unterscheidbare Zuordnungssymbole.

Den Spielern einer Fußballmannschaft werden Ziffern nach folgender Regel zugeordnet: Torwart ←1; Linker Verteidiger ←2; Rechter Verteidiger ←3; usw.

Den Leistungen eines Studenten werden Ziffern nach folgender Regel zugeordnet: Sehr gute Leistung ←1; Gute Leistung ←2; Befriedigende Leistung ←3; usw. Hier haben die Zuordnungsziffern sogar einen speziellen Namen, nämlich *Zensuren.*

Tischfertigen Fertiggerichten werden Ziffern nach ihrer Temperatur bei Auslieferung zugeordnet: Packung A ←40° C; Packung B ←50° C; usw.

Den verschiedenen Kostentatbeständen eines betrieblichen Vorgangs werden Ziffern zugeordnet: Montag ←1.000,00 GE; Dienstag ←2.000,00 GE; Mittwoch ←1.700,00 GE; usw.

Diese vier Musterbeispiele werden in Abschnitt 4.2 noch einmal aufgegriffen werden.

Durch die Zuordnung der Ziffernsymbole werden die Merkmale in ihren Ausprägungen gemessen. Um die unterschiedliche Art und Qualität der gemessenen Merkmalsausprägungen zu kennzeichnen, müssen wir die zugeordneten Ziffern vergleichen mit den mathematisch exakt definierten *natürlichen Zahlen.*

Natürliche Zahlen haben folgende Eigenschaften:

Identität

1. *Eigenschaft der Identität.* Diese Eigenschaft besagt, dass jede Zahl nur sich selber gleich (= identisch) und von allen anderen Zahlen zu unterscheiden ist.

Ordnung

2. *Eigenschaft der Ordnung.* Diese Eigenschaft besagt, dass sich zwei oder mehr nicht identische Zahlen immer in eine auf- oder absteigende Reihenfolge bringen lassen. Das heißt, die Zahlen lassen sich ordnen. Diese Ordnung drückt ein Ansteigen oder Absinken des Wertes der Zahlen aus.

Additivität

3. *Eigenschaft der Additivität.* Diese Eigenschaft besagt, dass sich aus zwei oder mehr natürlichen Zahlen immer eine Summe bilden lässt, deren Wert wiederum sinnvoll durch eine natürliche Zahl ausgedruckt werden kann.

Diese drei Zahleneigenschaften sind in der angeführten Reihenfolge *hierarchisch* aufgebaut, das heißt, dass Ordnung die Identität voraussetzt und dass Additivität auf Ordnung und Identität aufbaut.

4.2 Statistische Maß-Skalen

Wir wollen nun überprüfen, inwieweit die verschiedenen Merkmalsausprägungen, gemessen durch ihre Zuordnungsziffern, die verschiedenen Eigenschaften natürlicher Zahlen haben.

Bei den oben angeführten Fußballspielern haben die Zuordnungsziffern (= Rückennummern) nur den Sinn, verschiedene Verwendungszwecke der Spieler zu unterscheiden. Torleute mit identischem Verwendungszweck tragen immer die "1". Linke Verteidiger beziehungsweise Mittelstürmer haben nicht den gleichen Verwendungszweck. Folglich tragen sie nicht die gleichen Zuordnungsziffern, nämlich die "2" und die "9". Dabei ergibt sich aber aus den Zuordnungsziffern keine Aussage über die fußballerischen Qualitäten eines Spielers.

Nominalskala

Dienen die Zuordnungsziffern, die die Ausprägungen eines Merkmals kennzeichnen, ausschließlich dazu, gleiche Tatbestände als gleichartig und unterschiedliche Tatbestände als nicht gleichartig zu charakterisieren, dann weisen die Zuordnungsziffern nur die Identitätseigenschaft natürlicher Zahlen auf. Die Zuordnungsziffern bilden also nur das Etikett oder den "Namen" für unterscheidbare Gruppen von Merkmalsausprägungen. Wenn also die Zuordnungsziffern eines Merkmals nur die Identitätseigenschaft besitzen, dann sagt man, dass dieses Merkmal auf einer **Nominalskala** gemessen wird beziehungsweise, dass das Merkmal nominalskaliert sei. Dabei ist es unerheblich, ob den verschiedenen Merkmalsausprägungen wirklich Ziffern zugeordnet worden sind. Wichtig ist, dass die Zuordnung im Prinzip möglich ist und dass Untersuchungsobjekte nach der Identitätseigenschaft als identisch oder nicht identisch erkannt werden können.

Beispiele für nominalskalierte Merkmale sind:

Lohnsteuerklassen: Ledig ← 1; verheiratet ← 2; geschieden/verwitwet ← 3; usw.

Produkte eines Warensortiments

Hammer 500 g *Bestellnummer* 1050		
Hammer 1000 g *Bestellnummer* 1100	}	Auch dies sind Zuordnungsziffern
Hammer 2000 g *Bestellnummer* 1200		

In einem zweiten Beispiel haben wir die Leistungen von Studenten betrachtet. Die Leistungen zweier Studenten können identisch oder nicht identisch sein. Im letzteren Fall kann man beim Vergleich der beiden Leistungen sagen, dass einer der Studenten ein "Mehr" oder ein "Weniger" an Leistung vollbracht habe, dass also seine Leistung besser oder schlechter sei. Dieses "Mehr" oder "Weniger" an Leistung drückt sich auch in den Zensuren aus, die ja nichts weiter als Zuordnungsziffern im Sinne des Messens sind.

Dienen die Ziffern, die den Ausprägungen eines Merkmals zugeordnet werden, sowohl zur Unterscheidung der Ausprägungen als auch dazu, ein "Mehr" oder "Weniger" des untersuchten Merkmals zu kennzeichnen, dann weisen die Zuordnungsziffern die Zahleneigenschaft der Ordnung auf. Man bezeichnet die entsprechenden Merkmale als *ordinalskaliert* beziehungsweise ihre Maß-Skala als **Ordinalskala**.

Ordinalskala

Bei der Betrachtung ordinalskalierter Merkmalsausprägungen muss man sich deutlich vor Augen halten, dass mit der Wahl der Zuordnungsziffern nichts über den Abstand zwischen zwei Merkmalsausprägungen gesagt werden kann.

Niemand kann angeben, wie groß der Abstand zwischen den Leistungen von Studenten ist, die mit "1" und "2" bewertet wurden. Es lässt sich auch nicht sagen, ob dieser Abstand genauso groß ist wie der Abstand zwischen zwei Leistungen, die mit "3" und "4" angesetzt werden.

Beispiele für ordinalskalierte Merkmale sind:

Firmen-Images: Das Autowerk A hat, was die Solidität und Zuverlässigkeit seiner Produkte angeht, ein besseres Image als das Werk B. Beide Werke haben ein besseres Image als das Werk C.

Präferenzen für bestimmte Güter: Ein Verbraucher kauft bei vorgegebenem Einkommen am liebsten Butter als Brotaufstrich, nicht ganz so gern Margarine und äußerst ungern Schmalz. Die Kaufanreize für die verschiedenen Güter sind hier ordinalskaliert.

In einem weiteren Beispiel hatten wir die Wärme von Fertiggerichten untersucht. Hier geben die Zuordnungsziffern zweier Packungen an, ob sie in ihrer Wärme gleich sind oder sich unterscheiden. Im letztgenannten Fall ergibt sich aus der Zuordnungsziffer, welche der Packungen ein "Mehr" an Wärme aufweist. Zudem lässt sich der Unterschied an Wärme zwischen den beiden Packungen feststellen.

Dienen die Ziffern, die den Ausprägungen eines Merkmals zugeordnet werden, neben der Unterscheidung der Ausprägung und der Anordnung nach dem Ausmaß, in dem das Merkmal vorhanden ist, zusätzlich dazu, die Abstände zwischen zwei Zuordnungsziffern richtig wiederzugeben, dann haben die Zuordnungsziffern Identitätseigenschaft und Ordnungseigenschaft, während die Abstände (Intervalle) zwischen den Zuordnungsziffern auch Additivitätseigenschaft haben. Merkmale, deren Zuordnungsziffern diese Eigenschaften aufweisen, bezeichnet man als *intervallskaliert* bzw. ihre Maß-Skala als **Intervallskala**.

Intervallskala

Maßeinheit

Kennzeichen intervallskalierter Merkmale ist es also, dass für ihre Ausprägungen eine *Maßeinheit* zur Verfügung steht, dass aber andererseits kein echter Nullpunkt existiert, das heißt, dass die Zuordnung der Ziffer "0" zu einer Ausprägung willkürlich vorgenommen werden kann.

Die Zeit wird in der Maßeinheit "Jahre" gemessen. Zum Zeitpunkt 1999 ist mehr Zeit verflossen als zum Zeitpunkt 1965. Zwischen 1965 und 1999 ist genauso viel Zeit vergangen wie zwischen 1865 und 1899, die Zeitintervalle sind also gleich. Die Festlegung des Jahres 0 als Beginn unserer Zeitrechnung ist willkürlich. Es gibt auf der Erde viele andere Kulturen, die die Zeit ebenfalls in Jahren messen, für die das Jahr "0" aber auf einen anderen Punkt des Zeitablaufs festgelegt ist: Das Jahr "0" nach jüdischem Kalender entspricht dem Jahr 3761 v. Chr.; das Jahr "0" nach mohammedanischer Zeitrechnung entspricht dem Jahr 622 n. Chr. Trotzdem sind alle diese Zeitrechnungen richtig, weil die Wahl des Anfangszeitpunktes unerheblich ist.

Die Maßeinheit eines intervallskalierten Merkmals ist nicht naturgegeben, sondern sie wird durch bestimmte Handlungen festgelegt. Man sagt dazu, dass die Maßeinheit *operational definiert ist.*

Der schwedische Astronom Anders Celsius beobachtete die Ausbreitung einer Messflüssigkeit in einem Röhrchen beim Erhitzen von Wasser. Den Abstand, den die Messflüssigkeit im Messröhrchen zwischen dem Gefrierpunkt und dem Siedepunkt reinen Wassers zurücklegt, bezeichnet man als den Fundamentalabstand der Wärmemessung. Celsius teilte diesen Fundamentalabstand in 100 gleiche Teile und legte den Nullpunkt seiner so gewonnenen Temperaturskala willkürlich beim Gefrierpunkt des Wassers fest. Danach konnte er seine Skala beliebig mit der gewonnenen Maßeinheit über die beiden Endpunkte des Fundamentalabstandes hinaus verlängern.

Der deutsche Physiker Gabriel Daniel Fahrenheit teilte den Fundamentalabstand in einem quecksilbergefüllten Röhrchen in 180 gleiche Teile. Dann verlängerte er seine so gewonnene Skala über den Gefrierpunkt reinen Wassers hinaus bis zum Gefrierpunkt einer Salzwasserlösung. Dieser Gefrierpunkt lag um 32 seiner Maßeinheiten unter demjenigen reinen Wassers. Fahrenheit setzte den Nullpunkt seiner Skala beim Gefrierpunkt des Salzwassers an. Deswegen ergibt sich der Siedepunkt reinen Wassers nach Fahrenheit bei 212 °F, nämlich 180 °F für den Fundamentalabstand + 32 °F für die Verschiebung des Nullpunktes.

Bei der Betrachtung intervallskalierter Merkmale ist die Tatsache von Bedeutung, dass nicht die Zuordnungsziffern, sondern nur die Abstände (Intervalle) zwischen den Zuordnungsziffern die Additivitätseigenschaft aufweisen. Daraus ergibt sich, dass die Zuordnungsziffern selbst nicht addiert, multipliziert oder dividiert werden dürfen.

Nehmen wir zur Verdeutlichung dieser Tatsache zwei Behälter mit Wasser. Das Wasser des ersten Behälters habe eine Temperatur von 30°C, das heißt 86°F. Das Wasser des zweiten Behälters habe eine Temperatur von 60 °C, das heißt 140°F. Die Eigenschaft "Wärme", die in beiden Wassermengen vorhanden ist, wird also gleichzeitig auf zwei verschiedenen Intervall-Maß-Skalen gemessen. Betrachtet man die beiden Temperaturmessungen, so kann man offensichtlich nicht sagen, dass das Wasser des zweiten Behälters doppelt so warm ist wie das des ersten Behälters. Diese Aussage stimmt zwar formal, wenn die Temperaturmessung nach Celsius vorgenommen wird, nicht aber nach der Fahrenheit-Skala. Da der Temperatur-Unterschied aber objektiv feststeht, könnten wir nur dann von der "doppelten Wärme" sprechen, wenn sich diese aus beiden Temperaturskalen ergäbe. Daraus folgt unmittelbar, dass Auditivität für die Messwerte (= Zuordnungsziffern) selbst nicht vorliegen kann:

30°C	+	30°C	=	60 °C
ist identisch mit		ist identisch mit		ist identisch mit
86 °F	+	86 °F	≠	140 °F

Hat man dagegen drei Gefäße mit Wasser von 15 °C = 59°F, von 30°C = 86° F und von 60 °C = 140 °F, dann kann man sagen, dass der *Temperaturunterschied* zwischen dem heißen und dem mittleren Wasser doppelt so groß ist, wie der Temperaturunterschied zwischen dem mittleren und dem kühlen Wasser:

(60°C - 30°C) = 30°C		(30°C - 15°C) = 15°C
Diese Temperaturintervall	ist doppelt so groß wie	dieses Temperaturintervall
(140°F - 86°F) = 54°F		(86°F - 59°F) = 27°F

Als abschließendes Beispiel für statistische Merkmale waren in Abschnitt 4.1 Kostentatbestände angeführt. Betrachten wir das Merkmal "Kosten", so stellen wir fest, dass hier ebenfalls eine Maßeinheit, nämlich "GE", vorliegt. Zusätzlich ist aber bei diesem Merkmal der Nullpunkt nicht willkürlich festgelegt, sondern er hat folgenden empirischen Sinn: Die Ziffer "0" wird dem Tatbestand zugeordnet, bei dem Kosten nicht beobachtet werden. Wird in dem beobachteten Unternehmen beispielsweise am Wochenende nicht gearbeitet und fallen deswegen an der betrachteten Kostenstelle keine Kosten an, so können wir dem "Sonntag" die Kostenziffer "0" zuordnen.

natürlicher Nullpunkt

Verhältnisskala

Haben die Ausprägungen eines Merkmals und damit auch die Zuordnungsziffern alle Eigenschaften von Ausprägungen eines intervallskalierten Merkmals und *zusätzlich* einen natürl*ichen Nullpunkt,* dann weisen die Zuordnungsziffern alle Eigenschaften natürlicher Zahlen auf, also Identität, Ordnung und Additivität. Nur mit diesen Ziffern kann uneingeschränkt wie mit natürlichen Zahlen arithmetisch gerechnet werden. Merkmale mit diesen Eigenschaften bezeichnet man als *verhältnisskaliert* beziehungsweise ihre Maß-Skala als **Verhältnisskala**.

Erst jetzt sind Aussagen möglich wie: Wenn bei einer Kostenstelle am Montag Kosten in Höhe von 1.000,00 GE, am Dienstag in Höhe von 2.000,00 GE angefallen sind, dann sind die Kosten am Dienstag doppelt so hoch wie die am Montag. Die Kosten für die ersten beiden Tage der Woche ergeben sich als Summe aus den Einzelkosten der ersten beiden Wochentage, nämlich 1.000,00 GE + 2.000,00 GE = 3.000,00 GE. Wenn man diese Aussagen in der Maß-Skala einer anderen Währung, zum Beispiel in US-Dollar oder Euro machte, käme man zu völlig identischen Aussagen.

Absolutskala

Als Sonderfall einer Verhältnisskala wird mitunter die *Absolutskala* abgegrenzt, bei der zu den genannten Eigenschaften der Verhältnisskala noch eine "natürliche Messeinheit" tritt. Als Beispiel sei die "Zahl der Mitarbeiter in einem Unternehmen" genannt. Eine andere Messeinheit als die natürlichen Zahlen 1, 2, 3,... , gegebenenfalls erweitert um die "0", wäre hier nicht möglich.

Diese fünf Maß-Skalen sind in der angegebenen Reihenfolge hierarchisch, das heißt, ein ordinalskaliertes Merkmal ist auch nominalskaliert und ein verhältnisskaliertes Merkmal ist auch intervall-, ordinal- und nominalskaliert. Weil bei den verschiedenen Maß-Skalen die Eigenschaften natürlicher Zahlen in zunehmendem Maße vorhanden sind, spricht man auch von verschiedenen *Niveaus des Messens.*

Die genaue Unterscheidung verschiedener Messniveaus bei statistischen Untersuchungsmerkmalen ist von großer Wichtigkeit, denn viele statistische Verfahren sind für bestimmte Messniveaus konstruiert, indem sie die dort vorhandenen Zahleneigenschaften berücksichtigen. Ein Verfahren, das nur für verhältnisskalierte Merkmale entwickelt wurde, verwendet in der Regel zum Beispiel Additionen oder Divisionen von Merkmalsausprägungen. Da diese Rechenoperationen für die Zuordnungsziffern der niedrigeren Messniveaus aber nicht zulässig sind, kann das statistische Verfahren auf den anderen Messniveau auch nicht angewandt werden. Auf der anderen Seite setzen Verfahren für nominalskalierte Merkmale nur die Identitätseigenschaft voraus. Da diese Eigenschaft auch auf allen anderen Messniveaus vorhanden ist, können diese Verfahren für alle denkbaren Merkmale angewandt werden. Aber es ist wohl offensichtlich, dass die Höhe des Messniveaus proportional ist der Güte und Stärke eines statistischen Verfahrens hinsichtlich seiner Aussagekraft. Je höher das Messniveau ist, desto höherentwickelte und damit genauere mathematische Verfahren lassen sich in der entsprechenden statistischen Methode verwenden, was deren Aussagegenauigkeit nachhaltig beeinflusst.

Werden in einer statistischen Untersuchung mehrere Merkmale unterschiedlichen Messniveaus untersucht, dann bestimmt i. d. R. das niedrigste beobachtete Messniveau die Art der anwendbaren statistischen Verfahren.

Werden bei Studenten zum Beispiel gleichzeitig die Merkmale "Geschlecht" (= nominalskaliert), "Leistung in einer Klausur" (= ordinalskaliert), "monatliches Einkommen" (= verhältnisskaliert) untersucht und sollen diese Merkmale simultan analysiert werden, so dürfen hier nur Untersuchungsmethoden angewendet werden, die für nominalskalierte Daten zulässig sind.

Eine weitere Unterscheidung der Messgenauigkeit, die sich in der Literatur mitunter findet, soll hier der Vollständigkeit halber noch angeführt sein. Unter einem *metrischen Merkmal* versteht man ein Merkmal, dessen Ausprägungen mit Hilfe einer Maßeinheit gemessen werden, also intervall- und verhältnisskalierte Merkmale. Demgegenüber wird die Gruppe der nominal- und ordinalskalierten Merkmale zu den *nichtmetrischen Merkmalen* zusammengefasst. Für metrische Merkmale findet sich auch die Bezeichnung *quantitative Merkmale.* Nichtmetrische Merkmale nennt man entsprechend *qualitative Merkmale.*

metrische Merkmale

quantitative und qualitative Merkmale

Die Ausprägungen metrisch skalierter Merkmale können diskret oder stetig sein. Ein Merkmal ist dann **diskret,** wenn es auf einer Skala nur bestimmte, punktförmige Werte annehmen kann. Z. B. können in einem Werk pro Tag nur 512 oder 513 oder 514 Autos produziert werden, Zwischenwerte sind nicht definiert. Die Produktionsmenge ist also diskret. Dagegen ist ein Merkmal **stetig,** wenn dafür auf einer Skala **jeder** beliebige Wert, also auch Zwischenwerte, definiert ist, wie z. B. bei der Geschwindigkeit von Autos oder dem täglichen Stromverbrauch eines Haushalts.

diskrete und stetige Merkmale

Aufgaben zum 4. Kapitel:

3. Was versteht man unter "Messen"?

4. Warum unterscheidet man statistische Maß-Skalen?

5. Welche statistischen Maß-Skalen kennen Sie und welches sind deren Eigenschaften?

Aufgaben

6. Geben Sie an, wie die Ausprägungen der folgenden Merkmale skaliert sind:
   a) Farbe von Autos
   b) Kühlwassertemperatur
   c) Leergewicht von PKW
   d) Automarken
   e) Image von Automarken
   f) Höchstgeschwindigkeit von PKW

7. Wie sind die Ausprägungen der folgenden Merkmale skaliert:
   a) Büchertitel,
   b) Betriebserfolg eines Unternehmens,
   c) Umsatz,
   d) Sportarten,
   e) Intelligenz,
   f) Wärme,
   g) Bremsweg von PKW

8. Was unterscheidet qualitative und quantitative Merkmale?

5 Die Einteilung der statistischen Methodenlehre

Das Lehrgebäude der statistischen Methodenlehre gliedert sich zunächst in zwei Hauptrichtungen: die *deskriptive (beschreibende) Statistik* und die *analytische (schließende) Statistik.*

Mit Hilfe der Methoden der deskriptiven Statistik sollen bestimmte Erscheinungen **in beobachteten statistischen Gesamtheiten** geordnet, systematisiert, herauskristallisiert, auf ihre Ursachen und auf ihr Zusammenwirken mit anderen Faktoren untersucht und anschaulich dargestellt werden. Alle Aussagen betreffen ausschließlich die beobachtete Gesamtheit und haben nur für diese Gültigkeit.

Die Methoden der analytischen Statistik werden dagegen begründet auf Teilgesamtheiten von statistischen Gesamtheiten. Diese Teilgesamtheiten bilden jeweils eine Auswahl von Untersuchungsobjekten aus einer Grundgesamtheit. Eine derartige Auswahl bezeichnet man üblicherweise als *Stichprobe.* In der Stichprobe werden die interessierenden statistischen Merkmale beobachtet und nach verschiedenen Richtungen hin analysiert. Dabei ergeben sich Kenngrößen, die man allgemein als *Parameter* bezeichnet. Von diesen in der Stichprobe ermittelten Parametern ausgehend, versucht man, zu Rückschlüssen auf die vergleichbaren Parameter der übergeordneten Grundgesamtheit zu gelangen. Diese Rückschlüsse werden ermöglicht mit Methoden der analytischen Statistik. Deren Kennzeichen ist es also, dass Aussagen über **beobachtete (Teil-) Gesamtheit hinaus** gemacht werden können.

Stichprobe

Parameter

Im Rahmen der Methoden der deskriptiven Statistik muss nun weiter unterschieden werden in:

1. **Methoden der Häufigkeitsverteilungen:** Die beobachteten Häufigkeiten der verschiedenen Merkmalsausprägungen werden erfasst, systematisiert und übersichtlich dargestellt. Besondere Probleme ergeben sich, wenn gleichzeitig mehr als ein statistisches Merkmal mit den jeweiligen Häufigkeiten der verschiedenen Ausprägungen zu berücksichtigen ist.

2. **Methoden der Ermittlung von Parametern:** Parameter werden hier als Kenngrößen von Häufigkeitsverteilungen ermittelt. Sie geben bestimmte Eigenschaften der Häufigkeitsverteilung in einer typischen Größe wieder, wie zum Beispiel die Lage der Häufigkeitsverteilung, deren Ausdehnung über viele oder wenige Merkmalsausprägungen und andere.

3. Methoden **der Ermittlung von Zusammenhangsbeziehungen (Regressions- und Korrelationsbeziehungen):** Diese Methoden untersuchen das gemeinsame Zusammenwirken von mindestens zwei Untersuchungsmerkmalen. Die Stärke des Zusammenwirkens bezeichnet man dabei als Korrelation zwischen den Merkmalen. Mit Hilfe der Regressi-

onsmethoden versucht man, die Art des Zusammenwirkens in eine mathematische Form zu bringen.

4. **Methoden der Zeitreihenuntersuchung:** Mit diesen Methoden wird die Entwicklung eines Merkmals oder mehrerer Merkmale im Zeitablauf untersucht. Die generellen Entwicklungslinien (Trend) sollen erkannt, Schwankungen der Entwicklung gedeutet und ihrer Bedeutung nach berücksichtigt werden. Prognoseverfahren sollen Aussagen über die zukünftige Entwicklung des Merkmals machen.

5. **Multivariate Verfahren:** Mit diesen Verfahren werden die wechselseitigen Einflüsse vieler Merkmale in verschiedener Weise untersucht und ausgewertet. Einige dieser besonders komplexen und mathematisch anspruchsvollen Verfahren werden im 20. Kapitel dieses Buches vorgestellt.

Zufall
Wahrscheinlichkeit

Im Rahmen der Methoden der analytischen Statistik muss, aufbauend auf dem Phänomen des **Zufalls** und seiner Erfassung durch die Wahrscheinlichkeitsrechnung, weiter unterschieden werden in:

1. **Schätzverfahren:** Mit diesen Verfahren wird ausgehend von einem beobachteten Parameter in der Stichprobe die Größe des vergleichbaren Parameters in der Grundgesamtheit abgeschätzt. Diese Schätzung kann in Form einer eindeutigen Größe vorgenommen werden oder in einem breiteren Intervall, in dem der Parameter der Grundgesamtheit liegen muss.
2. **Testverfahren:** Mit diesen Verfahren können bestimmte Hypothesen über die Grundgesamtheit oder über eine oder mehrere Stichproben überprüft werden. Derartige Hypothesen lassen sich aufstellen über Parameter, über bestimmte Häufigkeits- beziehungsweise Wahrscheinlichkeitsverteilungen und über Beziehungen des Zusammenwirkens.
3. **Methoden zur Untersuchung von Prozessen:** Mit diesen mathematisch recht anspruchsvollen Verfahren sollen bestimmte Entwicklungen von Zufallsgrößen untersucht werden. Wegen des hohen Schwierigkeitsgrades sollen diese Methoden im vorliegenden Buch nicht behandelt werden.

6 Statistische Auszählprozesse

In der Statistik und insbesondere bei Anwendung von Stichprobenverfahren werden, wie oben beschrieben, Massenerscheinungen untersucht, bei denen häufig Auszählprozesse bewältigt werden müssen.

Beispiel 6-1:

Eine Gesamtheit von 1.000 Konsumenten soll im Rahmen der Marktforschung mittels einer Stichprobe von 100 Personen untersucht werden. Wie viele verschiedene Stichproben à 100 Personen, die auch entsprechend unterschiedliche Ergebnisse erbringen können, sind vorstellbar?

Beispiel 6-2:

Eine sehr große Gesamtheit, z. B. die Bevölkerung eines Landes, habe einen Frauenanteil von 52 %. Aus dieser Gesamtheit werden zufällig 10 Personen ausgewählt. Wie viele verschiedene Möglichkeiten sind denkbar, in der Auswahl genau 6 Frauen oder höchstens 6 Frauen zu finden? In welchen Reihenfolgen (Männer/Frauen) können sich derartige Auswahlen bilden?

Fragestellungen dieser Art lassen sich häufig auf ein so genanntes **Urnenmodell** zurückführen. Dabei wird als zugrunde liegende Gesamtheit eine Urne mit einer bestimmten Zahl von Elementen mit verschiedenen Eigenschaften unterstellt, wie z. B. in Abb. 6-1 dargestellt:

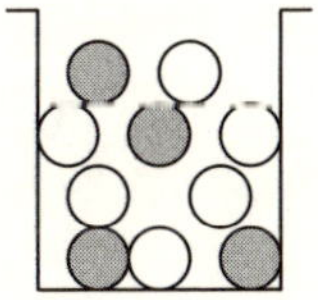

Abb. 6-1: Schematische Darstellung einer Urne mit N = 10 Elementen

Die Urne in Abb. 6-1 enthält N=10 Elemente, hier sind es Kugeln, mit zwei Eigenschaften, nämlich "grau" und "weiß". Aus dieser Grundmenge sollen n=3 Kugeln entnommen werden. Abb. 6-2 veranschaulicht einige dieser Auswahlmöglichkeiten.

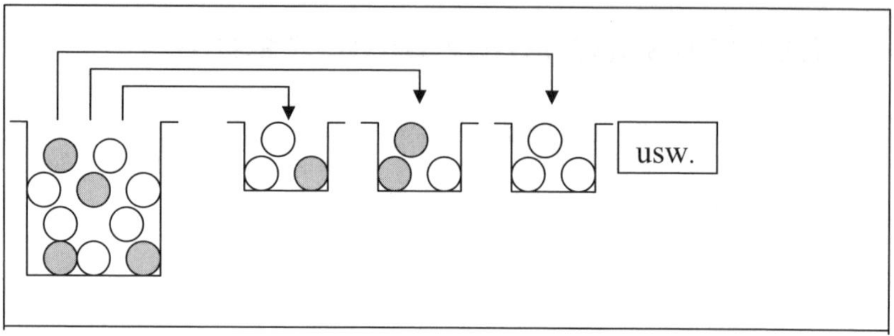

Abb. 6-2: Schematische Darstellung von Auswahlmöglichkeiten, wenn aus einer Urne Zufallsauswahlen vom Umfang n=3 gezogen werden

Diesen **Prozess** des Ziehens von Elementen aus einer Urne mit seinen Ergebnismöglichkeiten kann man auch anschaulich als sogenanntes **Baumdiagramm** wie in Abb. 6-3 darstellen.

Baumdiagramm

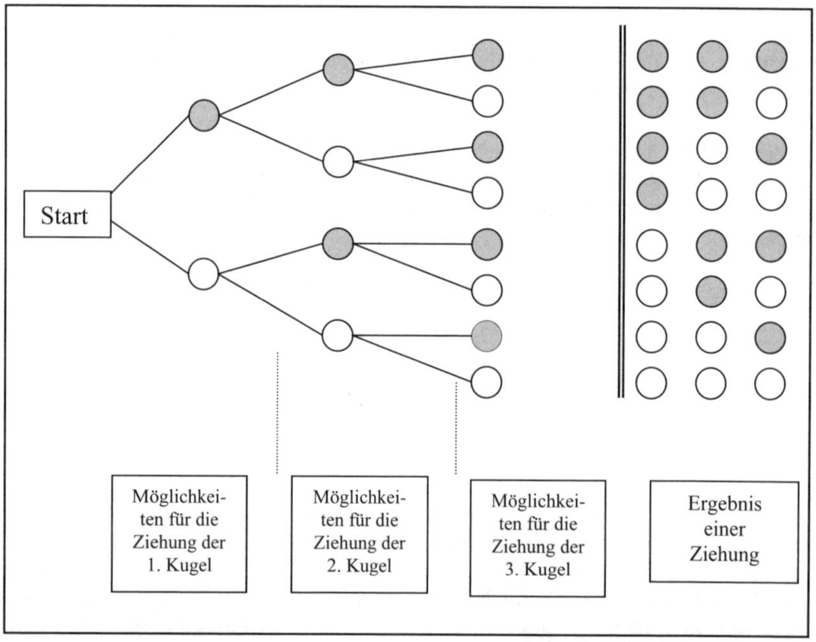

Abb.6-3: Baumdiagramm für den Prozess des Ziehens von n=3 Elementen aus einer Urne

Aus Abb. 6-3 folgt, dass es insgesamt 8 verschiedene Ergebnismöglichkeiten bei der zufälligen Auswahl von 3 Kugeln gibt. Wie viele gibt es dann aber, wenn die Grundmenge, wie in Beispiel 6-1, aus 1.000 Personen besteht, aus denen 100 zufällig ausgewählt werden? Ein Baumdiagramm wäre hier kaum noch zu zeichnen, also muss der **Umfang der Ergebnismöglichkeiten** auf anderem Weg bestimmt werden.

Kombinatorik

Das mathematische Teilgebiet, das sich mit Auszähl- und Anordnungsproblemen der geschilderten Art beschäftigt, ist die **Kombinatorik.** In der Kombinatorik werden vor allem zwei **Rechenregeln** verwendet, die vorab vorgestellt werden sollen.

Das Produkt aller natürlichen Zahlen von 1 bis n bezeichnet man als

Fakultät

$$1 \cdot 2 \cdot 3 \cdot \ldots \cdot (n-1) \cdot n = n! \text{ (lies: " n - Fakultät")} \tag{6-1}$$

So ist z. B. 3! = 1 · 2 · 3 = 6 oder 5! = 1 · 2 · 3 · 4 · 5 = 120.

Als Sonderfälle werden per Definition festgelegt: 0! = 1 und 1! = 1.

Einen Ausdruck der Art

$$\binom{n}{k} \text{ (lies: "n über k")}$$

bezeichnet man als einen **Binomialkoeffizienten.** n und k sind dabei natürliche Zahlen, und n ≥ k. Der Wert eines Binomialkoeffizienten lässt sich berechnen als

Binomialkoeffizient

$$\binom{n}{k} = \frac{n!}{k! \cdot (n-k)!} \tag{6-2}$$

also z. B.: $\binom{5}{3} = \frac{5!}{3! \cdot (5-3)!} = \frac{5!}{3! \cdot 2!} = \frac{120}{6 \cdot 2} = 10$

Einfacher ist die Berechnung von Binomialkoeffizienten nach der folgenden abgeleiteten Regel von Hérigone: Will man z. B. den Binomialkoeffizienten

$$\binom{5}{3}$$

berechnen, schreibt man in einem Bruch zunächst im Nenner das Produkt aller natürlichen Zahlen von 1 bis 3. Danach setzt man in den Zähler das Produkt aller natürlichen Zahlen von der "5" an rückwärts. Dabei dürfen im Zähler aber nur so viele Faktoren stehen, wie im Nenner vorgegeben. Man erhält nach entsprechendem Kürzen:

$$\binom{5}{3} = \frac{5 \cdot 4 \cdot 3}{1 \cdot 2 \cdot 3} = 10 \quad \text{oder} \quad \binom{10}{6} = \frac{10 \cdot 9 \cdot 8 \cdot 7 \cdot 6 \cdot 5}{1 \cdot 2 \cdot 3 \cdot 4 \cdot 5 \cdot 6} = 210$$

Als Besonderheiten sind zu vermerken:

$$\binom{n}{k} = 0, \text{ wenn } n < k \quad \text{und} \qquad \binom{n}{0} = 1 \text{ ex. def.}$$

Mit Hilfe von Fakultäten und Binomialkoeffizienten als Rechenhilfsmittel kann man nun Fragestellungen der folgenden Art untersuchen:

Beispiel 6-3:

Es sei **A** die Menge aller vierstelligen Zahlen. also
$A = \{1000,1001,1002,...,9998,9999\}$
und **B** die Menge aller vierstelligen Zahlen, in denen nur unterschiedliche Ziffern vorkommen, also
$B = \{1023,1024,1025,...,9875,9876\}$
Wie viele Elemente haben diese beiden Mengen?

Tupel

Grundsätzlich nennt man eine Anordnung von k Elementen, z. B. Ziffern, hintereinander ein **k-Tupel.** Die Zahl 1011 ist also ein 4-Tupel, genauso wie die Zahl 9876.

In der Menge **A** gibt es für die Besetzung der 1. Stelle des 4-Tupels 9 Möglichkeiten, nämlich die Ziffern 1, 2, ... , 9. Die Ziffer "0" kann nicht verwendet werden, weil die entstehende Zahl dann nicht mehr vierstellig wäre. Für die Besetzung der 2. Stelle gibt es die 10 Möglichkeiten 0, 1, 2, ..., 9. Gleiches gilt für die Besetzung der 3. und 4. Stelle. Da jede der 9 Ziffern der 1. Stelle mit jeder der 10 Ziffern der 2. Stelle kombiniert werden kann, gibt es für die beiden ersten Stellen insgesamt $9 \cdot 10 = 90$ verschiedene Ziffernkombinationen. Da sich dieser Gedanke für die 3. und 4. Stelle entsprechend fortführen lässt, hat die Menge A insgesamt

$$9 \cdot 10 \cdot 10 \cdot 10 = 9000$$

verschiedene Elemente.

In der Menge **B** gibt es für die Besetzung der 1. Stelle 9 Besetzungsmöglichkeiten. Das gilt auch für die 2. Stelle, nämlich die Ziffern 0, 1, 2, ..., 9 mit Ausnahme derjenigen Ziffer, die bereits für die 1. Stelle gewählt wurde und die nicht wieder vorkommen darf. Entsprechend bleiben für die 3. Stelle (10-1-1) = 8 und für die 4. Stelle (10-1-1-1) = 7 Besetzungsmöglichkeiten.

Die Menge **B** hat somit

$$9 \cdot 9 \cdot 8 \cdot 7 = 4536$$

verschiedene Elemente.

Dieser Gedanke kann verallgemeinert werden. Wie oben definiert, ist eine Anordnung von n Elementen hintereinander, also

$$(a_1|a_2|a_3|..|a_n)$$

ein n-Tupel. Prüft man in einem derartigen n-Tupel, auf wie viele verschiedene Arten man die n Elemente hintereinander **anordnen** kann, so bezeichnet man jede unterscheidbare Anordnung als eine **Permutation.** Abb. 6-4 veranschaulicht diesen Gedanken:

Permutation

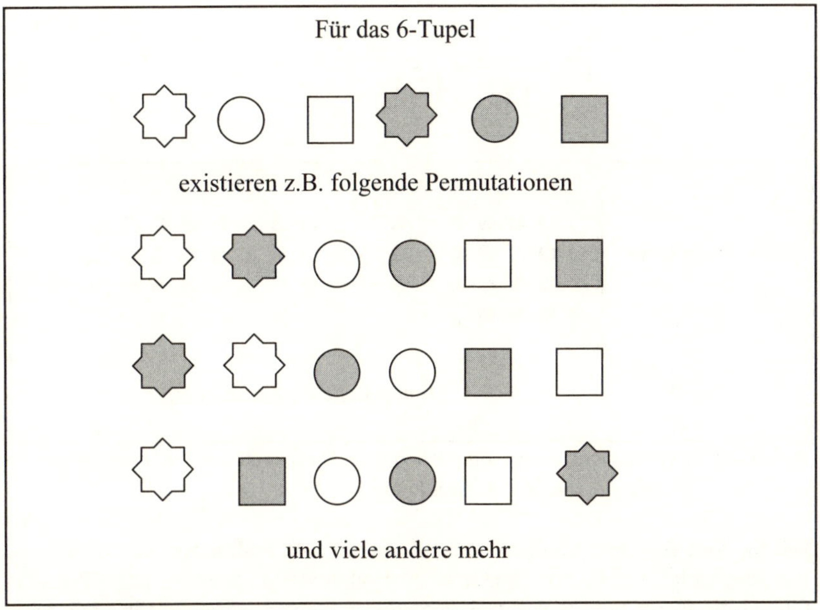

Abb. 6-4: Darstellung von ausgewählten Permutationen eines n-Tupels

Die **Anzahl** der verschiedenen möglichen **Permutationen** nennt man $\mathbf{P_n}$. Sie kann berechnet werden als

$$\mathbf{P}_n = n \cdot (n-1) \cdot (n-2) \cdot \ldots \cdot (n-(n-2)) \cdot (n-(n-1))$$
$$\mathbf{P}_n = n \cdot (n-1) \cdot (n-2) \cdot \ldots \cdot 2 \cdot 1 = \mathbf{n!}$$

$$\mathbf{P}_n = \mathbf{n!} \qquad (6\text{-}3)$$

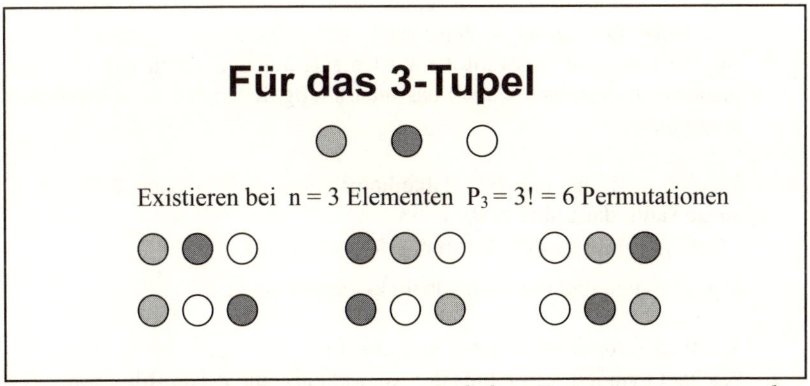

Abb. 6-5: Abbildung aller insgesamt möglichen Permutationen eines bestimmten 3-Tupels

Wenn unter den n Elementen des n-Tupels m Teilmengen vom Umfang k_1, k_2,... k_m mit jeweils identischen Elementen existieren, so nennt man die sich ergebenden Anordnungsmöglichkeiten **Permutationen mit Wiederholungen,** deren Anzahl sich berechnen lässt nach

$$P_n^m = \frac{n!}{\prod_{i=1}^{m} k_i} = \frac{n!}{k_1! \cdot k_2! \cdot \ldots \cdot k_m!} \qquad (6\text{-}4)$$

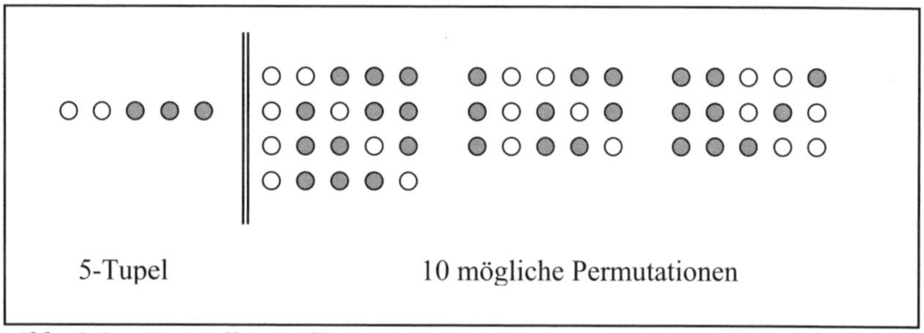

Abb. 6-6: Darstellung aller möglichen Permutationen mit Wiederholungen für ein bestimmtes 5-Tupel

Häufig wird aus einer Menge von n Elementen eine **Teilmenge** von k Elementen ausgewählt, z. B. aus den n = 20 Hauptabteilungsleitern der SPEEDY GmbH die Teilmenge von k = 3 Personen für den Vorstand. Wie viele **verschiedene Teilmengen** lassen sich hier bilden?

Um diese Frage beantworten zu können, müssen zwei Vorfragen geklärt werden:

1. Spielt die **Reihenfolge,** in der die Elemente ausgewählt werden, eine Rolle?
   Ist die Reihenfolge wesentlich, z. B. weil im angegebenen "Vorstandsbeispiel" die 1. ausgewählte Person der 1. Vorsitzende, die 2. Person der 2. Vorsitzende und die 3. Person der Personalvorstand werden soll, dann ist jede denkbare Auswahl der k Elemente aus den vorhandenen n Elementen ein eigenes k-Tupel, das man häufig auch als eine **k-Variation** bezeichnet.

Variation

   Werden z. B. aus den Hauptabteilungsleitern die Personen 4, 6 und 17 ausgewählt, dann sind z. B.
   (4|6|17) oder (4|17|6) oder (6|4|17) usw.
   eigenständige und unterscheidbare k-Variationen.

Kombination

   Spielt die Auswahl-Reihenfolge der Elemente keine Rolle, dann bezeichnet man jedes Ergebnis der Auswahl als eine **k-Kombination.**
   Beim Lottoergebnis (4|49|16|22|12|8) ist die Reihenfolge der gezogenen Zahlen unerheblich. **Jede** denkbare Anordnung dieser 6 Zahlen bildet dieselbe **6-Kombination.**

2. Wie oft darf ein bestimmtes Element der Grundmenge vom Umfang n in der Auswahl vom Umfang k auftreten? Darf mit anderen Worten ein- und dasselbe Element wiederholt gezogen werden, z. B. weil es nach der Entnahme zurückgelegt wird?

Auswahl ohne Wiederholung

Wenn jedes Element der Grundmenge nur einmal in der Auswahl vorkommen darf, spricht man von einer **Auswahl ohne Wiederholungen.** Man bezeichnet mit

$\mathbf{V}_n^k$ die Anzahl der k-Variationen ohne Wiederholungen,

$\mathbf{C}_n^k$ die Anzahl der k-Kombinationen ohne Wiederholungen.

Auswahl mit Wiederholung

Wenn Elemente der Grundmenge in der Auswahl wiederholt vorkommen dürfen, liegt eine **Auswahl mit Wiederholungen** vor, und man nennt

${}^{w}\mathbf{V}_n^k$ die Anzahl der k-Variationen mit Wiederholungen,

${}^{w}\mathbf{C}_n^k$ die Anzahl der k-Kombinationen mit Wiederholungen.

Diese Anzahlen lassen sich mit Hilfe der in nachfolgender Tabelle angegebenen kombinatorischen Formeln leicht berechnen:

		Sind Wiederholungen zugelassen?	
		Auswahl ohne Wiederholungen	Auswahl mit Wiederholungen
Ist Reihenfolge wesentlich?	Reihenfolge unerheblich: k-Kombination	$C_n^k = \binom{n}{k}$	${}^{w}C_n^k = \binom{n+k-1}{k}$
	Reihenfolge wesentlich: k-Variationen	$V_n^k = \frac{n!}{(n-k)!}$	${}^{w}V_n^k = n^k$

Einige Beispiele mögen die Anwendung dieser Formeln veranschaulichen:

1. Wenn aus 49 Kugeln beim Zahlenlotto 6 Kugeln zufällig ausgewählt werden, spielt deren Reihenfolge keine Rolle und Wiederholungen derselben Kugel sind ausgeschlossen. Die Anzahl der möglichen unterscheidbaren 6-Kombinationen ist dann

$$C_6^4 = \binom{49}{6} = \frac{49 \cdot 48 \cdot 47 \cdot 46 \cdot 45 \cdot 44}{1 \cdot 2 \cdot 3 \cdot 4 \cdot 5 \cdot 6} = 13.983.816$$

2. In einer Urne liegen n = 4 Kugeln, die mit 1, 2, 3 und 4 bezeichnet sind. Aus dieser Urne werden k = 2 Kugeln ausgewählt, wobei die Reihenfolge der Anordnung unwesentlich ist, Wiederholungen aber zugelassen sind. Es existieren dann

$$^{w}C_4^2 = \binom{4+2-1}{2} = \binom{5}{2} = 10 \text{ verschiedene Auswahlmengen}$$

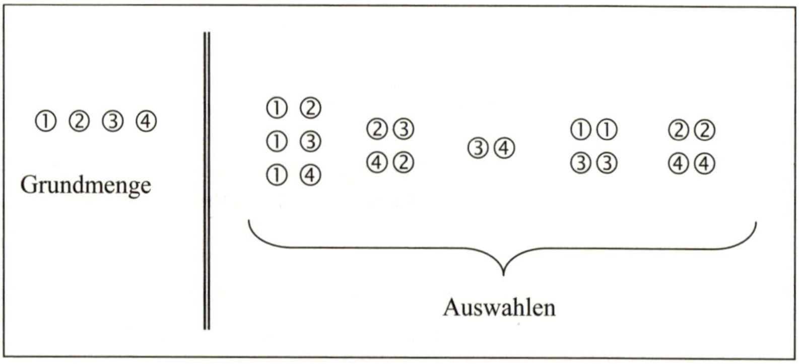

Abb. 6-7: Veranschaulichung der Auswahl mit Wiederholungen, aber ohne Berücksichtigung der Reihenfolge, von n=2 Elementen aus einer Grundmenge von 4 Elementen

3. Eine Grundmenge vom Umfang n = 4 enthalte die Elemente $\{A, B, C, D\}$. Aus dieser Menge werden k = 2 Elemente ausgewählt, wobei die Reihenfolge wesentlich sein soll, Wiederholungen aber nicht zugelassen werden. Die Anzahl der sich ergebenden Variationen ohne Wiederholungen ist dann

$$V_4^2 = \frac{n!}{(n-k)!} = \frac{4!}{(4-2)!} = \frac{24}{2} = 12,$$

nämlich die Variationen

AB	AC	AD	BC	BD	CD
BA	CA	DA	CB	DB	DC.

4. Aus einer Grundmenge von n = 3 Kugeln sollen k = 2 ausgewählt werden, wobei die Reihenfolge wesentlich und Wiederholungen zugelassen seien. Es ergeben sich dann

$$^{w}V_3^2 = n^k = 3^2 = 9 \text{ verschiedene Variationen,}$$

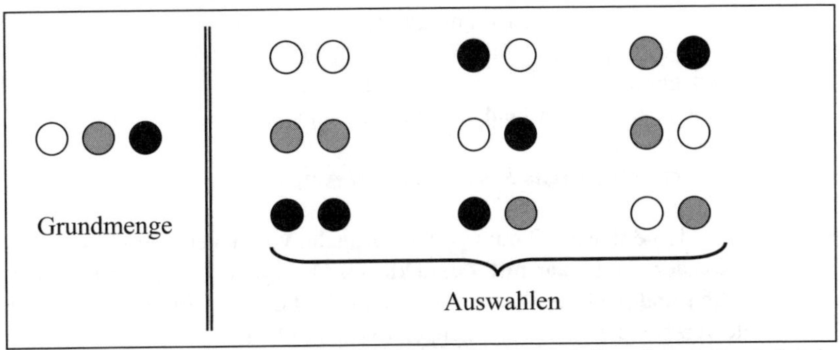

Abb. 6-8: Veranschaulichung der Auswahl von $k=2$ Kugeln mit Berücksichtigung der Reihenfolge und mit Wiederholungen aus einer Grundmenge von $n=3$ Kugeln

Aufgaben zum 6. Kapitel:

9. Eine Grundmenge enthalte 10 Elemente. Auf wie viele verschiedene Arten lassen sich diese Elemente hintereinander anordnen?

10. Gegeben sei die Grundmenge $\{A, B, C, D\}$. Geben Sie alle Permutationen zu dieser Menge an.

11. Ein Lieferwagen muss auf einer Tour nach A, nach B und nach C fahren. Wie viele und welche Fahrtrouten sind denkbar?

12. Eine Grundmenge sei. Geben Sie alle Permutationen dieser Menge an.

13. Eine Grundmenge umfasse 15 Personen, von denen 9 Frauen sind. Wie viele verschiedene Warteschlangen, die sich nur durch die Anordnung von Männern und Frauen unterscheiden, sind denkbar?

14. Zu ermitteln sind die Binomialkoeffizienten
$\binom{5}{4}, \binom{10}{6}, \binom{15}{7}, \binom{19}{15}, \binom{6}{9}.$

15. Aus einer Gruppe von 20 Mitarbeitern sollen 6 zufällig ausgewählt werden, um zu einem Fortbildungslehrgang entsandt zu werden. Wie viele verschiedene Gruppen von Lehrgangsteilnehmern gibt es?

16. Beim Zahlenlotto besteht eine Grundmenge von 49 nummerierten Kugeln, aus denen einige ausgewählt werden. Wie viele verschiedene Kombinationen von fünf ausgewählten Kugeln gibt es?

Aufgaben

17. Ein Student muss in einer Klausur 6 von 8 gestellten Aufgaben lösen. Wie viele verschiedene Kombinationen von zu lösenden Aufgaben gibt es
   a) insgesamt?
   b) wenn die ersten beiden Aufgaben unbedingt gelöst werden müssen?
   c) wenn **mindestens 3** der ersten vier Aufgaben zu lösen sind?

18. In einer Urne liegen 12 nummerierte Kugeln, von denen 5 zufällig gezogen werden, und zwar **mit Zurücklegen,** d. h. jede Kugel wird einzeln gezogen und nach der Entnahme wieder in die Urne zurückgelegt. Wie viele verschiedene Auswahlmengen existieren hier?

19. Eine Hausfrau kauft täglich in einem von 8 Supermärkten ein. Wie viele verschiedene Kombinationen von Supermarktbesuchern sind für ein 4-Tages-Intervall vorstellbar?

20. In einer Urne liegen 20 nummerierte Kugeln, von denen 15 mit Berücksichtigung der Reihenfolge zufällig ausgewählt werden. Wie viele verschiedene Auswahlmengen gibt es hier?

21. Aus 10 Mitarbeitern einer Firma sollen vier ausgewählt werden, die in bestimmte Aufstiegspositionen in den betrieblichen Abteilungen I, II, III und IV befördert werden sollen. Wie viele verschiedene Möglichkeiten gibt es, diese Positionen in den genannten Abteilungen zu besetzen?

22. Gegeben sei die Menge $\{A, B, C, D, E\}$. Geben Sie alle Variationen vom Umfang 2 ohne Wiederholungen zu dieser Menge an.

23. Wie viele verschiedene Folgen aus 5 Buchstaben lassen sich aus $\{A, B, C\}$ bilden?

24. Geben Sie für die Grundmenge $\{1,2,3,4\}$ alle Variationen der Länge k = 2 an, wenn Wiederholungen zugelassen sind?

25. Wie viele Einstellmöglichkeiten gibt es für ein dreistelliges Zahlenschloss an einer Aktentasche, wenn für jede Stelle 10 Ziffern einstellbar sind?

Teil II

Grundzüge der deskriptiven Statistik

7 Eindimensionale Häufigkeitsverteilungen

7.1 Die eindimensionale Häufigkeitsfunktion

Wie wir gesehen haben, werden mit Hilfe statistischer Verfahren Merkmale untersucht. Diese Merkmale sind besondere Kennzeichen der zugrundeliegenden Untersuchungsobjekte. Die Untersuchungsobjekte sind die *Merkmalsträger* vieler verschiedener Merkmale. Unter dem Blickwinkel einer bestimmten statistischen Untersuchung wird nun ein Merkmal als Untersuchungsmerkmal herausgehoben. Am Untersuchungsobjekt wird nur noch dieses spezielle Untersuchungsmerkmal, manchmal auch deren mehrere, betrachtet.

Untersuchungsobjekte

Verdeutlichen wir uns diesen wichtigen Gedanken. Untersuchungsobjekte seien natürliche Personen. An diesen lassen sich beliebig viele verschiedene Merkmale feststellen, wie in Abb. 7-1 veranschaulicht.

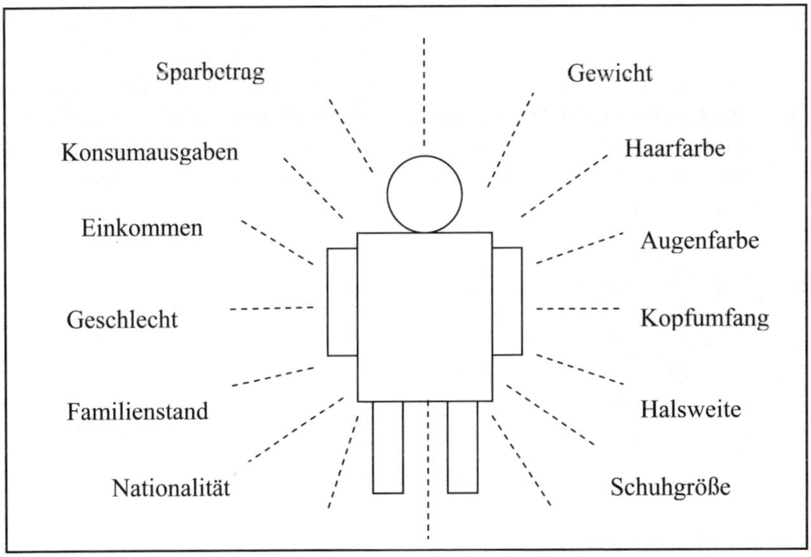

Abb. 7-1: Darstellung des Merkmalskranzes, der ein Untersuchungsobjekt umgibt

Jedes Untersuchungsobjekt ist also von **einem** Kranz von Merkmalen umgeben. Ein Merkmal wird unter dem Blickwinkel einer speziellen Untersuchung hervorgehoben, und man beschränkt sich nun darauf festzustellen, welche *Merkmalsausprägung* das jeweilige Untersuchungsobjekt aufweist, wie in Abb. 7-2 veranschaulicht.

Merkmals-ausprägung

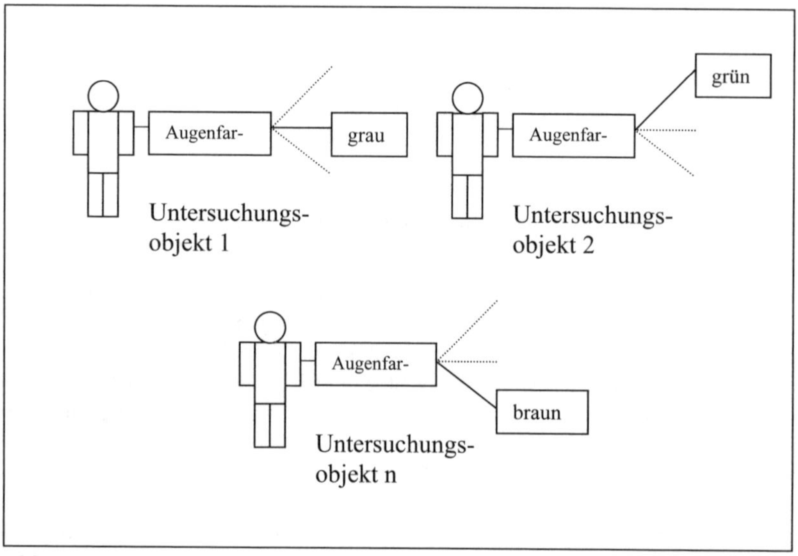

Abb. 7-2: Darstellung der Beziehung zwischen Untersuchungsobjekt, Untersuchungsmerkmal und Merkmalsausprägung

Die Statistik befasst sich mit Massenerscheinungen, das heißt mit Erscheinungen, die an sehr vielen Untersuchungsobjekten beobachtet werden. Dabei bleibt es nicht aus, dass bestimmte Ausprägungen des Untersuchungsmerkmals **mehrfach** auftreten. In unserem Beispiel können wir sicherlich von 1.000 Personen mehrere finden, deren Augenfarbe mit "blau" festgestellt wird. In einem solchen Fall kann man natürlich **auszählen,** wie **häufig** jede Merkmalsausprägung aufgetreten ist.

Diesen Vorgang wollen wir uns an folgendem Beispiel klarmachen:

Beispiel 7-1

Im Vertrieb der SPEEDY-GmbH wurden die einzelnen Bestellungen eines regionalen Vertragshändlers auf die gewünschten Lackierungen der bestellten SPEEDY-PKW hin untersucht. Man beobachtete in der Reihenfolge des Bestelleingangs:

Lfd. Nr. der Bestellung	bestellte Autofarbe	Lfd. Nr. der Bestellung	bestellte Autofarbe	Lfd. Nr. der Bestellung	bestellte Autofarbe
1	Rot	9	Rot	17	Blau
2	Silber	10	Rot	18	Grün
3	Blau	11	Blau	19	Rot
4	Silber	12	Silber	20	Gelb
5	Grün	13	Grün	21	Rot
6	Gelb	14	Blau	22	Silber
7	Silber	15	Silber	23	Blau
8	Rot	16	Silber	24	Silber
				25	Blau

Tab. 7-1 : Auflistung der Einzelbeobachtungen der bestellten Autofarben für Beispiel 7-1

In der Statistik wird das Untersuchungsmerkmal üblicherweise mit einem lateinischen Großbuchstaben, meist mit "X", "Y" oder "Z", bezeichnet, und die Ausprägungen mit indizierten Kleinbuchstaben, also mit $x_1, x_2, \ldots, x_r$ für das Merkmal X. Unter Berücksichtigung dieser Schreibweise können wir nun, zum Beispiel mit einer Strichliste auszählen, wie häufig die einzelnen Ausprägungen des Untersuchungsmerkmals beobachtet wurden. Für unser Beispiel 7-1 erhalten wir dabei:

Merkmalsausprägung	Strichliste	Häufigkeit
x_1 = Blau	||||| ||	$h_1 = 7$
x_2 = Silber	||||| |||	$h_2 = 8$
x_3 = Grün	|||	$h_3 = 3$
x_4 = Gelb	||	$h_4 = 2$
x_5 = Rot	|||||	$h_5 = 5$
		Summe = 25 = n

Tab. 7-2 : Auszählung der Häufigkeiten für Beispiel 7-1 für das Untersuchungsmerkmal $X \triangleq$ Autofarbe

Wir wollen nun die Häufigkeit für das Auftreten der Merkmalsausprägung x_1 mit h_1 die der Ausprägung x_2 mit h_2 usw. bezeichnen[1]. Weiterhin soll die Gesamtzahl der untersuchten Objekte durch das Symbol n ausgedruckt werden. Im Beispiel 7-1 ist n = 25. Wir ersehen aus Tabelle 7-1 unmittelbar die Beziehung.

[1] Vielfach werden in der Literatur die Beobachtungshäufigkeiten auch mit n_1, n_2, usw. bezeichnet.

$(h_1 = 7) + (h_2 = 8) + (h_3 = 3) + (h_4 = 2) + (h_5 = 5) = (n = 25)$,
anders ausgedrückt:

$$\sum_{i=1}^{5} h_i = 25 = n$$

oder ganz allgemein bei r verschiedenen Ausprägungen:

$$\sum_{i=1}^{r} h_i = n \qquad (7.1\text{-}1)$$

absolute Häufigkeiten

relative Häufigkeiten

Neben den bisher betrachteten *absoluten Häufigkeiten* h_i, die angeben, wie oft die Ausprägung x_i eines Untersuchungsmerkmals X beobachtet wurde, benötigt man für verschiedene Untersuchungszwecke auch die *relative Häufigkeit* f_i. Diese relative Häufigkeit f_i gibt an, welcher **Anteil** an allen beobachteten Merkmalsausprägungen auf die Ausprägung x_i entfällt. Wir berechnen die relative Häufigkeit f_i nach der Formel:

$$f_i = \frac{h_i}{n} \qquad (7.1\text{-}2).$$

Daraus folgt die Bedingung:

$$\sum_{i=1}^{r} f_i = \sum_{i=1}^{r} \frac{h_i}{n} = \frac{1}{n} \cdot \sum_{i=1}^{r} h_i$$

also ist wegen (7.1-1)

$$\sum_{i=1}^{r} f_i = 1 \qquad (7.1\text{-}3).$$

Berechnen wir die relativen Häufigkeiten für unser Beispiel 7-1, dann erhält man:

Lfd. Nr. i	Ausprägung x_i	absolute Häufigkeit h_i	relative Häufigkeit f_i
1	$x_1 \mathrel{\hat{=}}$ blau	$h_1 = 7$	$f_1=(7/25)=0{,}28$
2	$x_2 \mathrel{\hat{=}}$ grau	$h_2 = 8$	$f_2=(8/25)=0{,}32$
3	$x_3 \mathrel{\hat{=}}$ grün	$h_3 = 3$	$f_3=(3/25)=0{,}12$
4	$x_4 \mathrel{\hat{=}}$ gelb	$h_4 = 2$	$f_4=(2/25)=0{,}08$
5	$x_5 \mathrel{\hat{=}}$ braun	$h_5 = 5$	$f_5=(5/25)=0{,}20$
		Summe: 25	Summe: 1,0

Tab. 7-3: Absolute und relative Häufigkeiten für Beispiel 6 für das Untersuchungsmerkmal X ≙ Autofarben

Soll der Anteil, den die Häufigkeiten einer Merkmalsausprägung an der Gesamthäufigkeit aller Beobachtungen bilden, in Prozenten ausgedrückt werden, dann erhält man diesen Prozentsatz aus der Beziehung $f_i \cdot 100$ [in %].

An dieser Stelle sei ausdrücklich darauf hingewiesen, dass relative Häufigkeiten f_i, 1 = 1, 2, 3, ...r, und in Prozentzahlen ausgedrückte relative Häufigkeiten $(f_i \cdot 100)$ unbedingt begrifflich klar voneinander getrennt werden müssen. Es ist eine beliebte Fehlerquelle, mit Prozentzahlen wie mit absoluten Zahlen zu rechnen! Wenn eine Partei ihr Anhängerpotential z. B. von 30% auf 40% gesteigert hat, dann beträgt der Zuwachs nicht "10%", denn 10% von 30% wären nur 3%. Üblicherweise spricht man hier von einem Zuwachs von "10 Prozentpunkten".

Für Beispiel 7-1 haben wir in Tabelle 7-3 angegeben, wie oft jede Merkmalsausprägung x_i beobachtet wurde, wobei die Angabe in absoluten Häufigkeiten h_i oder relativen Häufigkeiten f_i vorgenommen werden kann.

Eine derartige Zusammenstellung aller Merkmalsausprägungen x_i mit den dazugehörigen Beobachtungshäufigkeiten h_i bzw. f_i bezeichnet man als **Häufigkeitsfunktion des Merkmals X.** Der Begriff "Häufigkeits**funktion**" (syn.: Häufigkeitstabelle) ergibt sich aus der **Zuordnung** der Beobachtungshäufigkeiten zu den Merkmalsausprägungen. Von einer *eindimensionalen* Häufigkeitsfunktion spricht man dann, wenn der statistischen Untersuchung nur ein einziges Merkmal zugrunde liegt.

eindimensionale Häufigkeitsfunktion

Neben der Häufigkeitsfunktion benötigt man in der Statistik noch eine weitere Zusammenstellung, wie sich Beobachtungshäufigkeiten auf die einzelnen Merkmalsausprägungen verteilen. Diese soll im nächsten Abschnitt erläutert werden.

7.2 Die eindimensionale Verteilungsfunktion

Aus der Häufigkeitsfunktion kann man ersehen, wie oft genau eine ganz bestimmte Merkmalsausprägung beobachtet wurde. Ist das Untersuchungsmerkmal **zumindest ordinalskaliert,** können wir aus der Häufigkeitsfunktion eine weitere wichtige Funktion ableiten: **die Verteilungsfunktion.** Zur Veranschaulichung der Ableitung dieser Funktion diene das folgende Beispiel:

Beispiel 7-2

Die Polizei führt an einem bestimmten Punkt der Innenstadt Radar-Geschwindigkeitsmessungen durch. In **einer Viertelstunde** wurde die in Tabelle 7-4 wiedergegebene Häufigkeitsfunktion des Merkmals X: "Geschwindigkeit von Autos in km/h" beobachtet.

Lfd. Nr.	Ausprägung x_i [in km/h]	absolute Häufigkeit h_i	relative Häufigkeit f_i
1	$x_1 = 45$	$h_1 = 4$	$f_1 = 0{,}0500$
2	$x_2 = 46$	$h_2 = 3$	$f_2 = 0{,}0375$
3	$x_3 = 47$	$h_3 = 5$	$f_3 = 0{,}0625$
4	$x_4 = 48$	$h_4 = 7$	$f_4 = 0{,}0875$
5	$x_5 = 49$	$h_5 = 8$	$f_5 = 0{,}1000$
6	$x_6 = 50$	$h_6 = 12$	$f_6 = 0{,}1500$
7	$x_7 = 51$	$h_7 = 11$	$f_7 = 0{,}1375$
8	$x_8 = 52$	$h_8 = 10$	$f_8 = 0{,}1250$
9	$x_9 = 53$	$h_9 = 10$	$f_9 = 0{,}1250$
10	$x_{10} = 54$	$h_{10} = 8$	$f_{10} = 0{,}1000$
11	$x_{11} = 55$	$h_{11} = 2$	$f_{11} = 0{,}0250$

Tab. 7-4: Häufigkeitsfunktion des Merkmals $X \triangleq$ Geschwindigkeit von Autos in km/h beobachtet innerhalb von 15 Minuten

Wir ersehen aus Tabelle 7-4, dass genau 12 Autos 50 km/h gefahren sind; 10 Autos fuhren 53 km/h und so weiter.

Wir können aber auch fragen, wie viele Autos sich an die Verkehrsvorschriften gehalten haben, d. h., wie viele Autos **höchstens** 50 km/h gefahren sind. Wir stellen fest, dass es sich hier um 39 Autos handelt, nämlich:

$$(h_1 = 4) + (h_2 = 3) + (h_3 = 5) + (h_4 = 7) + (h_5 = 8) + (h_6 = 12) = 39$$

Wenn man nun fragt, wie viele Autos **höchstens** 47 km/h gefahren sind, so finden wir deren 12; 70 Autos dagegen sind **höchstens** 53 km/h gefahren.

Die Häufigkeiten "39", "12" oder "70" haben wir dadurch erhalten, dass wir alle Beobachtungshäufigkeiten $h_1, h_2, \ldots, h_j$ bis einschließlich zur Häufigkeit h_j der angesprochenen Merkmalsausprägung x_j aufaddiert haben. Diesen Vorgang des "Aufaddierens bis zu einem bestimmten Punkt" bezeichnet man als *Kumulieren* bzw. als *Kumulation.*

kumulierte Häufigkeiten

Die Häufigkeiten, die durch Kumulation entstehen, bezeichnet man als *kumulierte Häufigkeiten,* für die die Symbole H_i für absolute kumulierte Häufigkeiten und F_i für relative kumulierte Häufigkeiten verwendet werden. Es gilt die Beziehung:

$$H_j = \sum_{i=1}^{j} h_i \qquad (7.2\text{-}1)$$

und

$$F_j = \sum_{i=1}^{j} f_j = \frac{H_j}{n} \qquad (7.2\text{-}2).$$

Berechnen wir die kumulierten Häufigkeiten für Beispiel 7-2, dann erhalten wir die in Tabelle 7-5 zusammengestellten Ergebnisse.

i	x_i [in km/h]	h_i	H_i	f_i	F_i
1	45	4	4	0,0500	0,0500
2	46	3	7	0,0375	0,0875
3	47	5	12	0,0625	0,1500
4	48	7	19	0,0875	0,2375
5	49	8	27	0,1000	0,3375
6	50	12	39	0,1500	0,4875
7	51	11	50	0,1375	0,6250
8	52	10	60	0,1250	0,7500
9	53	10	70	0,1250	0,8750
10	54	8	78	0,1000	0,9750
11	55	2	80	0,0250	1,0000
	Summen	80		1,0000	

Tab. 7-5: Beobachtungshäufigkeiten und kumulierte Häufigkeiten für Beispiel 7-2

Die kumulierte Häufigkeit H_i gibt also an, wie groß die Zahl der beobachteten Merkmalsausprägungen ist, die die Ausprägung x_i aufweisen und alle Ausprägungen, die vor x_i angeordnet waren. Entsprechend für Anteilswerte kann man die kumulierte relative Häufigkeit F_i interpretieren.

Eine Zusammenstellung aller Ausprägungen x_i eines Untersuchungsmerkmals X mit den dazugehörigen kumulierten Häufigkeiten H_i bzw. F_i bezeichnet man als **Verteilungsfunktion des Merkmals X**. Von einer eindimensionalen Verteilungsfunktion spricht man, wenn nur ein Merkmal untersucht wird.

Verteilungsfunktion

Die Häufigkeitsfunktion eines statistischen Merkmals X und dessen Verteilungsfunktion bilden zusammen die beiden *Häufigkeitsverteilungen des Merkmals X,* weil sie angeben, wie sich die einfachen oder kumulierten Häufigkeiten auf die Merkmalsausprägungen verteilen.

Häufigkeitsverteilung

7.3 Klassifizierte eindimensionale Häufigkeitsverteilungen

Eine Sonderform der besprochenen eindimensionalen Häufigkeitsverteilungen bilden die *klassifizierten* eindimensionalen Häufigkeitsverteilungen. Die Entstehung von derartigen Häufigkeitsverteilungen wollen wir uns anhand von Beispiel 7-3 ableiten.

klassifizierte Häufigkeitsverteilung

Beispiel 7-3

59 Mitarbeiter der SPEEDY GmbH haben sich einer betrieblichen Weiterbildungsmaßnahme unterzogen und an einer schriftlichen Abschlussprüfung teilgenommen. Darin konnten -je nach erbrachter Leistung- zwischen 0 und 100 Punkten erreicht werden, wobei nur ganze Punktzahlen möglich waren. Das Prüfungsergebnis für alle Teilnehmer ist die in Tabelle 7-6 wiedergegebene Häufigkeitsfunktion des Merkmals "X = in Punktzahlen gemessene Prüfungsleistung":

i	Merkmalsausprägung x_i [in Punkten]	Häufigkeit h_i
1	0	2
2	1	0
3	2	1
4	3	1
5	4	0
...	...	...
49	48	0
50	49	2
51	50	3
...	...	...
99	98	1
100	99	0
101	100	1
	Summe	59

Tab. 7-6 : Häufigkeitsfunktion des Merkmals X = in Punktzahlen gemessene Prüfungsleistung

Derartige Häufigkeitsfunktionen mit sehr vielen Merkmalsausprägungen, von denen zudem noch viele die Eintrittshäufigkeit $h_i = 0$ aufweisen, sind sehr unübersichtlich. Man stelle sich die in Beispiel 7-3 genannte Häufigkeitsfunktion einmal vollständig wiedergegeben vor: 101 Merkmalsausprägungen, von denen bei 59 Kandidaten mindestens 42 Ausprägungen nicht beobachtet wurden, also $h_i = 0$ aufweisen.

Um bei derartigen Häufigkeitsverteilungen die Übersichtlichkeit zu erhöhen, fasst man mehrere benachbarte Merkmalsausprägungen zu einer Gruppe oder **Klasse** zusammen. Die Beobachtungshäufigkeiten aller Ausprägungen, die zu einer Klasse gehören, werden zusammengezählt und bilden die *Klassenhäufigkeit.* Wir wollen für Beispiel 7-3 Klassen nach folgendem Schema bilden und gleichzeitig die einfachen und kumulierten Klassenhäufigkeiten angeben:

j	Klasse k_j	umfasst die Ausprägungen von ... bis ...	h_j	f_j	H_j	F_j
1	k_1	0 bis 24 Punkte	5	0,0848	5	0,0848
2	k_2	25 bis 49 Punkte	10	0,1695	15	0,2543
3	k_3	50 bis 70 Punkte	16	0,2712	31	0,5255
4	k_4	71 bis 85 Punkte	15	0,2542	46	0,7797
5	k_5	86 bis 95 Punkte	10	0,1695	56	0,9492
6	k_6	96 bis 100 Punkte	3	0,0508	59	1,0000
		Summen	59	1,0000		

Tab. 7-7 : Klassenbildung der Merkmalsausprägungen für Beispiel 7-3

Wir müssen beachten, dass die einzelnen Merkmalsklassen eine unterschiedliche "Breite" aufweisen, die wir mit d_j bezeichnen. Wir finden für Beispiel 7-3:

j	Klasse k_j	Klassenbreite d_j [in Punkten]	
1	k_1	$d_1 = 25$	
2	k_2	$d_2 = 25$	
3	k_3	$d_3 = 21$	Die Breite der Klassen ist unterschied-
4	k_4	$d_4 = 15$	lich. Alle Klassen zusammen haben
5	k_5	$d_5 = 10$	eine Breite von 101 Ausprägungen
6	k_6	$d_6 = 5$	
	Summe	101	

Tab. 7-8 : Darstellung der unterschiedlichen Breiten der Merkmalsklassen für Beispiel 7-3 (vgl. Tab. 7-7)

Bei der Klassenbildung ist unbedingt darauf zu achten, dass auf keinen Fall eine Merkmalsausprägung in mehr als einer Merkmalsklasse auftreten kann. Es ist falsch zu klassifizieren.

Klasse	von ... bis ... Punkte	
k_1	0 bis 25	
k_2	25 bis 50	
k_3	50 bis 70	usw.

Hier würde beispielsweise die Ausprägung x_{26} = 25 Punkte sowohl in der Klasse k_1 als auch in der Klasse k_2 auftreten. In diesem Falle keine eindeutige Zuweisung von h_i = 25 möglich, denn man weiß nicht, ob man diese Häufigkeit zu k_1 oder zu k_2 zuordnen soll.

Wenn man also bei einer Klassenbildung nicht alle Merkmalsausprägungen bei der Angabe der Klassenbreite angeben will, muss man sich entweder der Schreibweise gemäß Tabelle 7-7 bedienen oder der folgenden:

j	Klasse k_j	Klassenbreite (in Punkten)	h_j	f_j	H_j	F_j
1	k_1	0 - < 25	5	0,0848	5	0,0848
2	k_2	25 - < 50	10	0,1695	15	0,2543
3	k_3	50 - < 71	16	0,2712	31	0,5255
4	k_4	71 - < 86	15	0,2542	46	0,7797
5	k_5	86 - < 96	10	0,1695	56	0,9492
6	k_6	96 -< 100	3	0,0508	59	1,000
		Summen:	59	1,000		

Tab. 7-9: Alternative Schreibweise zur Klassenbildung, dargestellt für Beispiel 7.3

Die Angabe der Klassenbreite sind nun zu lesen als "0 bis unter 25 Punkten", "25 bis unter 50 Punkte" usw.

Eine Zusammenstellung aller Merkmalsklassen mit den dazugehörigen Klassenhäufigkeiten bezeichnet man als eine *klassifizierte Häufigkeitsfunktion;* eine Zusammenstellung aller Merkmalsklassen mit dazugehörigen kumulierten Klassenhäufigkeiten bezeichnet man als *klassifizierte Verteilungsfunktion.* Diese beiden Funktionen zusammen bilden die beiden *klassifizierten Häufigkeitsverteilungen eines Merkmals.*

7.4 Die Darstellung eindimensionaler Häufigkeitsverteilungen

Eindimensionale Häufigkeitsverteilungen lassen sich, wie in den Beispielen der Abschnitte 7.1 bis 7.3 gezeigt, tabellarisch darstellen. Auf die Eigenheiten der tabellarischen Erfassung von klassifizierten eindimensionalen Häufigkeitsverteilungen wurde besonders hingewiesen.

graphische Darstellung

Neben der **tabellarischen** Darstellung bedient man sich vor allem aus Gründen der Übersichtlichkeit und Anschaulichkeit **graphischer** Darstellungen von Häufigkeitsverteilungen.

höhenproportionale und flächenproportionale Darstellung

Bei der graphischen Darstellung unterscheidet man zwischen der *höhenproportionalen Darstellung* und der *flächenproportionalen Darstellung.* Bei der höhenproportionalen Darstellung werden die beobachteten Häufigkeiten in einem rechtwinkligen Koordinatensystem als Strecken senkrecht zur Abszisse beschrieben. Die Länge der jeweiligen Strecken ist proportional den zugehörigen Beobachtungshäufigkeiten. Für Beispiel 7-1 können wir die Häufigkeitsfunktion wie in Abb. 7-3 und 7-4 höhenproportional darstellen.

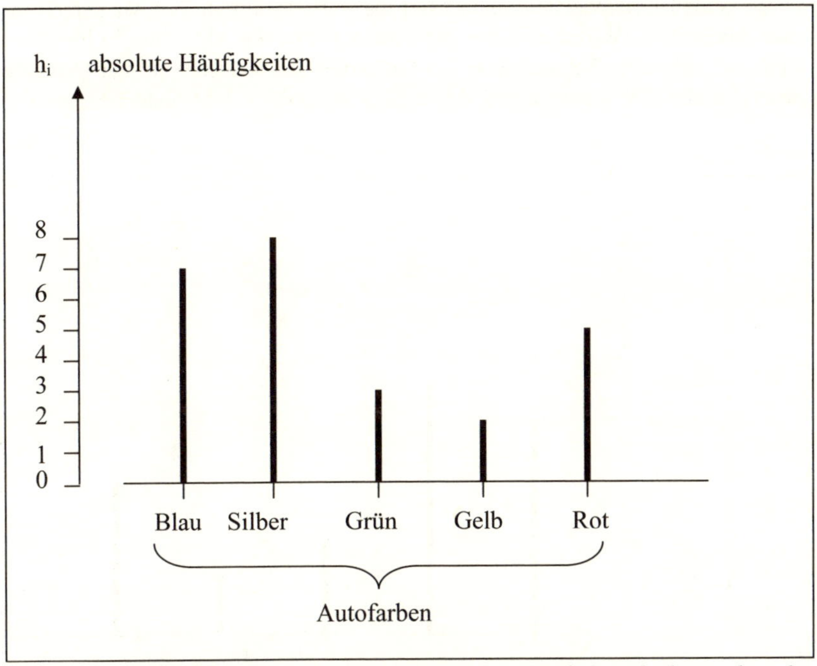

Abb. 7-3: Höhenproportionale Darstellung der Häufigkeitsfunktion der absoluten Häufigkeiten für Beispiel 7-1

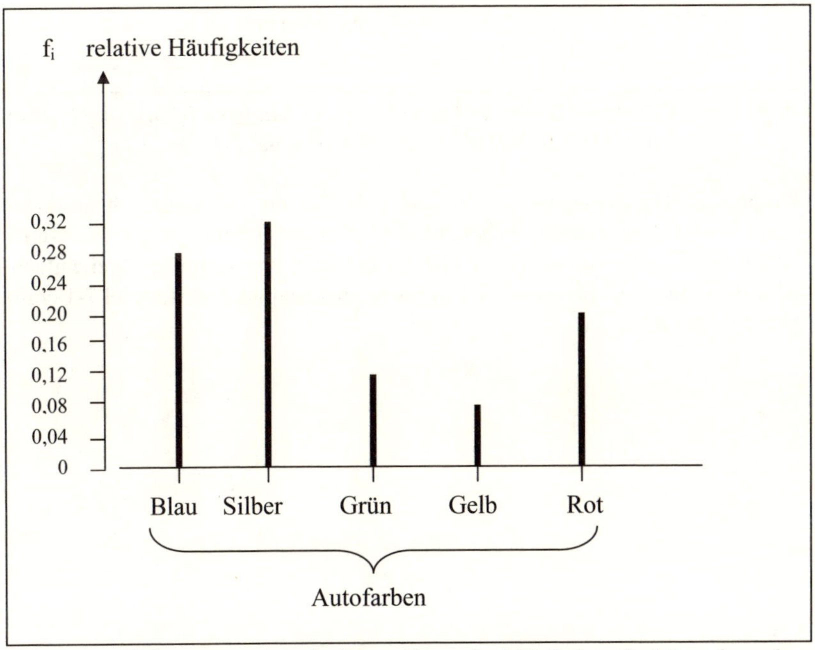

Abb. 7-4: Höhenproportionale Darstellung der Häufigkeitsfunktion der relativen Häufigkeiten für Beispiel 7-1

Diese beiden Einzeldarstellungen kann man offensichtlich in einer gemeinsamen Abbildung zusammenfassen, weil die eigentlichen Abbildungen identisch sind und sich Abb. 7-3 und Abb. 7-4 nur durch den Maßstab auf der Ordinate unterscheiden. Die gemeinsame Darstellung ist in Abb. 7-5 wiedergegeben.

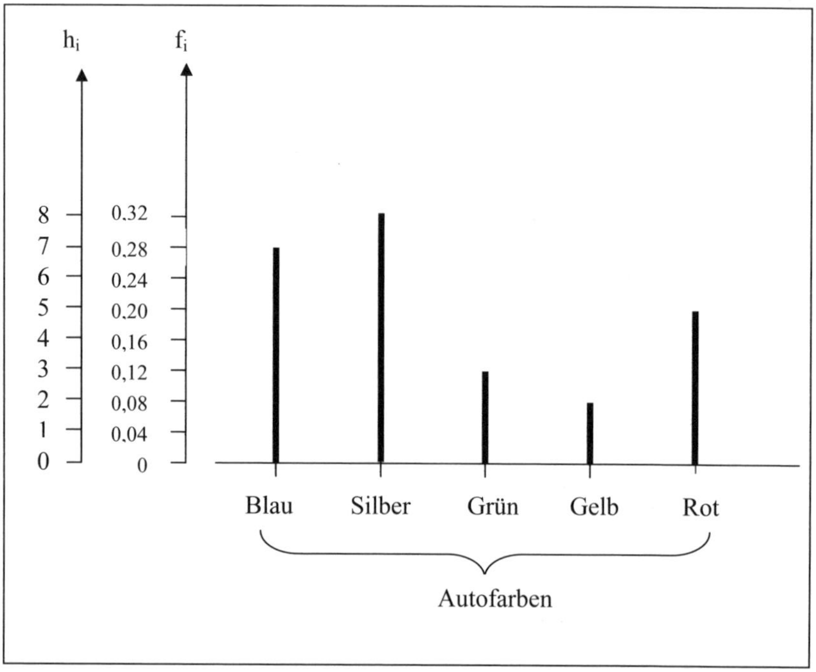

Abb. 7-5 : Höhenproportionale Darstellung der Häufigkeitsfunktion für absolute und relative Häufigkeiten für Beispiel 7-1

Graphische Darstellungen wie in den Abb. 7-3 bis 7-5 werden heute kaum noch "von Hand" erstellt. Tabellenkalkulationsprogramme, wie z. B. **Microsoft EXCEL** oder **Corel QUATTROPRO** bieten hier vielfältige und einfache Möglichkeiten, entsprechende Diagramme zu gestalten. Für Beispiel 7-1 ergibt sich hier die Abb. 7-6:

Autofarbe	Häufigkeit
Blau	7
Silber	8
Grün	3
Gelb	2
Rot	5

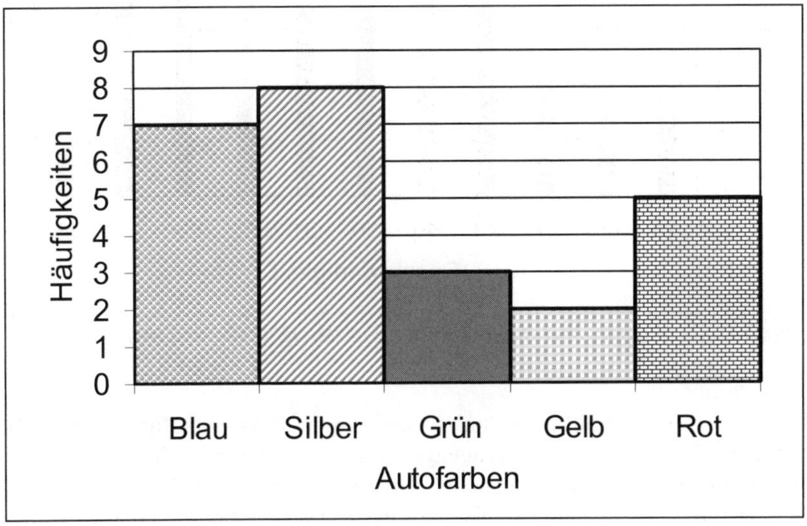

Abb. 7-6: Histogramm für die Häufigkeitsfunktion für Beispiel 7-1

Da das Untersuchungsmerkmal für Beispiel 7-2 verhältnisskaliert ist, kann man die höhenproportionale Darstellung hier in einem rechtwinkligen Koordinatensystem wie in Abb. 7-7 vornehmen.

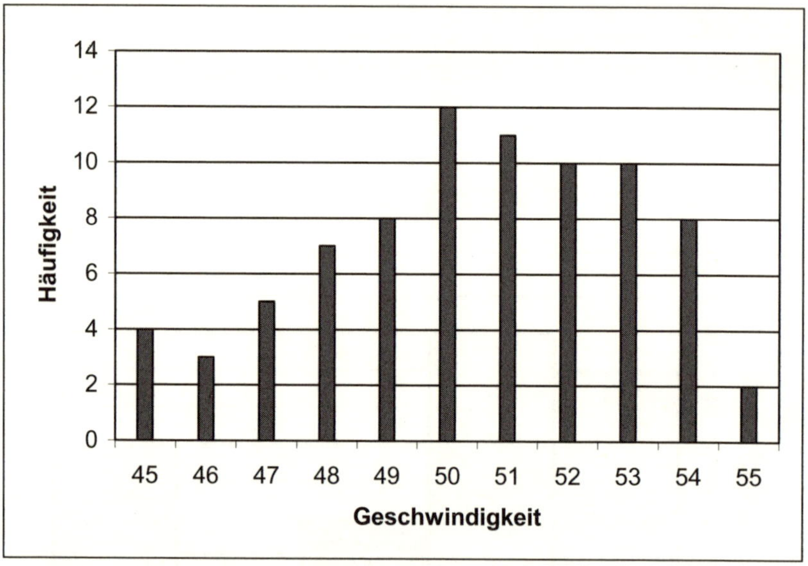

Abb.7-7: Höhenproportionale Darstellung der Häufigkeitsfunktion aus Beispiel 7-2

Bei klassifizierten Häufigkeitsfunktionen wird die Klassenhäufigkeit zugeordnet dem Mittelwert aller Ausprägungen einer jeden Klasse. Wir wollen diese **Klassenmittelwerte** nachfolgend zur Unterscheidung mit x_j' bezeichnen, wobei der Index "j" die laufende Nummer der Klasse angibt. Wir erhalten so für Beispiel 7-3 die Abb. 7-8.

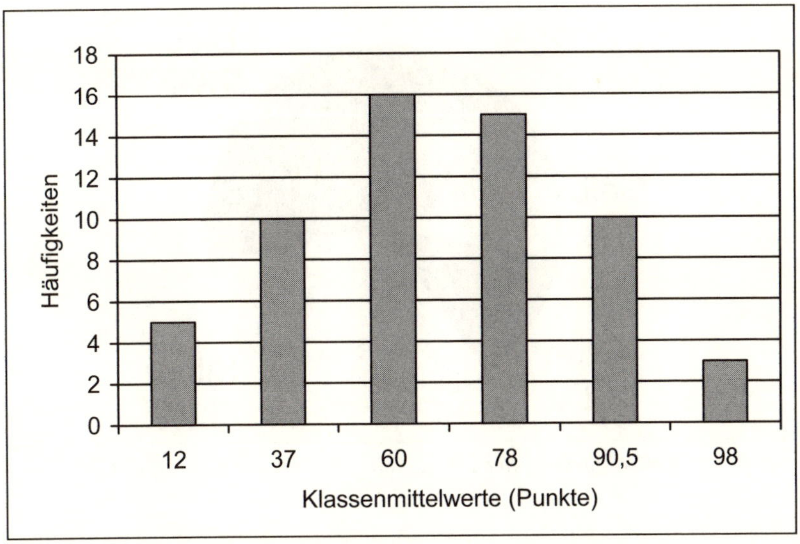

Abb. 7-8: Höhenproportionale Darstellung der Häufigkeitsfunktion aus Beispiel 7-3

Stabdiagramm

Derartige höhenproportionale Darstellungen von Häufigkeitsfunktionen bezeichnet man als *Stabdiagramm.*

Bei der flächenproportionalen Darstellung werden die beobachteten Häufigkeiten als Flächen abgebildet, deren **Flächeninhalte** proportional sind den Beobachtungshäufigkeiten. Die bekannteste flächenproportionale Darstellung ist das *Kreisdiagramm.*

Kreisdiagramm

Bei einem Kreisdiagramm werden die den Häufigkeiten proportionalen Flächen als **Sektoren** eines Kreises dargestellt. Der Winkel α_i der einzelnen Sektoren ergibt sich aus der Beziehung:

$$\alpha_i^\circ = \frac{h_i \cdot 360^\circ}{n} \qquad (7.4\text{-}2).$$

Für die Beispiele 7-1 und 7-2 erhält man so die in den Abb. 7-9 und 7-10 abgebildeten Kreisdiagramme.

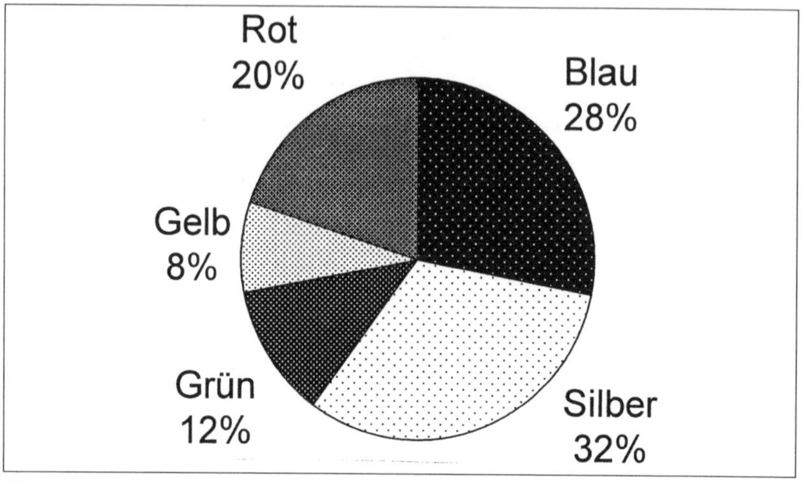

Abb. 7-9 : Kreisdiagramm der Häufigkeitsfunktion aus Beispiel 7-1

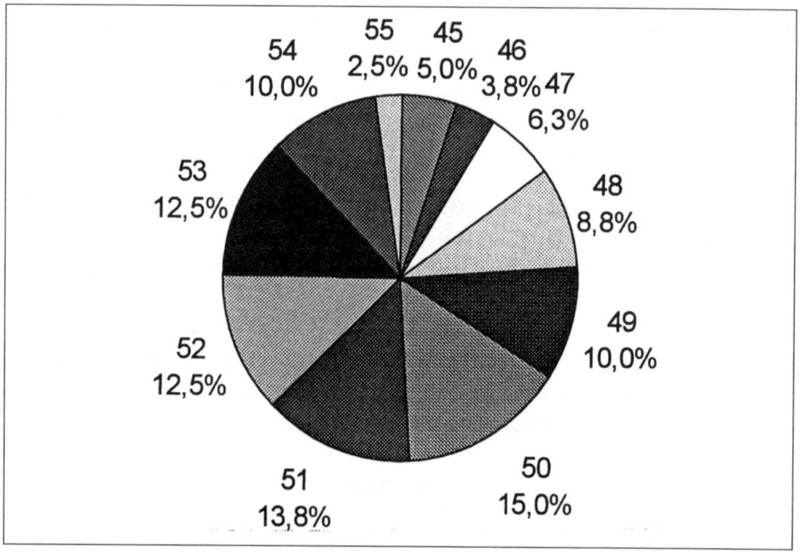

Abb.7-10: Kreisdiagramm der Häufigkeitsfunktion zu Beispiel 7-2

Klassenbreite

Die Darstellung klassifizierter Häufigkeitsfunktionen in Form eines Kreisdiagramms ist entsprechend vorzunehmen, wenn die **Klassenbreite** aller Klassen **identisch** ist. Bei klassifizierten Häufigkeitsfunktionen mit unterschiedlicher Klassenbreite ist die Verwendung von Kreisdiagrammen nicht empfehlenswert, weil sich hier die unterschiedliche Intervallbreite nicht abbilden lässt. Denkbar wäre hier nur ein Kreisdiagramm, in dem alle Klassenbreiten als gleich groß angenommen würden.

Sie sehen in Abb. 7-11 eine Darstellung des Altersaufbaus der Bevölkerung der Bundesrepublik Deutschland. Sie besteht aus zahlreichen Balken, welche für jedes Alter die Anzahl der Personen – rechts Frauen und links Männer - darstellt. In früheren Zeiten bei einer höheren Geburtsrate glich diese Abbildung auch einer Pyramide, weshalb man auch von Alterspyramide spricht.

Alterspyramide

Es lassen sich an dieser Grafik markante geschichtliche Ereignisse ablesen, wie der Geburtenausfall während der beiden Weltkriege und der Wirtschaftskrise der dreißiger Jahre. Deutlich erkennbar ist auch der durch den so genannten Pillenknick verursachte dramatische Geburtenrückgang seit den späten sechziger Jahren.

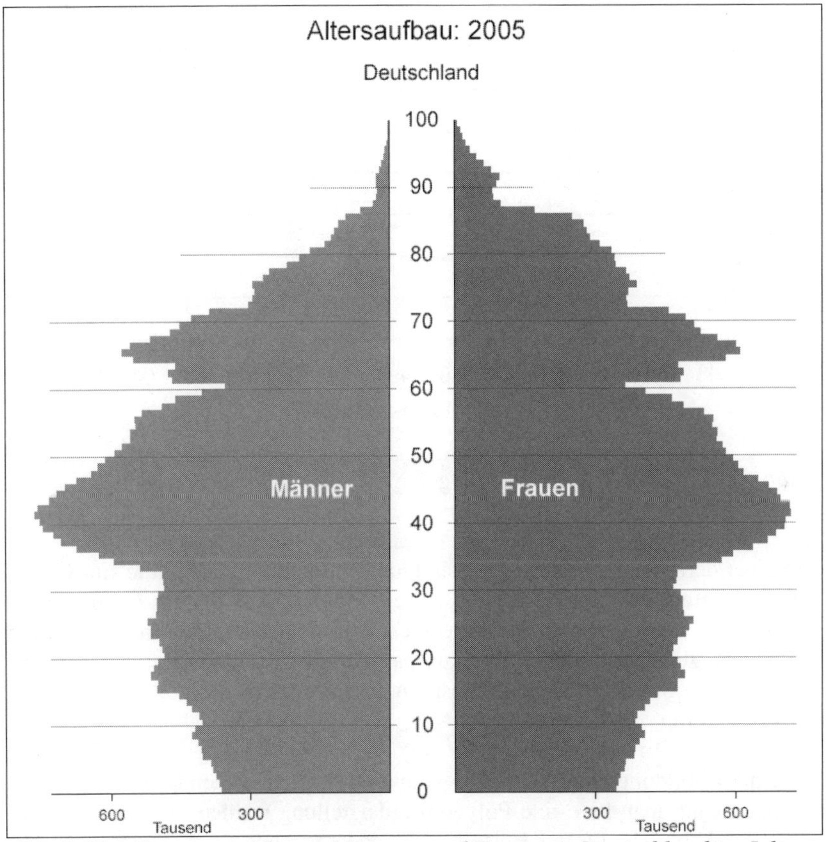

Abb. 7-11: Alterspyramide von Männern und Frauen in Deutschland im Jahre 2005 (Quelle: Statistisches Bundesamt Deutschland)

Treppenkurve

Verteilungsfunktionen eines statistischen Untersuchungsmerkmals werden üblicherweise nur in Form einer *Treppenkurve* abgebildet. Da bei nominalskalierten Merkmalen deren Ausprägungen nicht geordnet werden können, ist die Aufstellung der Verteilungsfunktion nicht sinnvoll. Bei zumindest ordinalskalierten Merkmalen springt die Verteilungsfunktion, von links kommend, bei jeder neuen Merkmalsausprägung x_i auf den zugehörigen Wert H_i bzw. F_i.

Die Verteilungsfunktion des Beispiels 7-2 ist in Abb. 7-12 wiedergegeben.

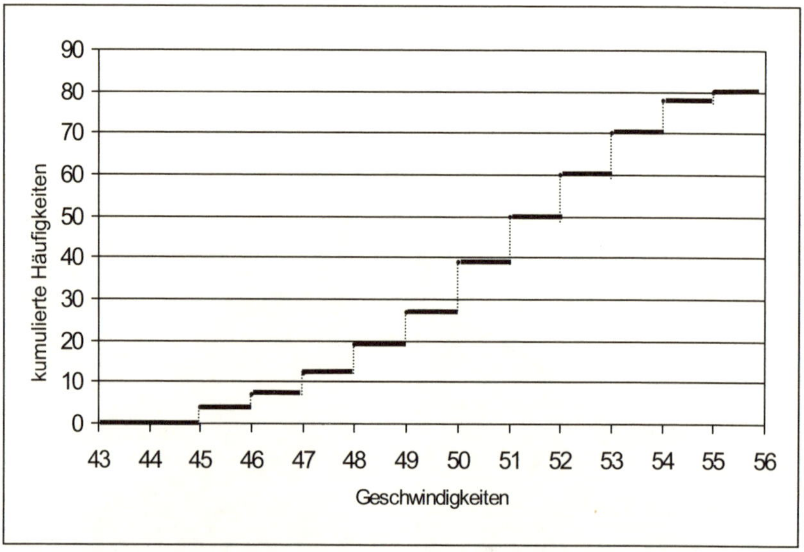

Abb. 7-12: Graphische Darstellung der Verteilungsfunktion zu Beispiel 7-2 in Form einer Treppenkurve

In einer derartigen Treppenkurve sind nur die Funktionsabschnitte sinnvoll zu interpretieren, die parallel zur Abszisse verlaufen. Aus diesem Grunde muss vermieden werden, die dazu senkrechten Verbindungsstrecken in der gleichen Weise zu zeichnen wie die Strecken parallel zur Abszisse. Man zeichnet die senkrechten Strecken entweder gestrichelt ein, oder man unterlässt ihre Wiedergabe völlig.

Für die Abbildung einer Verteilungsfunktion mit sehr vielen Merkmalsausprägungen kann man hier eine Polygonzugdarstellung wählen, wie sie exemplarisch in Abb. 7-13 für das Beispiel 7-2 wiedergegeben ist. Eine derartige Abbildung ist natürlich nicht so exakt wie die reine Treppenkurve. Aber je größer die Zahl der Ausprägungen wird, desto kleiner wird der Abbildungsfehler.

Abb. 7-13: Graphische Darstellung der Verteilungsfunktion zu Beispiel 7-2 in Form eines Polygonzuges

Polygonzug

Die Verteilungsfunktion eines klassifizierten Merkmals stellt man zweckmäßigerweise als Polygonzug dar, weil sich hier die "Treppenstufen" der üblichen Darstellung kaum **interpretieren** lassen. Der Polygonzug hat seine "Knickpunkte" hier an den jeweiligen Klassengrenzen. Abb. 7-14 veranschaulicht die Vorgehensweise für Beispiel 7-3.

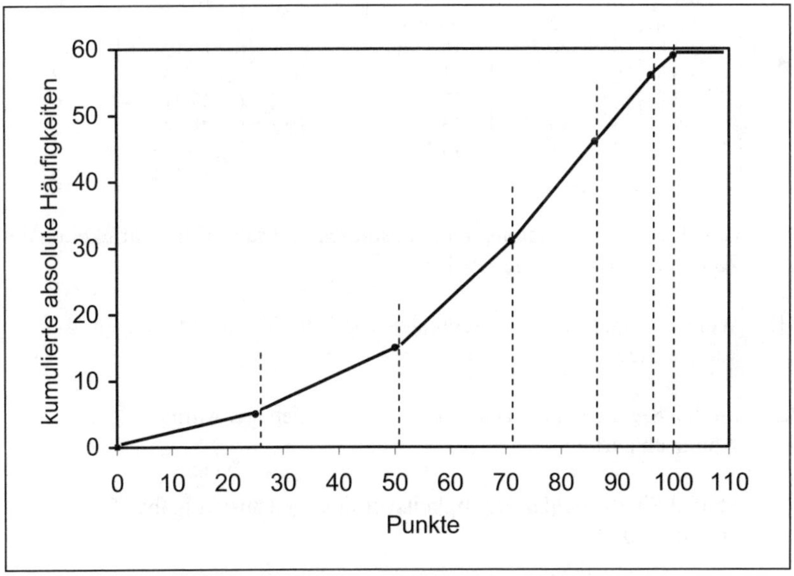

Abb. 7-14: Graphische Darstellung der Verteilungsfunktion zu Beispiel 7-3

Aufgaben zum 7. Kapitel

26. Was verstehen Sie unter: a) Häufigkeit,
b) absoluter Häufigkeit,
c) relativer Häufigkeit?

27. Was ist eine Häufigkeitsverteilung?

28. Die Volkszählung 1987 ergab unter anderem das folgende Ergebnis: Von den 16.711.845 Einwohnern von NRW gehörten 5.979.042 evangelischen Kirchen, 8.260.295 katholischen Kirchen, 573.280 islamischen Glaubensgemeinschaften, 7.216 jüdischen Glaubensgemeinschaften und 333.842 sonstigen Glaubensgemeinschaften an. Stellen Sie die Verteilungen der absoluten und relativen Häufigkeiten dieser Merkmalsausprägung auf.

29. Das Straßenverkehrsamt der Stadt Münster hat in einem bestimmten Monat genau 963 PKW erstmalig zum Verkehr neu zugelassen. Darunter waren 326 Opel, 301 VW, 136 Ford, 120 SPEEDY, 80 Fiat. Stellen Sie die Verteilungen der absoluten und relativen Häufigkeiten auf!

30. An einer Tankstelle wurden im Laufe eines Tages die folgenden Zahlen von Tankvorgängen festgestellt:

Zeitraum	Zahl von Tankvorgängen	Zeitraum	Zahl von Tankvorgängen	Zeitraum	Zahl von Tankvorgängen
0-1 h	2	8-9 h	9	16-17 h	10
1-2 h	2	9-10 h	9	17-18 h	10
2-3 h	0	10-11 h	8	18-19 h	8
3-4 h	1	11-12 h	10	19-20 h	7
4-5 h	2	12-13 h	10	20-21 h	6
5-6 h	4	13-14 h	7	21-22 h	5
6-7 h	7	14-15 h	8	22-23 h	4
7-8 h	8	15-16 h	10	23-24 h	3

Geben Sie die Verteilungen der absoluten und relativen Häufigkeiten der Zahl der Tankvorgänge wieder!

31. Welche graphischen Darstellungen von Häufigkeitsverteilungen kennen Sie?

32. Stellen Sie die beiden Häufigkeitsverteilungen aus Aufgabe 28 graphisch dar!

33. Stellen Sie die beiden Häufigkeitsverteilungen aus Aufgabe 29 graphisch dar!

34. Stellen Sie die beiden Häufigkeitsverteilungen aus Aufgabe 30 graphisch dar!

Aufgaben

35. An einer Kreuzung wurden 520 Autos beobachtet und jeweils Farbe und Automarke festgestellt. Man kam zu folgendem Ergebnis:

VW:	weiß:	30	Opel:	weiß:	27	SPEEDY:	weiß:	34
	rot:	25		rot:	20		rot:	26
	grün:	16		grün:	30		grün:	17
	blau:	24		blau:	13		blau:	13
	gelb:	15		gelb:	10		gelb:	10
Audi:	weiß:	15	Mercedes	weiß:	8	Sonstige:	weiß:	20
	rot:	14		rot:	13		rot:	12
	grün:	12		grün:	7		grün:	13
	blau:	13		blau:	18		blau:	15
	gelb:	26		gelb:	4		gelb:	10

Stellen Sie diese Beobachtungsdaten in Form einer Tabelle dar!

36. Was verstehen Sie unter klassifizierten Merkmalen?

37. In einer Prüfung seien Ergebnisse zwischen 0 und 100 Punkten möglich. 10 Kandidaten, die an der Klausur teilgenommen haben, erzielten folgende Ergebnisse:

Kandidat	Ergebnis (in Punkten)	Kandidat	Ergebnis (in Punkten)
1	76	6	93
2	50	7	79
3	84	8	63
4	67	9	43
5	16	10	58

Für diese Klausur gilt folgendes Zensurenschema:

0-24 Punkte: völlig ungenügend (6) 25-49 Punkte: mangelhaft (5) 50-64 Punkte: ausreichend (4)	65-79 Punkte: befriedigend (3) 80-90 Punkte: sehr gut (2) 91-100 Punkte: sehr gut (1)

Formen Sie die beobachtete empirische Häufigkeitsverteilung unter Verwendung des Zensurenschemas in Verteilungen klassifizierter absoluter und relativer Häufigkeiten um!

38. Eine Klausur im Fach Statistik brachte folgendes Ergebnis:

Punkte	0-24	24-49	50-63	64-76	77-90	91-100
Zensur	6	5	4	3	2	1
Zahl Kandidaten	4	4	16	21	18	12

a) Geben Sie die entsprechende absolute und relative Häufigkeitsverteilung an!
b) Stellen Sie ein Stabdiagramm dieser beiden Häufigkeitsverteilungen dar!

Aufgaben

39. Was versteht man unter kumulierten Häufigkeiten?

40. Was versteht man unter einer Verteilungsfunktion? Was gibt die Verteilungsfunktion an?

41. Ermitteln Sie die Verteilungsfunktion für die Häufigkeitsverteilung der Aufgabe 30 und stellen Sie diese graphisch dar!

42. An die 50 Akkordarbeiter einer chemischen Fabrik wurden an einem Tag folgende Brutto-Tageslöhne (gerundet, in GE) ausgezahlt:

161	160	171	162	159	177	189	169	168	170
169	171	193	170	163	168	165	160	164	162
171	179	155	174	172	166	166	161	155	165
170	175	159	199	172	172	170	170	171	171
167	153	164	158	185	169	151	179	175	165

a) Ordnen Sie das Zahlenmaterial in folgende Lohnklassen ein:
$>$ 150 bis 160 $>$ 160 bis 170 $>$ 170 bis 180
$>$ 180 bis 190 $>$ 190 bis 200!

b) Geben Sie die absolute und relative klassifizierte Häufigkeitsverteilung an!

c) Stellen Sie diese Verteilungen graphisch dar!

d) Stellen Sie die Verteilungsfunktion auf und geben Sie diese graphisch wieder!

43. In einem Betrieb wird die Verteilung der monatlichen Bruttoverdienste von n = 500 Beschäftigten untersucht. Es werden 12 Einkommensklassen gebildet, die jeweils eine Breite von 200 GE haben. Die Buchhaltung kann das folgende Datenmaterial liefern:

Klasse	Bruttomonatsverdienst	beobachtete Häufigkeit	Klasse	Bruttomonatsverdienst	beobachtete Häufigkeit
1	500-699	6	7	1700-1899	54
2	700-899	20	8	1900-2099	48
3	900-1099	47	9	2100-2299	44
4	1100-1299	54	10	2300-2499	42
5	1300-1499	60	11	2500-2699	40
6	1500-1699	59	12	2700-2899	26

a) Ermitteln Sie die Verteilungen der absoluten und relativen Häufigkeiten!

b) Ermitteln Sie die absolute und relative Verteilungsfunktion!
Stellen Sie die Häufigkeitsfunktion und die Verteilungsfunktion graphisch dar!

8 Zweidimensionale Häufigkeitsverteilungen

8.1 Die zweidimensionale Häufigkeitsfunktion

Häufig entsteht in der Statistik das Problem, dass an Untersuchungsobjekten nicht nur ein Untersuchungsmerkmal festgestellt werden muss, sondern dass **gleichzeitig mehrere Merkmale** zu beobachten sind.

Beispielsweise kann man an den Untersuchungsobjekten "Unternehmen" **gleichzeitig** unter anderem die folgenden Merkmale feststellen:

Rechtsform
Branche
Produkte
Jahresumsatz
Jahresgewinn
Beschäftigungszahl
usw.

Aus dem Merkmalskranz eines Untersuchungsobjektes wird jetzt eine Gruppe von Merkmalen herausgegriffen. Wird die gleiche Gruppe von Merkmalen an vielen Untersuchungsobjekten analysiert, entsteht eine *mehrdimensionale* Häufigkeitsfunktion.

Eine mehrdimensionale Häufigkeitsfunktion ist demnach eine Zusammenstellung von **Kombinationen von Merkmalsausprägungen** mit den Häufigkeiten, die angeben, wie oft genau diese Kombination von Merkmalsausprägungen beobachtet wurde.

Die einfachste Form einer mehrdimensionalen Häufigkeitsfunktion ist die zweidimensionale Häufigkeitsfunktion, bei der Untersuchungsobjekte gleichzeitig nach zwei Merkmalen hin überprüft werden. Da sich die Aussagen über zweidimensionale Häufigkeitsfunktionen in der Regel auf Häufigkeitsfunktionen erweitern lassen, die mehr als zwei Dimensionen haben, sollen der Übersichtlichkeit halber im Folgenden nur zweidimensionale Häufigkeitsfunktionen diskutiert werden.

Das folgende Beispiel soll die Entstehung einer einfachen zweidimensionalen Häufigkeitsfunktion verdeutlichen:

Beispiel 8-1:

In einem bestimmten Absatzgebiet der SPEEDY GmbH werden n=50 Vertragshändler nach folgenden beiden Merkmalen untersucht:

Merkmal X : Vertragsbindung der Händler mit den Ausprägungen
x_1: Exklusivverträge mit SPEEDY
x_2: Händler vertritt neben SPEEDY auch andere Marken
Merkmal Y : jährliche Absatzmengen, eingeteilt in die Kategorien
y_1: jährliche Absatzmenge unter 100 SPEEDY-Fahrzeuge
y_2: jährliche Absatzmenge zwischen 100 und 250 SpeedyFahrzeuge
y_3: jährliche Absatzmenge über 250 SPEEDY-Fahrzeuge

Es sind sechs verschiedene Kombinationen von Merkmalen möglich, wie Abb. 8-1 veranschaulicht.

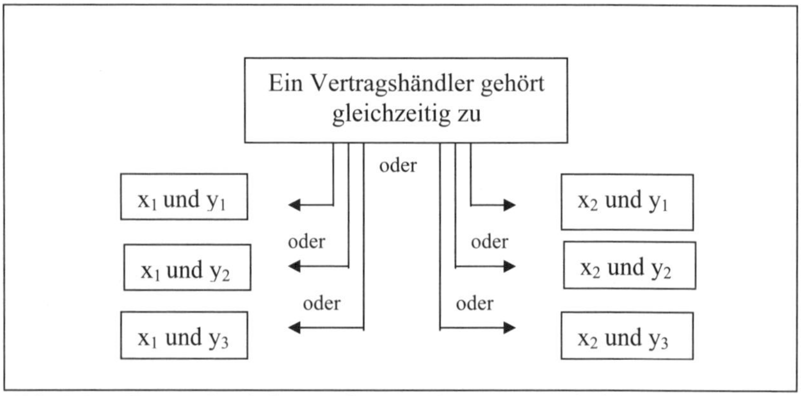

Abb. 8-1: Veranschaulichung der Kombinationsmöglichkeiten von Merkmalsausprägungen für Beispiel 8-1

Die zweidimensionale Häufigkeitsfunktion gibt an, wie oft die einzelnen Kombinationen von Merkmalsausprägungen beobachtet wurden. Wir wollen unterstellen, dass sich für Beispiel 8-1 das in Tabelle 8-1 wiedergegebene Beobachtungsergebnis gezeigt habe.

Merkmalskombination	Beobachtungshäufigkeit
$x_1 \wedge y_1$: Exklusivhändler mit <100 PKW	2
$x_1 \wedge y_2$: Exklusivhändler mit $100 \leq$ PKW ≤ 250	10
$x_1 \wedge y_3$: Exklusivhändler mit > 250 PKW	10
$x_2 \wedge y_1$: Mehrmarkenhändler mit < 100 PKW	16
$x_2 \wedge y_2$: Mehrmarkenhändler mit $100 \leq$ PKW ≤ 250	8
$x_2 \wedge y_3$: Mehrmarkenhändler mit > 250 PKW	4
Summe	50

Tab. 8-1: Zweidimensionale Häufigkeitsfunktion für Beispiel 8-1

8.2 Die zweidimensionale Verteilungsfunktion

Im eindimensionalen Fall gibt die Verteilungsfunktion eines Merkmals X an, wie viele Untersuchungsobjekte beobachtet wurden, die die Ausprägung x_i hatten und alle Ausprägungen, die **vor** x_i angeordnet waren. Im zweidimensionalen Fall gibt die Verteilungsfunktion der Merkmale X und Y an, wie viele Untersuchungsobjekte beobachtet wurden mit der Ausprägung x_i und solchen Ausprägungen, die **vor** x_i angeordnet waren **und** die gleichzeitig die Ausprägung y_j, oder eine Ausprägung **vor** y_j aufweisen.

Wegen der schwierigen Interpretation zwei- und höherdimensionaler Verteilungsfunktionen spielen diese in der praktischen statistischen Arbeit eine untergeordnete Rolle und sollen deshalb hier nur erwähnt, nicht aber erläutert werden.

8.3 Zweidimensionale klassifizierte Häufigkeitsverteilungen

Treten im Falle zweier Untersuchungsmerkmale jeweils sehr viele Merkmalsausprägungen auf, so empfiehlt es sich auch hier, wie im eindimensionalen Fall, mehrere Merkmalsausprägungen zu Klassen von Ausprägungen zusammenzufassen. Diese Klassifizierung kann für eines der Merkmale oder für beide vorgenommen werden.

Die bei der Klassenbildung zu beachtenden Punkte unterscheiden sich nicht von denen des Abschnitts 7.3 für den eindimensionalen Fall. Sie müssen deshalb hier nicht nochmals gesondert aufgeführt werden.

8.4 Die Darstellung zweidimensionaler Häufigkeitsverteilungen

Ebenso wie eindimensionale Häufigkeitsverteilungen lassen sich zweidimensionale Häufigkeitsverteilungen in Form von Tabellen beschreiben und graphisch darstellen.

Bei der tabellarischen Erfassung sind allerdings die Darstellungen wie in Tabelle 8-1, ungeeignet, denn bei sehr vielen Ausprägungen beider Merkmale wird eine derartige Tabelle zu unübersichtlich. Man verwendet statt dessen im zweidimensionalen Fall Tabellen der Art, wie sie in Abbildung 8-2 veranschaulicht werden.

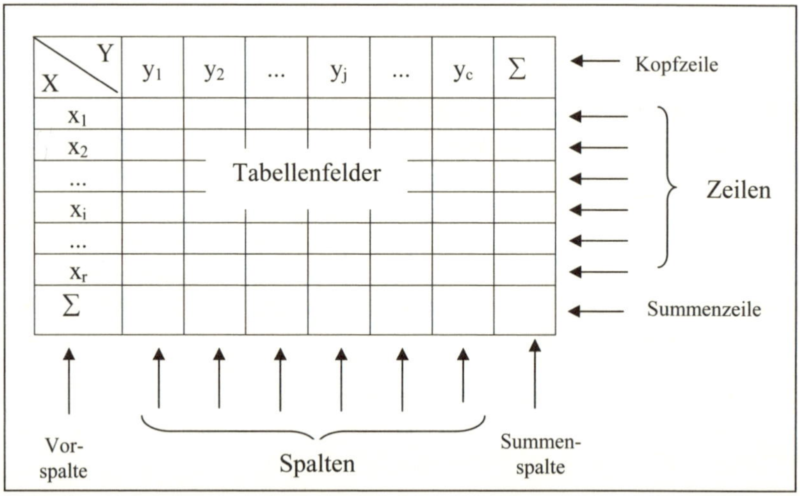

Abb. 8-2: Schematische Darstellung der Elemente einer Tabelle für eine zweidimensionale Häufigkeitsverteilung

Wir wollen nun eine allgemeine Symbolik für eine derartige Tabelle entwickeln.

Im eindimensionalen Fall haben wir der Ausprägung x_1 die Beobachtungshäufigkeit h_1 zugeordnet, zu x_2 gehörte h_2, zu x_i gehörte h_i.

Im zweidimensionalen Fall werden die Beobachtungshäufigkeiten nicht mehr einzelnen Merkmalsausprägungen zugeordnet, sondern Kombinationen von Ausprägungen zweier Merkmale. Aus diesem Grunde benötigen wir zur eindeutigen Zuordnung der Beobachtungshäufigkeiten **zwei** Indexzahlen. Die erste Indexzahl gibt immer die Ausprägung des Merkmals an, das die Zeilen der Tabelle bildet, die zweite Indexzahl steht für die Ausprägung des Merkmals, das die Spalten bildet. Diesen Gedanken erläutert Abb. 8-3:

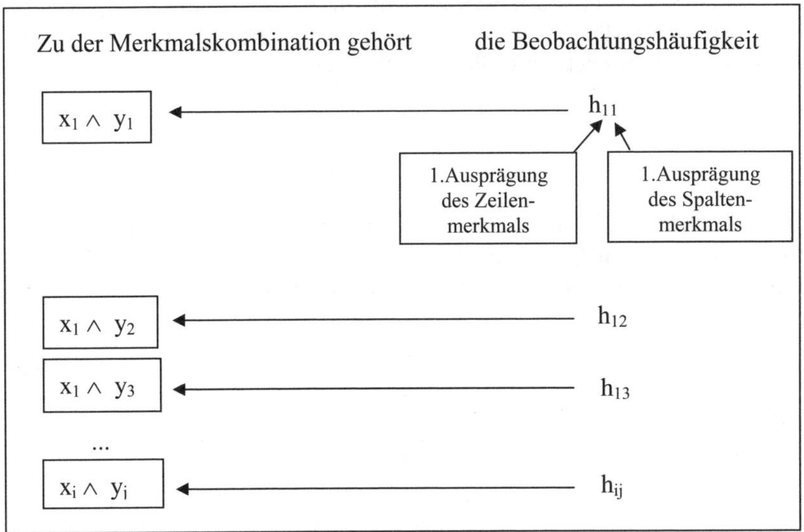

Abb. 8-3: Schematische Darstellung der Zuordnung der Identifizierungsindices bei zweidimensionalen Beobachtungshäufigkeiten

Aus diesen Überlegungen erhält man die in Tabelle 8-2 wiedergegebene allgemeine Darstellung einer zweidimensionalen Tabelle der Häufigkeitsfunktion der Merkmale X und Y.

X \ Y	y_1	y_2	...	y_j	...	y_c
x_1	h_{11}	h_{12}		h_{1j}		h_{1c}
x_2	h_{21}	h_{22}		h_{2j}		h_{2c}
...						
x_i	h_{i1}	h_{i2}		h_{ij}		h_{ic}
...						
x_r	h_{r1}	h_{r2}		h_{rj}		h_{rc}

Anmerkung:
Der Laufindex des Merkmals, das die Zeilen bildet *(=Zeilenmerkmal),* läuft international üblich von 1 bis r (von row = Zeile); der Laufindex des Merkmals, das die Spalten bildet *(=Spaltenmerkmal)*, läuft von 1 bis c (von column = Spalte)

Tab. 8-2: Schematische Darstellung einer Tabelle für eine Häufigkeitsfunktion zweier Merkmale X und Y

Wir wissen bereits, dass den Statistiker neben den absoluten Häufigkeiten h_{ij} auch die relativen Häufigkeiten interessieren, die wir analog dem eindimensionalen Fall mit f_{ij} bezeichnen wollen. Es gilt dann

$$f_{ij} = \frac{h_{ij}}{n} \quad (8.4\text{-}1).$$

Es ist offensichtlich, dass alle Beobachtungshäufigkeiten zusammen die Anzahl der insgesamt untersuchten Objekte angeben müssen. Für diese Zahl soll wiederum das Symbol n verwendet werden. Dann gilt:

$$\sum_{i=1}^{r}\sum_{j=1}^{c} h_{ij} = n \quad (8.4\text{-}2)$$

und

$$\sum_{i=1}^{r}\sum_{j=1}^{c} f_{ij} = 1 \quad (8.4\text{-}3).$$

Bildet man in Tabelle 8-2 die Summe aus den Beobachtungshäufigkeiten der 1. Zeile, rechnet man also $h_{11} + h_{12} + ... + h_{1j} + ... h_{1c}$., so sehen wir, dass bei dieser Summation der erste Index aller Summanden gleich 1 ist, weil für die Ausprägung "1" des Zeilenmerkmals über alle Ausprägungen des Spaltenmerkmals addiert wird. Wir wollen dafür kürzer schreiben:

$$h_{11} + h_{12} + ... + h_{1j} + ... h_{1c} = \sum_{j=1}^{c} h_{1j} = h_{1\bullet} \quad (8.4\text{-}4).$$

Die Schreibweise $h_{1\bullet}$ ist **eine** Kurzform des Ausdrucks $\sum_{j=1}^{c} h_{1j}$. Der Index-Punkt gibt an, dass hier über alle Spalten des Spaltenmerkmals addiert wurde.

Bilden wir entsprechend die Summe der ersten Spalte der Tabelle 8-2 der zweidimensionalen Häufigkeitsfunktion, so erhalten wir:

$$h_{11} + h_{21} + ... + h_{i1} + ... h_{r1} = \sum_{i=1}^{r} h_{i1} = h_{\bullet 1} \quad (8.4\text{-}5).$$

Berechnet man in dieser Weise bei einer zweidimensionalen Häufigkeitsfunktion alle Zeilen bzw. Spaltensummen, dann ergibt sich eine Darstellung, wie sie in Tabelle 8-3 wiedergegeben ist.

Y \ X	y_1	y_2	...	y_j	...	y_c	Σ
x_1	h_{11}	h_{12}		h_{1j}		h_{1c}	$h_{1\bullet}$
x_2	h_{21}	h_{22}		h_{2j}		h_{2c}	$h_{2\bullet}$
...							
x_i	h_{i1}	h_{i2}		h_{ij}		h_{ic}	$h_{i\bullet}$
...							
x_r	h_{r1}	h_{r2}		h_{rj}		h_{rc}	$h_{r\bullet}$
Σ	$h_{\bullet 1}$	$h_{\bullet 2}$		$h_{\bullet j}$		$h_{\bullet c}$	$h_{\bullet\bullet}$

Y \ X	y_1	y_2	...	y_j	...	y_c	Σ
x_1	f_{11}	f_{12}		f_{1j}		f_{1c}	$f_{1\bullet}$
x_2	f_{21}	f_{22}		f_{2j}		f_{2c}	$f_{2\bullet}$
...							
x_i	f_{i1}	f_{i2}		f_{ij}		f_{ic}	$f_{\bullet}$
...							
x_r	f_{r1}	f_{r2}		f_{rj}		f_{rc}	$f_{r\bullet}$
Σ	$f_{\bullet 1}$	$f_{\bullet 2}$		$f_{\bullet j}$		$f_{\bullet c}$	$f_{\bullet\bullet}$

Tab. 8-3: Schematische Darstellung von zweidimensionalen Häufigkeitsfunktionen für absolute und relative Beobachtungshäufigkeiten mit Angabe der Zeilen- und Spaltensummen

Üblicherweise schreibt man allerdings für die an sich folgerichtige Schreibweise $h_{\bullet\bullet}$ das Symbol n, denn

$$\sum_{i=1}^{r} h_{i\bullet} = n \qquad (8.4\text{-}6)$$

und

$$\sum_{j=1}^{c} h_{\bullet j} = n \qquad (8.4\text{-}7)$$

das heißt, die Summe der Zeilensummen und die der Spaltensummen ist jeweils gleich der Anzahl der insgesamt untersuchten Objekte.

Randverteilungen

Die Summenzeile einer zweidimensionalen Häufigkeitsfunktion bezeichnet man auch mit dem Ausdruck *Randverteilung des Spaltenmerkmals,* und die Summenspalte der Tabelle bildet dann die *Randverteilung des Zeilenmerkmals.* Die beiden **Randverteilungen** sind damit nichts anderes als die **eindimensionalen Häufigkeitsverteilungen** des Zeilen- bzw. Spaltenmerkmals, wie sie ohne Berücksichtigung des jeweils anderen Merkmals beobachtet würden.

Übertragen wir diese allgemeinen Ausführungen zur Tabellierung zweidimensionaler Häufigkeitsfunktionen auf unser Beispiel 8-1 das wir in Abschnitt 8.1 kennengelernt haben, dann können wir die dort in Tabelle 8-1 wiedergegebene Häufigkeitsfunktion nun einfacher wie in Tabelle 8-4 darstellen.

X \ Y	y_1 unter 100 PKW	y_2 100 bis 250 PKW	y_3 über 250 PKW	Σ
x_1 SPEEDY-Exklsiv-händler	$h_{11} = 2$ / $f_{11} = 0{,}04$	$h_{12} = 10$ / $f_{12} = 0{,}20$	$h_{13} = 10$ / $f_{13} = 0{,}20$	$h_{1\bullet} = 22$ / $f_{1\bullet} = 0{,}44$
x_2 Mehr-Marken-händler	$h_{21} = 16$ / $f_{21} = 0{,}32$	$h_{22} = 8$ / $f_{22} = 0{,}16$	$h_{23} = 4$ / $f_{13} = 0{,}08$	$h_{2\bullet} = 28$ / $f_{1\bullet} = 0{,}56$
Σ	$h_{\bullet 1} = 18$ / $f_{\bullet 1} = 0{,}36$	$h_{\bullet 2} = 18$ / $f_{\bullet 2} = 0{,}36$	$h_{\bullet 3} = 14$ / $f_{\bullet 3} = 0{,}28$	$n = 50$ / $f_{\bullet\bullet} = 1{,}00$

Tab. 8-4 : Zweidimensionale Häufigkeitsfunktion für absolute und relative Häufigkeiten für Beispiel 8-1

Betrachten wir nun für Beispiel 8-1 nur das Merkmal X und lassen Merkmal Y unberücksichtigt, dann stellen wir fest, dass 22 Unternehmen die Ausprägung x_1 haben und 28 Unternehmen die Ausprägung x_2. Diese Zuordnung der Beobachtungshäufigkeiten zu einem Untersuchungsmerkmal ist natürlich die eindimensionale Häufigkeitsfunktion des Merkmals X, die hier gleichbedeutend ist mit der Randverteilung des Merkmals X. Entsprechend lässt sich auch die Randverteilung des Merkmals Y interpretieren.

Eine weitere wichtige Fragestellung bei der Untersuchung zweidimensionaler Häufigkeitsfunktionen ist die folgende:

Angenommen, man will im Rahmen des Beispiels 8-1 wissen wie sich die bei den exklusiv an die SPEEDY-GmbH gebundenen Vertragshändlern die drei Absatzkategorien verteilen. Zur Beantwortung dieser Betrachtungsweise benötigt man einen **eindimensionalen Auszug** aus der Tabelle 8-1, wie er in Tabelle 8-5 nachstehend wiedergegeben ist.

X \ Y	y_1	y_2	y_3	Σ
x_1	$h_{11} = 2$	$h_{12} = 10$	$h_{13} = 10$	$h_{1\bullet} = 22$

Tab.: 8-5 : Bedingte Häufigkeitsfunktion für alle Ausprägungen des Merkmals Y unter der Bedingung, dass die Ausprägung des Merkmals X mit x_1 vorgegeben ist, dargestellt für Beispiel 8-1

Entsprechend könnte man fragen, wie sich die Händlerarten verteilen unter der Bedingung, dass nur Absatzkategorie II betrachtet wird. Zu dieser Betrachtung benötigen wir die in Tabelle 8-6 wiedergegebene eindimensionale Häufigkeitsfunktion.

X \ Y	y_2
x_1	$h_{12} = 10$
x_2	$h_{22} = 8$
Σ	$h_{\bullet 2} = 18$

Tab. 8-6: Bedingte Häufigkeitsfunktion für alle Ausprägungen des Merkmals X unter der Bedingung, dass die Ausprägung des Merkmals Y mit y_2 vorgegeben ist, dargestellt für Beispiel 8-1

Derartige eindimensionale Häufigkeitsfunktionen, für die die Beobachtungshäufigkeiten aller Ausprägungen des einen Merkmals betrachtet werden bei einer fest vorgegebenen Ausprägung des anderen Merkmals, bezeichnet man als **bedingte Häufigkeitsfunktionen.** Bedingte Häufigkeitsfunktionen ergeben sich immer als die Zeile oder Spalte einer Tabelle einer zweidimensionalen Häufigkeitsfunktion, deren Merkmalsausprägung als Bedingung fest vorgegeben wurde.

bedingte Häufigkeitsfunktion

Zu beachten ist bei bedingten Häufigkeitsfunktionen mit **relativen Häufigkeiten,** dass auch hier die Bedingung erfüllt sein muss, dass die Summe aller relativen Häufigkeiten gleich 1 ist. Wenn man die absoluten bedingten Häufigkeiten mit

$$h_{i/j} \quad \text{bzw.} \quad h_{j/i}$$

(lies: h_i unter der Bedingung j)
bezeichnet, dann ergeben sich die relativen Häufigkeiten der bedingten Häufigkeitsfunktion aus

$$f_{i/j} = \frac{h_{i/j}}{h_{\bullet j}} \quad \text{bzw.} \quad f_{j/i} = \frac{h_{j/i}}{h_{i\bullet}} \qquad (8.4\text{-}8)$$

Zur graphischen Darstellung zweidimensionaler Häufigkeitsfunktionen verwendet man eine dreidimensional-räumliche Darstellung, bei der auf der Ordinate die Beobachtungshäufigkeiten und auf den beiden Abszissen die beiden Merkmale mit ihren Ausprägungen abgetragen werden. Der Übersichtlichkeit halber verwendet man hier in der Regel nur Säulendiagramme, also **eine volumenproportionale** Darstellung. Die oben gemachten Ausführungen über die flächenproportionale Darstellung der eindimensionalen Funktionen, vor allem die Aussagen über die klassifizierten Funktionen, gelten hier sinnentsprechend für die Volumen-Proportionalität.

Für das Beispiel 8-1 ergibt sich die in Abbildung 8-4 wiedergegebene Darstellung.

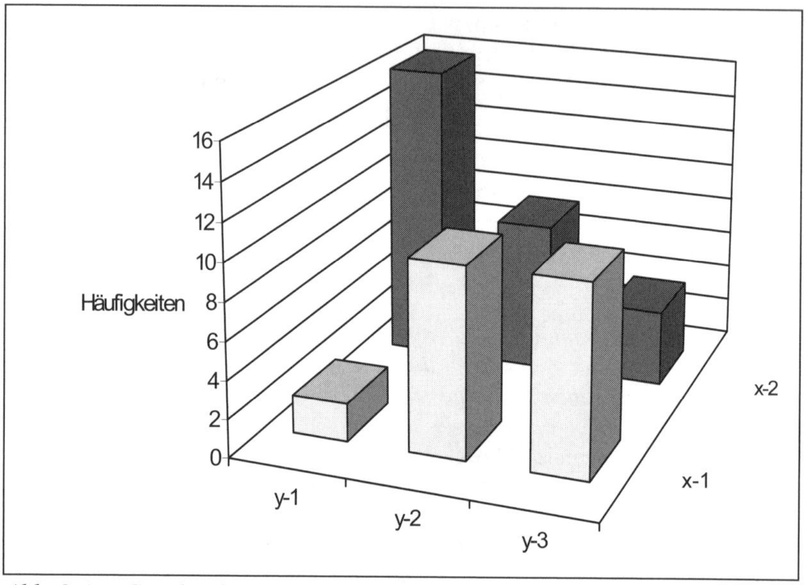

Abb. 8-4 : Graphische Darstellung der zweidimensionalen Häufigkeitsfunktion für Beispiel 8-1

Für die Abbildungen zweidimensionaler Häufigkeitsverteilungen benötigt man eine dreidimensional-räumliche Darstellung. Da mehr als drei Dimensionen nicht abgebildet werden können, sind graphische Darstellungen von Häufigkeitsverteilungen mit mehr als zwei Merkmalen nicht möglich.

Aufgaben zum 8. Kapitel:

44. Gegeben sei die folgende zweidimensionale Verteilung absoluter Häufigkeiten: **Aufgaben**

X \ Y	y_1	y_2	y_3
x_1	10	5	5
x_2	10	15	5
x_3	20	20	10

a) Bestimmen Sie die zugehörigen Randsummen!
b) Bestimmen Sie die zugehörige zweidimensionale Verteilung relativer Häufigkeiten!
c) Bestimmen Sie die bedingte Häufigkeitsverteilung $h_{i/j=2}$.
d) Bestimmen Sie die bedingte Häufigkeitsverteilung $f_{i/j=2}$.

45. Die SPEEDY GmbH liefert ihren Standard-Pkw *SPEEDSTER* Family unter anderem nach Frankreich (=F), Spanien (=S) und Italien (=I). Die Fahrzeuge werden in den Ausstattungsvarianten *"Export-2-türig (=X-2)", "Export-4-türig (=X-4)", "Luxus-2-türig (=L-2)"* und *"Luxus-4-türig (=L-4)"* angeboten.

In einem bestimmten Quartal wurden insgesamt 1000 Fahrzeuge in diese Länder geliefert, davon je 300 nach Spanien und Italien. Je 30% aller PKW waren in den Ausstattungsvarianten X-4, L-2 und L-4.

Nach Frankreich wurden 120 Fahrzeuge in Version X-4, 150 Fahrzeuge in Version L-2 und 50 Fahrzeuge in Version X-2 abgesetzt. Die Händler in Spanien erhielten unter anderem 120 PKW in Version X-4, während nach Italien je 100 Fahrzeuge in den Versionen L-2 und L-4 geliefert wurden.

a) Erstellen Sie aus diesen Angaben eine zweidimensionale Häufigkeitsfunktion in Tabellenform für die Merkmale "Absatzland" und "Ausstattungsvariante".
b) Geben Sie die Randverteilungen des Zeilen- und des Spaltenmerkmals an.
c) Erstellen Sie die vollständige zweidimensionale Häufigkeitsfunktion für die relativen Häufigkeiten.
d) Geben Sie in absoluten und relativen Häufigkeiten die folgenden bedingten Häufigkeitsfunktionen an :
   - Verteilung der Version L-2 in den 3 Ländern
   - Verteilung der Version X-2 in den 3 Ländern
   - Verteilung der Fahrzeuge über die verschiedenen Ausstattungsvarianten in Frankreich
   - Verteilung der Fahrzeuge über die verschiedenen Ausstattungsvarianten in Italien.

9 Parameter von Häufigkeitsverteilungen

9.1 Die Bedeutung statistischer Parameter

Häufigkeitsverteilungen stellen ein wichtiges Instrument zur übersichtlichen Beschreibung von Massenerscheinungen dar. Häufigkeitsverteilungen gibt es aber in einer derartigen Vielzahl und Vielfalt, dass die darin wiedergegebene Menge von Daten oft nicht mehr der Information, sondern der Verwirrung dient. Aus diesem Grund ergibt sich die Notwendigkeit, Häufigkeitsverteilungen zu **systematisieren** und damit die Gesamtinformation von Häufigkeitsverteilungen mit möglichst geringen Informationsverlusten auf einige wenige Aussagen zu **konzentrieren.**

Parameter

Diese Systematisierung wird erreicht, indem man bestimmte Größen **ermittelt,** die die Häufigkeitsverteilungen möglichst gut charakterisieren. Derartige Kenngrößen bezeichnet man als *Parameter.* Von den vielen möglichen Parametern von Häufigkeitsverteilungen wollen wir uns hier nur mit den beiden wichtigsten Arten befassen, nämlich mit *Lageparametern* und mit *Streuungsparametern.*

Lageparameter

Ein Lageparameter kennzeichnet diejenige Ausprägung eines Untersuchungsmerkmals, die für die beobachteten Häufigkeitsverteilungen am typischsten ist. Stellt man sich beispielsweise die Häufigkeitsfunktion des Merkmals als Histogramm abgebildet vor, so muss der Lageparameter kennzeichnen, an welcher Stelle der Abszisse, die die verschiedenen möglichen Merkmalsausprägungen angibt, der Schwerpunkt der Häufigkeitsfunktion liegt. Die Bedeutung des Lageparameters ist in Abbildung 9-1 veranschaulicht, wobei sich deutlich zeigt, dass eine Größe definiert werden muss, die die unterschiedliche Lage der sonst gleichen Häufigkeitsfunktionen richtig wiedergeben muss.

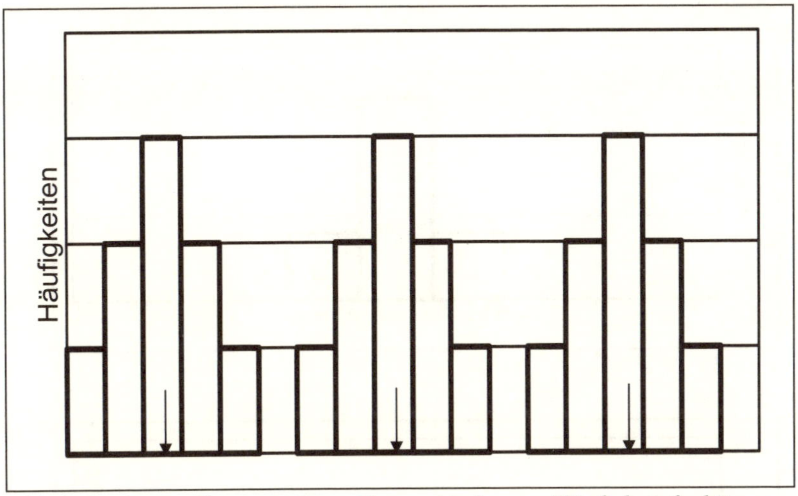

Abb. 9-1: Darstellung von Lage-Unterschieden von Häufigkeitsfunktionen

Streuungsparameter

Ein Streuungsparameter hat dagegen die Aufgabe zu kennzeichnen, ob die Merkmalsausprägungen der Häufigkeitsverteilung, speziell die der Häufigkeitsfunktion, dicht zusammenliegen, oder ob sie weit verstreut sind. Die *Streuung* eines Merkmals ist die Eigenschaft, sich über wenige oder viele Ausprägungen zu erstrecken. Der Streuungsparameter muss also angeben, ob das Untersuchungsmerkmal eine geringe oder große Streuung aufweist, und zusätzlich ist er eine Maßgröße über den **absoluten** oder **relativen Umfang der Streuung.** Das Phänomen der Streuung eines Merkmals ist in Abbildung 9-2 veranschaulicht.

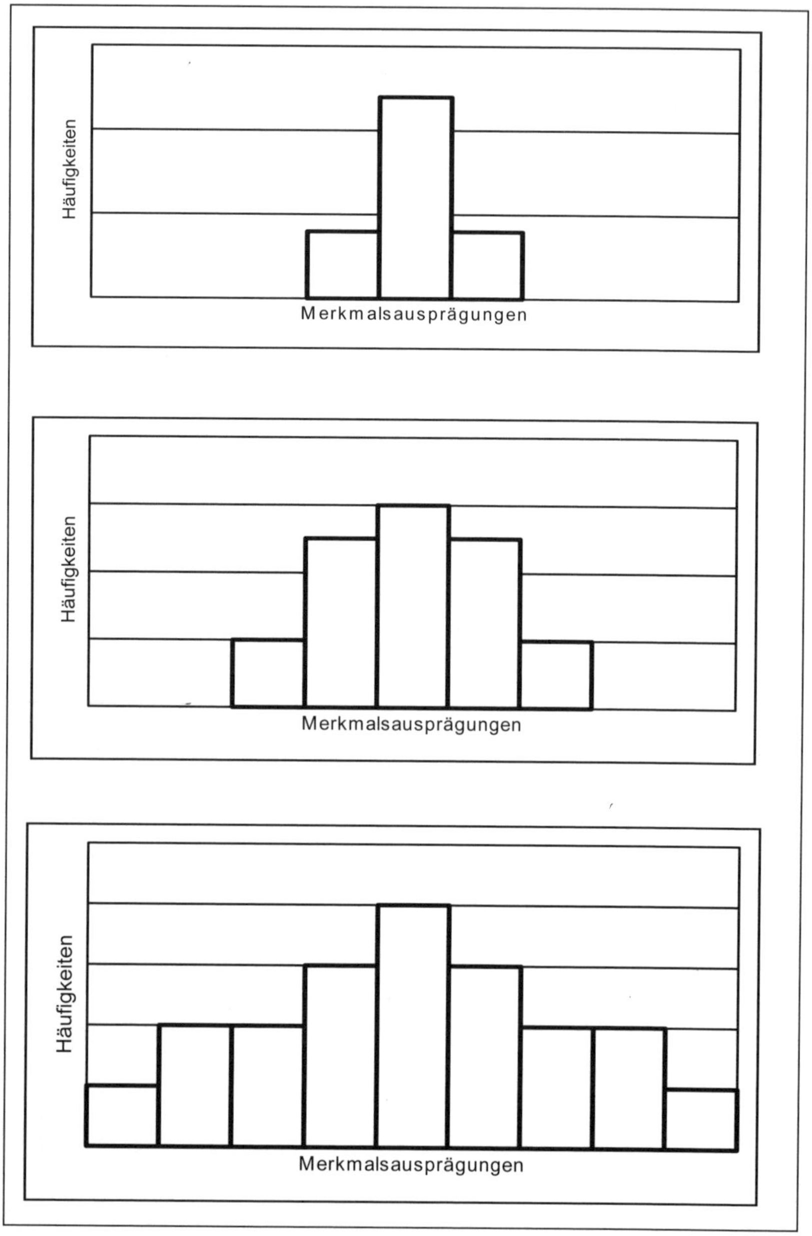

Abb. 9-2: Darstellung unterschiedlicher Streuung von Häufigkeitsfunktionen

9.2 Lageparameter

9.2.1 Der Modus[1]

Der Modus "Mo" einer Häufigkeitsfunktion ist eine Merkmalsausprägung x_i, die die größte Beobachtungshäufigkeit h_i aufweist.

Beispiel 9-1:

Gegeben sei die folgende Ergebnisübersicht einer Klausur:

Merkmalsausprägungen (Zensuren) x_i	Beobachtungshäufigkeit h_i
$x_1 = 1$	$h_1 = 12$
$x_2 = 2$	$h_2 = 18$
$x_3 = 3$	$h_3 = 21$
$x_4 = 4$	$h_4 = 16$
$x_5 = 5$	$h_5 = 4$
$x_6 = 6$	$h_6 = 4$

Tab. 9-1: Häufigkeitsfunktion des Merkmals "Leistung in einer Klausur, gemessen in Zensuren"

Bei der durch Beispiel 9-1 gegebenen Häufigkeitsfunktion hat die Ausprägung x_3 die größte Beobachtungshäufigkeit. Der Merkmalswert der Ausprägung x_3 ist "3". Also ist hier

$$Mo = 3$$

Ermitteln wir den Modus für die in Kapitel 7 verwendeten Beispiele 7-1, 7-2 und 7-3, dann sehen wir:

Lfd. Nr. i	Ausprägung x_i	Häufigkeit h_i	
1	x_1 : blau	7	
2	x_2 : silber	8	Mo = "silber"
3	x_3 : grün	3	
4	x_4 : gelb	2	
5	x_5 : rot	5	

Tab. 9-2: Häufigkeitsfunktion des Merkmals "Auto -Farben" aus Beispiel 7-1 mit Angabe des Modus

Da es in der Praxis vorkommen kann, dass mehrere Merkmalsausprägungen dieselbe "größte" Häufigkeit aufweisen, ist der Modus nicht immer eindeutig definiert.

[1] Andere Begriffe, die seltener für diesen **Parameter** verwendet werden, sind *Dichtester Wert* und *Häufigster Wert.*

Lfd. Nr. i	Ausprägung x_i [in km/h]	Häufigkeit h_i	
1	45	4	
2	46	3	
3	47	5	
4	48	7	
5	49	8	
6	50	12	Mo = 40 [km/h]
7	51	11	
8	52	10	
9	53	10	
10	54	8	
11	55	2	

Tab. 9-3: Häufigkeitsfunktion des Merkmals "Geschwindigkeit von PKW" aus Beispiel 7-2 mit Angabe des Modus

Lfd. Nr. j	Ausprägungsklasse k_j [in Punkten]	Häufigkeit k_j	
1	0 bis 24	5	
2	25 bis 49	10	
3	50 bis 70	16	Modalklasse: 50 bis 70 Punkte
4	71 bis 85	15	
5	86 bis 95	10	
6	96 bis 100	3	

Tab. 9-4: Klassifizierte Häufigkeitsfunktion des Merkmals: Leistung in einer Klausur [in Punkten] aus Beispiel 7-3 mit Angabe der Modalklasse

Modalklasse

Die Berechnung des Modus bei Beispiel 7-3, wie in Tabelle 9-4 ausgeführt, zeigt deutlich, dass bei klassifizierten Häufigkeitsfunktionen durch die Angabe der Klasse des Modus, der sogenannten *Modalklasse,* die Lage der Häufigkeitsfunktion oft nicht genau gekennzeichnet werden kann. Immerhin wird hier die Lage der Funktion nur in einem Bereich von 50 bis 70 Punkten festgelegt.

Für klassifizierte Häufigkeitsfunktionen empfiehlt es sich daher, eine Feinberechnung des Modus durchzufahren. Wir wollen den feinberechneten Modus mit Mo_f bezeichnen.

Es sei k_m die **Modalklasse**, die die Klassenhäufigkeit h_m aufweise. Diejenige Merkmalsausprägung, die die Modalklasse nach unten begrenzt, bezeichnet man mit x_u, die Ausprägung, die die obere Grenze der Klasse bildet, mit x_o. Wir wollen die Breite der Modalklasse mit
d_m bezeichnen. Sie ist demnach

$$d_m = x_o - x_u \qquad (9.2.1\text{-}1).$$

Wir bilden weiterhin die Differenzen zwischen der Klassenhäufigkeit der Modalklasse und den Klassenhäufigkeiten der beiden Klassen, die vor und hinter der Modalklasse liegen. Man erhält hier:

$$e_1 = h_m - h_{m-1} \qquad (9.2.1\text{-}2)$$

und

$$e_2 = h_m - h_{m+1} \qquad (9.2.1\text{-}3)$$

Die Bedeutung der genannten Größen können wir uns an dem in Abbildung 9-3 wiedergegebenen Säulendiagramm veranschaulichen.

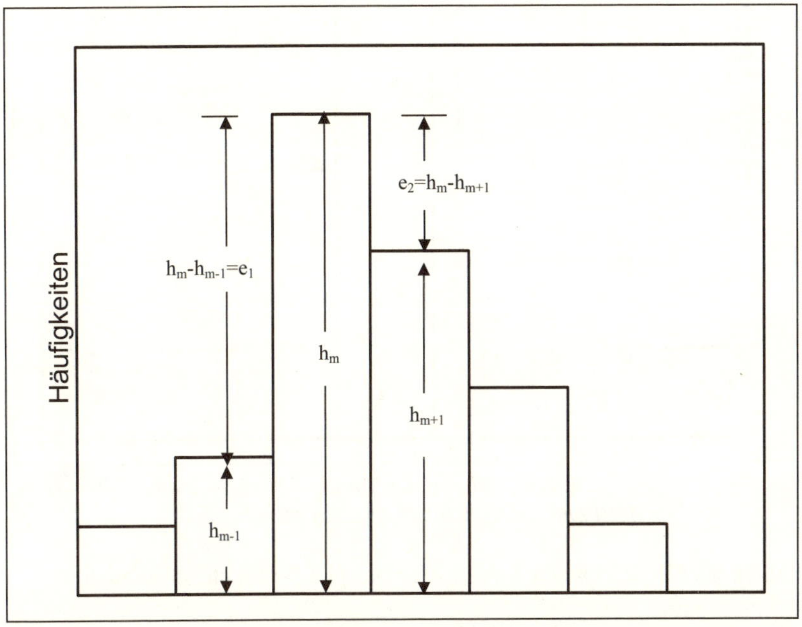

Abb. 9-3: Abbildung einer Häufigkeitsfunktion zur Veranschaulichung der Berechnungsmethode für den feinberechneten Modus

Aufgrund der mathematischen Ähnlichkeitsbeziehung ergibt sich als Schätzwert für den feinberechneten Modus

$$Mo_f = x_u + \left[\frac{e_1}{e_1 + e_2}\right] \cdot d_m \qquad (9.2.1\text{-}4).$$

Diese Ähnlichkeitsbeziehung kann man sich leicht anhand von Abbildung 9-4 verdeutlichen.

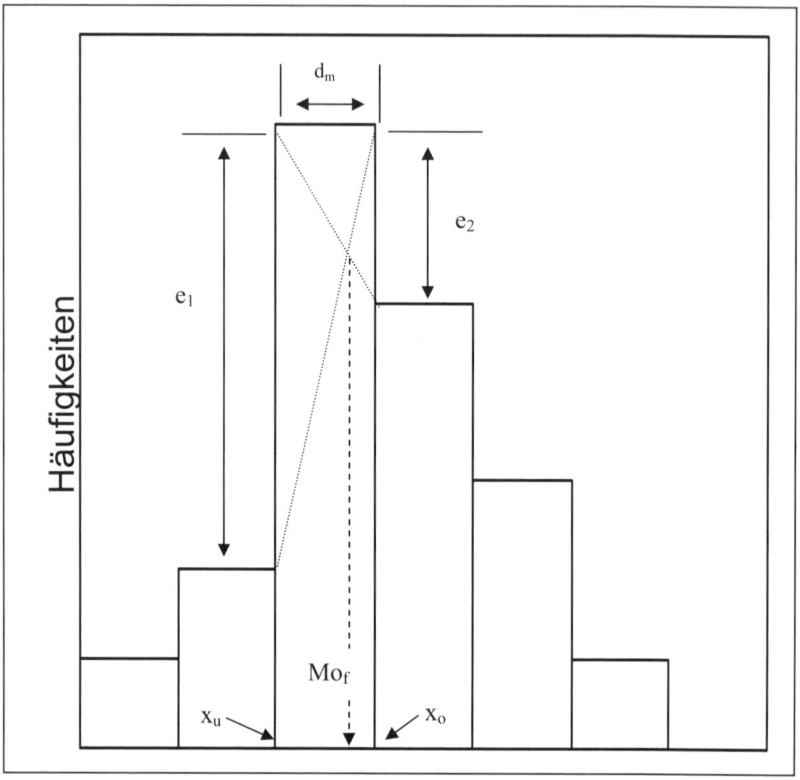

Abb. 9-4 : Graphische Darstellung der Ahnlichkeitsbeziehung (9.2-1-4) bei der Bestimmung des feinberechneten Modus Mo_f

Führen wir die Berechnung von Mo_f für Beispiel 7-3 durch, so erhalten wir:

$d_m = 70\text{-}50 = 20$
$e_i = 16\text{-}10 = 6$
$e_2 = 16\text{-}15 = 1$
und

$$Mo_f = 50 + \frac{6}{6+1} \cdot 20 = 67{,}14$$

Der Schätzwert für den feinberechneten Modus liegt bei Beispiel 7-3 bei 67,14 Punkten.

Die Feinberechnung des Modus setzt allerdings voraus, dass sich die beobachteten Merkmalsausprägungen **völlig gleichmäßig über die gesamte Modalklasse verteilen,** dass also alle beobachteten Ausprägungen den gleichen Abstand von der benachbarten Ausprägung haben. Erscheint diese Annahme aufgrund der tatsächlichen Beobachtungen nicht gerechtfertigt, sollte man besser auf die Angabe und Interpretation des feinberechneten Modus verzichten.

Der Modus kann für alle Arten von Merkmalen angegeben werden, also auch für nominalskalierte Merkmale wie in Beispiel 7-1, weil der Modus nur diejenige Ausprägung besonders hervorhebt, die am häufigsten vorkommt. Eine Feinberechnung des Modus setzt aber mindestens intervallskalierte Daten voraus.

9.2.2 Der Median[1]

Angenommen, wir haben eine Häufigkeitsfunktion. Wir ordnen nun alle Untersuchungsobjekte nach der Größe ihrer Merkmalsausprägung. Der Median "Me" charakterisiert dann die Lage dieser Häufigkeitsfunktion durch den Merkmalswert desjenigen Untersuchungsobjektes, das die geordnete Reihe von Untersuchungsobjekten genau in zwei gleiche Hälften teilt.

Beispiel 9-2:

Fünf Unternehmen sind nach dem Umsatz der Firma in einem bestimmten Jahr befragt worden, wobei sich das in Tabelle 9-5 angeführte Ergebnis zeigte.

Untersuchungsobjekt	U_1	U_2	U_3	U_4	U_4
Jahresumsatz (in Mio. GE)	120	76	84	67	75

Tab. 9-5: Befragungsergebnis nach dem Jahresumsatz bei 5 Unternehmen

Wir ordnen die Untersuchungsobjekte nach der Größe der Ausprägungen des Merkmals "Jahresumsatz" und erhalten die folgende Häufigkeitsfunktion:

Untersuchungsobjekt	U_4	U_5	U_2	U_3	U_1
Geordnete Merkmalsausprägung	x_1	x_2	x_3	x_4	x_5
Wert der Ausprägung	67	75	76	84	120
			Me = 76 [Mio GE]		

Tab. 9-6 : Geordnete Befragungsergebnisse aus Tabelle 9-5

Das Objekt U_2, teilt die geordnete Folge von Objekten in genau zwei gleiche Teile. Jeweils zwei Objekte mit ihren Ausprägungen liegen vor und hinter U_2 Der Merkmalswert des Objektes U_2 ist also der Median:

$$Me = 76 \text{ Mio. GE}$$

Die Ermittlung des Median soll anhand eines weiteren Beispiels vertieft werden.

[1] Eine andere Bezeichnung für den Median ist: *Zentralwert*

Beispiel 9-3:

15 SPEEDY-Vertragshändler sind nach dem Alter seit der Firmengründung befragt worden. Man erhielt das in Tabelle 9-7 wiedergegebene Ergebnis.

Untersuchungsmerkmal: Firmenalter (in Jahren)		
Lfd. Nr. i	Ausprägungen x_i (in Jahren)	Beobachtungshäufigkeit h_i
1	4	3
2	5	5
3	6	4
4	7	3

Tab. 9-7: Befragungsergebnis über das Firmenalter bei 15 SPEEDY-Vertragshändler

Ordnet man diese Häufigkeitsfunktion einmal ausführlich nach der Größe der Merkmalsausprägungen, dann erhält man Tabelle 9-8:

Merkmalsausprägung	x_1	x_1	x_1	x_2	x_2	x_2	x_2	x_2	x_3	x_3	x_3	x_3	x_4	x_4	x_4
Wert der Ausprägung	4	4	4	5	5	5	5	5	6	6	6	6	7	7	7
Untersuchungsobjekt	U_1	U_2	U_3	U_4	U_5	U_6	U_7	U_8	U_9	U_{10}	U_{11}	U_{12}	U_{13}	U_{14}	U_{15}

↑

Dieses Untersuchungsobjekt teilt die nach der Größe der Merkmalsausprägung geordnete Reihe von Untersuchungsobjekten in zwei gleich Hälften

Me = 5 Jahre

Tab. 9-8: geordnetes Beobachtungsergebnis für Beispiel 9-2

Wir wollen nun eine allgemeine Berechnungsformel für den Median ableiten. Existieren insgesamt n Untersuchungsobjekte, dann können wir die **Platzziffer** des Median-Objektes bestimmen als

$$\frac{n+1}{2} \qquad (9.2.2\text{-}1),$$

wenn n ungerade ist. Die Merkmalsausprägung x dieses Objektes gibt dann den Median an:

$$Me = x_{\frac{n+1}{2}}, \qquad \text{für } n = \text{ungerade} \qquad (9.2.2\text{-}2).$$

Ist der Untersuchungsumfang geradzahlig, gibt es kein einzelnes Untersuchungsobjekt, das die geordnete Reihe von Untersuchungsobjekten in zwei genau gleiche Hälften teilt, sondern hier gibt es zwei mittlere Elemente. Deswegen bestimmt man den Median als Mittelwert aus den Merkmalsausprägungen dieser beiden zentralen Elemente:

$$Me = \frac{x_{\frac{n}{2}} + x_{\left(\frac{n}{2}+1\right)}}{2} \qquad \text{für } n = \text{gerade} \qquad (9.2.2\text{-}3).$$

Die Berechnung des Median bei geradzahligem Untersuchungsumfang soll das Beispiel 9-4 verdeutlichen.

Beispiel 9-4:

Sechs Einzelhandelsgeschäfte sind nach dem Preis für ein bestimmtes Farbfernsehgerät befragt worden, wobei sich das in Tabelle 9-9 wiedergegebene Ergebnis gezeigt hat.

Untersuchungsobjekt (Geschäft)	G_1	G_2	G_3	G_4	G_5	G_6
Merkmalsausprägung (Preis in GE)	1.548	1.798	2.013	1.698	2.200	1.826

Tab. 9-9: Befragungsergebnis nach dem Preis eines bestimmten Farbfernsehgerätes in 6 Einzelhandelsgeschäften

Diese Reihe von Beobachtungen müssen wir nach der Größe der Merkmalsausprägungen des Merkmals "Preis" ordnen. Wir erhalten Tabelle 9-10.

Merkmalsausprägung	x_1	x_2	x_3	x_4	x_5	x_6
Untersuchungsobjekt	G_1	G_4	G_2	G_6	G_3	G_5
Wert der Ausprägung (in GE)	1.548	1.698	1.798	1.826	2.013	2.200
			↑	↑		

Diese beiden Elemente teilen die geordnete Reihe von Elementen in zwei gleiche Teile

Tab. 9-10: Geordnetes Befragungsergebnis für Beispiel 9-4

Wir berechnen den Median nach 9-7:

$$n = 6$$

$$Me + \frac{x_{\frac{6}{2}} + x_{\left(\frac{6}{2}+1\right)}}{2} = \frac{x_3 + x_4}{2} = \frac{1798 + 1826}{2}$$

$$Me = 1\,812 \text{ (GE)}.$$

Zur Berechnung des Medianes muss das Untersuchungsmerkmal mindestens ordinalskaliert sein, denn sonst können die Untersuchungsobjekte nicht nach der Größe der Merkmalsausprägungen geordnet werden.

Liegen die Beobachtungsergebnisse in Form einer klassifizierten Häufigkeitsfunktion vor, dann liegt der Median in der Merkmalsklasse, in der das Median-

Element mit der Ordnungsziffer $\frac{n+1}{2}$ liegt. Ist n sehr groß, wird als Ordnungsziffer des Medianelements oft $\frac{n}{2}$ gesetzt.

Medianklasse

Auch hier ist - wie beim Modus - die Angabe des Median sehr ungenau, weil für alle Elemente der **Medianklasse** die gleiche Merkmalsausprägung x'_j gilt.

Liegt die Voraussetzung vor, dass sich die Untersuchungsobjekte über die gesamte Medianklasse gleichmäßig verteilen, wird eine Feinberechnung des Median möglich. Wir wollen für den feinberechneten Median Me_f schreiben.

Der feinberechnete Median ergibt sich aus der Beziehung:

$$Me_f = x_u + \alpha \qquad (9.2.2\text{-}4).$$

In dieser Gleichung ist x_u die Merkmalsausprägung, die die Medianklasse nach unten begrenzt, und α ist ein allgemeiner, noch näher zu bestimmender Summand, für den gilt:

$$\alpha \leq (x_o - x_u) = d_m \qquad (9.2.2\text{-}5).$$

Zur Berechnung der Größe α bedient man sich zweckmäßigerweise der Verteilungsfunktion des Untersuchungsmerkmals. Es sei H_{m-1} der Wert der Verteilungsfunktion für die Merkmalsklasse **vor** der Medianklasse. Aus einer Dreisatzbeziehung erhält man dann:

$$\frac{\alpha}{d_m} = \frac{\frac{n}{2} - H_{m-1}}{h_m}, \qquad (9.2.2\text{-}6)$$

und daraus folgt:

$$\alpha = \frac{\left[\frac{n}{2} - H_{m-1}\right] \cdot d_m}{h_m} \qquad (9.2.2\text{-}7).$$

Betrachten wir zur Veranschaulichung nochmals Beispiel 7-3: Hier waren Häufigkeitsfunktion und Verteilungsfunktion wie in Tabelle 9-11 wiedergegeben:

Lfd. Nr. j	Klasse k_j	Ausprägung	Häufigkeitsfunktion h_i	Verteilungsfunktion H_j	
1	k_1	0 - 25 Pkt.	5	5	
2	k_2	26 - 49 Pkt.	10	15	
3	k_3	50 - 70 Pkt.	16	31	← In dieser Klasse liegt das Medianelement mit der Ordnungsziffer n/2 = 29,5
4	k_4	71 - 85 Pkt.	15	46	
5	k_5	86 - 95 Pkt.	10	56	
6	k_6	96 - 100 Pkt.	3	59	

Tab. 9-11: Die Häufigkeitsverteilungen aus Beispiel 7-3

In diesem Beispiel sind:
$n= 59$ $d_m = d_3= 70 - 50= 20$
$m = 3$ (Ordnungsziffer der Medianklasse) $h_m = h_3 = 16$
$x_u= 50$ $H_{m-1} = H_2 = 15$
$x_o= 70$

Man erhält dann:

$$Me_f = x_u + \alpha = x_u + \frac{\left[\frac{n}{2} - H_{m-1}\right] \cdot d_m}{h_m}$$

$$Me_f = 50 + \frac{(29{,}5 - 15) \cdot 20}{16}$$

$$Me_f = 68{,}125$$

Der Kandidat, dessen Leistung in einer geordneten Folge von Prüfungsergebnissen genau in der Mitte liegt, hat 68,125 Punkte erreicht.

Die nachstehende Abb. 9-5 veranschaulicht die graphische Bestimmung des feinberechneten Median. In der Abbildung der Verteilungsfunktion wird von der Ordinate bei $F_i = 0{,}5$ (= relative Ordnungsziffer des Medianelements) eine Parallele zur Abszisse bis hin zum Polygonzug gezeichnet. Von diesem Schnittpunkt wird das Lot auf die Abszisse gefällt. Der Lotpunkt auf der Abszisse markiert den feinberechneten Median.

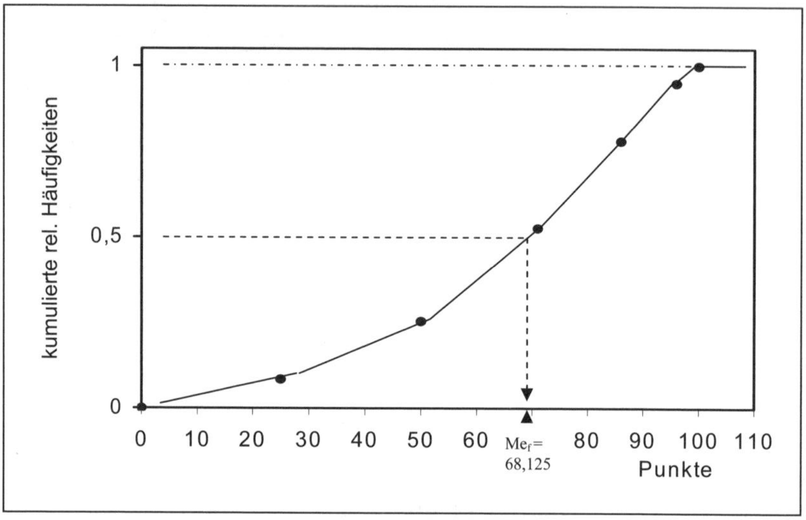

Abb. 9-5: Veranschaulichung der graphischen Bestimmung des feinberechneten Median, dargestellt für Beispiel 7-3

9.2.3 Das arithmetische Mittel

Das arithmetische Mittel "$\overline{x}$" (lies: "x-quer") ist definiert als Summe aller beobachteten Merkmalsausprägungen, geteilt durch deren Anzahl. Aus dieser Definition ergibt sich bereits, dass das arithmetische Mittel sinnvoll nur für metrisch skalierte Merkmale berechnet werden kann, denn eine Addition von nominal- oder ordinalskalierten Merkmalsausprägungen kann sachlich nicht gerechtfertigt werden, wie in Kapitel 4 bewiesen wurde.

Beispiel 9-5:

Fünf Personen sind nach ihrem Alter befragt worden. Dabei erhielt man das in Tabelle 9-12 wiedergegebene Resultat.

Untersuchungsobjekt (Person)	P_1	P_2	P_3	P_4	P_5
Merkmalsausprägung (Alter)	32	33	54	33	53

Tab. 9-12: Ergebnis einer Befragung von 5 Personen nach ihrem Alter in Jahren

Aus dieser Befragung kann das arithmetische Mittel berechnet werden nach

$$\overline{x} = \frac{\sum_{i=1}^{n} x_i}{n} \qquad (9.2.3\text{-}1),$$

also

$$\overline{x} = \frac{32+33+54+33+53}{5} = 41$$

Das durchschnittliche Alter der beobachteten Personengruppe beträgt 41 Jahre. Im Gegensatz zu den bisher besprochenen Parametern Mo und Me müssen wir hier festhalten:

1. Die Größe des arithmetischen Mittels wird von der Größe **jeder** beobachteten Merkmalsausprägung beeinflusst. Ändert sich in Beispiel 14 das Alter von P_1 in 22 Jahre, ergibt sich.
   Mo = 33 Jahre (wie bisher)
   Me = 33 Jahre (wie bisher)
   $\overline{x}$ = 39 Jahre (Veränderung zu oben)

2. Der Wert des arithmetischen Mittels ist ein abstrakter Wert, das heißt, es muss kein Untersuchungsobjekt geben, das diesen Wert auch tatsächlich aufweist. Das arithmetische Mittel ist ein Durchschnittswert, dessen Aussage nur für **alle** Untersuchungsobjekte **gemeinsam** gilt, nicht aber für ein einzelnes Untersuchungsobjekt. Aus der Nicht-Berücksichtigung dieser Tatsache entstehen oft die merkwürdigsten Verdrehungen der Aussage des arithmetischen Mittels. Wenn zum Beispiel durch das arithmetische Mittel ausgesagt wird, dass jeder Deutsche pro Jahr 50,45 Liter Milch trinke, dann ist es unsinnig zu behaupten: "Ich trinke aber überhaupt keine Milch, also stimmt die Aussage der Statistik nicht für mich"

Betrachten wir nun nochmals Tabelle 9-12. Wir stellen fest, dass das Alter "33 Jahre" zweimal vorkommt, dass diese Merkmalsausprägung also die **Beobachtungshäufigkeit** "2" hat. Aus diesem Gedanken können wir für Beispiel 9-5 die in Tabelle 9-13 angeführte Häufigkeitsfunktion des Merkmals Alter feststellen:

Lfd. Nr. i	1	2	3	4	Summe
Merkmalsausprägung x_i	$x_1 = 32$	$x_2 = 33$	$x_3 = 53$	$x_4 = 54$	
Beobachtungshäufigkeit h_i	1	2	1	1	5

Tab. 9-13: Häufigkeitsfunktion des Merkmals "Alter in Jahren" für Beispiel 9-5

Für eine derartige Häufigkeitsfunktion kann man das arithmetische Mittel allgemein berechnen nach:

$$\bar{x} = \sum_{i=1}^{r} \frac{x_i \cdot h_i}{n} \qquad (9.2.3\text{-}2),$$

das heißt, wir erhalten für Beispiel 9-5:

$$\bar{x} = \frac{(32 \cdot 1) + (33 \cdot 2) + (53 \cdot 1) + (54 \cdot 1)}{5} = 41$$

Verwendet man zur Berechnung des arithmetischen Mittels nicht die absoluten, sondern die relativen Häufigkeiten, verändert sich Gleichung (9.2.3-2) wegen der Beziehung (7.1-2) zu:

$$\bar{x} = \sum_{i=1}^{r} x_i \cdot f_i \qquad (9.2.3\text{-}3).$$

typische Ausprägungen

Für klassifizierte Häufigkeitsfunktionen wird das arithmetische Mittel in der gleichen Weise berechnet. Da hier aber jede Merkmalsklasse eine Vielzahl von Merkmalsausprägungen enthält, müssen wir uns aus jeder Klasse für eine dieser Ausprägungen entscheiden, um sie als **typische** Ausprägung jeder Klasse in die Formeln (9.2.3-2) oder (9.2.3-3) einsetzen zu können. Üblicherweise verwendet man, wie wir oben schon gesehen haben, den mittleren Wert, also den Median, aller in einer Klasse zusammengefassten Ausprägungen. Zur Unterscheidung von den Ausprägungen einfacher, nichtklassifizierter Häufigkeitsfunktionen wollen wir diesen Klassenmittelwert wieder mit x'_j bezeichnen. Der Klassenmittelwert x'_j wird also wie ein Median gebildet, sei es, dass die Zahl der Ausprägungen pro Klasse ungeradzahlig oder dass sie geradzahlig ist

Berechnen wir für Beispiel 7-3 das arithmetische Mittel als durchschnittlich erreichte Punktzahl, so verwenden wir die Formel:

$$\bar{x} = \sum_{j=1}^{m} \frac{x'_j \cdot h_j}{n} \qquad (9.2.3\text{-}4).$$

wobei j der Laufindex der Merkmalsklassen ist und h_j die Klassenhäufigkeit der Klasse "j". Wir berechnen für Beispiel 7-3: das arithmetische Mittel aus der in Tabelle 9-14 wiedergegebenen Häufigkeitsfunktion:

Lfd. Nr. j	Klasse k_j	Merkmalsausprägung	typische Ausprägung x'_j	Häufigkeit h_j
1	K_1	0 - 24 Pkt.	12	5
2	K_2	25 - 49 Pkt.	37	10
3	K_3	50 - 70 Pkt.	60	16
4	K_4	71 - 85 Pkt.	78	15
5	K_5	86 - 95 Pkt.	90,5	10
6	K_6	96 - 100 Pkt.	98	3

Tab. 9-14: Häufigkeitsfunktion für Beispiel 7-3

Wir erhalten dann für Beispiel 7-3:

$$\bar{x} = \frac{(12 \cdot 5) + (37 \cdot 10) + (60 \cdot 16) + (78 \cdot 15) + (90{,}5 \cdot 10) + (98 \cdot 3)}{59}$$

$$\bar{x} = \frac{3759}{59} = 63{,}71$$

Im Durchschnitt wurde von den 59 Kandidaten eine Punktzahl von 63,71 Punkten erreicht.

gleichmäßige Verteilung der Merkmalsausprägungen

Bei der Berechnung des arithmetischen Mittels für eine klassifizierte Häufigkeitsfunktion muss aber berücksichtigt werden, dass x'_j nur dann in der geschilderten Weise berechnet und interpretiert werden kann, wenn sich die Merkmalsausprägungen ohne Berücksichtigung der zugehörigen Beobachtungshäufigkeiten gleichmäßig über die Merkmalsklasse verteilen. Sollte dies nicht der Fall sein, muss man für die klassifizierte Häufigkeitsfunktion zu den ursprünglichen Daten vor der Klassenbildung zurückkehren und das arithmetische Mittel für diese unklassifizierte Häufigkeitsfunktion berechnen.

Das arithmetische Mittel ist der mit Abstand wichtigste Lageparameter der deskriptiven Statistik, obwohl er nur für metrisch skalierte Merkmale berechnet werden darf. Diese große Bedeutung ergibt sich vor allem aus der folgenden besonderen Eigenschaft des arithmetischen Mittels:

Die Summe der Abweichungen aller Merkmalsausprägungen x_i von ihrem arithmetischen Mittel $\bar{x}$ ist gleich Null.

Behauptung: $\sum_{i=1}^{r} (x_i - \bar{x}) \cdot h_i = 0$

Beweis: $\sum_{i=1}^{r} (x_i - \bar{x}) \cdot h_i = \sum_{i=1}^{r} x_i \cdot h_i - \bar{x} \sum_{i=1}^{r} h_i = \sum_{i=1}^{r} x_i \cdot h_i - \bar{x} \cdot n$

(Vgl. [7.1−1])

Wegen: $\bar{x} = \sum_{i=1}^{r} \frac{x_i \cdot h_i}{n}$ gilt: $\bar{x} \cdot n = \sum_{i=1}^{r} x_i \cdot h_i$

Wir setzen ein und erhalten:

$$\sum_{i=1}^{r}(x_i - \bar{x}) \cdot h_i = \bar{x} \cdot n - \bar{x} \cdot n = 0$$, wie behauptet wurde.

Verwenden wir zur Demonstration dieser Eigenschaft die Zahlen von Beispiel 9-5, dann erhalten wir:

$$\begin{aligned}\sum_{i=1}^{4}(x_i - \bar{x}) \cdot h_i &= (34-41) \cdot 1 + (33-41) \cdot 2 + (53-41) \cdot 1 + (54-41) \cdot 1 \\ &= (-9) + (-16) + (+12) + (+13) \\ &= (-25) + (+25) \\ &= 0\end{aligned}$$

9.2.4 Das geometrische Mittel

Das geometrische Mittel "G" ist ein Lageparameter, der nur für verhältnisskalierte Merkmale berechnet werden kann. Für die Häufigkeitsfunktion eines derartigen Merkmals mit n Untersuchungsobjekten ist das geometrische Mittel definiert als:

$$G = \sqrt[n]{\prod_{i=1}^{r} x_i^{h_i}} \qquad (9.2.4\text{-}1).$$

Beispiel 9-6:

Ein Kaufmann hat in ein Geschäft eine Einlage getätigt. Am Ende eines jeden Geschäftsjahres wird seine Einlage um Gewinnanteile vermehrt. In Tabelle 9-15 ist die Entwicklung des Wertes seiner Einlage wiedergegeben.

Datum	Wert der Einlage	Vermehrungsfaktor
01.01.1994	1.000,00	-
31.12.1995	1.120,00	1,12
31.12.1996	1.232,00	1,10
31.12.1997	1.416,80	1,15
31.12.1998	1.700,16	1,20
31.12.1999	2.125,20	1,25
31.12.2000	2.762,76	1,30

Tab. 9-15: Wertentwicklung einer Einlage von 1.000,- GE ab 01. 01. 1994

Wir wollen nun den Faktor berechnen, um den der Wert der Einlage durchschnittlich pro Jahr gestiegen ist. Wir betrachten dazu die in Tabelle 9-15 wiedergegebenen Vermehrungsfaktoren als Häufigkeitsfunktion, wobei jeder der angegebenen Faktoren mit der Häufigkeit "1" beobachtet wurde. Wir berechnen den Durchschnittsfaktor mit Hilfe des geometrischen Mittels:

$$G = \sqrt[6]{1{,}12^1 \cdot 1{,}10^1 \cdot 1{,}15^1 \cdot 1{,}20^1 \cdot 1{,}25^1 \cdot 1{,}30^1}$$

$$G = \sqrt[6]{2{,}76276} = 1{,}18456$$

Wir überprüfen: wenn die durchschnittliche Kapitalvermehrung in jedem Jahr genau 18,456% betragen hätte, müsste sich das Kapital entwickelt haben nach der Formel

$$K_6 = K_0 \cdot q^6$$

mit K_0 = Anfangseinlage
K_6 = Wert der Einlage nach 6 Jahren
q = durchschnittlicher Vermehrungsfaktor

Wir erhalten:

$$K_6 = 1.000 - 1{,}18456^6 = 2762{,}76.$$

geometrische Folgen

Die Verwendung des geometrischen Mittels als Lageparameter ist immer dann sinnvoll, wenn die zugrundeliegende Häufigkeitsfunktion einer **geometrischen Zahlenfolge** entspricht, wie das beispielweise der Fall ist bei Verzinsungen mit **Zinseszinsen,** bei Wachstumsentwicklungen von Unternehmen und volkswirtschaftlichen Größen usw.

Bei klassifizierten Häufigkeitsfunktionen ergibt sich als Formel für das geometrische Mittel

$$G = \sqrt[n]{\prod_{j=1}^{m} x_j'^{\,h_i}} \qquad (9.2.4\text{-}2),$$

wobei x'_j wiederum der Klassenmittelwert der Ausprägungen der Merkmalsklasse k_j ist.

9.3 Streuungsparameter

9.3.1 Die Spannweite

Die Spannweite "R" ist ein einfacher Streuungsparameter für zumindest ordinalskalierte Daten. Die Spannweite R ist definiert als die Differenz zwischen der größten und der kleinsten beobachteten Merkmalsausprägung einer **geordneten** Folge von Merkmalsausprägungen. Sind von einem Merkmal X die nach ihrer Größe geordneten Ausprägungen x_1, x_2, ..., x_k beobachtet worden, so ergibt sich die Spannweite als

$$R = |x_k - x_1| \qquad (9.3.1\text{-}1).$$

Berechnet man diesen Parameter für die oben erwähnten Beispiele 7-2 und 7-3, so erhält man:

Beispiel 7-2: $R = |55 - 45| = 10$ km/h

Die beobachteten Geschwindigkeiten streuen in einer Breite von 10 km/h.

Beispiel 7-3: $R = |100 - 0| = 100$ Punkte

Die beobachteten Klausurergebnisse streuen in einem Bereich von 100 Punkten.

Für die weiteren Beispiele lässt sich die Spannweite entsprechend berechnen.

Die Aussagekraft der Spannweite wird dadurch stark eingeschränkt, dass sie nur durch zwei Merkmalsausprägungen festgelegt wird. Sind die beiden Merkmalsausprägungen x_k und x_1 aus der Gleichung (9.3.1-1) aber untypische Extremwerte, so verzerren sie die Aussage des Parameters über die wahre Streuung der zugrunde liegenden Häufigkeitsfunktion. So sei beispielsweise die in Tabelle 9-16 wiedergegebene Funktion über das Bruttoeinkommen von 500 Personen festgestellt worden:

Merkmalsausprägung	x_1	x_2	x_3	x_4	x_5	x_6
Wert der Ausprägung (GE)	0	1500	1600	1700	1800	15000
Beobachtungshäufigkeit	1	211	153	69	65	1

Tab. 9-16: Häufigkeitsfunktion des Merkmals monatliches Bruttoeinkommen bei n = 500 Personen

Für diese Häufigkeitsfunktion ergibt sich eine Spannweite von

$$R = |15000 - 0| = 15000 \text{ GE}$$

Hier ist die Aussage: "die Brutto-Monatseinkommen streuen in einem Bereich von 15.000 GE" zwar formal richtig, der Sache nach würde damit aber die Häufigkeitsfunktion verzerrt beschrieben.

9.3.2 Die Varianz und die Standardabweichung[1]

Varianz

Standardabweichung

Die Varianz "s^2", und die Standardabweichung "s", die aus der Varianz abgeleitet wird, stellen für die deskriptive Statistik die mit Abstand wichtigsten Streuungsmaße dar. Wir werden später noch sehen, dass diese Aussage auch für die analytische Statistik gilt.

mittlere quadratische Abweichung

Zur Charakterisierung der Streuung einer Häufigkeitsfunktion eines metrisch skalierten Merkmals wird bei der Varianz im Prinzip wie folgt vorgegangen: Es wird zwischen jeder Merkmalsausprägung und dem Lageparameter der Funktion der Abstand gemessen, also die Abweichung der Merkmalsausprägung von dem Lageparameter. Aus allen Abweichungen wird ein Mittelwert gebildet.

Obwohl man bei der Berechnung der Varianz jeden Lageparameter als Bezugsgröße verwenden könnte, wird hier üblicherweise das arithmetische Mittel herangezogen. Der Grund dafür liegt in der so genannten *Minimumeigenschaft des arithmetischen Mittels.* Man kann zeigen, dass für jede beliebige Häufigkeitsfunktion die Varianz mit dem arithmetischen Mittel als Bezugsgröße kleiner ist als jede andere Varianz mit jeder anderen denkbaren Bezugsgröße.

Wir wollen nun die Formel für die Varianz ableiten. Dazu können wir die oben erwähnte Abweichung zwischen der Merkmalsausprägung x_i und dem arithmetischen Mittel k darstellen als

$$(x_i - \bar{x}) \qquad (9.3.2\text{-}1).$$

Wollte man nun aus den Abweichungen aller x_i, $i = 1, 2, \ldots, n$, vom arithmetischen Mittel einen Mittelwert bilden, müsste man alle Abweichungen summieren und durch ihre Anzahl teilen:

$$\frac{\sum_{i=1}^{n}(x_i - \bar{x})}{n} \qquad (9.3.2\text{-}2).$$

[1] Für die Standardabweichung findet man mitunter auch den Begriff "Mittlere quadratische Abweichung MQA".

Diese Größe ist aber immer gleich Null wegen der in Abschnitt 9.2.3 besprochenen besonderen Eigenschaft des arithmetischen Mittels. Aus diesem Grunde verwendet man als Ausdruck der Abweichung zwischen x_i und $\overline{x}$ die Größe

$$(x_i - \overline{x})^2 \qquad (9.3.2\text{-}3),$$

und erhält, wenn man aus den quadrierten Abweichungen aller x_i, i = 1, 2,. . ., n, einen Mittelwert bildet, **die Definitionsgleichung für die Varianz:**

$$s^2 = \frac{\sum_{i=1}^{n}(x_i - \overline{x})^2}{n} \qquad (9.3.2\text{-}4).$$

Diese Definitionsgleichung gilt allerdings nur für solche Häufigkeitsfunktionen, bei denen alle beobachteten Merkmalsausprägungen genau einmal festgestellt wurden. Üblicherweise hat man aber Häufigkeitsfunktionen zu untersuchen, bei denen für die einzelnen Merkmalsausprägungen x_i,i= 1,2,. . .,r, jeweilige Beobachtungshäufigkeiten h_i vorliegen. In diesem Falle ergibt sich für die Varianz die aus Gleichung (9.3.2-4) abgeleitete Gleichung:

$$s^2 = \frac{\sum_{i=1}^{r}(x_i - \overline{x})^2 \cdot h_i}{n} \qquad (9.3.2\text{-}5),$$

oder unter Verwendung der relativen Häufigkeiten:

$$s^2 = \sum_{i=1}^{r}(x_i - \overline{x})^2 \cdot f_i \qquad (9.3.2\text{-}6).$$

Ein Berechnungsbeispiel soll die Ermittlung der Varianz veranschaulichen:
Für Beispiel 9-5 hatten wir die in Tabelle 9-17 wiedergegebene Häufigkeitsfunktion beobachtet:

Merkmalsausprägung	x_1	x_2	x_3	x_4
Wert der Ausprägung	32	33	53	54
Beobachtungshäufigkeit	1	2	1	1

Tab. 9-17: Häufigkeitsfunktion des Merkmals "Alter in Jahren" für Beispiel 9-5

Berechnen wir die Varianz für diese Häufigkeitsfunktion, so erhalten wir mit $\overline{x} = 41$, wie oben berechnet:

$$s^2 = \frac{(32-41)^2 \cdot 1 + (33-41)^2 \cdot 2 + (53-41)^2 \cdot 1 + (54-41)^2 \cdot 1}{5}$$

$$s^2 = \frac{81 \cdot 1 + 64 \cdot 2 + 144 \cdot 1 + 169 \cdot 1}{5} = \frac{522}{5}$$

$$s^2 = 104{,}4$$

Bei umfangreicheren Häufigkeitsfunktionen ist allerdings die Berechnung der Varianz mit Hilfe der Gleichungen (9.3.2-5) oder (9.3.2-6) sehr aufwändig. Wir wollen deshalb diese Grundgleichungen umformen:

Zunächst berechnen wir den binomischen Ausdruck in Gleichung (9.3.2-5):

$$s^2 = \frac{\sum_{i=1}^{r} (x_i - \overline{x})^2 \cdot h_i}{n} = \frac{\sum_{i=1}^{r} \left(x_i^{\,2} - 2x_i\overline{x} + \overline{x}^2\right) \cdot h_i}{n}$$

Wir multiplizieren nun h_i in die Klammer hinein, lösen dann die Klammer auf, formen weiter um und erhalten:

$$s^2 = \frac{\sum_{i=1}^{r} \left(x_i^{\,2} \cdot h_i - 2 \cdot x_i \cdot h_i \cdot \overline{x} + \overline{x}^2 \cdot h_i\right)}{n} =$$

$$\frac{\sum_{i=1}^{r} x_i^{\,2} \cdot h_i}{n} - \frac{2 \cdot \overline{x} \sum_{i=1}^{r} x_i \cdot h_i}{n} + \frac{\overline{x}^2 \sum_{i=1}^{r} h_i}{n}$$

Unter Verwendung von Gleichung (9.2.3-2) formen wir den mittleren, und unter Verwendung von Gleichung (7.1-1) den letzten Summanden um:

$$s^2 = \frac{\sum_{i=1}^{r} x_i^{\,2} \cdot h_i}{n} - 2 \cdot \overline{x} \cdot \overline{x} + x^2$$

und wir erhalten:

$$s^2 = \frac{\sum_{i=1}^{r} x_i^{\,2} \cdot h_i}{n} - \overline{x}^2 \qquad (9.3.2\text{-}7),$$

beziehungsweise bei Verwendung relativer Häufigkeiten:

$$s^2 = \sum_{i=1}^{r} x_i^{\ 2} \cdot f_i - \overline{x}^2 \qquad (9.3.2\text{-}8).$$

Wir wollen zur Kontrolle die Varianz für Beispiel 9-5 nach der umgewandelten Formel berechnen:

$$s^2 = \frac{32^2 \cdot 1 + 33^2 \cdot 2 + 53^2 \cdot 1 + 54^2 \cdot 1}{5} - 41^2 = \frac{8927}{5} - 1681 = 1785{,}4 - 1681$$

$$s^2 = 104{,}4$$

Standardabweichung

Die **Standardabweichung** "s", die die durchschnittliche quadrierte Abweichung aller beobachteten Merkmalsausprägungen von deren arithmetischem Mittel angibt, ist definiert als Quadratwurzel aus der Varianz. Es gilt also:

$$s = \sqrt{s^2} = \sqrt{\frac{\sum_{i=1}^{r} \left(x_i - \overline{x}^2\right)^2 \cdot h_i}{n}} = \sqrt{\frac{\sum_{i=1}^{r} x_i^{\ 2} \cdot h_i}{n} - \overline{x}^2} \qquad (9.3.2\text{-}9).$$

und entsprechend für die Formeln mit relativen Häufigkeiten.

Für Beispiel 9-5 erhalten wir so:

$$s = \sqrt{104{,}4} = 10{,}22$$

Die Standardabweichung (d. h. die mittlere quadratische Abweichung) aller Merkmalsausprägungen von ihrem Mittelwert beträgt 10,22 Jahre.

Liegt der Untersuchung eine klassifizierte Häufigkeitsfunktion zugrunde, wird die Varianz entsprechend der Vorgehensweise beim arithmetischen Mittel unter Verwendung der Klassenmittel x'_j berechnet nach:

$$s^2 = \frac{\sum_{j=1}^{m} \left(x'_j - \overline{x}\right)^2 \cdot h_j}{n} = \frac{\sum_{j=1}^{m} x'_j{}^2}{n} - \overline{x}^2 \qquad (9.3.2\text{-}10).$$

Für Beispiel 7-3 hatten wir die in Tabelle 9-18 wiedergegebene Häufigkeitsfunktion beobachtet:

Mer-mals-klasse k_j	Merkmalsaus-prägung von bis... Pkt.	Klassen-mittel-wert x'_j	$x_j'^2$	Beobach-tungshäufig-keit h_j	$x_j'^2 \cdot h_j$
k_1	0 - 24 Pkt.	12	144	5	720
k_2	25 - 49 Pkt.	37	1 369	10	13690
k_3	50 - 70 Pkt.	60	3 600	16	57600
k_4	71 - 85 Pkt.	78	6 084	15	91260
k_5	86 - 95 Pkt.	90,5	8190,25	10	81902,5
k_6	96 - 100 Pkt.	98	9 604	3	28812
				59	273984,5

Tab. 9-18: Häufigkeitsfunktion des Merkmals Leistung in einer Prüfung für Beispiel 7-3

Unter Berücksichtigung des oben berechneten arithmetischen Mittels $\overline{x} = 63{,}71$ ergibt sich hier als Varianz[1]:

$$s^2 = \frac{273984{,}5}{59} - 63{,}71^2 = 4643{,}805 - 4058{,}964$$

$$s^2 = 584{,}841$$

und als Standardabweichung.

$$s = \sqrt{584{,}841} = 24{,}183$$

Bei der Interpretation von Varianzen aus klassifizierten Häufigkeitsfunktionen muss man allerdings beachten, dass die Varianz einer derartigen Funktion nur dann als exakter Wert angesehen werden kann, wenn alle beobachteten Merkmalsausprägungen einer Klasse mit dem Klassenmittelwert zusammenfallen In allen anderen Fällen ergeben sich Abweichungen zwischen einer exakt, das heißt für nichtklassifizierte Merkmale, berechneten Varianz und der Varianz nach Klassifizierung. Diesen Vorgang soll das Beispiel 9-7 demonstrieren:

[1] Bei Aufgaben dieser Art treten durch die Quadrierung schnell erhebliche Rundungsfehler auf. Berechnet man beispielsweise für die in Tabelle 9-18 wiedergegebene Häufigkeitsfunktion die Varianz und die Standardabweichung genauer, dann erhält man hier: $s^2 = 584{,}6034185$ und $s = 24{,}17857354$ denn $\overline{x} = 63{,}7118644$. Um alle in diesem Buch wiedergegebenen Ergebnisse möglichst exakt zu halten, werden alle Berechnungen mit größtmöglicher Genauigkeit durchgeführt, auch wenn Zwischen- und Endergebnisse aus Gründen der Übersichtlichkeit nur mit wenigen Nachkommastellen angegeben werden.

Beispiel 9-7:

Gegeben sei die Häufigkeitsfunktion

x_i	1 2 3 4 5 6
h_i	1 1 1 1 1 1

Für diese erhält man: $\bar{x} = \frac{21}{6} = 3{,}5$, und $s^2 = \frac{91}{6} - 3{,}5^2 = 2{,}91\bar{6}$.

Fasst man in der Häufigkeitsfunktion die drei ersten und die drei letzten Ausprägungen zu je einer Klasse zusammen, erhält man die in Tabelle 9-19 wiedergegebene klassifizierte Häufigkeitsfunktion.

Merkmalsklasse k_j	Erfasste Ausprägungen	Klassenmittelwert	$x_j'^2$	Beobachtungshäufigkeit h_j	$h_j'^2 \cdot h_j$
k_1	1, 2, 3	2	4	3	12
k_2	4, 5, 6	5	25	3	75
					87

Tab. 9-19: Klassifizierte Häufigkeitsfunktion für Beispiel 9-2

Wir erhalten hier. $\bar{x}$ = 3,5. Berechnen wir nun die Varianz:

$$s^2 = \frac{87}{6} - 3{,}5^2 = 14{,}5 - 12{,}25 = 2{,}25 \quad .$$

Bei klassifizierten Häufigkeitsfunktionen lässt sich zeigen, dass in den meisten Fällen[1] die Varianz aus der klassifizierten Häufigkeitsfunktion kleiner ist als die aus der zugrundeliegenden, nichtklassifizierten Funktion. Das liegt daran, dass der Wertebereich in der nichtklassifizierten Häufigkeitsfunktion (im Beispiel von 1 bis 6) durch die Klassenbildung enger wird (im Beispiel von 2 bis 5), was sich auf die Streuung auswirkt. Die Tatsache der Unterschiede zwischen den beiden Varianzen muss bei der weiteren Analyse berücksichtigt werden.

9.3.3 Der Variationskoeffizient

In vielen Fällen kann sich beim Vergleich der Standardabweichungen zweier Häufigkeitsfunktionen der falsche Schluss ergeben, dass bei Gleichheit der Standardabweichungen beide Streuungen gleich zu interpretieren sind. Vor

[1] Dies gilt immer dann, wenn die Häufigkeitsfunktion so beschaffen ist, dass das zugehörige Stabdiagramm nur einen "Gipfel" hat, oder wenn darin alle Säulen die gleiche Höhe haben. Häufigkeitsfunktionen der ersten Art bezeichnet man als *eingipflig* oder, weil ein Gipfel gleichbedeutend ist mit einem eindeutigen Modus, als unimodal. Häufigkeitsfunktionen der zweiten Art bezeichnet man als *gleichverteilt*.

diesem Schluss, der sich aus dem Vergleich der absoluten Streuungsmaße ergeben kann, muss zumindest gewarnt werden.

Betrachten wir beispielsweise die beiden folgenden, durch ihre Parameter charakterisierten Häufigkeitsfunktionen:

Häufigkeitsfunktion 1
$\bar{x}_1 = 30$
$s_1 = 25$

Häufigkeitsfunktion 2
$\bar{x}_2 = 1000$
$s_2 = 25$

absolute / relative Streuung

Obwohl beide Häufigkeitsfunktionen mit s = 25 die gleiche **absolute Streuung** aufweisen, hat offensichtlich die zweite Häufigkeitsfunktion eine kleinere **relative Streuung**. D.h., eine Streuung von s = 25 hat, bezogen auf $\bar{x} = 30$, ein größeres Gewicht als bei $\bar{x} = 1000$.

Um die relative Streuung einer Häufigkeitsfunktion zu bestimmen, bedient man sich eines Streuungsparameters, der als Variationskoeffizient "CV" bekannt ist.

Voraussetzung dafür, den Variationskoeffizienten einer Häufigkeitsfunktion berechnen zu können, ist, dass das Untersuchungsmerkmal verhältnisskaliert ist.

Der Variationskoeffizient ist definiert als:

$$CV = \frac{s}{\bar{x}} \cdot 100 \text{ (in \%)} \qquad (9.3.3\text{-}1).$$

Der Variationskoeffizient gibt also an, um wie viel **Prozent des Mittelwertes** die Merkmalswerte im Durchschnitt um den Mittelwert streuen.

Für die beiden oben angeführten Häufigkeitsfunktionen erhalten wir:

Häufigkeitsfunktion 1
$CV = \frac{25}{30} \cdot 100 = 83{,}33\%$

Häufigkeitsfunktion 2
$CV = \frac{25}{1000} \cdot 100 = 2{,}5\%$

9.4 Parameter zweidimensionaler Häufigkeitsverteilungen

In Kapitel 8 hatten wir zweidimensionale Häufigkeitsfunktionen kennengelernt. Wir hatten dabei festgestellt, dass die beiden Randverteilungen den eindimensionalen Häufigkeitsfunktionen der beiden Untersuchungsmerkmale X und Y entsprechen. Man kann folglich für die eindimensionale Häufigkeitsverteilung des Merkmals X deren arithmetisches Mittel $\overline{x}$ und deren Varianz berechnen, die wir zur besseren Unterscheidung s^2_x nennen wollen. Entsprechend lässt sich auch das arithmetische Mittel $\overline{y}$ des Merkmals Y und dessen Varianz s^2_y berechnen.

Wenn wir uns nun einmal die Tabelle einer zweidimensionalen Häufigkeitsfunktion vorstellen, bei der nur die Randverteilungen bekannt sind, nicht aber die eigentliche Häufigkeitsfunktion im Inneren des Tabellenfeldes, dann erkennt man sofort, dass nur mit Kenntnis der Randverteilungen allein sich die eigentliche Häufigkeitsfunktion nicht erklären bzw. erzeugen lässt. Also reichen die genannten Lage- und Streuungsparameter $\overline{x}$, $\overline{y}$, s^2_x und s^2_y nicht aus, die zweidimensionale Häufigkeitsfunktion ausreichend genau zu beschreiben. Wir benötigen eine Reihe weiterer Informationen, speziell über die Tendenz der beiden Untersuchungsmerkmale, sich gemeinsam zu verändern.

Stellen wir uns einmal vor, das Merkmal X sei die Grundfläche von Einzelhandelsgeschäften in m^2, und das Merkmal Y sei die Anzahl von Angestellten pro Geschäft. In diesem Falle können wir sagen, dass **im Prinzip** mit einer Vergrößerung der Ladenfläche auch eine Erhöhung der Anzahl von Angestellten pro Geschäft einhergeht. Wenn also die Ausprägungen des einen Merkmals größer werden, nehmen tendenziell auch die Ausprägungen des anderen Merkmals in der Regel größere Werte an. Eine Veränderung eines Merkmals führt also zu einer gleichgerichteten Änderung des anderen Merkmals. Man bezeichnet diesen Vorgang als eine *gleichläufige Variation* der beiden Merkmale.

gleichläufige Variation

Betrachten wir dagegen bei konstantem monatlichen Nettoeinkommen die Konsumausgaben als Merkmal X und die Sparausgaben als Merkmal Y, so zeigt sich bei diesen beiden Merkmalen eine *gegenläufige Variation.* Wenn hier nämlich die Werte des einen Merkmals erhöht werden, sinken die Werte des anderen Merkmals.

gegenläufige Variation

Zur genauen Charakterisierung einer zweidimensionalen Häufigkeitsfunktion benötigen wir also neben den genannten Parametern zusätzlich einen Parameter, der uns angibt, inwieweit die beiden Untersuchungsmerkmale gleichläufig oder gegenläufig variieren. Dieser Parameter ist die

Kovarianz "COV (X, Y)".

Um die Berechnung der 5 Parameter zu veranschaulichen, wollen wir folgendes Beispiel einführen:

Beispiel 9-8

Im Auftrag der SPEEDY GmbH untersucht ein Marktforschungsinstitut bei n = 1000 Autofahrern deren PKW-Nutzungsgewohnheiten. Unter anderem wurde erfragt, wie viele Stunden pro Tag der PKW durchschnittlich genutzt wurde (=Merkmal X) und wie groß die Entfernung zwischen Wohnung und Arbeitsstätte ist (=Merkmal Y). Man erhielt das in Tabelle 9-20 angegebene Befragungsergebnis:

X \ Y		Länge der Wegstrecke zwischen Wohnung und Arbeitsstelle [in km]				
		Klassen	6 -<8 km	8 -<10km	10-<16km	Σ
Tägl. allgemeine Nutzungszeit des PKW	Klassen	x_i' \ y_j'	7	9	13	
	0-<2 h	1	h_{11}= 300	h_{12}= 250	h_{13}= 150	$h_{1\bullet}$= 700
	2-<4 h	3	h_{21}= 100	h_{22}= 50	h_{23}= 150	$h_{2\bullet}$= 300
		Σ	$h_{\bullet 1}$= 400	$h_{\bullet 2}$= 300	$h_{\bullet 3}$= 300	n = 1000

Tab. 9-20: Häufigkeitsfunktion des Befragungsergebnisses zu Beispiel 9-8

Ist in einer zweidimensionalen Häufigkeitsfunktion das Merkmal X das Zeilenmerkmal, wie in Beispiel 9-8, dann wird das arithmetische Mittel berechnet nach

$$\bar{x} = \frac{\sum_{i=1}^{r} x_i' \cdot h_{i\bullet}}{n} \qquad (9.4\text{-}1)$$

bzw.

$$\bar{x} = \sum_{i=1}^{r} x_i' \cdot f_{i\bullet} \qquad (9.4\text{-}2).$$

Man erhält für Beispiel 9-8:

$$\bar{x} = \frac{1 \cdot 700 + 3 \cdot 300}{1000} = \frac{1600}{1000} = 1{,}6 \ \ [\mathrm{h}]$$

Die durchschnittliche Nutzungsdauer der PKW betrug 1,6 Stunden

Entsprechend erhält man das arithmetische Mittel des Spaltenmerkmals Y aus:

$$\bar{y} = \frac{\sum_{j=1}^{c} y_j' \cdot h_{\bullet j}}{n} \qquad (9.4\text{-}3)$$

bzw. aus:

$$\bar{y} = \sum_{j=1}^{c} y_j' \cdot f_{\bullet j} \qquad (9.4\text{-}4).$$

Wir berechnen somit für Beispiel 9-8:

$$\overline{y} = \frac{7 \cdot 400 + 9 \cdot 300 + 13 \cdot 300}{1000} = \frac{9400}{1000}$$

$$\overline{y} = 9{,}4 \ [\text{km}]$$

Die Durchschnittslänge Entfernung zwischen Wohnung und Arbeitsstätte betrug bei den untersuchten Autofahrern 9,4 km.
Die Varianz des Zeilenmerkmals X erhalten wir aus der Formel:

$$s^2{}_x = \frac{\sum_{i=1}^{r}(x_i' - \overline{x})^2 \cdot h_{i\bullet}}{n} = \frac{\sum_{i=1}^{r} x_i'^2 \cdot h_{i\bullet}}{n} - \overline{x}^2 \qquad (9.4\text{-}5)$$

bzw. aus:

$$s^2{}_x = \sum_{i=1}^{r}(x_i' - \overline{x})^2 \cdot f_{i\bullet} = \sum_{i=1}^{r} x_i'^2 \cdot f_{i\bullet} - \overline{x}^2 \qquad (9.4\text{-}6).$$

Es ergibt sich hier für Beispiel 9-8:

$$s^2{}_x = \frac{1^2 \cdot 700 + 3^2 \cdot 300}{1000} - 1{,}6^2 = \frac{3400}{1000} - 2{,}56$$

$$s^2{}_x = 0{,}84$$

Daraus folgt:

$$s_x = \sqrt{0{,}84} = 0{,}9165$$

Die mittlere quadratische Abweichung aller beobachteten Nutzungsdauern von ihrem Mittelwert beträgt 0,9165 Stunden.

Die Varianz des Spaltenmerkmals Y ergibt sich entsprechend:

$$s^2{}_y = \frac{\sum_{j=1}^{c}(y_j' - \overline{y})^2 \cdot h_{\bullet j}}{n} = \frac{\sum_{j=1}^{c} y_j'^2 \cdot h_{\bullet j}}{n} - \overline{y}^2 \qquad (9.4\text{-}7)$$

und

$$s^2{}_y = \sum_{j=1}^{c}(y_j' - \overline{y})^2 \cdot f_{\bullet j} = \sum_{j=1}^{c} y_y'^2 \cdot f_{\bullet j} - \overline{y}^2 \qquad (9.4.8).$$

Hier ergibt sich für Beispiel 9-8:

$$s^2{}_y = \frac{7^2 \cdot 400 + 9^2 \cdot 300 + 13^2 \cdot 300}{1000} - 9{,}4^2 = \frac{94600}{1000} - 88{,}36$$

$$s^2{}_y = 6{,}24$$

und daraus folgt als Standardabweichung:

$$s_y = \sqrt{6{,}24} = 2{,}498$$

Die mittlere quadratische Abweichung aller Entfernungen von ihrem Mittelwert betrug 2,498 km.

Der für uns neue Parameter "Kovarianz" lässt sich nach den folgenden Formeln berechnen:

$$\mathrm{COV}(X,Y) = \frac{\sum_{i=1}^{r}\sum_{j=1}^{c}(x'_i - \bar{x})\cdot(y'_j - \bar{y})\cdot h_{ij}}{n} = \frac{\sum_{i=1}^{r}\sum_{j=1}^{c} x'_i \cdot y'_j \cdot h_{ij}}{n} - \bar{x}\cdot\bar{y} \quad (9.4.9)$$

bzw. nach:

$$\mathrm{COV}(X,Y) = \sum_{i=1}^{r}\sum_{j=1}^{c}(x'_i - \bar{x})\cdot(y'_j - \bar{y})\cdot f_{ij} = \sum_{i=1}^{r}\sum_{j=1}^{c} x'_i \cdot y'_j \cdot f_{ij} - \bar{x}\cdot\bar{y} \quad (9.4.10).$$

Für Beispiel 9-8 müssen wir also rechnen:

$$\mathrm{COV}(X,Y) = \frac{1\cdot 7\cdot 300 + 1\cdot 9\cdot 250 + 1\cdot 13\cdot 150 + 3\cdot 7\cdot 100 + 3\cdot 9\cdot 50 + 3\cdot 13\cdot 150}{1000} - 1{,}6\cdot 9{,}4$$

$$\mathrm{COV}(X,Y) - \frac{2100 + 2250 + 1950 + 2100 + 1350 + 5850}{1000} \quad 15{,}04$$

$$\mathrm{COV}(X,Y) = \frac{15600}{1000} - 15{,}04$$

$$\mathrm{COV}(X,Y) = +0{,}56$$

Das positive Vorzeichen der Kovarianz besagt, dass die beiden Merkmale gleichläufig variieren. Das heißt in Beispiel 9-8: Je größer die Entfernung zwischen Wohnung und Arbeitsstätte ist, desto länger wird der PKW genutzt.

Ergibt sich aus der Berechnung der Kovarianz ein negatives Vorzeichen, dann variieren beide Merkmale gegenläufig.

Die absolute, zahlenmäßige Größe der Kovarianz bildet die Grundlage für einen weiteren Parameter, den wir im nächsten Kapitel unter der Bezeichnung "Korrelationskoeffizient" kennenlernen werden.

Aufgaben zum 9. Kapitel:

46. Was sind Parameter? Wozu dienen sie in der Statistik?

47. Welche Arten von Parametern kennen Sie?

48. Nennen und charakterisieren Sie einige Lageparameter!

49. Wann benötigt man die Feinberechnung eines Lageparameters?

50. Führen Sie eine Grob- und eine Feinberechnung des Modus für die Zahlenangaben der Aufgabe 43 durch!

51. Führen Sie eine Grob- und eine Feinberechnung des Medianes für die Zahlenangaben der Aufgabe 43 durch!

52. Ein Median mit der Ordnungsziffer 150 liege in einer Merkmalsklasse x_8. Es wurde beobachtet:

x_i	Klassenbreite	h_i	H_i
.			
.			
x_7	400 -< 600	73	135
x_8	600 -< 800	35	170
x_9	800 -< 1000	20	190
.			
.			

Bestimmen Sie den feinberechneten Median!

53. Berechnen Sie das arithmetische Mittel für die Zahlenangaben der Aufgabe 43!

54. Bei Bundesschatzbriefen im Wert von 100,- GE erhält man

nach 1 Jahr 8,5 % Zinsen
nach 2 Jahren 9,0% Zinsen
nach 3 Jahren 9,5 %Zinsen
nach 4 Jahren 10,0 % Zinsen
nach 5 Jahren 11,0 %Zinsen
nach 6 Jahren 11,8 % Zinsen

Wie hoch ist die durchschnittliche Verzinsung des Kapitals?

Aufgaben

55. Gegeben sei die Häufigkeitsverteilung 1, 3, 4, 5, 7, 9. Zu berechnen ist deren geometrisches Mittel!

56. In einer bestimmten Volkswirtschaft wurden in den letzten 5 Jahren folgende Zuwachsraten des Bruttosozialprodukts beobachtet:

Jahr 1: 10 %
Jahr 2: 12 %
Jahr 3: 13 %
Jahr 4: 15 %
Jahr 5: 20 %

Zu berechnen ist die durchschnittliche Wachstumsrate in diesen 5 Jahren!

57. Gegeben sei folgende Häufigkeitsverteilung:

X_i	1	2	3	4	5
h_i	4	1	3	4	6

Berechnen Sie Varianz und Standardabweichung!

58. Gegeben sei folgende Häufigkeitsverteilung:

2 3 3 5 5 5 5 7 9 9

Berechnen Sie arithmetisches Mittel und Standardabweichung!

59. Berechnen Sie Varianz und Standardabweichung für die Zahlenangaben der Aufgabe 43!

60. Wozu dient der Variationskoeffizient?

61. Bei 25 statistischen Beobachtungen wurden die folgenden Merkmalsausprägungen x_i mit den dazugehörigen Häufigkeiten h_i beobachtet:

i	1	2	3	4	5	6	7
x_i	9	3	1	7	5	2	6
h_i	4	4	5	4	3	2	3

a) Berechnen Sie für diese Häufigkeitsverteilung (soweit möglich):
den Modus (Grob- und Feinberechnung),
den Median (Grob- und Feinberechnung),
das arithmetische Mittel,
die Spannweite,
die Varianz,
die Standardabweichung!

b) Wie groß sind die absolute und die relative Streuung der Merkmalswerte?

Aufgaben

62. Bei einer Radar-Geschwindigkeitskontrolle der Polizei werden bei 30 vorbeifahrenden Autos folgende Geschwindigkeiten gemessen (in km/h):

52	48	46	48	47	48
55	54	52	54	52	50
49	48	49	50	48	50
54	56	53	53	48	51
51	52	52	51	49	50

a) Ordnen Sie diese Beobachtungen in die folgenden Merkmalsklassen ein:
>45 - 47
>47 - 49
>49 - 51
>51 - 53
>53 - 55
>55 - 57
>57 - 59
Geben Sie die absoluten und relativen Häufigkeiten der einzelnen Klassen an!

b) Stellen Sie die Massen mit ihren Häufigkeiten (absolut und relativ) graphisch dar. Ermitteln Sie die Verteilungsfunkdon und stellen Sie diese graphisch dar!

c) Berechnen Sie die durchschnittliche beobachtete Geschwindigkeit der gruppierten Häufigkeitsverteilung!

d) Bei einer Feinberechnung der Durchschnittsgeschwindigkeit anhand der umgruppierten Ursprungsdaten ergibt sich: $x = 50{,}667$. Vergleichen Sie diesen Wert mit dem unter c) berechneten Wert und erklären Sie verbal die Abweichung zwischen diesen Werten!

e) Berechnen Sie die Standardabweichung der klassifizierten Häufigkeitsverteilung (Hilfsangabe: $\sum_i x_i^2 \cdot h_i = 76196$)!

63. An einer Examensklausur an der Universität im Fach Statistik beteiligen sich 120 Studenten der Volkswirtschaftslehre und 180 Studenten der Betriebswirtschaftslehre. Die erste Gruppe erzielt eine Durchschnittspunktzahl von 35 Punkten bei einer Standardabweichung von 4,9 Punkten, die zweite Gruppe erreicht im Durchschnitt 31 Punkte bei einer Standardabweichung von 4,5 Punkten. Welche der beiden Gruppen hat die größere absolute, welche die größere relative Streuung?

64. Gegeben seien folgende Merkmalswerte: 5, 3, *2, 2,* 2, 4, 3. Bestimmen Sie den Modus, den Median, das arithmetische Mittel, das geometrische Mittel, die Spannweite, die Standardabweichung und den Variationskoeffizienten!

Aufgaben

65. Welche 5 Parameter benötigt man zur Charakterisierung einer zweidimensionalen Häufigkeitsverteilung der Merkmale X und Y?

66. Wozu verwendet man die Kovarianz COV(X, Y)?

67. Gegeben sei die folgende zweidimensionale Häufigkeitsverteilung:

X \ Y	$y_1=1$	$y_2=2$	$y_3=3$
$x_1=2$	10	10	0
$x_2=4$	10	20	30
$x_3=6$	0	10	10

Zu bestimmen sind die Parameter $\overline{x}, \overline{y}, s_x, s_y$, COV(X, Y)!

68. In einer Marktstudie für die SPEEDY GmbH wurden die Nutzungsgewohnheiten von PKW-Fahrern auf der täglichen Fahrt zwischen Wohnung und Arbeitsstätte analysiert. Dabei untersuchte man :

Merkmal X : Anzahl der transportierten Personen
Merkmal Y : Mittlere Entfernung zwischen Wohnung und Arbeitsstätte [in km]

Es ergab sich folgendes Untersuchungsergebnis :

	Anzahl der transportierten Personen		
Mittlere Entfernung	1	2	3
5 km	100	50	50
10 km	200	350	250

Berechnen und interpretieren Sie die arithmetischen Mittel und die Standardabweichungen der beiden Beobachtungsmerkmale und die Kovarianz.

69. Gegeben sei die folgende zweidimensionale Häufigkeitsverteilung:

X \ Y	$y_1=1$	$y_2=3$	$y_3=5$
$x_1=3$	10	10	0
$x_2=4$	10	20	30
$x_3=5$	0	10	10

a) Zu bestimmen sind die Parameter $\overline{x}, \overline{y}, s_x, s_y$ und COV(X, Y)!

b) Welches der angeführten Merkmale hat die größere absolute, welches die größere relative Streuung?

Aufgaben

70. Auf verschiedenen, gleich großen Feldern einer amerikanischen Versuchsfarm wurden folgende Ernteerträge Y beobachtet, wobei diesen Feldern die folgenden Mengen X eines neuen Düngers zugeführt wurden:

Kunstdüngereinsatz (dz) \ Ernteerträge (in t)	2	4	5	7
1	1	2	3	1
2	1	1	3	3
3	1	2	2	3
4	0	2	3	4

a) Bestimmen und interpretieren Sie die arithmetischen Mittel der beiden Merkmale!

b) Bestimmen Sie s_x und s_y!

c) Bestimmen Sie die Kovarianz COV(X, Y)!

d) Welche Aussagen kann man allgemein mit Hilfe der Kovarianz über eine zweidimensionale Häufigkeitsverteilung machen?

10 Metrische einfache Regressions- und Korrelationsanalyse

10.1 Der Begriff und die Bedeutung der metrischen einfachen Regressions- und Korrelationsanalyse

Sehr oft beobachtet man, gerade auch in der ökonomischen Praxis, dass bei einer zweidimensionalen Häufigkeitsfunktion die beiden Untersuchungsmerkmale in einem bestimmten **kausalen** Abhängigkeitsverhältnis stehen:

Abhängigkeit

- Der Preis eines Gutes hängt ab von der nachgefragten Menge dieses Gutes.
- Der Ernteertrag hängt ab von der eingesetzten Düngermenge.
- Die verfügbare Sparleistung hängt ab vom monatlichen Einkommen.
- Die Beschäftigtenzahl eines Betriebes hängt ab von der Kapazitätsauslastung.

usw.

Die Abhängigkeit zwischen zwei Merkmalen kann sehr eng sein, wie zum Beispiel die Abhängigkeit zwischen Konsum- und Sparausgaben bei ceteribus paribus konstantem Einkommen. Diese Abhängigkeit lässt sich in der bekannten **Funktion**

$$Y = C + S$$

Y = Einkommen
C = Konsumausgaben
S = Sparausgaben

ausdrücken, weswegen man hier von einer funktionalen Abhängigkeit oder von einem funktionalen Zusammenhang spricht. Kennzeichen der funktionalen Abhängigkeit ist es, dass hier aufgrund einer eindeutigen mathematischen Funktion exakt vorhergesagt werden kann, welchen Wert das eine Merkmal hat, wenn der Wert des anderen Merkmals bekannt ist. Wenn beispielsweise jemand 4.000,- GE monatlich netto verdient und er gibt 3.200,- GE für den Konsum aus, liegt die Sparausgabe mit 800,- GE exakt fest. Zu jeder Ausprägung des einen Merkmals gehört genau eine Ausprägung des zweiten Merkmals. Die funktionale Abhängigkeit drückt damit die stärkste Form des Zusammenhangs aus, die man sich denken kann.

Dagegen seien die beiden Merkmale Preis und Nachfragemenge eines bestimmten Gutes betrachtet. Hier lässt sich zwar vermuten, dass eine Tendenz besteht, dass bei steigenden Preisen die Nachfragemenge sinkt. Man kann aber nicht mehr exakt voraussagen, um wie viele Einheiten die Nachfragemenge sinken wird, wenn sich der Preis des Gutes zum Beispiel um 1,- GE erhöht. Dieser Preiserhöhung kann ein Nachfragerückgang von 0 Einheiten, von 10 Einheiten oder von 50 Einheiten gegenüberstehen. Hier sind also bei einer bestimmten Ausprägung des einen Merkmals mehrere Ausprägungen des anderen Merkmals möglich. Es hängt dabei vom Zufall ab, welche der Ausprägungen des anderen Merkmals nun tatsächlich beobachtet werden kann. Eine

Abhängigkeit dieser Art, die vom Zufall beeinflusst wird, bezeichnet man als *stochastische (= zufallsbedingte) Abhängigkeit,* bzw. man spricht auch von einem stochastischen Zusammenhang zwischen den Merkmalen.

Für den Statistiker, der die Beziehung zwischen zwei gemeinsam auftretenden Merkmalen untersuchen will, stellen sich hier vordringlich zwei Fragen:

1. Welche **Stärke** hat der Zusammenhang zwischen den beiden Merkmalen?

   Kann man aus dem beobachteten Wert des einen Merkmals überhaupt keine Rückschlüsse ziehen auf den Wert des anderen Merkmals? Dann bestünde überhaupt kein Zusammenhang. Oder ergibt sich aus der bekannten Ausprägung des 1. Merkmals schon eindeutig eine ganz bestimmte Ausprägung des 2. Merkmals? Hier liegt ein funktionaler Zusammenhang vor. Zwischen dem Fall des funktionalen und dem des fehlenden Zusammenhangs sind beliebig viele Zwischenstufen der Stärke des Zusammenhangs denkbar.

   Korrelationsanalyse

   Die Bestimmung einer **Maßzahl für die Stärke** des Zusammenhangs ist Gegenstand der **Korrelationsanalyse,** die diese Maßzahl mit dem *Korrelationskoeffizienten* angibt.

2. Welche **Form** hat im Prinzip das **Zusammenwirken** der beiden Merkmale?

   Führt bei bestehendem stochastischem oder funktionalem Zusammenhang eine Erhöhung der Ausprägungen des einen Merkmals zu einer Erhöhung der Ausprägungen des anderen Merkmals oder zu einer Verminderung? Kann man die Form des Zusammenwirkens, wie sie sich im Prinzip und ohne Berücksichtigung von individuellen Abweichungen ergibt, durch **eine durchschnittliche mathematische Funktion** beschreiben?

   Regressionsanalyse

   Die Bestimmung derartiger (Regressions-)Funktionen zur Beschreibung der Form des Zusammenwirkens zwischen zwei Merkmalen ist Gegenstand der **Regressionsanalyse.**

Zusammenhangsbeziehungen sind grundsätzlich zwischen allen Arten von Merkmalen denkbar. In diesem Kapitel 10 sollen aber die Analyse des Zusammenhangs zwischen nominalskalierten Merkmalen **(Assoziation oder Kontingenz)** und zwischen ordinalskalierten Merkmalen **(Rangkorrelation)** nicht behandelt werden, weil bei diesen Merkmalen aufgrund der in den Ausprägungen enthaltenen Zahleneigenschaften Regressionsbeziehungen nur mit großen Vorbehalten und Schwierigkeiten bestimmt werden können. Dieses Kapitel soll sich auf die Diskussion der *metrischen* Regressions- und Korrelationsanalyse beschränken.

Gleichzeitig soll eine weitere Einschränkung der Darstellung der Regressions- und Korrelationsanalyse vorgenommen werden. Bisher wurde immer nur vom

Zusammenwirken *zweier* Merkmale ausgegangen. In der Praxis ergibt es sich aber sehr oft, dass ein Merkmal mit *vielen* anderen Merkmalen in Zusammenhang steht. So hängen beispielsweise die Kosten einer Produktion ab von den Löhnen, den Abschreibungen, den Zinsen, den Energiekosten, den Rohstoffpreisen, den Steuern und vielen anderen Merkmalen mehr.

Die Untersuchung derartiger vielschichtiger Beziehungen ist Gegenstand der *multiplen* Regressions- und Korrelationsanalyse. Diese gehören zu den **multivariaten Verfahren**, auf die an späterer Stelle in diesem Buch eingegangen wird.

10.2 Das Streuungsdiagramm und das Problem der Bestimmung einer optimalen Regressionsfunktion

Eine mathematische Funktion, die die Form des Zusammenwirkens zwischen zwei Merkmalen beschreibt, bezeichnet man als *Regressionsfunktion.* Die Probleme, die bei der Bestimmung einer Regressionsfunktion auftreten, sollen nach und nach anhand von Beispiel 10-1 veranschaulicht werden.

Regressionsfunktion

Beispiel 10-1:

In der SPEEDY GmbH gibt es eine eigene Abteilung für die Fertigung der Antriebsaggregate für den "Speedster". In dieser Abteilung wurde an $n=10$ Tagen festgehalten: die Anzahl von komplettierten Antriebsaggregaten (=Produktionsmenge x_i) und die Höhe der angefallenen Maschinenkosten y_i:

Tag t_i	Produktionsmenge x_i	Maschinenkosten(in 1000, -GE) y_i
1	4	3,8
2	3	3,6
3	7	5,7
4	5	4,6
5	2	2,7
6	10	6,8
7	8	5,8
8	11	7,5
9	6	5,9
10	9	6,7

Tab. 10-1: Beobachtungen von täglichen Produktionsmengen und Maschinenkosten

Die in Tabelle 10-1 erfassten Beobachtungen lassen sich in ein rechtwinkliges Koordinaten-System einzeichnen, wie in Abbildung 10-1 dargestellt.

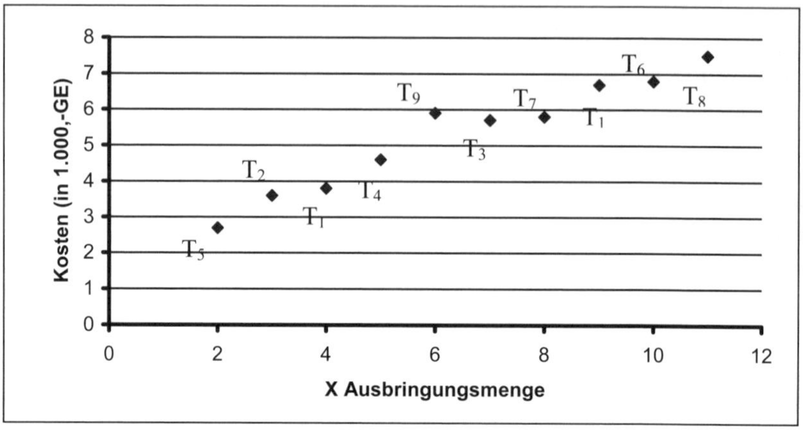

Abb. 10-1: Graphische Darstellung der Beobachtungen von täglichen Ausbringungsmengen und Kosten für Beispiel 10-1.

Ein derartiges Diagramm bezeichnet man als *Streuungsdiagramm.* Die darin wiedergegebene Gruppierung der Beobachtungspunkte wird *Punktwolke* genannt.

Die Form und Lage der Punktwolke beantworten schon die folgenden Fragen:

Form der Regressionsfunktion

1. Welche **Funktionalform** soll die zu bestimmende Regressionsfunktion haben? Soll sie eine Gerade sein oder eine Parabel oder eine Hyperbel oder eine sonstige Funktion?

   Aus der Punktwolke von Abbildung 10-1 ergibt sich, dass hier die Verwendung einer Geraden, also einer **linearen Regressionsfunktion,** die Punktwolke am besten erfasst.

Gleich- oder Gegenläufigkeit des Zusammenwirkens

2. Ist die vermutete **Form** des Zusammenwirkens **gleichläufig** oder **gegenläufig?** Aus Abbildung 10-1 ist zu ersehen: eine *Erhöhung* der Produktionsmenge führt im Prinzip zu einer *Erhöhung* der Maschinenkosten. Entwickeln sich die beiden beobachteten Merkmale tendenziell in gleicher Richtung, spricht man von einem gleichläufigen Zusammenhang.

Aus der Beantwortung dieser beiden Fragen folgt, dass die gesuchte Regressionsfunktion eine Gerade sein muss, die von links unten nach rechts oben verläuft. Eine derartige Gerade hat allgemein die Funktionalgleichung

$$y = a + b \cdot x \qquad (10.2\text{-}1).$$

Die Frage ist nun, wie die gesuchte Regressionsgerade, die ja die **durchschnittliche Tendenz des Zusammenwirkens** zwischen den beiden Merkmalen möglichst gut beschreiben soll, durch die Punktwolke zu legen ist. Die Abbildung 10-2 zeigt für die Punktwolke des Beispiels 10-1 einige Möglichkeiten auf.

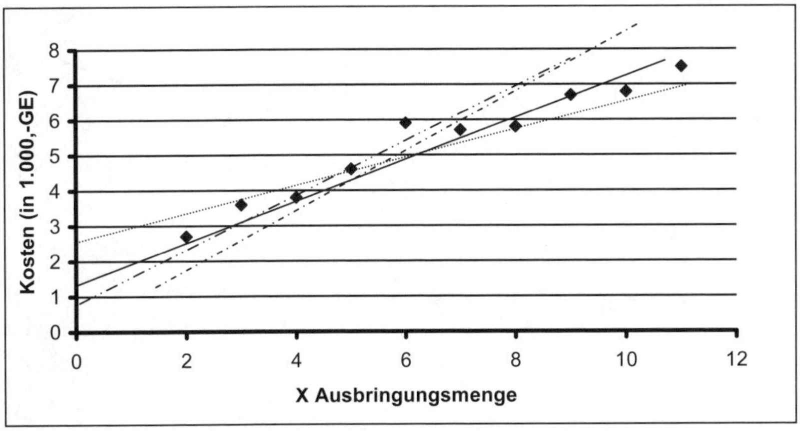

Abb. 10-2: Einige mögliche Regressionsgeraden für die Punktwolke aus Abbildung 10-1.

Welche der vier beispielhaft in Abbildung 10-2 dargestellten Geraden beschreibt nun am besten die Tendenz der Veränderungen zwischen den beiden Merkmalen, wie sie sich aus der Punktwolke ergibt? Welches ist also die *optimale* Regressionsfunktion?

Kriterium der kleinsten Quadrate

Von den vielen Kriterien zur Bestimmung einer optimalen Regressionsfunktion hat sich das *Kriterium der kleinsten Quadrate* am besten bewährt. Dieses Kriterium baut auf folgendem Gedanken auf: Die zu bestimmende Regressionsfunktion soll die **durchschnittliche** Tendenzlinie des Zusammenwirkens sein. In Abbildung 10-3 sind zur Verdeutlichung zwei Beobachtungspunkte und eine beliebige Regressionsgerade eingezeichnet.

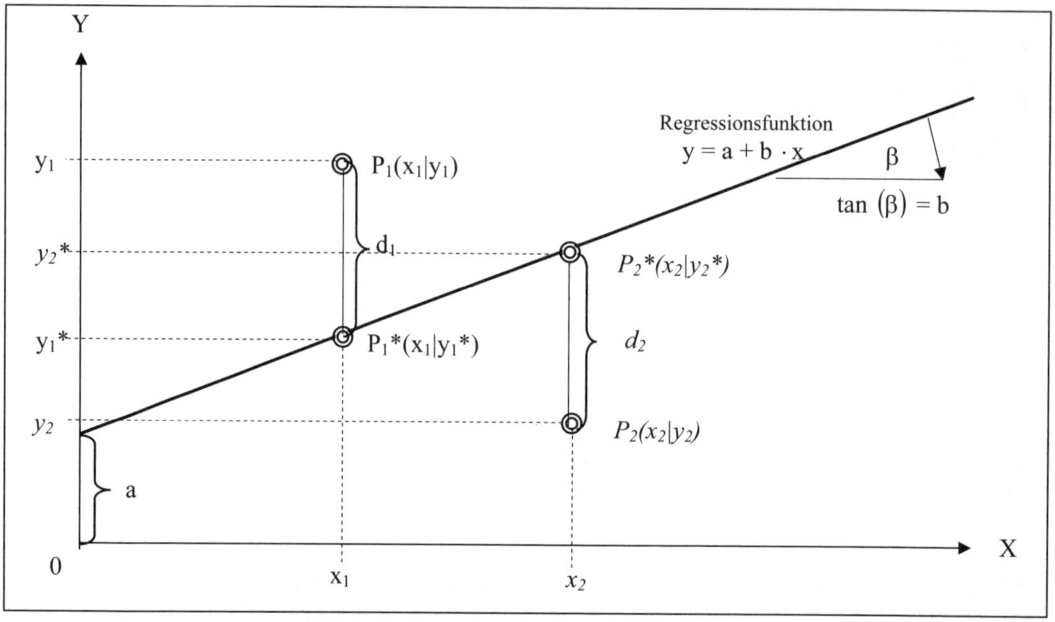

Abb. 10-3: Darstellung des Prinzips der Ermittlung einer optimalen Regressionsfunktion nach dem Kriterium der kleinsten Quadrate

Ein beliebiger Beobachtungspunkt P_i hat die Koordinaten (x_i ; y_i), wobei i = 1, 2, ... , n. Man bestimmt nun für **jeden** Beobachtungspunkt P_i parallel zur Ordinate den senkrechten Abstand zwischen dem Punkt und der Regressionsgeraden. Der sich dabei ergebenden Berührungspunkt auf der Geraden sei mit P_i* bezeichnet, wobei dieser Punkt die Koordinaten (x_i ; y_i*) hat.

Auf diese Weise kann man zum Beispiel für den Punkt P_1 den senkrechten Abstand (=Distanz) zwischen P_1 und dem Korrespondenzpunkt P_1* auf der Geraden bestimmen als:

$$d_1 = (y_1 - y_1{*}) \qquad (10.2\text{-}2).$$

Entsprechend ergibt sich für die Punkte P_2 und P_2*:

$$d_2 = (y_2 - y_2{*}) \qquad (10.2\text{-}3).$$

Diese Abstände zwischen Beobachtungspunkten und den Korrespondenzpunkten auf der Geraden kann man nun für alle Beobachtungspunkte bestimmen. Man erhält dann bei n Beobachtungspunkten n Distanzmaße $d_1, d_2, \ldots, d_n$.

Das Kriterium der kleinsten Quadrate besagt nun, dass von allen denkbaren Regressionsfunktionen durch eine Punktwolke diejenige als optimal anzusehen ist, für die die Summe der quadrierten Abstände d_i^2, i = 1, 2,..., n, ein Minimum wird. Das lässt sich anders ausdrücken als:

$$\sum_{i=1}^{n}(y_i - y_i^*)^2 \Rightarrow \text{Minimum} \qquad (10.2\text{-}3)^1$$

Eine Regressionsfunktion, die diese Bedingung erfüllt, ist optimal im Sinne des Kriteriums der kleinsten Quadrate.

Allerdings wurden in Abbildung 10-3 völlig willkürlich die Abstände zwischen den Beobachtungspunkten und der Regressionsgeraden parallel zur Ordinate gemessen, also **parallel zur y-Achse.** Eine Regressionsfunktion, die in dieser Weise bestimmt wird, bezeichnet man zur genaueren Kennzeichnung als **yx-Regressionsfunktion.**

yx-Regressionsfunktion

Genauso gut lassen sich die Abstände parallel zur x-Achse messen, wie in Abbildung 10-4 veranschaulicht.

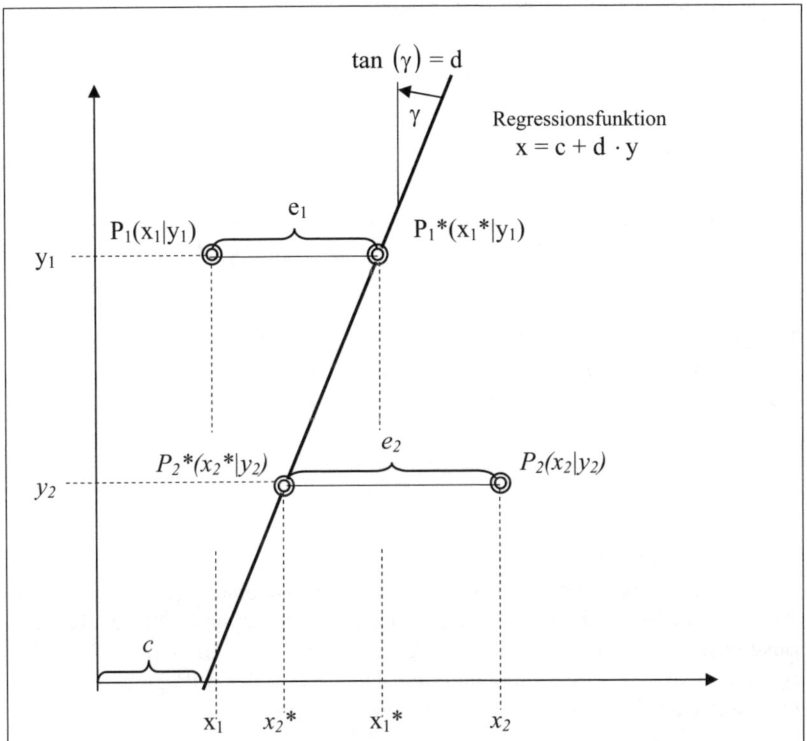

Abb. 10-4: Darstellung des Prinzips der Ermittlung einer xy-Regressionsfunktion nach dem Kriterium der kleinsten Quadrate.

[1] Da bei der Regressions- und Korrelationsanalyse bei n Beobachtungen alle Summierungen immer von 1, 2, . ., i, . ., n laufen, wird in diesem Kapitel fortan zur Vereinfachung gesetzt:

$$\sum_{i=1}^{n} = \sum$$

Im Falle von Abbildung 10-4 müsste das Optimalitätskriterium der kleinsten Quadrate lauten:

$$\sum (x_i - x_i^*)^2 \Rightarrow \text{Minimum} \qquad (10.2\text{-}5).$$

Eine Regressionsfunktion, die nach diesem Kriterium optimal ist, bezeichnet man als **xy-Regressionsfunktion.**

Für **eine** Punktwolke gibt es also **zwei** optimale Regressionsfunktionen. Für welche der beiden Funktionen man sich im Einzelfall entscheidet, hängt von den Kausalbeziehungen zwischen den beiden Untersuchungsmerkmalen ab.

Ist bei der Untersuchung das Merkmal X aus sachlogischen Gründen das unabhängige oder verursachende Merkmal und Y ist das abhängige oder resultierende Merkmal, dann muss die yx-Regressionsfunktion verwendet werden, die im Falle einer Geraden definiert ist als

$$\boxed{y = a_1 + b_1 \cdot x} \qquad (10.2\text{-}6).$$

In Beispiel 18 lässt sich eindeutig sagen, dass das Merkmal X, nämlich die produzierte Menge, das unabhängige Merkmal ist, denn die Produktionsmenge eines Tages ist ja die Ursache, aus der eine bestimmte Kostenhöhe resultiert. Die hier zu bestimmende Funktion muss also eine yx-Regressionsfunktion sein.

Ist dagegen aus sachlogischen Gründen Y das unabhängige und X das abhängige Merkmal, dann ist für die Punktwolke die xy-Regressionsfunktion optimal, die im linearen Fall die Bestimmungsgleichung

$$\boxed{x = a_2 + b_2 \cdot y} \qquad (10.2\text{-}7)$$

aufweist.

In bestimmten Grenzfällen, in denen es vom Sachproblem her unklar ist, welches Merkmal das abhängige und welches das unabhängige ist, werden die Abstände zwischen Beobachtungspunkt und Referenzpunkt auf der Regressionsgeraden nicht parallel zu den Achsen gemessen, sondern rechtwinklig (=orthogonal) zur Regressionsfunktion. Dieser Fall der orthogonalen Regression soll wegen des erhöhten mathematischen Aufwandes hier nicht erläutert werden.

10.3 Die Ermittlung einer linearen Einfachregressionsfunktion nach dem Kriterium der kleinsten Quadrate

Die Bestimmung einer linearen Einfachregressionsfunktion nach dem Kriterium der kleinsten Quadrate soll an den Werten des Beispiels 10-1 veranschaulicht werden. Aus Gründen der Übersichtlichkeit werden die Wertepaare (x_i ; y_i) so geordnet, dass das unabhängige Merkmal X in eine aufsteigende Reihenfolge gebracht wird.

Produktionsmengen x_i	Kosten (in 1000,- GE) y_i
2	2,7
3	3,6
4	3,8
5	4,6
6	5,9
7	5,7
8	5,8
9	6,7
10	6,8
11	7,5

Tab. 10-2: Geordnete Beobachtungen von täglichen Produktionsmengen und Kosten

Als Regressionsfunktion ergibt sich hier, wie bereits begründet, eine Gerade der Art $y = a_1 + b_1 \cdot x$, also eine yx-Regressionsfunktion.

Nach dem Kriterium der kleinsten Quadrate gilt gem. (10.2-4):

$$\sum(y_i - y_i^*)^2 \Rightarrow \text{Minimum}$$

Da alle y_i^* zusammen aber die Regressionsfunktion $y = a_1 + b_1 \cdot x$ bilden, kann man setzen:

$$\sum(y_i - y_i^*)^2 = \sum(y_i - [a_1 + b_1 \cdot x_i])^2 \Rightarrow \text{Minimum} \qquad (10.3\text{-}1).$$

Nach Auflösung der inneren Klammern erhält man:

$$\sum(y_i - a_1 - b_1 \cdot x_i)^2 \Rightarrow \text{Minimum} \qquad (10.3\text{-}2).$$

Das Minimum dieser Funktion lässt sich durch **partielle Differentiation** nach a_l und b_l bestimmen. Nach Bildung der beiden partiellen Ableitungen und nach Auflösung des entstehenden Gleichungssystems erhält man:

partielle Differentiation

$$a_1 = \frac{\sum x_i^2 \sum y_i - \sum x_i \sum x_i \cdot y_i}{n \sum x_i^2 - \left(\sum x_i\right)^2} \qquad (10.3\text{-}3)$$

und

$$b_1 = \frac{n \sum x_i \cdot y_i - \sum x_i \sum y_i}{n \sum x_i^2 - \left(\sum x_i\right)^2} \qquad (10.3\text{-}4).$$

Eine lineare Regressionsfunktion, deren Koeffizienten a_l und b_l nach diesen Gleichungen bestimmt werden, ist optimal im Sinne des Kriteriums der kleinsten Quadrate.

Aufgrund des hohen rechentechnischen Aufwandes empfiehlt es sich jedoch, nicht mit den beiden angeführten Formeln zu arbeiten. Aus diesen Formeln erhält man nämlich nach einigen Umformungen die wesentlich leichter zu handhabenden Ausdrücke:

$$a_1 = \bar{y} - b_1 \cdot \bar{x} \qquad (10.3\text{-}5)$$

und

$$b_1 = \frac{COV(X,Y)}{s^2_x} \qquad (10.3\text{-}6)$$

mit

$$\bar{x} = \frac{\sum x_i}{n} \qquad \bar{y} = \frac{\sum y_i}{n} \qquad (10.3\text{-}7), (10.3\text{-}8)$$

$$s_x^2 = \frac{\sum x_i^2}{n} - \bar{x}^2 \qquad (10.3\text{-}9)$$

und

$$COV(X,Y) = \frac{\sum x_i \cdot y_i}{n} - \bar{x} \cdot \bar{y} \qquad (10.3\text{-}10).$$

Für die praktische Berechnung von Regressionsfunktionen ist es von großem Vorteil, eine Arbeitstabelle anzulegen, deren Spalten durch die in den Gleichungen (10.3-7) bis (10.3-10) vorgegebenen Summen bestimmt werden. Man erhält so beispielsweise die Tabelle 10-3 für Beispiel 10-1:

i	x_i	y_i	x_i^2	$x_i \cdot y_i$	y_i^2
1	2	2,7	4	5,4	7,29
2	3	3,6	9	10,8	12,96
3	4	3,8	16	15,2	14,44
4	5	4,6	25	23,0	21,16
5	6	5,9	36	35,4	34,81
6	7	5,7	49	39,9	32,49
7	8	5,8	64	46,4	33,64
8	9	6,7	81	60,3	44,89
9	10	6,8	100	68,0	46,24
10	11	7,5	121	82,5	56,25
Σ	65	53,1	505	386,9	304,17

Tab. 10-3: Arbeitstabelle zur Berechnung der Regressionsfunktion für Beispiel 10-1

Man berechnet nun zunächst nach (10.3-6) den Regressionskoeffizienten b_1:

$$b_1 = \frac{COV(X,Y)}{s^2_x} \qquad \bar{x} = \frac{\sum x_i}{n} = \frac{65}{10} = 6{,}5$$

$$\bar{y} = \frac{\sum y_i}{n} = \frac{53{,}1}{10} = 5{,}31$$

$$COV(X,Y) = \frac{\sum x_i \cdot y_i}{n} - \bar{x} \cdot \bar{y}$$

$$= \frac{386{,}9}{10} - 6{,}5 \cdot 5{,}31 = 38{,}69 - 34{,}515$$

$$COV(X,Y) = 4{,}175$$

$$s^2_x = \frac{\sum x_i^2}{n} - \bar{x}^2 = \frac{505}{10} - 6{,}5^2 = 50{,}5 - 42{,}25$$

$$s^2_x = 8{,}25$$

$$b_1 = \frac{4{,}175}{8{,}25} \qquad \Rightarrow \qquad b_1 = 0{,}506$$

Entsprechend erhält man für a_1:

$$a_1 = \bar{y} - b_1 \cdot \bar{x} = 5{,}31 - 0{,}506 \cdot 6{,}5 = 5{,}31 - 3{,}289$$

$$a_1 = 2{,}021$$

Die gesuchte Regressionsfunktion lautet also:

$$y = 2{,}021 + 0{,}506 \cdot x \text{ (in 1.000 GE)}$$

Die Angabe der Kostengrößen erfolgte in Tabelle 10-1 "in 1.000,- GE". Will man die Kosten in "ganzen" GE angeben, ist die Regressionsfunktion mit 1.000 zu multiplizieren:

$$y = 2.021 + 506 \cdot x \quad (\text{ in GE })$$

Zur Kontrolle ist die gefundene Regressionsfunktion in Abb. 10-5 in die Punktwolke der Abb. 10-1 eingezeichnet.

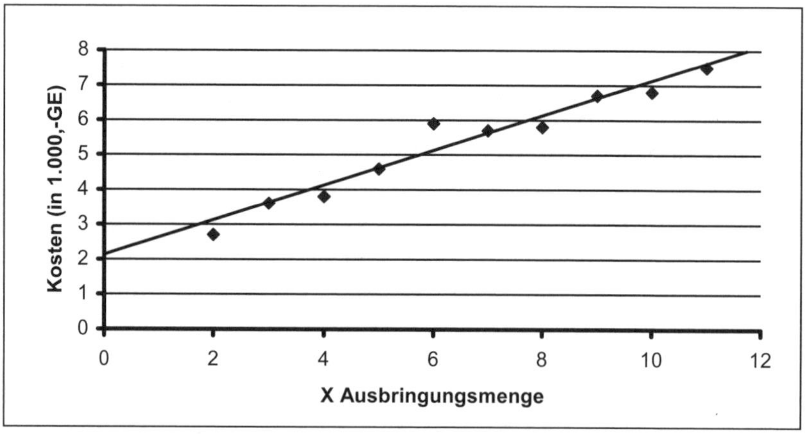

Abb. 10-5: Punktwolke und Regressionsfunktion für Beispiel 10-1

Wie ist nun die gefundene Regressionsfunktion betriebswirtschaftlich zu interpretieren? Sie ist zunächst eine Kostenfunktion K = f(x), denn sie gibt die Kosten für verschiedene Produktionsmengen x_i an. Setzt man in der Funktion x = 0, das heißt, es wird unterstellt, dass keine Einheit des Produktes hergestellt wird, dann verbleiben Kosten von 2.021 GE. Der Koeffizient a_l kann in Beispiel 10-1 also interpretiert werden als die Fixkosten der Produktion. Setzt man nun x = 1, dann erhöhen sich die Kosten um 506 GE auf 2.527 GE. Setzt man x = 2, dann erhöhen sich die Kosten nochmals um 506 GE auf 3.033 GE. Es zeigt sich, dass sich die Kosten jedes Mal um 506 GE erhöhen, wenn sich die Ausbringung um eine Einheit erhöht. Die durch den Regressionskoeffizienten b_i wiedergegebene Größe ist also n Beispiel 10-1 als Grenzkosten anzusehen, die bei einer linearen Kostenfunktion gleich den variablen Kosten sind.

Die Parameter einer linearen Regressionsfunktion berechnet man praktisch zweckmäßigerweise mit

- Einem entsprechend ausgestatteten Taschenrechner, der über die Möglichkeit verfügt, zweidimensionale Statistik-Daten zu verarbeiten. Derartige Geräte sind schon für unter 50 GE im Handel;
- Dem PC mit einem Tabellen-Kalkulationsprogramm wie EXCEL, QUATTROPRO und ähnlichen;

- Dem PC und entsprechenden speziellen Statistik-Programmen wie z.B. SPSS, SAS und anderen. Auf den Einsatz derartiger Programme wird am Schluss dieses Buches eingegangen.

Bei Verwendung von Taschenrechner oder PC kann man sich die Ermittlung aufwendiger Arbeitstabellen wie Tab. 10-3 ersparen und die Beobachtungsdaten direkt in das entsprechende Gerät eingeben.

Nunmehr soll der Fall betrachtet werden, dass zur Beschreibung der empirischen Punktwolke eine xy-Regressionsfunktion verwendet werden soll, die im linearen Fall beschrieben wird durch die Gleichung

$$\boxed{x = a_2 + b_2 \cdot y}$$

Eine xy-Regressionsfunktion dieser Art ist dann optimal, wenn ihre Koeffizienten a_2 und b_2 berechnet werden nach

$$a_2 = \frac{\sum y_i^2 \sum x_i - \sum y_i \sum x_i \cdot y_i}{n\sum y_i^2 - \left(\sum y_i\right)^2} \qquad b_2 = \frac{n\sum x_i \cdot y_i - \sum x_i \sum y_i}{n\sum y_i^2 - \left(\sum y_i\right)^2} \quad (10.3\text{-}11)$$

(10.3-12),

bzw. rechentechnisch einfacher nach:

$$\boxed{a_2 = \bar{x} - b_2 \cdot \bar{y}} \quad (10.3\text{-}13) \qquad \boxed{b_2 = \frac{COV(X,Y)}{s^2_y}} \quad (10.3\text{-}14),$$

mit den oben unter (10.3-7) bis (10-3-9) angegebenen Parametern und zusätzlich

$$s^2_y = \frac{\sum y_i^2}{n} - \bar{y}^2 \quad (10.3\text{-}15).$$

Da die Berechnung analog zur yx-Regressionsfunktion verläuft, kann an dieser Stelle auf die Behandlung eines gesonderten Berechnungsbeispiels verzichtet werden.

10.4 Einige Beispiele für die Ermittlung nichtlinearer Einfachregressionsfunktionen nach dem Kriterium der kleinsten Quadrate

Wie oben gezeigt, besteht bei Kenntnis des Streuungsdiagramms zweier Merkmale zunächst die Frage, welcher mathematischen Funktionalform die zu bestimmende Regressionsfunktion entsprechen soll. Bisher wurden nur lineare Funktionen verwendet, weil sie mathematisch am einfachsten zu handhaben sind und sie in vielen Fällen auch eine gute Näherung für möglicherweise kompliziertere Funktionen darstellen.

Häufig ergibt sich jedoch aus der Form der Punktwolke, dass zu deren Beschreibung eine nichtlineare Funktion herangezogen werden muss. Die unmittelbare Bestimmung nichtlinearer Regressionsfunktionen nach dem Kriterium der kleinsten Quadrate ist in der Regel mathematisch erheblich komplizierter und lässt sich – wenn überhaupt – nur mit aufwendigen numerischen Verfahren und mit Rechenanlagen durchführen. Ausnahmen hiervon sind die *homogene Potenzfunktion* und die *Exponentialfunktion*

homogene Potenzfunktion

Eine **homogene yx-Potenzfunktion** hat die Form:

$$y = a_1 \cdot x^{b_1} \qquad (10.4\text{-}1)$$

Zur Bestimmung der Koeffizienten a_1 und b_1 logarithmiert man die Funktion:

$$\log(y) = \log(a_1) + b_1 \cdot \log(x) \qquad (10.4\text{-}2).$$

Setzt man zur Vereinfachung log (y) = y*, log (a_1) = a_1* und log (x)= x, dann erhält man für Gleichung (10.4-2):

$$y^* = a_1^* + b_1 \cdot x^* \qquad (10.4\text{-}3).$$

Diese logarithmische Funktion ist wiederum aufzufassen wie die bekannte lineare Funktion $y = a_1 + b_1 \cdot x$ wobei nur zu berücksichtigen ist, dass alle mit dem Stern "* " versehenen Größen in Gleichung (10.4-3) logarithmiert sind.

Man erhält die Koeffizienten von Gleichung (10.4-3) aus den bekannten Beziehungen (10.3-5) und (10.3-6), die in der logarithmischen Symbolik lauten:

$$a_1^* = \bar{y}^* - b_1 \cdot \bar{x}^* \qquad \text{und} \qquad b_1 = \frac{COV(X^*, Y^*)}{s^2_{x^*}}$$

Ein Beispiel soll die Berechnung einer derartigen homogenen Potenzfunktion veranschaulichen.

Beispiel 10-2:

Ein Unternehmer hat bei folgenden Preisen (unabhängiges Merkmal X) die folgenden Absatzmengen (abhängiges Merkmal Y) beobachtet, die in Tabelle 10-4 tabellarisch und in Abb. 10-6 als Streuungsdiagramm wiedergegeben sind.

Lfd. Nr. i	Preis (GE/Stück) x_i	Absatzmenge (Stück) y_i
1	3,0	800
2	3,2	760
3	3,6	600
4	4,0	430
5	4,6	330
6	5,0	250

Tab. 10-4: Beobachtungen von Preisen und zugehörigen Absatzmengen eines Unternehmers

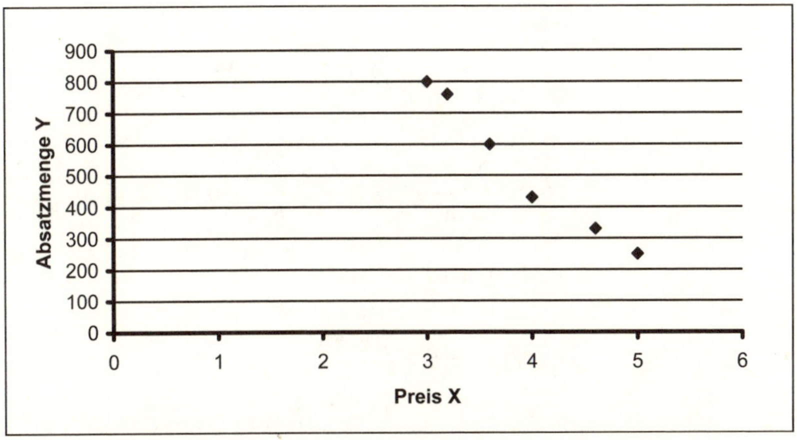

Abb. 10-6: Streuungsdiagramm zu den Beobachtungen aus Tabelle 40

<u>Anmerkung:</u> Dieses Koordinatensystem entspricht nicht dem in der ökonomischen Theorie üblichen, bei dem der Preis auf der Ordinate und die Absatzmenge auf der Abszisse abgetragen wird. Die vorliegende Darstellungsform wurde deswegen gewählt, um - mathematisch exakt - das unabhängige Merkmal auf der Abszisse und das abhängige Merkmal auf der Ordinate abtragen zu können.

Zur Berechnung der Regressionsfunktion erstellt man, wie oben, eine Arbeitstabelle:

i	x_i	$x_i^*=\log(x_i)$	$x_i^{*2}=(\log[x_i])^2$	y_i	$y_i^*=\log(y_i)$	$x_i^* \cdot y_i^*$
1	3,0	0,4771	0,2276	800	2,9031	1,3851
2	3,2	0,5051	0,2551	760	2,8808	1,4551
3	3,6	0,5563	0,3095	600	2,7782	1,5455
4	4,0	0,6021	0,3625	430	2,6335	1,5856
5	4,6	0,6682	0,4393	330	2,5185	1,6693
6	5,0	0,6990	0,4886	250	2,3979	1,6761
Σ		3,5024	2,0826		16,1120	9,3167

Tab. 10-5: Arbeitstabelle zu Beispiel 10-2

Mit Hilfe von Tabelle 10-5 kann man a_1^* und b_1 berechnen:

$$b_1 = \frac{COV(X^*, Y^*)}{s^2_x{}^*}$$

$$\overline{x}^* = \frac{\sum x_i^*}{n} = \frac{3{,}5024}{6} = 0{,}5837$$

$$\overline{y}^* = \frac{\sum y_i^*}{n} = \frac{16{,}1120}{6} = 2{,}6858$$

$$s^2_x{}^* = \frac{\sum x_i^{*2}}{n} - \overline{x}^{*2} = \frac{2{,}0826}{6} - 0{,}5837^2$$

$$s^2_x{}^* = 0{,}0064$$

$$COV(X^*, Y^*) = \frac{\sum x_i^* \cdot y_i^*}{n} - \overline{x}^* \cdot \overline{y}^*$$

$$= \frac{9{,}3167}{6} - 0{,}5837 \cdot 2{,}6858$$

$$COV(X^*, Y^*) = -0{,}0149$$

$$b_1 = \frac{-0{,}0149}{0{,}0064} = -2{,}3330$$

Es ergibt sich dann für a_1^*:

$$a_1^* = \overline{y}^* - b_1 \cdot \overline{x}^*$$

$$a_1^* = 2{,}6858 - (-2{,}3330) \cdot 0{,}5837$$

$$a_1^* = 4{,}0476$$

Daraus folgt die logarithmische Regressionsgerade:

$$y^* = 4{,}0476 + (-2{,}3330) \cdot x^*.$$

Durch Entlogarithmieren dieser Funktion erhält man die gesuchte homogene Potenzfunktion:

$$y = 11157{,}63 \cdot x^{-2{,}3330}$$

Man kann diese Funktion zur Kontrolle in das Streuungsdiagramm gemäß Abb. 10-6 einzeichnen und erhält so Abb. 10-7.

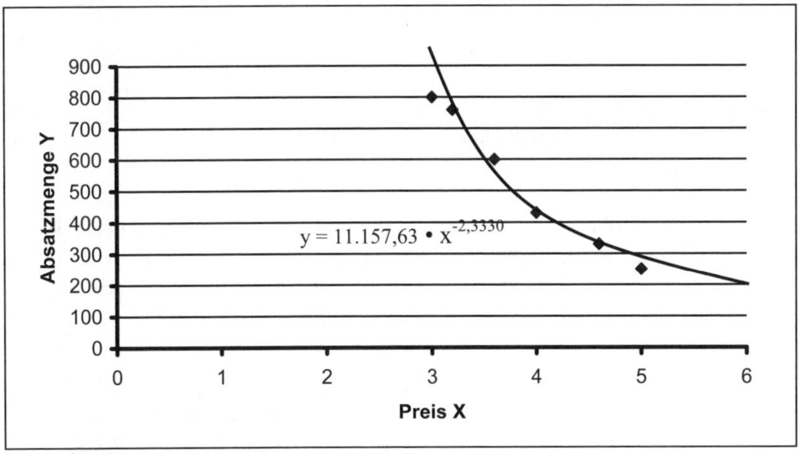

Abb. 10-7: Streuungsdiagramm und Regressionsfunktion für Beispiel 10-2

Bei der Berechnung einer homogenen Potenzfunktion als Regressionsfunktion muss man sich allerdings darüber klar sein, dass hier beachtliche Rundungsfehler auftreten können. Hätte man in Beispiel 10-2 anstelle von vierstelligen Logarithmen und Zwischenergebnissen mit der vollen Stellenzahl eines wissenschaftlichen Taschenrechners oder PC gerechnet, hätte sich als Regressionsfunktion ergeben:

$$y = 10899{,}04 \cdot x^{-2{,}3163}$$

Die zweite nichtlineare Art von Regressionsfunktionen, die hier betrachtet werden soll, ist die **einfache Exponentialfunktion.** Diese ist, als yx-Regressionsfunktion, definiert als:

einfache Exponentialfunktion

$$\boxed{y = a_1 \cdot b_1^{x}} \qquad (10.4\text{-}3).$$

Auch hier würde eine direkte Auflösung nach a_1 und b_1 nach dem Kriterium der kleinsten Quadrate große rechentechnische Schwierigkeiten machen. Man bestimmt deswegen a_1 und b_1 wiederum über eine logarithmische Transformation:

$$\log(y) = \log(a_1) + x \cdot \log(b_1) \qquad (10.4\text{-}4),$$

und setzt wieder zur Vereinfachung:

$$y^* = a_1{}^* + b_1{}^* \cdot x$$

Diese Funktion ist eine Gerade, deren Koeffizienten a_l^*, und b_l^*, nach dem Kriterium der kleinsten Quadrate wie bekannt zu berechnen sind.

Beispiel 10-3:

In einem Versorgungsunternehmen wurde die folgende zeitliche Entwicklung des Wasserverbrauchs beobachtet:

Jahr Nr.	1	2	3	4	5
Wasserverbrauch [in Mio. m^3]	6,0	6,9	8,6	11,3	14,9

Tab. 10-6: Zeitliche Entwicklung des Wasserverbrauchs in 5 Jahren [in Mio. m^3]

Prognosen

Die sich hier ergebende Regressionsfunktion stellt eine exponentielle Trendfunktion dar, mit deren Hilfe auch **Prognosen** über die zukünftige Entwicklung möglich werden. Tabelle 10-7 zeigt die entsprechende Arbeitstabelle:

i	x_i	x_i^2	y_i	$y_i^* = \log(y_i)$	$x_i \cdot y_i{}^*$
1	1	1	6,0	0,7782	0,7782
2	2	4	6,9	0,8388	1,6776
3	3	9	8,6	0,9345	2,8035
4	4	16	11,3	1,0531	4,2124
5	5	25	14,9	1,1732	5,8660
Σ	15	55		4,7778	15,3377

Tab. 10-7: Arbeitstabelle zu Beispiel 10-3

Mit den Summen aus Tabelle 10-7 kann man die Regressionskoeffizienten berechnen:

$$\boxed{b_1{}^* = \frac{COV(X, Y^*)}{s^2{}_x}}$$

$$\bar{x} = \frac{\sum x_i}{n} = \frac{15}{5} = 3$$

$$\bar{y}^* = \frac{\sum y_i{}^*}{n} = \frac{4,7778}{5} = 0,9556$$

$$s^2{}_x = \frac{\sum x_i{}^2}{n} - \bar{x}^2 = \frac{55}{5} - 3^2 = 11 - 9 = 2$$

$$COV(X, Y^*) = \frac{\sum x_i \cdot y_i{}^*}{n} - \bar{x} \cdot \bar{y}^*$$

$$= \frac{15,3377}{5} - 3 \cdot 0,9556$$

$$COV(X, Y^*) = 0,2007$$

$$b_1{}^* = \frac{0{,}2007}{2} = 0{,}1004$$

$$a_1{}^* = \bar{y}^* - b_1{}^* \cdot \bar{x} = 0{,}9556 - 0{,}1004 \cdot 3 = 0{,}9556 - 0{,}3012$$

$$a_1{}^* = 0{,}6544$$

Die gesuchte logarithmische Funktion lautet also:

$$y^* = 0{,}6544 + 0{,}1004 \cdot x.$$

Nach Auflösung der Logarithmierung erhält man die gesuchte einfache Exponentialfunktion:

$$y = 4{,}5123 \cdot (1{,}2601)^x$$

Zur Überprüfung wird diese Funktion zusammen mit der Punktwolke in ein Streuungsdiagramm eingezeichnet, wie in Abbildung 10-8 dargestellt.

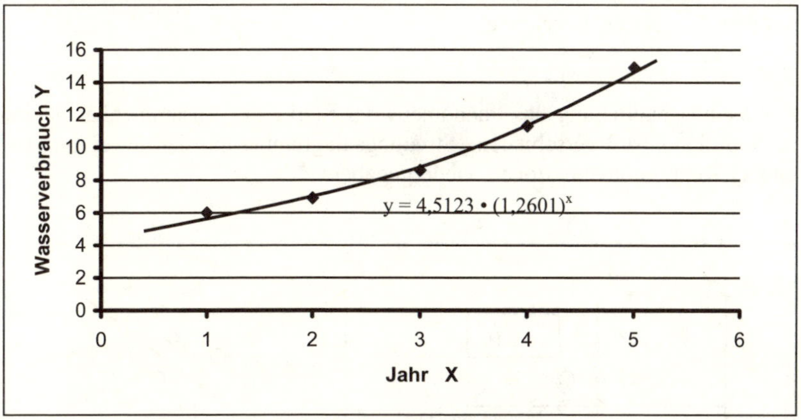

Abb. 10-8: Streuungsdiagramm und Regressionsfunktion für Beispiel 10-2

Will man beispielsweise den Wasserverbrauch für das Jahr 7 prognostizieren, dann setzt man in der Exponentialfunktion x = 7 und erhält:

$$y_7 = 4{,}5123 \cdot (1{,}2601)^7 = 22{,}76 \text{ (Mio.m}^3\text{).}$$

Auch hier können durch Auf- und Abrundungen und Verwendung nur vierstelliger Logarithmen in Arbeitstabelle 10-7 beachtliche Ungenauigkeiten auftreten. Bei größerer Rechengenauigkeit hätte man beispielsweise als Regressionsfunktion erhalten:

$$y = 4{,}5109 \cdot (1{,}2602)^x.$$

Hier sind die Abweichungen allerdings nicht so groß wie bei der homogenen Potenzfunktion, weil hier nur eines der Merkmale, nämlich das Merkmal Y, logarithmiert werden muss.

Insgesamt ist anzumerken, dass auch bei genauem Rechnen die bei der homogenen Potenzfunktion und der einfachen Exponentialfunktion zur Vereinfachung vorgenommene Linearisierung nicht das Optimum liefert, das sich bei der Minimierung der Fehlerquadratsumme der ursprünglichen Funktion ergeben würde, sondern allenfalls eine Näherungslösung.

10.5 Die Messung der Stärke des Zusammenhangs zwischen zwei Merkmalen

Korrelationskoeffizient

Wie oben bereits erläutert, ist es wichtig festzustellen, wie stark der Zusammenhang zwischen zwei Merkmalen ist. Zu diesem Zweck berechnet man den **Produkt-Moment-Korrelationskoeffizienten nach BRAVAIS-PEARSON,** den man meist der Einfachheit halber nur als "Korrelationskoeffizienten" und mit dem Symbol "r" bezeichnet.

Zur Veranschaulichung des Phänomens der Stärke des Zusammenhangs sind in Abbildung 10-9 verschiedene Streuungsdiagramme mit den jeweiligen yx- und xy-Regressionsfunktionen wiedergegeben:

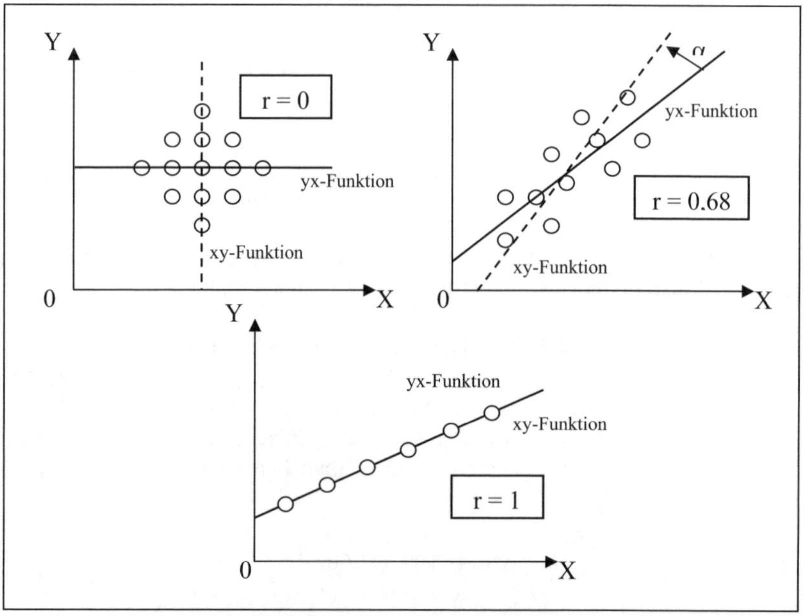

Abb. 10-9: Darstellung verschiedener Streuungsdiagramme mit zugehörigen yx- und xy-Regressionsfunktionen, aus deren Schnittwinkel sich Aussagen über die Stärke des Zusammenhangs ableiten lassen.

Aus diesen Darstellungen wird ersichtlich, dass bei **fehlendem Zusammenhang** die beiden Kleinste-Quadrate-Regressionsfunktionen senkrecht aufeinander stehen. In diesem Fall fehlenden Zusammenhangs ist der Korrelationskoeffizient r = 0. Je stärker der Zusammenhang zwischen den Merkmalen wird, desto enger rücken die Punkte des Streuungsdiagramms zusammen auf eine gedachte Gerade, desto kleiner wird aber auch der Winkel α zwischen den beiden Regressionsfunktionen. Bei funktionalem Zusammenhang schließlich, der stärksten Form des Zusammenhangs, wird dieser Schnittwinkel $\alpha = 0°$, die beiden Funktionen fallen zusammen. In diesem Falle wird der Korrelationskoeffizient r = 1, wie noch zu zeigen sein wird.

Größe des Korrelationskoeffizienten

Man erkennt, dass der Korrelationskoeffizient r alle Werte zwischen 0 und 1 annehmen kann, wobei r = 0 auf fehlenden und r = 1 auf perfekten Zusammenhang hinweist. Ist der Korrelationskoeffizient mit positivem Vorzeichen versehen, ist der Zusammenhang gleichläufig, ist das Vorzeichen negativ, ist der Zusammenhang gegenläufig.

Wegen des hohen rechentechnischen Aufwands im Falle nichtlinearer Zusammenhänge wird im folgenden nur die Bestimmung von Koeffizienten aus linearen Zusammenhängen diskutiert werden.

Den Korrelationskoeffizienten kann man wahlweise nach einer der drei folgenden Formeln berechnen:

$$r = \frac{\sum(x_i - \bar{x}) \cdot (y_i - \bar{y})}{\sqrt{\sum(x_i - \bar{x})^2} \cdot \sqrt{\sum(y_i - \bar{y})^2}} \qquad (10.5\text{-}1),$$

$$r = \frac{COV(X, Y)}{s_x \cdot s_y} \qquad (10.5\text{-}2)$$

$$r = \pm\sqrt{b_1 \cdot b_2} \qquad (10.5\text{-}3)^1.$$

Die Berechnung des Korrelationskoeffizienten soll anhand von Beispiel 18 veranschaulicht werden. Es wurden dort in Tabelle 10-3 die folgenden Zwischensummen und Zwischenergebnisse ermittelt:

$$\sum x_i^2 = 505 \qquad \sum y_i^2 = 304{,}17 \qquad \sum x_i \cdot y_i = 386{,}9$$

$$\bar{x} = 6{,}5 \qquad \bar{y} = 5{,}31$$

Mit diesen Werten kann der Korrelationskoeffizient nach Formel (10.5-2) berechnet werden:

[1] Bei Verwendung von (10.5-3) gilt: Sind sowohl b_1 als auch b_2 positiv, ist auch r positiv; sind beide Regressionskoeffizienten negativ, ist auch r negativ.

$$r = \frac{COV(X,Y)}{s_x \cdot s_y}$$

$$COV(X,Y) = \frac{\sum x_i \cdot y_i}{n} - \bar{x} \cdot \bar{y} = \frac{386,9}{10} = -6,5 \cdot 5,31$$

$$COV(X,Y) = 4,175$$

$$s^2{}_x = \frac{\sum x_i{}^2}{n} - \bar{x}^2 = \frac{505}{10} - 6,5^2$$

$$s^2{}_x = 8,25 \longrightarrow s_x = \sqrt{8,25} = 2,8723$$

$$s^2{}_y = \frac{\sum y_i{}^2}{n} - \bar{y}^2 = \frac{304,17}{10} - 5,31^2$$

$$s^2{}_y = 2,2209 \longrightarrow s_y = \sqrt{2,2209} = 1,4903$$

$$r = \frac{4,175}{2,8723 \cdot 1,4903} = \frac{4,175}{4,2805}$$

$$r = 0,975$$

Aus diesem Ergebnis kann man schließen:

1. Zwischen den beobachteten Produktionsmengen und den zugehörigen Kosten besteht ein *sehr starker* stochastischer Zusammenhang von $r = 0,975$. Wegen der Stärke des Zusammenhangs kann man davon ausgehen, dass die ermittelte Regressionsfunktion den beobachteten empirischen Kostenverlauf sehr gut wiedergibt.

2. Da $r = 0,975$ ein positives Vorzeichen aufweist, ist der beobachtete Zusammenhang *gleichläufig*, das bedeutet, dass bei einer Erhöhung der Ausbringung die Kosten steigen werden und dass bei einer Verminderung der Ausbringung die Kosten sinken werden.

Interpretation der Größe des Korrelationskoeffizienten

Als Faustregel zur Interpretation der Stärke des Zusammenhangs gilt üblicherweise:

$r = 0$	kein Zusammenhang
$0 < \lvert r \rvert \le 0,5$	schwacher Zusammenhang
$0,5 < \lvert r \rvert \le 0,7$	mittlerer Zusammenhang
$0,7 < \lvert r \rvert < 1,0$	starker Zusammenhang
$\lvert r \rvert = 1$	perfekter (funktionaler) Zusammenhang

Aufgaben zum 10. Kapitel:

71. Welche Problemstellung ist die der Regressions- bzw. die der Korrelationsanalyse?

72. Nach welchem Verfahren bestimmt man meist optimale Regressionsfunktionen? Beschreiben Sie das Prinzip dieses Verfahrens!

73. Bei einem Vertragshändler der SPEEDY GmbH soll untersucht werden, ob zwischen der Zahl der Kunden, die die Ausstellungsräume betreten (=Merkmal X) und der Zahl derjenigen Kunden, die mit einem der Mitarbeiter in Kaufverhandlungen eintreten (=Merkmal Y) ein Zusammenhang besteht, der sich durch eine lineare yx-Regressionsfunktion beschreiben lässt. In verschiedenen Stundenintervallen wurden die folgenden Beobachtungen festgehalten:

Stunde i	Zahl der Kunden, die die Ausstellungsräume betreten x_i	Zahl der Kunden mit ernsthaften Kaufabsichten y_i
1	5	3
2	7	5
3	6	4
4	4	2
5	5	4
6	9	6

Zu berechnen ist eine yx-Regressionsfunktion nach dem Kriterium der kleinsten Quadrate!

74. Berechnen Sie für die Aufgabe 73 den Korrelationskoeffizienten!

75. Angenommen, ein Monopolist habe bei verschiedenen Produktionsmengen pro Zeiteinheit folgende Gesamtkosten beobachtet:

Produktionsmenge (x)	100	200	300	400	500	600	700
Gesamtkosten (y)	800	1700	1900	2400	3100	3600	3900

Stellen Sie das Zusammenwirken dieser beiden Merkmale in einem Streuungsdiagramm dar! Berechnen Sie nach dem Kriterium der kleinsten Quadrate eine lineare Gesamtkostenfunktion!

Aufgaben

76. Auf gleich großen Flächeneinheiten eines homogenen Bodens wurden unterschiedliche Mengen eines Kunstdüngers eingesetzt. Für die Mengen des eingesetzten Kunstdüngers in dz (= X) und das Ernteergebnis in dz (= Y) wurden folgende Werte beobachtet:

Bodenstück i	Kunstdüngereinsatz (in dz) x_i	Ernteergebnis (in dz) y_i
1	1	24
2	2	32
3	3	32
4	5	47
5	7	58
6	9	63

a) Prüfen Sie in einem Streuungsdiagramm, ob zwischen den Merkmalen Abhängigkeit besteht!

b) Berechnen Sie eine lineare Regressionsfunktion $y = a_1 + b_1 \cdot x$!

c) Wie stark ist der Zusammenhang zwischen den beiden Merkmalen?

d) Bestimmen Sie das zu erwartende Ernteergebnis bei einem Kunstdüngereinsatz von 11 dz!

77. In einem Industriebetrieb wurden in einem Jahr bei unterschiedlichen Ausbringungsmengen die folgenden Gesamtkosten beobachtet:

Beobachtungs-monat	Ausbringungsmenge x_i (in Stück)	Gesamtkosten y_i (in 10 000,-GE)
Januar	44	200
Februar	28	130
März	36	160
Juni	40	180
September	20	100
Oktober	54	240
November	64	280
Dezember	58	250

$\sum x_i = 344 \quad \sum y_i = 1540 \quad \sum x_i^2 = 16392 \quad \sum x_i \cdot y_i = 72780$

a) Prüfen Sie in einem Streuungsdiagramm, ob zwischen den beiden Merkmalen ein Zusammenhang bestehen könnte und ggf., von welcher Art dieser ist!

b) Berechnen Sie eine lineare Kostenfunktion $y = a_1 + b_1 \cdot x$. Interpretieren Sie die Koeffizienten a_1 und b_1 betriebswirtschaftlich. Zeichnen Sie die gewonnene Funktion in das unter a) entworfene Streuungsdiagramm ein!

c) Wie hoch werden die Gesamtkosten bei einer Ausbringungsmenge von 70 Stück sein?

Aufgaben

78. Eine Zulieferfirma der SPEEDY GmbH stellt u.a. Außenspiegel für den Speedster und für andere Autofirmen her. In einem Jahr wurden bei unterschiedlichen Ausbringungsmengen dieser Spiegel die folgenden Gesamtkosten beobachtet:

Monat	Ausbringungsmenge x_i	Gesamtkosten y_i
Januar	1000	17.900
Februar	2000	27.600
März	7000	50.500
April	6000	43.700
Mai	4000	35.300

a) Berechnen Sie eine lineare Kostenfunktion $y = a_1 + b_1 \cdot x$

b) Interpretieren Sie die Koeffizienten a_1 und b_1 betriebswirtschaftlich!

c) Wie stark ist der Zusammenhang zwischen den Merkmalen "Ausbringungsmenge" und "Gesamtkosten"?

d) Wie hoch werden die Gesamtkosten nach der Kostenfunktion bei einer Ausbringungsmenge von 10.000 Einheiten sein?

79. In einer Untersuchung sollte die Abhängigkeit des Bremsweges von Autos bei Glatteis von der Fahrgeschwindigkeit gemessen werden. Bei 12 zufällig ausgewählten Fahrzeugen erhielt man folgendes Ergebnis:

Geschwindigkeit (in km/h)= x	10	8	19	17	15	20	14	18	11	7	12	23
Bremsweg (in m) bei Glatteis =y	26	16	50	40	33	50	50	64	22	13	22	54

Es ergeben sich folgende Summen:

$\sum x_i = 174$ $\quad \sum x_i^2 = 2802$ $\quad \sum y_i = 440$

$\sum y_i^2 = 19270$ $\quad \sum x_i \cdot y_i = 7204$

a) Bestimmen Sie nach dem Kriterium der kleinsten Quadrate eine yx-Regressionsfunktion der Art y = a + bx!

b) Berechnen Sie den Korrelationskoeffizienten r!

Aufgaben

80. Bei einer Gesundheitsuntersuchung werden bei Studenten deren Körpergröße in cm (Merkmal X) und deren Gewicht in kg (Merkmal Y) gemessen. Bei n = 20 Studenten hat sich die folgende zweidimensionale Häufigkeitsverteilung der beiden Merkmale ergeben:

Student Nr.	Größe in cm x_i	Gewicht in kg y_i	x_i^2	y_i^2	$x_i \cdot y_i$	x_i - x	$(y_i - \bar{y})$	$(x_i \cdot - \bar{x}) \cdot (y_i - \bar{y})$	$(x_i - \bar{x})^2$	$(y_i - \bar{y})^2$
1	150	48	22500	2304	7200	-19	-24	456	361	576
2	151	56	22801	3136	8456	-18	-16	288	324	256
3	152	66	23104	4356	10032	-17	-6	102	289	36
4	155	50	.	.	.	.	.	.	.	.
5	157	71	.	.	.	.	.	.	.	.
6	160	63	.	.	.	.	.	.	.	.
7	161	75	.	.	.	.	.	.	.	.
8	165	63	.	.	.	.	.	.	.	.
9	166	63	.	.	.	.	.	.	.	.
10	170	79	.	.	.	.	.	.	.	.
11	170	61	.	.	.	.	.	.	.	.
12	172	81	.	.	.	.	.	.	.	.
13	175	68	.	.	.	.	.	.	.	.
14	176	69	.	.	.	.	.	.	.	.
15	178	73	.	.	.	.	.	.	.	.
16	180	92	.	.	.	.	.	.	.	.
17	181	76	.	.	.	.	.	.	.	.
18	186	89	.	.	.	.	.	.	.	.
19	186	75	.	.	.	.	.	.	.	.
20	189	90	34596	8100	16740	+17	+18	306	289	324
		95	35721	9025	17955	+20	+23	460	400	529
Σ	3 380	1 440	574124	107048	245818	0	0	2458	2904	3368

a) Berechnen Sie:
   (1) die durchschnittliche Körpergröße und das durchschnittliche Körpergewicht der 20 Studenten,
   (2) die Standardabweichungen der Körpergrößen und der Körpergewichte,
   (3) die Kovarianz zwischen Körpergröße und Körpergewicht,
   (4) eine lineare Einfachregressionsfunktion vom Typ
   $y = a_1 + b_1 \cdot x$,
   (5) eine lineare Einfachregressionsfunktion vom Typ
   $x = a_2 + b_2 \cdot y$,
   (6) den Korrelationskoeffizienten in den drei Ihnen bekannten Arten.

b) Interpretieren Sie die beiden Regressionsfunktionen und den Korrelationskoeffizienten!

c) Zeichnen Sie ein Streuungsdiagramm der zweidimensionalen Häufigkeitsverteilung und tragen Sie in dieses Diagramm die beiden Regressionsfunktionen ein!

81. Ein Unternehmer hat bei folgenden Produktionsmengen x_i eines Produktes die folgenden Kosten y_i beobachtet: **Aufgaben**

Beobachtung	Produktionsmenge (in Stück)	Kosten (in GE)
i	x_i	y_i
1	3	220
2	4	400
3	5	640
4	6	900
5	7	1210

Es soll eine Kostenfunktion als Regressionsfunktion der Art $y = a \cdot x^b$ (homogene Potenzfunktion) berechnet werden!

82. Ein Unternehmer hat bei verschiedenen Preisen seines Produktes (= x_i) die folgenden Absatzmengen pro Tag (= y_i) beobachtet:

Beobachtung	Preis pro Stück	Absatzmenge pro Tag
i	x_i	y_i
1	2	1000
2	3	500
3	4	100
4	5	20

Es soll eine Preis-Absatz-Funktion in Form einer homogenen Potenzfunktion $y = a \cdot x^b$ berechnet werden!

83. Bestimmen Sie nach der Methode der kleinsten Quadrate eine exponentielle Regressionsfunktion der Art $y = a \cdot b^x$ für folgende Werte von X und Y:

i	x_i	y_i
1	1	10
2	2	15
3	3	22
4	4	30
5	5	40

Aufgaben

84. Ein OPEC-Land hat in 10 Jahren die folgenden Mengen an Erdöl exportiert:

Jahr	1	2	3	4	5	6	7	8	9	10
Erdölexport (in Mio. Barrel)	4,2	4,7	5,2	5,8	6,4	7,0	7,8	8,6	9,4	10,4

a) Berechnen Sie nach dem Kriterium der kleinsten Quadrate eine exponentielle Trendfunktion der Exportmengenentwicklung der Art $y = a \cdot b^x$!

b) Führen Sie unter Verwendung der Trendfunktion eine Prognose der Exportmengen für das Jahr 14 durch!

c) Stellen Sie die beobachteten Exportmengen und die berechnete Trendfunktion in einer Abbildung dar!

11 Indexlehre

11.1 Der Begriff und die Bedeutung des Index als statistische Maßzahl

In den Kapiteln 7 und 8 wurden Häufigkeitsverteilungen und in Kapitel 9 Parameter für diese Verteilungen vorgestellt. Eine Häufigkeitsverteilung liegt dann vor, wenn den Ausprägungen des Untersuchungsmerkmals einfache oder kumulierte Beobachtungshäufigkeiten zugeordnet werden.

Nun kann man sich aber auch vorstellen, dass die einzelnen Ausprägungen des Untersuchungsmerkmals nicht gleichzeitig auftreten, sondern immer zu bestimmten Punkten im Zeitablauf oder in bestimmten Zeiträumen. So treten beispielsweise die Ausprägungen des Merkmals "Gewinn" in den Zeiträumen 1998, 1999, 2000 usw. auf.

Wenn in einem solchen Fall die einzelnen Ausprägungen des untersuchten Merkmals bestimmten Zeitpunkten oder Zeiträumen zugeordnet werden, entsteht eine **Zeitreihe**. So kann man sich eine Zeitreihe der Gewinne, der Umsätze, der Absatzmengen, der Lagerbestände usw. vorstellen. **Zeitreihe**

Beispiel 11-1:

Es wird angenommen, dass im Jahr 2000 immer am letzten Tag eines jeden Monats der Preis für ein 250-g-Paket Butter festgehalten und die Beobachtungen graphisch wie in Abbildung 11-1 dargestellt wurden.

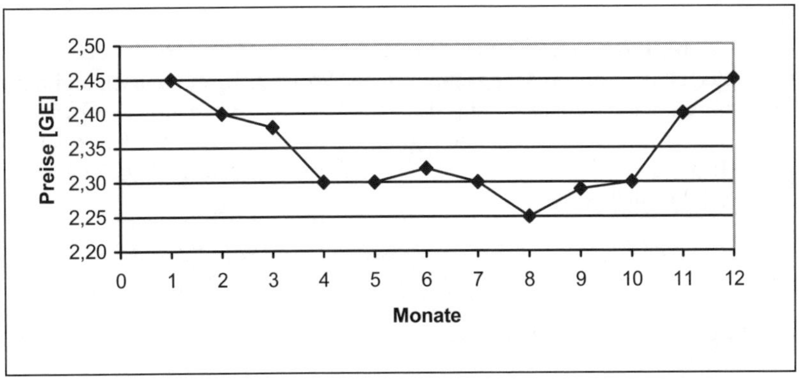

Abb. 11-1: Butterpreise, jeweils festgestellt am Ende eines jeden Monats im Jahr 2000

Auch eine derartige Zeitreihe lässt sich als eine Häufigkeitsfunktion interpretieren, für die man einen durchschnittlichen Preis $\overline{p} = 2{,}345$ GE und eine Streuung $s_p = 0{,}065$ GE berechnen kann.

Den Statistiker interessieren aber oft gleichzeitig mehrere derartige Zeitreihen, wie z. B. die des Butterpreises, die des Margarinepreises, die des Kokosfettpreises, die des Speiseölpreises usw. Wenn man eine derartige Vielzahl von Zeitreihen als Gesamtheit untersuchen will, weil man beispielsweise an der Preisentwicklung auf dem Markt für Speisefette interessiert ist, hat es wenig Sinn, alle Zeitreihen als Gesamtheit oder alle deren Parameter als Gruppe zu betrachten. Man hätte dann eine völlig unübersichtliche Fülle von Einzelinformationen, aus denen sich aber nicht ohne weiteres ein zutreffendes Gesamtbild ergibt. Dies gilt um so mehr, je länger der betrachtete Zeitraum und je größer die Zahl der betrachteten Zeitreihen ist.

Um derartige Bündel von Zeitreihen übersichtlich als Gesamtheit beschreiben zu können, verwendet man in der deskriptiven Statistik besondere Maßzahlen, die man als *Indexzahlen* bezeichnet.

Index, Indices

Eine Indexzahl ist eine statistische Maßzahl, die die Aufgabe hat, die zeitliche Entwicklung einer Gruppe von Häufigkeitsverteilungen komprimiert zu charakterisieren. Für den Bereich der Wirtschaftsstatistik benötigt man vor allem drei Gruppen von Indices:

1. Preisindices,
2. Mengenindices,
3. Umsatz- oder Wertindices,

obwohl natürlich auch für alle anderen, sich im Zeitablauf verändernden Größen Indexzahlen nach den zu erörternden Regeln ableitbar sind.

Bevor man sich aber mit der Berechnung von Indexzahlen befassen kann, müssen noch zwei grundlegende Begriffe eingeführt und erläutert werden.

Basiszeit

Unter der **Basiszeit** versteht man den Zeitpunkt oder Zeitraum, der der gesamten Untersuchung als Ausgangspunkt dient. So ist z. B. in Deutschland beim Preisindex für die Lebenshaltung das Jahr 1995 die Basiszeit[1]. Die Basiszeit kann, je nach Untersuchungszweck, ganz beliebig festgelegt werden. Nachfolgend wird die Basiszeit immer mit dem tiefgestellten Index "0" gekennzeichnet. So ist beispielsweise

$$p_o^{(i)}$$

der Preis des Gutes "i" zur Basiszeit.

Berichtszeit

Die **Berichtszeit** dagegen kennzeichnet jenen Zeitraum oder Zeitpunkt, der aktuell untersucht wird. Zur Kennzeichnung der Berichtszeit wird der tiefgestellten Index "j" verwendet, j = 1, 2, 3,. . . , t. . So ist

[1] Der Preisindex für die Lebenshaltung aller privaten Haushalte in Deutschland wird derzeit mit dem Basisjahr 2000 berechnet. Der repräsentative Warenkorb enthält rund 750 ausgewählte Güter und Dienstleistungen. Eine Neufestlegung des Warenkorbs erfolgt ungefähr alle fünf Jahre.

$$p_2^{(i)}$$

der Preis des Gutes "i" im Berichtszeitpunkt (oder im Berichtszeitraum) "2".

Es ist wichtig, sich zu vergegenwärtigen, dass es im Rahmen einer Index-Untersuchung nur **eine** Basiszeit, aber **viele** Berichtszeiten gibt.

11.2 Das Berechnungsprinzip für Indices

Das Berechnungsprinzip für Indices soll mit dem Beispiel 11-2 anhand eines Preisindex für Lebensmittel veranschaulicht werden.

Beispiel 11-2:

In den Jahren 1997 bis 2000 wurden für Weizen, Eier und Milch die in Tabelle 11-1 wiedergegebenen Preise und Absatzmengen beobachtet:

	Preis des Gutes $p_i^{(i)}$ im Jahr				Dimension
Gut	1997	1998	1999	2000	des Preises
1 Weizen	40,00	52,00	68,00	72,00	GE/dz
2 Milch	0,70	0,75	0,80	0,95	GE/Liter
3 Eier	0,20	0,22	0,20	0,19	GE/Stück
	Absatzmengen $q_i^{(i)}$ in den Jahren				Dimension
Gut	1997	1998	1999	2000	der Menge
1 Weizen	12	13	15	15	Mio. dz
2 Milch	8	10	13	15	Mio. Liter
3 Eier	60	65	63	61	Mio. Stück

Tab. 11-1: Preise und Absatzmengen von Weizen, Milch und Eiern in Jahren 1997 bis 2000

Das Jahr 1997 soll als Basisjahr verwendet werden. Soll die Preisentwicklung von **Gut 1** (Weizen) zwischen dem Basisjahr (= 1997) und dem Berichtsjahr 1 (= 1998) in Form einer **relativen Preismesszahl** bestimmt werden, so kann man rechnen:

$$P_{01}^{(1)} = \frac{p_1^{(1)}}{p_0^{(1)}} \cdot 100 \text{ (in \%)}$$

Man erhält:

$$P_{01}^{(1)} = \frac{52}{40} \cdot 100 = 130 \text{ (in \%)}$$

Der Weizenpreis ist also von 1997 bis 1998 von 100 % auf 130 % gestiegen. Man kann auch sagen, da ja der Preis von 1997 mit 100 % festgelegt ist, dass der Preis von 1997 bis 1998 um 30 % gestiegen ist.

Entsprechend lassen sich Preismesszahlen für die anderen beiden Güter berechnen:

$$P_{01}^{(2)} = 107{,}1 \text{ (in \%)} \qquad P_{01}^{(3)} = 110 \text{ (in \%)}$$

Einen Preisindex " P_{01}" für *alle drei* landwirtschaftlichen Produkte, der die durchschnittliche Preisentwicklung *aller* betrachteten Güter angibt, kann man dann ermitteln, indem man aus den drei Preismesszahlen das arithmetische Mittel bildet:

$$P_{01} = \frac{\sum_{i=1}^{3} P_{01}^{(i)}}{3} = \frac{130 + 107{,}1 + 110}{3} = \frac{347{,}1}{3} = 115{,}7 \text{ (in \%)}^1$$

Die Preise für landwirtschaftliche Produkte sind von 1997 bis 1998 um 15,7 Prozent im Durchschnitt aller Güter gestiegen, da wiederum für das Basisjahr 1997 : $P_{00} = 100$ gilt.

Entsprechend lassen sich die Preisindices für die anderen Berichtsjahre 2 (= 1999) und 3 (=2000) berechnen:

$P_{02}^{(1)} = 170$ $\quad P_{02}^{(2)} = 114{,}3$ $\quad P_{02}^{(3)} = 1\ 00$ und $\quad$ **$P_{02} = 128{,}1$**

$P_{03}^{(1)} = 180$ $\quad P_{03}^{(2)} = 135{,}7$ $\quad P_{03}^{(3)} = 95$ und $\quad$ **$P_{03} = 136{,}9$**

Einen Index dieser Art bezeichnet man als *ungewogenen Preisindex.* Man kann ihn allgemein berechnen nach der Formel

$$P_{0j} = \frac{\sum_{i=1}^{n} \frac{p_j^{(i)}}{p_0^{(i)}}}{n} \cdot 100 \qquad j = 1, 2, 3, ..., t \qquad (11.2\text{-}1).$$

Bei dem geschilderten Vorgehen ist unbefriedigend, dass alle erfassten Güter mit dem gleichen Gewicht in die Berechnung eingehen, obwohl sie sicherlich völlig unterschiedliche Bedeutung für die Landwirtschaft haben. Will man bei der Berechnung des Index diese unterschiedliche Bedeutung der einzelnen Güter berücksichtigen, dann muss man die einzelnen relativen Preis-Messgrößen nach ihrer Bedeutung mit einem Gewichtsfaktor $w^{(i)}$ **gewichten.** Gleichung (11.2-1) verändert sich dann zu:

[1] Indices müssen streng genommen immer "in %" angegeben werden. Da das aber für alle Indices gleichermaßen gilt, hat es sich eingebürgert, Indices ohne Bezugsdimension wiederzugeben.

$$P_{0j} = \frac{\sum_{i=1}^{n} \frac{p_j^{(i)}}{p_0^{(i)}} \cdot w^{(i)}}{\sum_{i=1}^{n} w^{(i)}} \cdot 100 \qquad j = 1, 2, 3, \ldots, t \qquad (11.2\text{-}2).$$

Aus der unterschiedlichen Interpretation des Gewichtungsfaktors $w^{(i)}$ haben sich verschiedene, gleichermaßen wichtige Indexformeln ergeben, die im einzelnen in den nachfolgenden Abschnitten behandelt werden.

11.3 Preisindices

Umsätze im Basisjahr

Bei der wichtigen Indexformel nach LASPEYRES werden als Gewichtungsfaktoren die **Umsätze** der einzelnen Güter **im Basisjahr** angesetzt. Da der Umsatz eines Gutes "i" im Basisjahr gleich ist dem Preis im Basisjahr multipliziert mit der Absatzmenge im Basisjahr, kann man schreiben:

$$w^{(i)} = p_o^{(i)} \cdot q_o^{(i)} \qquad (11.3\text{-}1).$$

Setzt man diesen Gewichtungsfaktor in Gleichung (11.2-2) ein, dann ergibt sich:

$$_L P_{0j} = \frac{\sum_{i=1}^{n} \frac{p_j^{(i)}}{p_0^{(i)}} \cdot p_0^{(i)} \cdot q_0^{(i)}}{\sum_{i=1}^{n} p_0^{(i)} \cdot q_0^{(i)}} \cdot 100 \qquad j = 1, 2, 3, \ldots, t \qquad (11.3\text{-}2)$$

Durch Kürzen erhält man:

$$_L P_{0j} = \frac{\sum_{i=1}^{n} p_j^{(i)} \cdot q_0^{(i)}}{\sum_{i=1}^{n} p_0^{(i)} \cdot q_0^{(i)}} \cdot 100 \qquad j = 1, 2, 3, \ldots, t \qquad (11.3\text{-}3)$$

Für diese Formel schreibt man meist - weniger exakt, aber einfacher -

$$\boxed{_L P_{0j} = \frac{\sum p_j \cdot q_0}{\sum p_0 \cdot q_0} \cdot 100} \qquad j = 1, 2, 3, \ldots, t \qquad (11.3\text{-}4)$$

Der vorgestellte Index "L" besagt in den Gleichungen (11.3-2) bis (11.3-4), dass es sich um Formeln mit dem Gewichtungsschema von LASPEYRES handelt.

Für das Beispiel 11-2 sollen nun die Preisindices nach der LASPEYRES-Formel berechnen. Man erhält:

$$_{L}P_{01} = \frac{52 \cdot 12 + 0{,}75 \cdot 8 + 0{,}22 \cdot 60}{40 \cdot 12 + 0{,}70 \cdot 8 + 0{,}20 \cdot 60} \cdot 100 = \frac{643{,}20}{497{,}60} \cdot 100 = 129{,}3$$

Unter Berücksichtigung der Bedeutung der einzelnen Güter sind die Preise für landwirtschaftliche Produkte von 1997 bis 1998 im Durchschnitt aller Güter um 29,3 % gestiegen, da auch hier $_{L}P_{00} = 100$.

Entsprechend ergibt sich:

$$_{L}P_{02} = \frac{68 \cdot 12 + 0{,}80 \cdot 8 + 0{,}20 \cdot 60}{40 \cdot 12 + 0{,}70 \cdot 8 + 0{,}20 \cdot 60} \cdot 100 = \frac{834{,}40}{497{,}60} \cdot 100 = 167{,}7$$

$$_{L}P_{03} = \frac{72 \cdot 12 + 0{,}95 \cdot 8 + 0{,}19 \cdot 60}{40 \cdot 12 + 0{,}70 \cdot 8 + 0{,}20 \cdot 60} \cdot 100 = \frac{883{,}00}{497{,}60} \cdot 100 = 177{,}5$$

Absatzmengen im Berichtsjahr

Die zweite Indexformel, mit der man sich befassen muss, stammt von PAASCHE. Er schlug vor, dass zur Beurteilung der Preisentwicklung zwischen dem Basisjahr 0 und einem Berichtsjahr j, j = 1,2,3,...,t, die **Absatzmengen des Berichtsjahres** als Gewichtungsschema relevanter seien als die Absatzmengen des Basisjahres, wie bei LASPEYRES.

Nach PAASCHE muss gewichtet werden mit:

$$w^{(i)} = p_o^{(i)} \cdot q_j^{(i)} \qquad (11.3\text{-}5),$$

und man erhält als Preis-Indexformel aus (1 1.2- 2):

$$_{P}P_{0j} = \frac{\sum_{i=1}^{n} \frac{p_j^{(i)}}{p_0^{(i)}} \cdot p_0^{(i)} \cdot q_j^{(i)}}{\sum_{i=1}^{n} p_0^{(i)} \cdot q_j^{(i)}} \cdot 100 = \frac{\sum_{i=1}^{n} p_j^{(i)} \cdot q_j^{(i)}}{\sum_{i=1}^{n} p_0^{(i)} \cdot q_j^{(i)}} \cdot 100 \qquad j = 1, 2, 3, ..., t$$

(11.3-6),

oder in der weniger exakten Kurzform

$$\boxed{_{P}P_{0j} = \frac{\sum p_j \cdot q_j}{\sum p_0 \cdot q_j} \cdot 100} \qquad j = 1, 2, 3, ..., t \qquad (11.3\text{-}7).$$

In diesem Fall besagt der vorgestellte Index "P", dass es sich hier um die Preis-Indexformel mit dem Gewichtungsschema nach PAASCHE handelt.

Die Berechnung der Preisindices nach PAASCHE für Beispiel 11-2 ergibt:

$$_{P}P_{01} = \frac{52 \cdot 13 + 0{,}75 \cdot 10 + 0{,}22 \cdot 65}{40 \cdot 13 + 0{,}70 \cdot 10 + 0{,}20 \cdot 65} \cdot 100 = \frac{697{,}80}{540{,}00} \cdot 100 = 129{,}2$$

$$ {}_{P}P_{02} = \frac{68 \cdot 15 + 0{,}80 \cdot 13 + 0{,}20 \cdot 63}{40 \cdot 15 + 0{,}70 \cdot 13 + 0{,}20 \cdot 63} \cdot 100 = \frac{1043{,}00}{621{,}70} \cdot 100 = 167{,}8 $$

$$ {}_{P}P_{03} = \frac{72 \cdot 15 + 0{,}95 \cdot 15 + 0{,}19 \cdot 61}{40 \cdot 15 + 0{,}70 \cdot 15 + 0{,}20 \cdot 61} \cdot 100 = \frac{1105{,}84}{622{,}70} \cdot 100 = 177{,}6 $$

Man sieht, dass beide Indexformeln zu unterschiedlichen Ergebnissen führen. Die Diskussion über die Vor- und Nachteile der beiden Formeln soll in Abschnitt 11.7 vorgenommen werden.

11.4 Mengenindices

Mengenindices sind Maßgrößen, die die **mengenmäßige Veränderung** von Zeitreihen widerspiegeln, beispielsweise charakterisieren sie die zeitliche Entwicklung der exportierten und importierten Gütermengen oder der Produktionsmengen in einem Vielproduktunternehmen usw.

Entsprechend zu Gleichung (11.2-2) lässt sich als Grundformel für einen Mengenindex Q entwickeln:

$$ Q_{0j} = \frac{\sum_{i=1}^{n} \frac{q_j^{(i)}}{q_0^{(i)}} \cdot w^{(i)}}{\sum_{i=1}^{n} w^{(i)}} \cdot 100 \qquad j = 1, 2, 3, \ldots, t \qquad (11.4\text{-}1). $$

Nach LASPEYRES wird die mengenmäßige Veränderung gewichtet mit

$$ w^{(i)} = q_0^{(i)} \cdot p_0^{(i)} \qquad (11.4\text{-}2). $$

Daraus folgt die Formel für einen Mengenindex nach LASPEYRES:

$$ {}_{L}Q_{0j} = \frac{\sum_{i=1}^{n} \frac{q_j^{(i)}}{q_0^{(i)}} \cdot q_0^{(i)} \cdot p_0^{(i)}}{\sum_{i=1}^{n} q_0^{(i)} \cdot p_0^{(i)}} \cdot 100 = \frac{\sum_{i=1}^{n} q_j^{(i)} \cdot p_0^{(i)}}{\sum_{i=1}^{n} q_0^{(i)} \cdot p_0^{(i)}} \cdot 100 \qquad j = 1, 2, 3, \ldots, t \qquad (11.4\text{-}3), $$

oder in der ungenaueren Kurzschreibweise

$$ \boxed{ {}_{L}Q_{0j} = \frac{\sum q_j \cdot p_0}{\sum q_0 \cdot p_0} \cdot 100 } \qquad j = 1, 2, 3, \ldots, t \qquad (11.4\text{-}4). $$

Als LASPEYRES-Mengenindex für Beispiel 11-2 ergibt sich:

$$ {}_{L}P_{01} = \frac{13 \cdot 40 + 10 \cdot 0{,}70 + 65 \cdot 0{,}20}{12 \cdot 40 + 8 \cdot 0{,}70 + 60 \cdot 0{,}20} \cdot 100 = \frac{540{,}00}{497{,}60} \cdot 100 = 108{,}5 $$

Von 1997 bis 1998 hat sich im Durchschnitt aller Güter der mengenmäßige Absatz landwirtschaftlicher Produkte um 8,5 % erhöht.

Man erhält weiterhin

$$ {}_{L}Q_{02} = \frac{15 \cdot 40 + 13 \cdot 0{,}70 + 63 \cdot 0{,}20}{12 \cdot 40 + 8 \cdot 0{,}70 + 60 \cdot 0{,}20} \cdot 100 = \frac{621{,}70}{497{,}60} \cdot 100 = 124{,}9 $$

$$ {}_{L}Q_{03} = \frac{15 \cdot 40 + 15 \cdot 0{,}70 + 61 \cdot 0{,}20}{12 \cdot 40 + 8 \cdot 0{,}70 + 60 \cdot 0{,}20} \cdot 100 = \frac{622{,}70}{497{,}60} \cdot 100 = 125{,}1 $$

Der Mengenindex nach PAASCHE bedient sich des Gewichtungsfaktors

$$ w^{(i)} = q_0^{(i)} \cdot p_j^{(i)} \qquad j = 1, 2, \ldots, t \qquad (11.4\text{-}5). $$

Setzt man diesen Faktor in Gleichung (11.4-1) ein, dann ergibt sich die Formel für den PAASCHE-Mengenindex als:

$$ {}_{P}Q_{0j} = \frac{\sum_{i=1}^{n} \frac{q_j^{(i)}}{q_0^{(i)}} \cdot q_0^{(i)} \cdot p_j^{(i)}}{\sum_{i=1}^{n} q_0^{(i)} \cdot p_j^{(i)}} \cdot 100 = \frac{\sum_{i=1}^{n} q_j^{(i)} \cdot p_j^{(i)}}{\sum_{i=1}^{n} q_0^{(i)} \cdot p_j^{(i)}} \cdot 100 \qquad j = 1, 2, 3, \ldots, t $$

(11.4-6)

oder in der ungenaueren Kurzschreibweise

$$ \boxed{ {}_{P}Q_{0j} = \frac{\sum q_j \cdot p_j}{\sum q_0 \cdot p_j} \cdot 100 } \qquad j = 1, 2, 3, \ldots, t \qquad (11.4\text{-}7). $$

Berechnet man für Beispiel 11-2 die PAASCHE-Mengenindices, so ergibt sich:

$$ {}_{P}Q_{01} = \frac{13 \cdot 52 + 10 \cdot 0{,}75 + 65 \cdot 0{,}22}{12 \cdot 52 + 8 \cdot 0{,}75 + 60 \cdot 0{,}22} \cdot 100 = \frac{697{,}80}{643{,}20} \cdot 100 = 108{,}5 $$

$$ {}_{P}Q_{02} = \frac{15 \cdot 68 + 13 \cdot 0{,}80 + 63 \cdot 0{,}20}{12 \cdot 68 + 8 \cdot 0{,}80 + 60 \cdot 0{,}20} \cdot 100 = \frac{1043{,}00}{834{,}40} \cdot 100 = 125{,}0 $$

$$ {}_{P}Q_{03} = \frac{15 \cdot 72 + 15 \cdot 0{,}95 + 61 \cdot 0{,}19}{12 \cdot 72 + 8 \cdot 0{,}95 + 60 \cdot 0{,}19} \cdot 100 = \frac{1105{,}84}{883{,}00} \cdot 100 = 125{,}2 $$

Die Interpretation dieser Ergebnisse ist analog vorzunehmen zu der, die oben zu ${}_{L}Q_{01}$ gegeben wurde.

Auch bei den Mengenindices zeigen sich unterschiedliche Ergebnisse zwischen Berechnungen mit der LASPEYRES-Formel und der PAASCHE-Formel. Zur Diskussion über diese beiden Indexformeln sei wiederum auf Abschnitt 11.7 verwiesen.

11.5 Eine Auswahl weiterer Indices

Neben den in der Praxis wichtigsten Indices über Preis- und Mengenentwicklungen im Zeitablauf können noch viele andere Indices definiert werden. Diese auch nur für den wirtschaftsstatistischen Bereich erschöpfend aufzuzählen, ist wegen der Vielfalt unmöglich. Da jedoch in Abschnitt 11.2 das Berechnungsprinzip von Indices ganz allgemein dargestellt wurde, dürfte es kaum Schwierigkeiten bereiten, davon ausgehend Indexformeln für andere Aufgabenstellungen zu entwickeln.

Als weitere, häufiger verwandte Indices seien nachfolgend als kleine Auswahl Umsatz-, Kosten und Gewinnindices vorgestellt.

Umsatzindices

Umsatzindices werden in der Regel als **ungewichtete** Indices verwendet. Hier werden die Umsätze des Berichtsjahres in Beziehung gesetzt zu den Umsätzen des Basisjahres. Man erhält dann - in der Kurzform-Schreibweise - die folgende Formel für einen Umsatzindex:

$$U_{01} = \frac{\sum p_j \cdot q_j}{\sum p_0 \cdot q_0} \cdot 100 \qquad j = 1, 2, 3, \ldots, t \qquad (11.5\text{-}1)$$

Für Beispiel 11-2 erhält man als Umsatzindices:

$$U_{01} = \frac{52 \cdot 13 + 0{,}75 \cdot 10 + 0{,}22 \cdot 65}{40 \cdot 12 + 0{,}70 \cdot 8 + 0{,}20 \cdot 60} \cdot 100 = \frac{697{,}80}{497{,}60} \cdot 100 = 140{,}2$$

Die Umsätze in landwirtschaftlichen Gütern haben sich von 1997 bis 1998 im Durchschnitt aller Güter um 40,2 % erhöht.

Für die Folgejahre ergibt sich:

$$U_{02} = \frac{68 \cdot 15 + 0{,}80 \cdot 12 + 0{,}20 \cdot 63}{40 \cdot 12 + 0{,}70 \cdot 8 + 0{,}20 \cdot 60} \cdot 100 = \frac{1043{,}00}{497{,}60} \cdot 100 = 209{,}6$$

$$U_{03} = \frac{72 \cdot 15 + 0{,}95 \cdot 15 + 0{,}19 \cdot 61}{40 \cdot 12 + 0{,}70 \cdot 8 + 0{,}20 \cdot 60} \cdot 100 = \frac{1105{,}84}{497{,}60} \cdot 100 = 222{,}2$$

Kostenindices

Kostenindices lassen sich entwickeln für mehrere Zeitreihen über Kostengrößen. Dabei können sich diese Zeitreihen beispielsweise für mehrere Produkte

(Kostenträger), für mehrere verglichene Unternehmen oder für mehrere verglichene Branchen oder Sektoren ergeben.
Ein ungewichteter Kostenindex wäre beispielsweise

$$K_{0j} = \frac{\sum_{i=1}^{n} \frac{K_j^{(i)}}{K_0^{(i)}} \cdot 100}{n} \qquad j = 1, 2, 3, \ldots, t \qquad (11.5\text{-}2).$$

Um dem unterschiedlichen Gewicht der einzelnen Zeitreihen gerecht zu werden, sollte besser ein gewichteter Kostenindex verwendet werden:

$$K_{0j} = \frac{\sum_{i=1}^{n} \frac{K_j^{(i)}}{K_0^{(i)}} \cdot w^{(i)} \cdot 100}{\sum_{i=1}^{n} w^{(i)}} \qquad j = 1, 2, 3, \ldots, t \qquad (11.5\text{-}3).$$

Die inhaltliche Festlegung der Gewichtungsfaktoren hängt hier ganz vom Untersuchungszweck ab. Beispielsweise wären denkbar: Umsätze, Beschäftigungszahlen, Eigenkapital usw.

Gewinnindex

Gewinnindices werden meist für Gewinn-Zeitreihen von verschiedenen Unternehmen, Branchen oder Sektoren verwandt. Ein gewichteter Gewinnindex ist definiert als

$$G_{0j} = \frac{\sum_{i=1}^{n} \frac{G_j^{(i)}}{G_0^{(i)}} \cdot w^{(i)}}{\sum_{i=1}^{n} w^{(i)}} \cdot 100 \qquad j = 1, 2, 3, \ldots, t \qquad (11.5\text{-}3).$$

Auch bei **Gewinnindices** hängt es vom Untersuchungszweck ab, welche ökonomischen Größen als Gewichtungsfaktoren $w^{(i)}$ zu verwenden sind.

11.6 Umbasierung, Verknüpfung und Deflationierung von Indices

Oft ergibt sich in der Statistik die Aufgabe, zwei Indexreihen miteinander zu vergleichen. Eine Indexreihe ist dabei eine Zeitreihe von Indexziffern.

Beispiel 11-3:

In den Ländern A und B sind in den Jahren 1993-2000 folgende Werte des Preisindex für die Lebenshaltung beobachtet worden:

j	Jahr	Land A $P_{aj}^{(A)}$	Land B $P_{bj}^{(B)}$
1	1993 = b	95	100
2	1994	97	102
3	1995 = a	100	104
4	1996	104	106
5	1997	106	109
6	1998	107	111
7	1999	111	113
8	2000	115	115
Erläuterung: a = Basisjahr des Preisindex von Land A b = Basisjahr des Preisindex von Land B			

Tab. 11-2: Preisindices für die Lebenshaltung in den Ländern A und B in den Jahren 1993-2000

Ein direkter Vergleich der Preisentwicklung in den beiden Ländern ist nicht möglich, da beide Reihen nicht dasselbe Basisjahr haben. Um die beiden Indexreihen vergleichbar zu machen, muss eine der beiden Reihen **umbasiert** werden auf das Basisjahr der anderen Reihe. Dabei werden Statistiker des Landes A die Indexreihe des Landes B umbasieren und umgekehrt.

Hier soll im Rahmen des Beispiels 11-3 die Indexreihe des Landes B umbasiert werden.

Basisjahr der Indexreihe des Landes A ist das Jahr 1995. In diesem Jahr hat der Index des Landes B den Wert 104. Man bezeichnet:

$P_{aj}^{(A)}$ den beobachteten Preisindex des Landes A für das Berichtsjahr "j", j = 1, 2,. . ., t, und das Basisjahr a.

$P_{bj}^{(B)}$ den beobachteten Preisindex des Landes B für das Berichtsjahr "j", j = 1, 2,. . .,t, und das Basisjahr b.

$P_{aj}^{(B)}$ den umbasierten Preisindex des Landes B für das Berichtsjahr "j", j = 1, 2,. . .,t, und das Basisjahr a des Landes A

Es ergibt sich dann durch Dreisatz:

$$P_{aj}^{(B)} = P_{bj}^{(B)} \cdot \frac{100}{P_{ba}^{(B)}} \qquad (11.6\text{-}1).$$

In Beispiel 11-3 ist $P_{ba}^{(B)} = 104$. Man erhält :

$$P_{a1}^{(B)} = P_{b1}^{(B)} \cdot \frac{100}{P_{ba}^{(B)}} = 100 \cdot \frac{100}{104} = 96{,}2$$

und entsprechend:

$$P_{a2}^{(B)} = 102 \cdot \frac{100}{104} = 98{,}1$$

$$P_{a3}^{(B)} = 104 \cdot \frac{100}{104} = 100$$

$$P_{a4}^{(B)} = 106 \cdot \frac{100}{104} = 101{,}9$$

$$P_{a5}^{(B)} = 109 \cdot \frac{100}{104} = 104{,}8$$

$$P_{a6}^{(B)} = 111 \cdot \frac{100}{104} = 106{,}7$$

$$P_{a7}^{(B)} = 113 \cdot \frac{100}{104} = 108{,}7$$

$$P_{a8}^{(B)} = 115 \cdot \frac{100}{104} = 110{,}6$$

Nunmehr können die beiden **Indexreihen** einander gegenübergestellt und verglichen werden, wie Tabelle 11-3 zeigt.

Jahr j	Land A Originärer Preisindex	Land B Umbasierter Preisindex
1993	95	96,2
1994	97	98,1
1995	100	100,0
1996	104	101,9
1997	106	104,8
1998	107	106,7
1999	111	108,7
2000	115	110,7

Tab. 11-3: Preisindices für die Lebenshaltung in den Ländern A und B in den Jahren 1993 -2000, Indexreibe des Landes B umbasiert, vgl. Tab. 11-2

Häufig findet der Statistiker Indexreihen, bei denen aufgrund veränderter Berechnungsmethoden eine bestehende Reihe zur Basis "a" abgebrochen und durch eine neue Indexreihe zur Basis "b" fortgeführt wird. Für eine längerfristige Betrachtung müssen die beiden Indexreihen durch **Verknüpfung** verbunden werden. Verknüpfung kann durch *Fortschreibung* oder durch *Rückrechnung* vorgenommen werden.

Beispiel 11-4:

Der Preisindex für die Lebenshaltung aller privaten Haushalte war in den alten Bundesländern Deutschlands über mehrere Jahre zur Basis 1985 festgelegt. Es wurden die in Tabelle 47 wiedergegebenen Werte beobachtet:

Jahr j	Preisindex $P_{1985/j}$
1985	100,0
1986	99,9
1987	100,1
1988	101,4
1989	104,2
1990	107,0
1991	110,7
1992	115,1
1993	119,9
Quelle: Statistisches Bundesamt, Fachserie 17, Reihe 7	

Tab. 11-4: Preisindex für die Lebenshaltung aller privaten Haushalte für die alten Bundesländer Deutschlands von 1985 bis 1993

Aufgrund von veränderten Verbrauchergewohnheiten entschloss sich das Statistische Bundesamt, ein neues, den veränderten Gewohnheiten entsprechendes Gewichtungsschema für das neue Basisjahr 1991 zu verwenden. Mit dieser neuen Warenkorb-Zusammensetzung und Gewichtung ergab sich:

Jahr j	Preisindex $P_{1991/j}$
1991	100,0
1992	104,0
1993	107,0
1994	110,6
1995	112,5
1996	114,1
1997	116,1

Tab. 11-5: Preisindex für die Lebenshaltung aller privaten Haushalte für die alten Bundesländer Deutschlands von 1991 bis 1997

Fortschreibung

Möchte man wissen, wie sich die Preisentwicklung nach dem alten Berechnungsschema unter sonst gleichen Bedingungen über das Jahr 1993 hinaus weiterentwickelt hätte, kann man die "alte" Indexreihe durch **Fortschreibung** mit der neuen Reihe weiterführen.

Rückrechnung

Will man dagegen sehen, wie sich die neue Indexreihe unter sonst gleichen Bedingungen vor 1991 entwickelt hätte, muss man die "neue" Indexreihe durch Verknüpfung mit der alten Reihe **rückrechnen**.

Sowohl zur **Fortschreibung** als auch zur **Rückrechnung** benötigt man also eine Verknüpfung der beiden Indexreihen. Dabei wird unterstellt, dass sich beide Indexreihen, wenn sie unabhängig nebeneinander bestanden hätten, völlig gleichartig, das heißt mit gleichen Zuwachsraten, entwickelt hätten.

Man definiert allgemein:

P_{aj} = beobachteter Preisindex für das Berichtsjahr j, j = 1,2, . . . ,t, und das Basisjahr a.

P_{bj} = beobachteter Preisindex für das Berichtsjahr j, j = 1,2, . . . , t, und das Basisjahr b, wobei a < b.

P^*_{aj} = *fortgeschriebener* Wert der "alten" Indexreihe für das Berichtsjahr j, j = 1, 2,. . ., t, für das Basisjahr a.

P^*_{bj} = *rückgerechneter* Wert der "neuen" Indexreihe für das Berichtsjahr j, j = 1, 2, 3, . . ., t, für das Basisjahr b.

Es ergeben sich die folgenden beiden Formeln:

für die Fortschreibung: $$P^*_{aj} = P_{bj} \cdot \frac{P_{ab}}{100} \qquad j = 1,2,3,\ldots,t \qquad (11.6\text{-}2)$$

für die Rückrechnung: $$P^*_{bj} = P_{aj} \cdot \frac{100}{P_{ab}} \qquad j = 1,2,3,\ldots,t \qquad (11.6\text{-}3).$$

Unter Verwendung dieser Formeln lässt sich die in Tabelle 11-4 angegebene Indexreihe fortschreiben und die in Tabelle 11-5 angegebene Reihe rückrechnen. Die Ergebnisse dieser Operationen sind in Tabelle 11-6 wiedergegeben, wobei die fortgeschriebenen bzw. rückgerechneten Werte in Schrägschrift angegeben sind.

Häufig ergibt sich auch die folgende Problemstellung:

Gerade in der heutigen Zeit ist man bei der Untersuchung von Zeitreihen darum bemüht, die inflationäre Tendenz auszuschalten. Was sagt z. B. eine Lohnsteigerungsrate von 14% pro Jahr über den echten Kaufkraftzuwachs aus, wenn im gleichen Jahr die Preissteigerungsrate bei 7,5 % lag?

Deflationierung

Inflationsraten werden aber durch Preisindices angegeben. Also kann man mit Hilfe dieser Preisindices die inflationäre Komponente aus anderen Zeitreihen herausrechnen. Mit anderen Worten soll die Zeitreihen **deflationiert** werden.

Jahr j	Preisindex $P_{1985/j}$	Preisindex $P_{1991/j}$
1985	100,0	90,3
1986	99,9	90,2
1987	100,1	90,4
1988	101,4	91,6
1989	104,2	94,1
1990	107,0	96,7
1991	110,7	100,0
1992	115,1	104,0
1993	119,9	107,7
1994	122,4	110,6
1995	124,6	112,6
1996	126,3	114,1
1997	128,5	116,1

Tab. 11-6: Preisindex für die Lebenshaltung aller privaten Haushalte in den alten Bundesländern Deutschlands von 1985 bis 1997, jeweils zur Basis 1985 und zur Basis 1991

Angenommen, der Index der Nominallöhne soll um die inflationäre Komponente bereinigt werden dann ist zu rechnen:

Reallohnindex = Nominallohnindex/Preisindex für Lebenshaltung × 100

oder

$$R_{0j} = \frac{N_{0j}}{P_{0j}} \cdot 100 \quad (\text{in } \%) \qquad (11.6\text{-}4).$$

Beispiel 11-5:

In Deutschland wurden in den Jahren 1994 bis 1998 die in Tabelle 11-7 wiedergegebenen Nominallohn- und Preisindices, jeweils zur Basis 1995, beobachtet:

Jahr j	Nettolöhne und Gehälter[1] (Mrd. DM)	Index der nominalen Nettolöhne und Gehälter $N_{1995/j}$	Preisindex der Lebenshaltung aller privaten Haushalte für das gesamte Bundesgebiet[2] $P_{1995/j}$
1994	1.015,7	99,19	98,3
1995	1.024,0	100,00	100,0
1996	1.047,5	102,29	101,4
1997	1.030,3	100,62	103,3
1998	1.043,4	101,89	104,3

Anmerkungen:
(v):vorläufige Ergebnisse
[1]Quelle: Monatsberichte der Deutschen Bundesbank, April 1999
[2]Quelle: Statistisches Bundesamt, Fachserie 17, Reihe 7

Tab. 11-7: Nominallohnindex und Preisindex für die Lebenshaltung aller privaten Haushalte für Deutschland in den Jahren 1994-1998

Mit Hilfe der Formel (11.6-4) lassen sich die Reallohnindices für den angegebenen Zeitraum berechnen. Die Ergebnisse sind in Tabelle 11-8 wiedergegeben.

Jahr j	Reallohnindex $R_{1995/j}$
1994	100,91
1995	100,00
1996	100,88
1997	97,41
1998	97,69

Tab. 11-8: Reallohnindex für Deutschland in den Jahren 1994-1998

In entsprechender Weise kann man auch aus anderen inflationär "aufgeblähten" Indexreihen deflationierte Reihen ableiten.

11.7 Einige Anmerkungen über die Problematik der Verwendung von Indices

Vor- und Nachteile der Indices nach LASPEYRES und PAASCHE

Wie oben ausgeführt, gibt es für gewichtete Indices zwei verschiedene gebräuchliche Gewichtungsschemata, nämlich die nach LASPEYRES und nach PAASCHE. Für welche dieser beiden Formeln soll man sich im Einzelfall entscheiden? Beide Ansätze haben ihre Vor- und Nachteile, die beispielhaft für Preisindices diskutiert werden sollen:

Vorteile des LASPEYRES-Index

Berechnung des Index nach der LASPEYRES-Formel:
Vorteile:

1. Leichtere Berechnung, weil der Nenner der Formel für die Indices aller Berichtsjahre gleich bleibt.

2. Da alle Indices das gleiche Gewichtungsschema haben, nämlich das des Basisjahres, sind alle Indices wegen des identischen Warenkorbs miteinander vergleichbar.

Nachteile des LASPEYRES-Index

Nachteile:

1. Sich ändernde Verbrauchsgewohnheiten, z. B. Rückgang des Butterverbrauchs zu Gunsten des Margarineverbrauchs, bedingen in gewissen Zeitabständen eine Anpassung des Gewichtungsschemas. Da das gleichbedeutend ist mit der Festlegung eines neuen Basisjahres, lässt sich eine Indexreihe nach LASPEYRES nie als fortlaufende Reihe über einen längeren Zeitraum konzipieren. Um zumindest hilfsweise derartige langfristige Indexreihen zu erhalten, bedarf es umfangreicher, oft mehrfacher Verknüpfungen. Dabei ist es aber über große Zeiträume hinweg sehr problematisch anzunehmen, dass sich alle Indexreihen völlig parallel entwickelten, wenn sie nebeneinander bestanden hätten.

2. Die Nutzung neuer Güter durch die Verbraucher ändert deren Verbrauchsgewohnheiten. Derartige Änderungen lassen sich aber bei LASPEYRES-Indices erst nach der nächsten Anpassung berücksichtigen. So sind z. B. die Ausgaben für Kugelschreiber, die sich seinerzeit schlagartig und in breitester Front durchgesetzt haben, lange Zeit nicht im Warenkorb des Preisindex enthalten gewesen. Ähnliches gilt z. B. für CD-Player und Taschenrechner.

Berechnung des Index nach der PAASCHE-Formel:
Vorteile:

Vorteile des PAASCHE-Index

1. Da immer mit dem Warenkorb des aktuellen Verbrauchs gewichtet wird, entsteht kein Problem sich ändernder Verbrauchsgewohnheiten und neu aufkommender Güter. Die Anpassungen erfolgen hier in dem Moment, in dem sie notwendig werden.

2. Indexreihen lassen sich beliebig lange ohne störende Unterbrechungen und ohne Verknüpfungen fortführen.

Nachteile:

1. Größerer Rechenaufwand.

Nachteile des PAASCHE-Index

2. Da für jeden Index ein anderes Gewichtungsschema in Form eines angepassten Warenkorbes vorliegt, sind die Indices der einzelnen Berichtjahre nicht miteinander vergleichbar. Man kann z. B. nicht mehr sagen, dass sich die Preise im Durchschnitt von 1995 bis 2000 um 7,5 % erhöht haben, denn die Preise des Index für 1995 sind anders gewichtet als die des Index für 2000, und zum Teil gelten sie für andere Güter, wenn einige Güter durch sich ändernde Gewohnheiten aus der Berechnung entfallen.

Ein weiteres Problem ergibt sich bei der Interpretation von Preisindices für die Lebenshaltung aus volkswirtschaftlicher Sicht. In der Mikroökonomie wird für den LASPEYRES-Index oft behauptet, dass er die reale inflationäre Tendenz *über*treibe. Die rational handelnden Konsumenten werden Güter, deren Preise überproportional gestiegen sind durch preiswertere Alternativen substituieren und sich so die Preisentwicklung "erträglicher" gestalten. Diese Substitutionsprozesse kann der LASPEYRES-Preisindex mit seinem starren Warenkorb nicht wiedergeben.

Andererseits wird behauptet, dass der PAASCHE-Preisindex die tatsächliche Belastung durch die Inflation *unter*treibe, weil sich hier die o.a. Substitutionsprozesse im sich verändernden Warenkorb niederschlagen. Dadurch werden aber die besonders geringen Preissteigerungen überproportional gewichtet.

verkettete Indices

In manchen Ländern (z.B. im Vereinigten Königreich und in Frankreich) versucht man dieser geschilderten Problematik durch die Verwendung *verketteter LASPEYRES-Indices* zu begegnen. Dabei werden die Warenkörbe (oder sonstige Gewichtungsschemata) von Jahr zu Jahr aktualisiert. Innerhalb eines Jahres, z.B. bei der monatlichen Preisindexermittlung, wird ein "klassischer"

LASPEYRES-Index mit dem für *dieses* Jahr festgelegten konstanten Warenkorb ermittelt.

Preiserhöhungen

Beiden Indices gemeinsam ist das Problem, dass sie Preiserhöhungen durch Produktverbesserungen, sei es durch technischen Fortschritt oder aus anderen Gründen, nicht differenziert erfassen. Man denke hier z. B. an die weitgehenden Verbesserungen der Serienausstattungen und an die Verlängerung der Garantiezeiten bei Pkws. Preiserhöhungen, die aus solchen Verbesserungen resultieren, dürften an sich nicht gleich behandelt werden wie Erhöhungen bei qualitativ gleichbleibenden Gütern.

neue Vertriebsformen

Auch das Auftreten neuer Vertriebsformen, z.B. Direktkauf über das Internet haben Ausflüsse auf den Preisindex, werden aber von den beschriebenen Berechnungsverfahren nicht erfasst.

Man kann allgemein sagen, dass bei einer expandierenden wirtschaftlichen Entwicklung die PAASCHE-Indices i.d.R. größere Werte annehmen als die für die gleichen Daten berechneten LASPEYRES-Indices. Dafür reagieren LASPEYRES-Indices nicht so stark auf kurzfristige Veränderungen, die sich später wieder aufheben. Man denke hier z. B. an die einschneidenden Verkehrsbeschränkungen während der sogenannten Ölkrise.

Vor allem wegen der mangelnden Vergleichbarkeit der PAASCHE-Indices haben sich die Träger der amtlichen Statistik in Deutschland in der Vergangenheit dafür entschieden, Indices nur mit einer LASPEYRES-Gewichtung zu berechnen.

Vergleich von Indices

Ein zweiter Problemkreis, der sich bei der Verwendung von Indices ergibt, liegt im Vergleich von Indexzahlen. Beim Vergleich von Indices, vor allem bei internationalen Daten, muss streng darauf geachtet werden, dass

1. alle verglichenen Indices das gleiche Basisjahr haben;

2. für alle verglichenen Indices die gleiche Indexformel verwendet wurde. Es dürfen also nicht PAASCHE-Indices mit LASPEYRES-Indices verglichen werden;

3. allen Vergleichs-Indices ein etwa vergleichbares Gewichtungsschema zugrunde liegt. Die Preisindices von Gabun und den USA sind kaum zu vergleichen, weil die zugrundeliegenden Warenkörbe (= Gewichtungsschemata) zu unterschiedlich sind.

Abschließend sei noch darauf hingewiesen, dass in der Öffentlichkeit und häufig auch in den Massenmedien bei der Interpretation von Indices grobe Fehler aus Unkenntnis der Index-Dimension gemacht werden. Wenn beispielsweise der Preisindex für die Lebenshaltung zur Basis 1985 im Jahre 1990 den Wert 107,0 und im Jahre 1991 den 110,7 hatte, dann ist es schlichtweg falsch zu sagen, die Preise seien von 1990 bis 1991 um (110,7-107,0) = **3,7 Prozent** gestiegen. Indices werden in Prozenten, *bezogen auf das Basisjahr*, angegeben. Deswegen kann man in dem angeführten Beispiel allenfalls sagen, dass sich von 1990 bis 1991 die Preise im Durchschnitt um 3,7 **Prozentpunkte** erhöht haben. Will man die echte prozentuale Erhöhung angeben, muss man die beiden Preisindices zueinander in Relation setzen und rechnen

$$\left[\frac{110,7}{107,0} - 1\right] \cdot 100 = 3,4\%$$

Die Preise sind also von 1990 bis 1991 um 3,4 % gestiegen. Diese Aussage lässt sich nun machen, weil jetzt das Jahr 1990 als Bezugsgröße verwendet und damit gleich 100 gesetzt wurde.

Aufgaben zum 11. Kapitel:

85. Für die Preise und Absatzmengen verschiedener Produkte eines Mineralölkonzerns wurden folgende Beobachtungen gemacht:

Produkt	Mittlerer Preis des Produktes im Jahr in [GE/Liter]			
	1997	1998	1999	2000
Superbenzin	1,58	1,60	1,68	1,70
Normalbenzin	1,53	1,55	1,63	1,64
Motorenöl	18,00	18,50	19,00	20,00
Getriebeöl	8,00	8,40	8,70	9,00
	Absatzmengen des Produktes (in Mio. Liter)			
Superbenzin	20	21	15	21
Normalbenzin	30	33	25	32
Motorenöl	4	5	5	7
Getriebeöl	1	2	2	3

Berechnen Sie aufgrund dieser Beobachtungen ungewogene Preisindices für die Jahre 1998, 1999 und 2000, jeweils zur Basis 1997, für die Produkte dieser Firma!

86. Berechnen Sie aufgrund der Angaben in Aufgabe 85 Preisindices nach LASPEYRES für die Jahre 1998, 1999 und 2000, jeweils zur Basis 1997!

87. Berechnen Sie aufgrund der Angaben in Aufgabe 85 Preisindices nach PAASCHE für die Jahre 1998, 1999 und 2000, jeweils zur Basis 1997!

88. Berechnen Sie aufgrund der Angaben 85 Mengenindices für die Jahre 1998, 1999 und 2000, jeweils zur Basis 1997
    a) nach LASPEYRES,
    b) nach PAASCHE!

Aufgaben

89. Berechnen Sie aufgrund der Angaben in Aufgabe 85 Umsatzindices für die Jahre 1998 und 1999, jeweils zur Basis 1997!

90. In drei aufeinanderfolgenden Jahren werden folgende Absatzmengen und Preise der drei Güter A, B und C beobachtet:

Jahr	Gut A		Gut B		Gut C	
	Menge (t)	Preis (GE/t)	Menge (t)	Preis (GE/t)	Menge (t)	Preis (GE/t)
1	10 000	100	4000	40	12 000	20
2	20 000	120	2000	30	20 000	30
3	25 000	80	1000	40	5 000	40

a) Berechnen Sie die Preisindices ${}_LP_{01}$, ${}_LP_{02}$, ${}_PP_{01}$ und ${}_PP_{02}$!
b) Berechnen Sie die Mengenindices ${}_LQ_{01}$, ${}_LQ_{02}$, ${}_PQ_{01}$ und ${}_PQ_{02}$!
c) Berechnen Sie die Umsatzindices U_{01} und U_{02}!

91. Für 4 Warenarten sei folgendes bekannt:

Warenart	Preis (GE)		Umsatz (GE)	
	1994	2000	1994	2000
A	1,2	1,6	1 080	1 680
B	1,5	1,8	900	1 260
C	0,5	1,0	1 000	2 200
D	2,0	2,5	800	1 000

Berechnen Sie die Indices ${}_PP_{01}$ und ${}_LQ_{01}$ mit dem Basisjahr 1994!

92. Gegeben seien die Preisindices zweier Länder:

Jahr	Preisindex Land X	Preisindex Land Y
1990	100	43
1995	157	100
1996	163	108
1997	168	115
1998	174	122
1999	181	127
2000	188	138

Führen Sie eine Umbasierung
a) der Indexreihe des Landes X auf die Verhältnisse des Landes Y durch!
b) der Indexreihe des Landes Y auf die Verhältnisse des Landes X durch!

Aufgaben

93. Zwei Länder haben die folgenden Indexreihen für die Preisentwicklung der Lebenshaltung festgestellt:

Jahr	Preisindex für Lebenshaltung	
	Land A	Land B
1985	100	80
1992	140	88
1995	200	100
1996	230	116
1997	270	128
1998	300	140
1999	330	148
2000	340	152

a) Führen Sie eine Umbasierung der Indexreihe des Landes B auf die Basis der Reihe des Landes A durch!

b) Führen Sie eine Umbasierung der Indexreihe des Landes A auf die Basis der Reihe des Landes B durch!

94. In Deutschland wurde für das Jahr 1985 ein neuer Warenkorb für den Preisindex der Lebenshaltung aller privaten Haushalte festgelegt und damit 1985 als neues Basisjahr bestimmt. Vorher galt das Basisjahr 1980. Man beobachtete:

	Preisindex für die Lebenshaltung	
	Alter Index $I_{80,t}$	Neuer Index $I^*_{85,t}$
1980	100,0	
1981	106,3	
1982	111,9	
1983	115,6	
1984	118,4	
1985	121,0	100,0
1986		99,9
1987		100,1
1988		101,4
1989		104,2
1990		107,0

a) Führen Sie die alte Indexreihe durch Verknüpfung mit der neuen Indexreihe bis zum Jahre 1990 weiter!

b) Führen Sie für die neue Indexreihe durch Verknüpfung mit der alten Indexreihe eine Rückrechnung bis zum Jahre 1980 durch!

Aufgaben

95. In einem Land wurde bis 1997 der Preisindex zur Basis 1992 ermittelt. Wegen veränderter Erhebungsmethoden wurde ab 1997 ein neuer Index zur Basis 1997 ermittelt. Es wurden folgende Werte der Indices beobachtet:

Jahr	Preisindex für die Lebenshaltung	
	Alter Index $I_{92,t}$	Neuer Index $I^*_{97,t}$
1992	100	
1993	105	
1994	110	
1995	115	
1996	120	
1997	125	100
1998		108
1999		120
2000		124
2001		132

a) Führen Sie durch Verknüpfung der beiden Reihen die alte Indexreihe bis 2001 fort!

b) Führen Sie durch Verknüpfung der beiden Reihen eine Rückrechnung der neuen Indexreihe bis 1992 durch!

96. In einem Land wurden in den vergangenen 7 Jahren folgende Indices beobachtet:

Jahr t	1995	1996	1997	1998	1999	2000	2001
Nominallohn-index $N_{92,t}$	140	150	161	172	184	197	205
Preisindex $I_{92,t}$	115	118	124	130	136	143	150

Berechnen Sie aus diesen Angaben einen Reallohnindex $R_{92,t}$!

97. Ein Land hat in den vergangenen Jahren folgende Reihen der Exportwertindices (in jeweiligen Preisen) und der Preisindices für die Lebenshaltung beobachtet:

Jahr t	92	93	94	95	96	97	98	99	00	01
Exportwert-index $E_{92,t}$	100	120	135	150	162	180	200	220	245	270
Preisindex $I_{95,t}$	80	90	94	100	130	140	148	156	162	166

Berechnen Sie eine deflationierte Indexreihe der Exportwerte!

98. In Deutschland wurden in den Jahren 1991-1998 folgenden Preisindices für die Lebenshaltung aller privaten Haushalte beobachtet: **Aufgaben**

Jahr t	1991	1992	1993	1994	1995	1996	1997
Preisindex $P_{1991/t}$	100,0	104,0	107,7	110,6	112,5	114,1	116,1

Berechnen Sie die jährlichen Steigerungsraten der Preissteigerungen (in %)!

12 Elementare Zeitreihenanalyse

12.1 Der Begriff der Zeitreihe

Viele ökonomische Größen werden nicht nur einmalig untersucht, sondern mehrfach. Wenn die Wiederholungen der Beobachtungen zeitlich nacheinander liegen, wenn also die einzelnen Ausprägungen des Untersuchungsmerkmals einzelnen aufeinander folgenden Zeitpunkten oder Zeiträumen zugeordnet werden können, liegt eine *Zeitreihe vor.*

Zeitreihe

Eine Zeitreihe ist eine Funktion, die Zeitpunkten t_i Merkmalsausprägungen x_i zuordnet, so dass man schreiben kann:

$$x_i = f(t_i) \qquad 12.1\text{-}1).$$

Beispiele hierfür aus dem ökonomischen Bereich sind:

- die Umsatzentwicklung eines Unternehmens in mehreren aufeinander folgenden Jahren
- die Entwicklung der Gewinnspannen im Einzelhandel in den Jahren 1992-2000
- die Entwicklung der Welt-Erdölförderung in den Jahren 1980-2002

und viele andere mehr.

12.2 Die Komponenten einer Zeitreihe

Wenn man eine Zeitreihe abbildet, erkennt man, dass der Verlauf der Kurve nicht allein durch eine elementare mathematische Funktion beschrieben werden kann, sondern dass hier mehrere Komponenten zusammenspielen. Zur Veranschaulichung diene das folgende Beispiel:

Beispiel 12-1:

Für die Umsatzentwicklung der X-AG wurden in 27 Beobachtungsjahren die in Tabelle 12-1 wiedergegebenen Jahresumsätze beobachtet:

Beobachtungsjahr	Jahresumsatz (Mio.GE)	Beobachtungsjahr	Jahresumsatz (Mio.GE)	Beobachtungsjahr	Jahresumsatz (Mio.GE)	Beobachtungsjahr	Jahresumsatz (Mio.GE)
1	115	8	109	15	152	22	128
2	130	9	110	16	146	23	131
3	127	10	110	17	148	24	140
4	130	11	112	18	142	25	165
5	131	12	115	19	134	26	173
6	124	13	130	20	126	27	170
7	118	14	145	21	128		

Tab. 12-1: Umsatzentwicklung der X-AG in 27 Beobachtungsjahren

Die in Tabelle 12-1 verzeichnete Umsatzentwicklung im Zeitablauf stellt eine Zeitreihe dar. Sie lässt sich wie in Abbildung 12-1 graphisch darstellen:

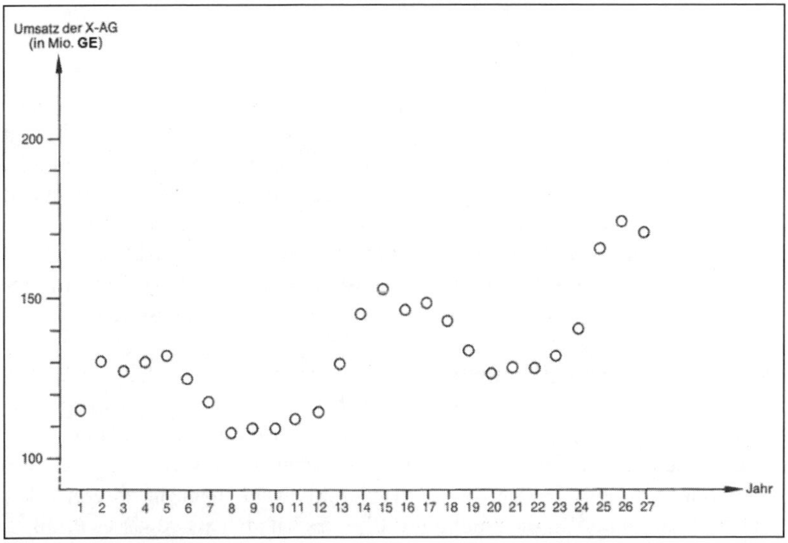

Abb. 12-1: Graphische Darstellung der Umsatzentwicklung der X-AG

Trend

Die **erste Bewegungskomponente** einer derartigen Zeitreihe ist der *Trend.* Der Trend gibt die langfristige Entwicklungstendenz der Zeitreihe an, unbeeinflusst von Schwankungen. Der Trend soll in einer möglichst einfachen mathematischen Funktion, also z. B. als lineare Funktion mit der Abbildung als Gerade, auszudrücken sein. Für das Beispiel 12-1 könnte sich die in Abbildung 12-2 eingezeichnete Trendlinie ergeben:

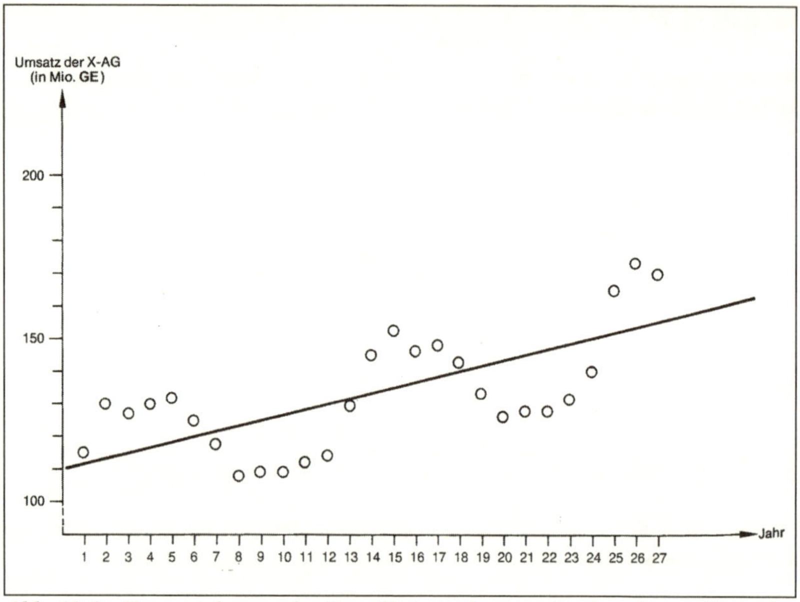

Abb. 12-2: Kennzeichnung der Trendlinie in der graphischen Darstellung der Umsatzentwicklung der X-AG

In Abbildung 12-2 wurde die Trendlinie mehr oder weniger nach "Gefühl" durch die in Abbildung 12-1 vorgegebene Punktwolke gelegt. Man spricht deswegen auch von der "Freihand-Methode" der Ermittlung einer Trendlinie. Diese Freihand-Methode hat allerdings den Nachteil, sehr ungenau zu sein und den Trend nicht durch eine Funktion zu beschreiben. Prognosen, also Vorhersagen der zukünftigen Entwicklung einer ökonomischen Variablen, sind mit dieser Methode kaum möglich. Es wird deshalb in Abschnitt 12.3 nach anderen Verfahren gesucht werden müssen, um die Trendlinie zu bestimmen.

zyklische Schwankungen

Die **zweite Bewegungskomponente** einer Zeitreihe erfasst die *zyklischen Schwankungen.* Diese Schwankungen um die durch den Trend vorgegebene grundsätzliche Entwicklungsrichtung ergeben sich durch Schwankungen der wirtschaftlichen Entwicklung der übergeordneten Volkswirtschaft oder der Weltwirtschaft. Den Einfluss der zyklischen Schwankungen in unserem Beispiel 26 veranschaulicht die Abbildung 12-3. Es hat sich als gewisses Problem erwiesen, statistische Verfahren zu entwickeln, mit deren Hilfe man die zyklische Komponente zuverlässig aus einer Zeitreihe wie der Umsatzentwicklung eines einzelnen Unternehmens herausziehen kann, da diese Komponente in Abhängigkeit vom Konjunkturverlauf unsystematisch in Länge und Schwankungshöhe ist[1]. Man muss sich deswegen im Folgenden des Problems der zyklischen Schwankungen bewusst sein, ohne für dieses Problem immer eine Lösung parat zu haben.

[1] Sehr regelmäßige zyklische Schwankungen lassen sich mit den in Abschnitt 12.4 dargestellten Verfahren zur Berechnung von saisonalen Schwankungen analog erklären.

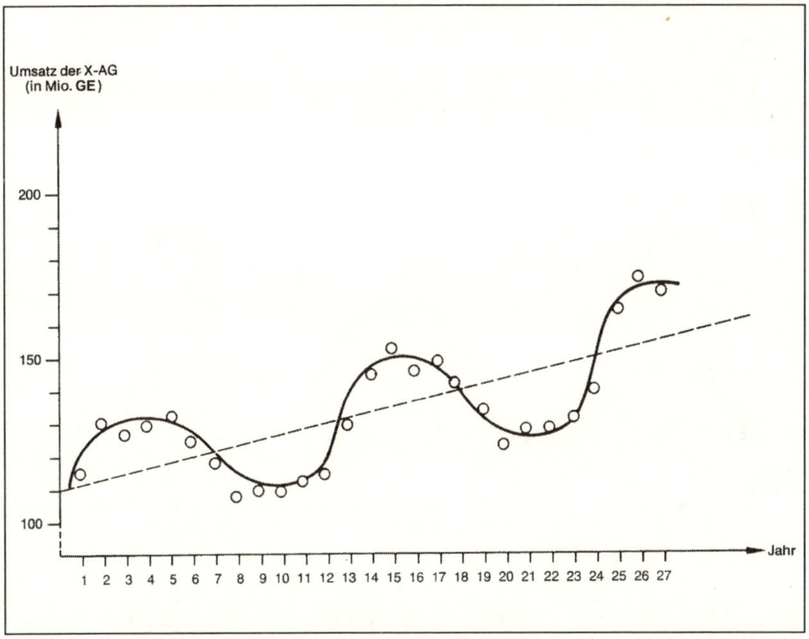

Abb. 12-3: Graphische Darstellung des Einflusses der zyklischen Komponente auf die Zeitreihe des Beispiels 12-1.

saisonale Schwankungen

Die **dritte Bewegungskomponente** einer Zeitreihe beinhaltet die im Laufe eines Jahres auftretenden *saisonalen Schwankungen.* Betrachtet man z. B. die Monatsumsätze im Einzelhandel, dann ergeben sich offensichtlich zu bestimmten Jahreszeiten, z. B. im Dezember wegen des Weihnachtsgeschäftes, starke Umsatzzuwächse. Diese Schwankungen wiederholen sich Jahr für Jahr mit großer Regelmäßigkeit, weswegen sie sich gut für eine Untersuchung systematischer Bewegungskomponenten eignen. Diese Untersuchung soll in Abschnitt 12.4 vorgenommen werden.

irreguläre Schwankungen

Die **vierte Bewegungskomponente** von Zeitreihen beinhaltet die *irregulären Schwankungen.* Diese ergeben sich durch von außen nicht erkennbare Einflüsse, wie z. B. durch den Wechsel der Rechtsform eines Unternehmens, durch Änderung des Produktsortiments, durch Änderung des Herstellungsverfahrens, durch schwerwiegende personelle Umbesetzungen usw. Irreguläre Schwankungen treten völlig unsystematisch auf und sind mit statistischen Verfahren nicht zu erklären. Die irregulären Schwankungen in Beispiel 12-1 sind in Abbildung 12-4 veranschaulicht.

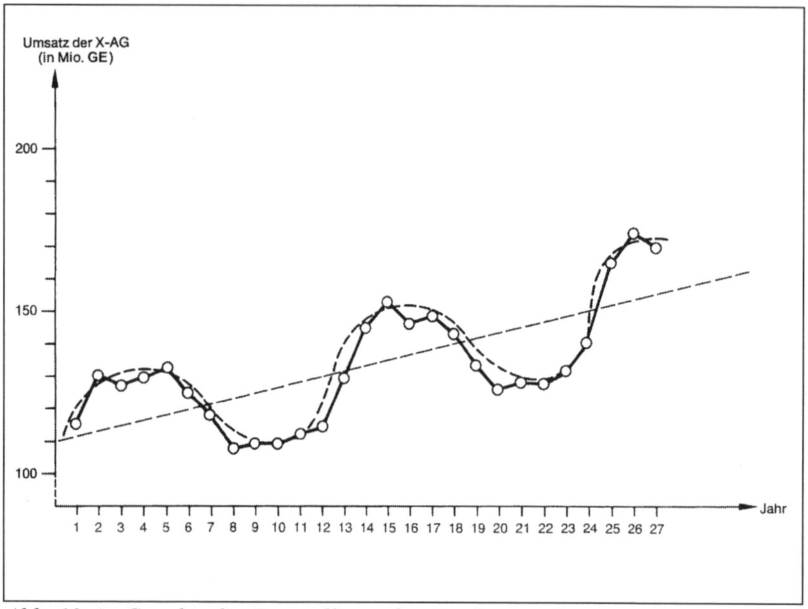

Abb. 12-4: Graphische Darstellung des Einflusses der irregulären Komponente auf die Zeitreihe des Beispiels 12-1.

Bezeichnet man die Bewegungskomponente einer Zeitreihe mit

T für die Trendkomponente
Z für die zyklische Komponente
S für die saisonale Komponente
I für die irreguläre Komponente,

dann lässt sich das Modell einer Zeitreihe allgemein darstellen durch

$$X = f(T, Z, S, I) \qquad (12.2\text{-}1),$$

wobei X die zu untersuchende ökonomische Variable ist.

additive / multiplikative Verknüpfung

Die Variablen T, Z, S und I können durch **additive,** durch **multiplikative** oder durch gemischt **additive-multiplikative** Verknüpfung zusammenwirken und die beobachtbare Schwankung der Zeitreihe bewirken. In welcher der geschilderten Weisen die Komponenten zusammenwirken, muss im Einzelfall untersucht werden.

Da von den genannten vier Komponenten in der Regel nur der Trend und die Saisonschwankungen systematisch variieren, sollen im Weiteren nur Verfahren behandelt werden, die sich mit der Untersuchung dieser Einflussgrößen befassen.

12.3 Die Berechnung der Trendkomponente einer Zeitreihe

Für die Berechnung der Trendkomponente einer Zeitreihe gibt es eine Reihe von Verfahren, von denen hier nur die beiden gebräuchlichsten besprochen werden sollen, nämlich die *Methode der gleitenden Mittelwerte* und die *Methode der kleinsten Quadrate.*

gleitende Mittelwerte

Bei der Methode der gleitenden Mittelwerte wird eine **Glättung** der Kurve der ursprünglichen Beobachtungswerte zu einer Trendlinie dadurch erreicht, dass man aus mehreren aufeinanderfolgenden Beobachtungswerten ein arithmetisches Mittel bildet, um die ursprünglichen Schwankungen zu nivellieren. Das arithmetische Mittel wird als abgeleiteter Beobachtungswert demjenigen Beobachtungsjahr zugeordnet, das in der Folge der Originalbeobachtungen genau in der Mitte steht, aus denen das arithmetische Mittel berechnet wurde. Wird z. B. das arithmetische Mittel aus den Originalbeobachtungen x_1, x_2 und x_3 gebildet, dann wird das arithmetische Mittel $\overline{x}$ als abgeleiteter Beobachtungswert dem Eintrittsjahr der Beobachtung x_2 zugeordnet. Aus dieser Zuordnung folgt unmittelbar, dass man nur arithmetische Mittel mit einer ungeraden Zahl von Werten bilden sollte, um eine eindeutige Zuordnung zu dem Jahr der "mittleren" Beobachtung zu ermöglichen. Das Besondere an dem Verfahren der *gleitenden* Mittelwerte besteht darin, dass die aufeinander folgenden Mittelwerte "überrollend" berechnet werden. Die Bedeutung dieser Tatsache ist übersichtlich in Tabelle 12-2 dargestellt.

Berechnet man gleitende Mittelwerte aus jeweils drei Beobachtungswerten, spricht man vereinfacht von "gleitenden Dreier-Mitteln", bei jeweils fünf Beobachtungswerten von "gleitenden Fünfer-Mitteln" usw. Berechnet man beispielhaft einige gleitende Dreier-Mittel für das in Abschnitt 12.2 angeführte Beispiel 12-1, dann erhält man das in Tabelle 12-3 wiedergegebene Ergebnis.

Zeitreihe der Original Beobachtungswerte	Abgeleitete Zeitreihe mit gleitenden Mittelwerten aus je drei Beobachtungswerten	Jahr
x_1	$\frac{x_1 + x_2 + x_3}{3} = \overline{x}_1$	1
x_2	$\frac{x_2 + x_3 + x_4}{3} = \overline{x}_2$	2
x_3	$\frac{x_3 + x_4 + x_5}{3} = \overline{x}_3$	3
x_4	$\frac{x_4 + x_5 + x_6}{3} = \overline{x}_4$	4
x_5	$\frac{x_5 + x_6 + x_7}{3} = \overline{x}_5$	5
x_6		6
x_7		7

Tab. 12-2: Berechnungsschema für gleitende Mittelwerte aus jeweils 3 Beobachtungswerten

Beobachtungsjahr	Zeitreihe der Originalbeobachtungswerte	Abgeleitete Zeitreihe der gleitenden Dreier-Mittel	Zugeordnet dem Beobachtungsjahr
1	115	$\frac{115+130+127}{3}=124$	
2	130	$\frac{130+127+130}{3}=129$	2
3	127	$\frac{127+130+131}{3}=129{,}3$	3
4	130	$\frac{130+131+124}{3}=128{,}3$	4
5	131		5
6	124		

Tab. 12-3: Gleitende Dreier-Mittel für die Originalbeobachtungen des Beispiels 12-1

Wie man aus den Tabellen 12-2 und 12-3 ersieht, ist die abgeleitete Zeitreihe der gleitenden Dreier-Mittel kürzer als die Zeitreihe der ursprünglichen Beobachtungswerte. Dem ersten und letzten Jahr der Zeitreihe kann kein Mittelwert zugeordnet werden, weil diese Jahre keine "mittleren" Jahre sind. Berechnet man gleitende Fünfer-Mittel, können aus dem gleichen Grund den ersten beiden und den letzten beiden Jahren keine Mittelwerte zugeordnet werden. Bei Mittelwerten aus mehr als fünf Einzelwerten wird die abgeleitete Zeitreihe entsprechend noch kürzer. Es gibt aber Verfahren, auch für diejenigen Jahre "künstliche" Mittelwerte aus den berechneten Mittelwerten zu extrapolieren, denen nach dem oben geschilderten Verfahren kein Mittelwert zugeordnet werden kann. Diese Verfahren sollen aber hier nicht erörtert werden.

Zur Demonstration des Effektes der Bildung gleitender Mittelwerte sind in Tabelle 12-4 verschiedene abgeleitete Zeitreihen für die Werte des Beispiels 12-1 wiedergegeben.

Beobachtungsjahr	Zeitreihe der Original-Beobachtungsdaten	Gleitende					
		Dreier-Mittel	Fünfer-Mittel	Siebener-Mittel	Neuner-Mittel	Elfer-Mittel	Dreizehner-Mittel
1	115	-	-	-	-	-	-
2	130	124,0	-	-	-	-	-
3	127	129,0	126,6	-	-	-	-
4	130	129,3	128,4	125,0	-	-	-
5	131	128,3	126,0	124,1	121,6	-	-
6	124	124,3	122,4	121,3	121,0	119,6	-
7	118	117,0	118,4	118,9	119,0	119,6	120,1
8	109	112,3	114,2	116,3	117,7	119,6	122,4
9	110	109,7	111,8	111,4	117,7	121,3	124,1
10	110	110,7	111,2	114,9	119,2	123,3	125,5
11	112	112,3	115,4	118,7	122,3	124,6	126,9
12	115	119,0	122,4	124,9	125,4	126,8	127,8
13	130	130,0	130,8	130,0	129,8	129,0	128,5
14	145	142,3	137,6	135,4	133,3	131,3	129,2
15	152	147,7	144,2	139,7	136,0	132,7	130,6
16	146	148,7	146,6	142,4	137,6	134,4	132,0
17	148	145,3	144,4	141,9	139,0	135,8	133,6
18	142	141,3	139,2	139,4	138,8	137,3	135,8
19	134	134,0	135,6	136,0	137,2	138,2	139,6
20	126	129,3	131,6	133,9	135,9	140,0	142,9
21	128	127,3	129,4	132,7	138,0	141,9	144,8
22	128	129,0	130,6	136,0	140,8	144,1	-
23	131	133,0	138,4	141,6	143,9	-	-
24	140	145,3	147,4	147,9	-	-	-
25	165	159,3	155,8	-	-	-	-
26	173	169,3	-	-	-	-	-
27	170	-	-	-	-	-	-

Tab. 12-4: Abgeleitete Zeitreihen aus gleitenden Mittelwerten für die Original-Beobachtungen des Beispiels 12-1

Wenn man die in Tabelle 12-4 berechneten abgeleiteten Zeitreihen der verschiedenen gleitenden Mittelwerte in das Streuungsdiagramm der Abbildung 12-1 einzeichnet, erhält man die in Abbildung 12-5 wiedergegebenen Trendlinien.

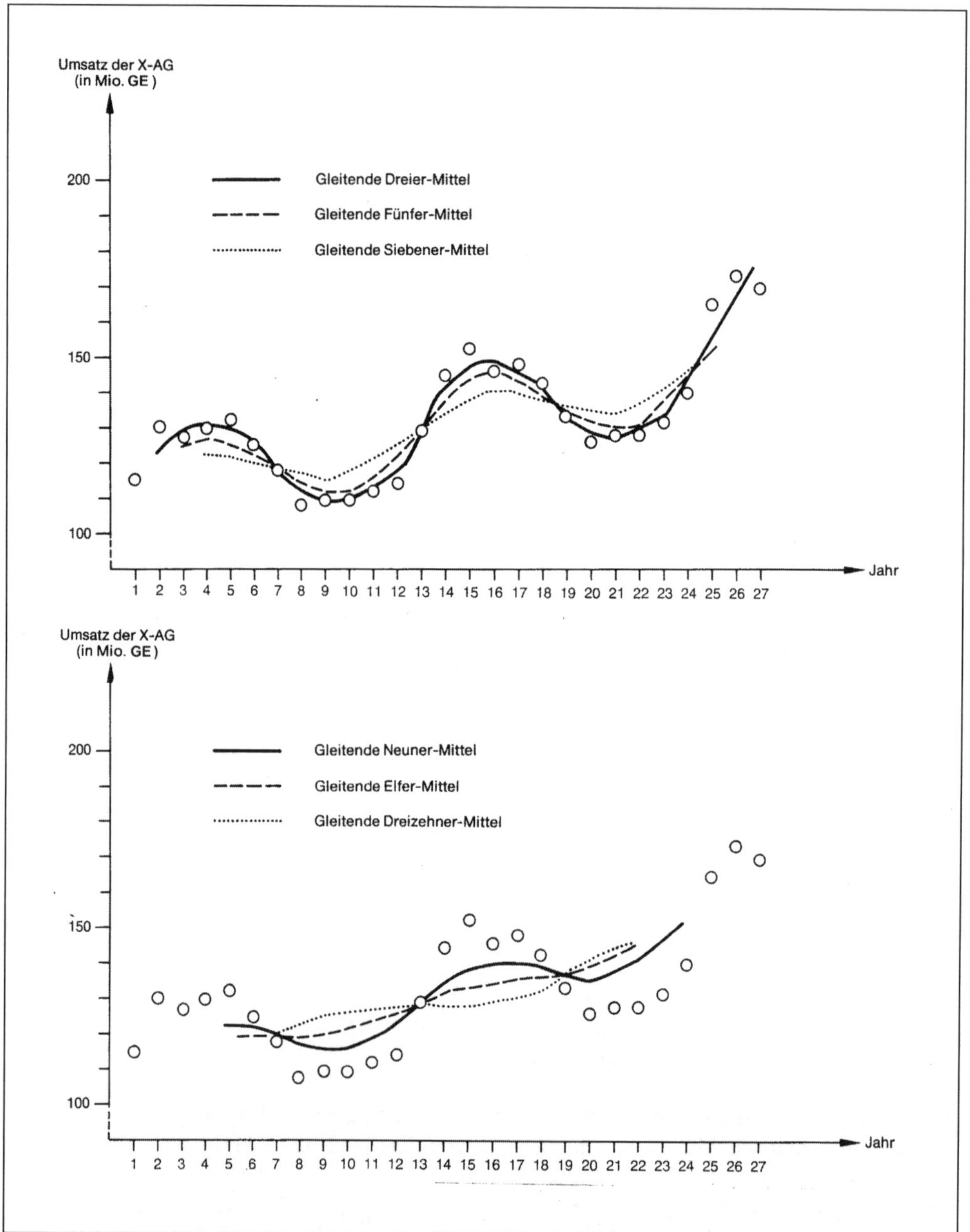

Abb. 12-5: Trendlinien nach der Methode der gleitenden Mittelwerte für das Streuungsdiagramm der Abbildung 12-1 für Beispiel 12-1.

Aus Abbildung 12-5 kann man ersehen, dass sich die grundsätzliche Entwicklungsrichtung um so klarer herausschält, je größer die Anzahl der Beobachtungswerte pro gleitendem Mittelwert ist. Dabei werden aber mit einer Erhöhung der Zahl der Beobachtungswerte pro Mittelwert die Trendlinien aus dem oben genannten Grund immer kürzer. Im Einzelfall gilt es also, einen Kompromiss zu finden zwischen dem Grad der angestrebten **Glättung** der Zeitreihe der Original-Beobachtungen und der Länge der sich ergebenden Trendlinie.

Glättung einer Zeitreihe

Die Methode der gleitenden Mittelwerte hat den Vorteil einer rechnerisch sehr einfachen Methode, die schnell zu übersichtlichen Ergebnissen führt. Dem stehen jedoch die folgenden Nachteile gegenüber:

Zeitreihe und Prognose

1. Die Methode führt nicht zu einer mathematisch fassbaren Funktion, sondern zu einer geglätteten, aber unregelmäßigen Bewegungslinie. Diese Trendlinie ist damit aber für **Prognosezwecke** ungeeignet.

2. Will man die zugrundeliegende Tendenz deutlich sichtbar machen, das heißt, will man die Trendlinie möglichst schwankungsfrei erhalten, muss man die Anzahl der Beobachtungswerte pro Mittelwert immer weiter erhöhen. Dadurch wird aber die resultierende Trendlinie immer kürzer und weniger aussagefähig.

Methode der kleinsten Quadrate

Wegen der angeführten Nachteile der Methode der gleitenden Mittelwerte wendet man sich heute in zunehmendem Maße von dieser Methode ab und der **Methode der kleinsten Quadrate** zu. Der früher oft vorgebrachte Einwand, die Methode der kleinsten Quadrate sei zu rechenaufwändig, hat sich heute nach der Einführung elektronischer Taschenrechner und PC's erledigt.

Die Trendbestimmung nach der Methode der kleinsten Quadrate ist nichts anderes als eine Anwendung der Regressionsanalyse auf Zeitreihen. Da die Ableitung von Regressionsfunktionen nach dem Kriterium der kleinsten Quadrate im 10. Kapitel und insbesondere in den Abschnitten 10.2 und 10.3 ausführlich diskutiert wurde, soll an dieser Stelle nicht erneut darauf eingegangen werden.

Nach dem oben geschilderten Verfahren ergibt sich für das Beispiel 12-1 als Regressionsfunktion:

$$\text{Umsatz} = 112{,}47 + 1{,}46 \cdot t$$

Trägt man diese Regressionsfunktion in das in Abbildung 12-1 wiedergegebene Streuungsdiagramm ein, dann erhält man die in Abbildung 12-6 wiedergegebene Trendlinie.

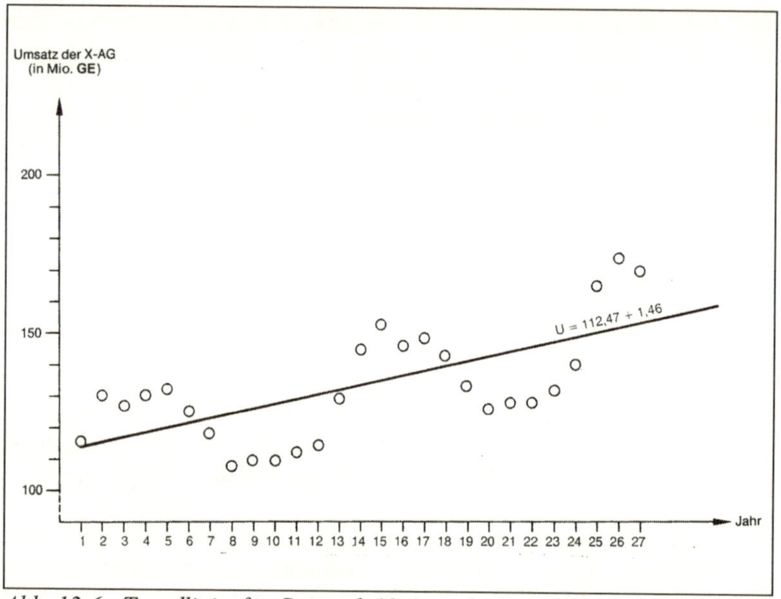

Abb. 12-6: Trendlinie für Beispiel 12-1 nach der Methode der kleinsten Quadrate

Eine Trendlinie nach der Methode der kleinsten Quadrate hat den Vorteil, eine von Schwankungen völlig bereinigte Funktion zu sein. Durch die ermittelte Funktion sind auch Prognosen der weiteren **grundlegenden** Entwicklung möglich. Dabei ist man, wie in Kapitel 10 ausgeführt, durchaus nicht auf die Verwendung linearer Trendfunktionen angewiesen, wenn nichtlineare Trends die Entwicklungsrichtung der Beobachtungsdaten besser beschreiben können.

12.4 Die Berechnung der Saisonkomponente einer Zeitreihe

Wie in Abschnitt 12.2 erläutert, findet man bei Zeitreihen mit unterjährlichen Bezugszeiträumen (Vierteljahre, Monate, Wochen usw.) häufig periodisch wiederkehrende Schwankungen, die sich in aufeinander folgenden Jahren in deutlicher **Regelmäßigkeit** wiederholen. Wegen dieser Regelmäßigkeit ist es möglich, die Trendkomponente von der Saisonkomponente der beobachteten Zeitreihe zu trennen. Dies ist deswegen von Bedeutung, weil man so die Prognosen der zukünftigen Entwicklung der Zeitreihe genauer durchführen kann als durch eine reine Trend-Extrapolation.

Bei der Untersuchung der Saisonkomponente einer Zeitreihe ist eine additive und eine multiplikative Verknüpfung von Saisoneinfluss und Trend vorstellbar. Während bei der additiven Verknüpfung die absolute Höhe der saisonalen

Schwankungen konstant ist, geht man bei der multiplikativen Verknüpfung davon aus, dass die Schwankungsbreite im Zeitablauf größer wird. Letztere Annahme erscheint, zumindest bei ökonomischen Zeitreihen mit ansteigendem Trend, realistischer. Die multiplikative Verknüpfung der Saisonkomponente mit dem Trend lässt sich ausdrücken durch die Beziehung:

$$X = T \cdot (S, I) \qquad (12.4\text{-}1).$$

Wenn man die nicht zerlegbare Komponente (S, I) zu **einer** gemeinsamen Komponente S' zusammenfasst, vereinfacht sich (12.4-1) zu

$$X = T \cdot S' \qquad (12.4\text{-}2)$$

Saisonindex

In diesem multiplikativ verknüpften Modell werden **Saisonindices** berechnet, die die saisonale Bewegungskomponente der Zeitreihe erfassen[1].

Im weiteren sollen die Beobachtungswerte der Zeitreihe mit

$$x_{i \bullet j}$$

bezeichnet werden, wobei der Index i das Beobachtungsjahr und der Index j den Unterzeitraum in jedem Jahr angibt. $x_{2 \bullet 3}$ beschreibt damit z.B. dem Umsatz im 3. Quartal im 2. Jahr. Zur Veranschaulichung des Berechnungsprinzips von Saisonindices diene folgendes Beispiel:

Beispiel 12-2:

Ein Unternehmen hat über zwei Jahre hinweg jeweils Quartalsumsätze (in Mio. GE) ermittelt und dabei die in Tabelle 12-5 festgehaltenen Werte beobachtet:

Jahr	Quartal	Quartalumsätze	Jahresumsätze
i	j	$U_{i \bullet j}$	$\sum_{i=1}^{4} U_{i \bullet j}$
1	1	20	120
	2	30	
	3	30	
	4	40	
2	1	25	140
	2	35	
	3	35	
	4	45	

Tab. 12-5: Quartalsumsätze eines Unternehmens

[1] Für das seltener angewandte additiv verknüpfte Modell X = T + (S, I) bzw. X = T + S' gibt es ebenfalls Verfahren zur Ermittlung der Saisonkomponente. Diese Verfahren basieren auf der Berechnung von Saisonzahlen $d_j = x_{i \bullet j} - \bar{x}_i$. Diese Verfahren werden sonst analog dem Verfahren des multiplikativ verknüpften Modells behandelt.

Im ersten Jahr ergibt sich ein durchschnittlicher Quartalsumsatz von

$$\overline{x}_1 = \frac{20+30+30+40}{4} = 30$$

und im zweiten Jahr von $\overline{x}_2 = 35$. Diese durchschnittlichen Quartalsumsätze sind zu interpretieren als die durchschnittliche, mittlere Entwicklung der Umsätze, also als die Trendkomponente T. Aus (12.4-2) folgt aber bei Kenntnis von T und $U_{i.j}$, dass man die Saisonkomponente erhalten kann, indem man die ganze Gleichung durch die Trendkomponente teilt.

Auf das Beispiel angewandt, bedeutet das:

$$S_{i\bullet j} = \frac{U_{i\bullet j}}{\overline{x}_i} \qquad (12.4\text{-}3).$$

Man bezeichnet $S_{i\bullet j}$ als den Saisonindex der Unterperiode j im Jahr i. Dieser Saisonindex wird aber üblicherweise beschrieben in der prozentualen Schreibweise

$$S_{i\bullet j} = \frac{U_{i\bullet j}}{\overline{x}_i} \cdot 100 \text{ (in \%)} \qquad (12.4\text{-}4)$$

Für Beispiel 12-2 erhält man die in Tabelle 12-6 wiedergegebenen Saisonindices.

Jahr	Quartal	Quartalumsatz	durchschnittlicher Quartalumsatz des Jahres	Saisonindex
i	j	$U_{i\bullet j}$	$\overline{x}_i$	$S_{i\bullet j}$(%)
1	1	20	30	66,7
	2	30		100,0
	3	30		100,0
	4	40		133,3
2	1	25	35	71,4
	2	35		100,0
	3	35		100,0
	4	45		128,6

Tab. 12-6: Saisonindices für Beispiel 12-2

Die Summe aller Saisonindices eines Jahres ist immer $100 \cdot k$, wobei k die Anzahl der Unterperioden pro Jahr angibt. Da im vorliegenden Beispiel Quartale betrachtet werden, also k = 4 ist, muss die Summe aller Saisonindices pro Jahr gleich 400 sein.

Saisonindices sind zu interpretieren als die prozentuale Abweichung von dem Jahres-Durchschnittswert $\overline{x}_1$ · Der Wert $S_{1\bullet 1} = 66{,}7$ besagt also, dass im ersten

Quartal des ersten Jahres der Umsatz 66,7% des durchschnittlichen Quartalsumsatzes aller Quartale des ersten Jahres betragen hat.

Saisonindices lassen sich auch für Prognosezwecke verwenden. Hierzu berechnet man einen **durchschnittlichen Saisonindex** $\overline{S}_j$ für jeden Unterzeitraum, in Beispiel 12-2 für jedes Quartal, nach der Formel:

durchschnittlicher Saisonindex

$$\overline{S}_j = \frac{\sum_{i=1}^{m} S_{i \bullet j}}{m} \qquad (12.4\text{-}5).$$

wobei m die Anzahl der Beobachtungsjahre angibt.

Wenn man den Wert $\overline{x}_i$ der Trendfunktion für das Jahr 1 mit $\overline{S}_j/100$ multipliziert, erhält man den geschätzten Beobachtungswert $\hat{x}_{i \bullet j}$ nach der Formel:

$$\hat{x}_{i \bullet j} = \overline{x}_i \cdot \frac{\overline{S}_j}{100} \qquad (12.4\text{-}6).$$

Dieser Gedanken soll an folgendem Beispiel veranschaulicht werden:

Beispiel 12-3:

In einem Unternehmen seien über einen Zeitraum von m = 5 Jahren die in Tabelle 12-7 wiedergegebenen Quartalsumsätze beobachtet worden.

Quartal j	Umsätze in Jahr i					Saisonindex in den Jahren $S_{i \bullet j}$					Durchschnittlicher Saisonindex für das Quartal $\overline{S}_j$
	1	2	3	4	5	1	2	3	4	5	
1	7	8	9	10	12	70,0	72,0	75,0	76,9	85,7	76,06
2	10	11	10	11	13	100,0	100,0	83,3	84,6	92,9	92,16
3	12	13	15	16	16	120,0	118,2	125,0	123,1	114,3	120,12
4	11	12	14	15	15	110,0	109,1	116,7	115,4	107,1	111,66
$\overline{x}_i$	10	11	12	13	14						

Tab. 12-7: Quartalsumsätze eines Unternehmens gem. Beispiel 12-3

Wenn man unterstellt, dass sich der Trend der Umsatzentwicklung dieses Unternehmens in den Jahren 6 und 7 in gleicher Weise wie bisher weiterentwickelt, dann müsste sich

$$\overline{x}_6 = 15 \text{ und } \overline{x}_7 = 16$$

ergeben als der durchschnittliche Quartalsumsatz in den Jahren 6 und 7. Multipliziert man $\overline{x}_6$ mit dem durchschnittlichen Saisonindex für das 1. Quartal, also mit $S_1/100$, dann erhält man einen Schätzwert für den tatsächlichen Umsatz im 1. Quartal des Jahres 6:

$$\hat{U}_{6\bullet1} = \bar{x}_6 \cdot \frac{\overline{S}_1}{100} = 15 \cdot \frac{76{,}06}{100} = 11{,}41$$

Entsprechend erhält man für die weiteren Quartale des 6. Jahres:

$$\hat{U}_{6\bullet2} = \bar{x}_6 \cdot \frac{\overline{S}_2}{100} = 15 \cdot \frac{92{,}16}{100} = 13{,}82$$

$$\hat{U}_{6\bullet3} = \bar{x}_6 \cdot \frac{\overline{S}_3}{100} = 15 \cdot \frac{120{,}12}{100} = 18{,}02$$

$$\hat{U}_{6\bullet4} = \bar{x}_6 \cdot \frac{\overline{S}_4}{100} = 15 \cdot \frac{111{,}66}{100} = 16{,}75$$

Für das 7. Jahr prognostiziert man in gleicher Weise:

$$\hat{U}_{7\bullet1} = 12{,}17 \qquad \hat{U}_{7\bullet2} = 14{,}75$$

$$\hat{U}_{7\bullet3} = 19{,}22 \qquad \hat{U}_{7\bullet4} = 17{,}87$$

Die beobachteten und die prognostizierten Quartalsumsätze sind in Abbildung 12-7 graphisch veranschaulicht:

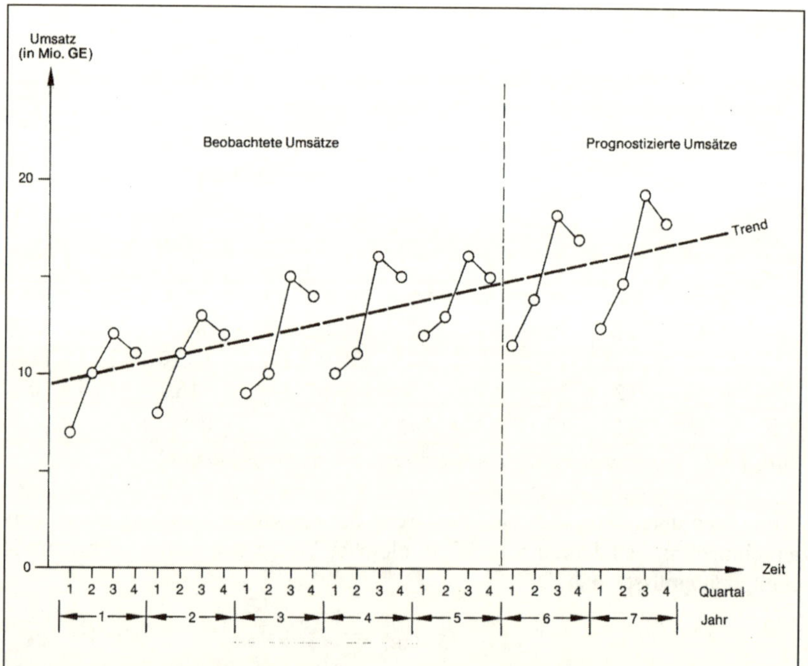

Abb. 12-7: Graphische Darstellung der Zeitreihe der beobachteten und der prognostizierten Quartalsumsätze des Beispiels 12-3.

Prognoseproblemen

Bei der Verwendung von Saisonindices als Prognoseinstrument sollte man aber aus folgenden Gründen Vorsicht walten lassen:

1. In den Saisonindices ist noch die irreguläre Komponente der Zeitreihenbewegung enthalten, die bei der Prognose als konstant unterstellt wird. Es ist im Einzelfall zu prüfen, inwieweit diese Annahme berechtigt ist.
2. Saisonindices sind prozentuale Abweichungen vom Trend. Bei sehr starkem Trendanstieg werden die $\overline{x}_i$ stark ansteigen, wodurch die absoluten Abweichungen der $\hat{\overline{x}}_{i\bullet j}$ von den $\overline{x}_i$ immer größer werden. Ist z. B. S_1 = 75, $\overline{x}_1 = 10$ und $\overline{x}_8$ = 100, dann ist für das Jahr 1 die Differenz $\overline{x}_1 - \hat{\overline{x}}_{1\bullet 1} = 10 - 7{,}5 = 2{,}5$, während sich für das Jahr 8 $\overline{x}_8 - \hat{\overline{x}}_{8\bullet 1} = 100 - 75 = 25$ ergibt.

Aus den genannten Gründen folgt unmittelbar, dass das Prognoseverfahren mittels Saisonindices allenfalls zu einer kurzfristigen Voraussage geeignet ist. Für langfristige Voraussagen lassen sich nur Trendprognosen heranziehen. Es existieren aber einige Weiterentwicklungen des oben geschilderten Verfahrens[1], die versuchen, die genannten Einwände zu berücksichtigen und zu überwinden. Diese Verfahren sind allerdings sehr komplex und bedingen methodische Voraussetzungen, die in diesem einfahrenden Lehrbuch nicht geschaffen werden konnten.

12.5 Einführung in die exponentielle Glättung

In bestimmten Entscheidungssituationen benötigen Unternehmen neben längerfristigen Prognosen, wie sie z. B. mit Hilfe von Regressionsfunktionen ermittelt werden können, auch Informationen über die kurzfristige Entwicklung der ökonomischen Daten wie Gewinn, Umsatz, Kosten usw. Derartige Prognosen werden meist für die nächste Periode oder die nächsten beiden Perioden abgegeben. Für diesen Prognosezweck sind Trendprognosen weniger gut geeignet, weil sie die aktuelle jüngere Entwicklung der zugrundeliegenden Zeitreihendaten nicht ausreichend berücksichtigen.

[1] Einen umfassenden Überblick über die verschiedenen Prognoseverfahren gibt: MERTENS, P.: Prognoserechnung; 6., völlig neu bearbeitete und erweiterte Auflage, Würz burg, Wien 2004

Grundmodell exponentielle Glättung

Für die geschilderte Problemstellung hat sich in der praktischen Anwendung das Verfahren der **exponentiellen Glättung** sehr bewährt[1]. Das **Grundmodell** dieses Verfahrens basiert auf dem Gedanken, ausgehend von den Beobachtungswerten x_t einer Periode t **Prognosewerte** $\hat{x}_{t+1}$ der Folgeperiode t + 1 zu berechnen nach

$$\hat{x}_{t+1} = \alpha \cdot x_t + (1-\alpha) \cdot \hat{x}_t \quad 0 < \alpha < 1 \qquad (12.5\text{-}1)$$

Glättungskonstante α

Die sogenannte Glättungskonstante α wird vorgegeben. Zur Erläuterung diene das folgende

Beispiel 12-4:

Ein Unternehmen habe in den letzten 5 Jahren folgende Umsätze (in TGE) beobachtet:

Beobachtungsjahr	t	1	2	3	4	5
Umsätze (in TGE)	x_t	840	846	846	845	844

Für die Anwendung des Verfahrens der exponentiellen Glättung ist es notwendig, für das 1. Prognosejahr einen Prognosewert $\hat{x}_1$ vorzugeben, da dieser Wert nach Formel (12.5-1) nicht berechnet werden kann. Im vorliegenden Beispiel empfiehlt es sich, als solchen Wert die Größe des tatsächlichen Umsatzes im 1. Jahr, also $\hat{x}_1$ = 840, zu verwenden. Mit Hilfe dieses Wertes kann man bei einem angenommenen Wert von α = 0,4 schrittweise nacheinander die folgenden Prognosewerte berechnen:

Beobachtungsjahr	Beobachtungswert	Berechnungsschema für $\hat{x}_{t+1}$ nach (12.5-1)	Berechneter Prognosewert
t	x_t	$\hat{x}_{t+1} = \alpha \cdot x_t + (1-\alpha) \cdot \hat{x}_t$	$\hat{x}_t$
1	840	$\hat{x}_1 = 840$ (vorgegeben)	
2	846	$\hat{x}_2 = 0{,}4 \cdot 840 + (1-0{,}4) \cdot 840$	$\hat{x}_2 = 840$
3	846	$\hat{x}_3 = 0{,}4 \cdot 846 + (1-0{,}4) \cdot 840$	$\hat{x}_3 = 842{,}4$
4	845	$\hat{x}_4 = 0{,}4 \cdot 846 + (1-0{,}4) \cdot 842{,}4$	$\hat{x}_4 = 843{,}8$
5	844	$\hat{x}_5 = 0{,}4 \cdot 845 + (1-0{,}4) \cdot 843{,}8$	$\hat{x}_5 = 844{,}3$
6	-	$\hat{x}_6 = 0{,}4 \cdot 844 + (1-0{,}4) \cdot 844{,}3$	$\hat{x}_6 = 844{,}2$

Tab. 12-8: Berechnung der Prognosewerte mit Hilfe der exponentiellen Glättung

[1] Die außerordentliche Leistungsfähigkeit des Verfahrens der exponentiellen Glättung (mit Weiterentwicklungen) zeigte sich auch bei einem umfassenden Verfahrensvergleich, der 1982 von der Deutschen Gesellschaft für Operations Research durchgeführt wurde. Vgl. hierzu: SCHWARZE, J. und WECKERLE, J. (Hrsg.): Prognoseverfahren im Vergleich - Anwendungserfahrungen und Anwendungsprobleme verschiedener Prognoseverfahren. Braunschweig 1982.

Mit $\hat{x}_6 = 844{,}2$ ist ein wirklicher Prognosewert für das 6. Jahr abgeleitet, da für dieses Jahr kein Beobachtungswert mehr vorliegt. Dieser Prognosewert baut auf den Beobachtungen der vergangenen 5 Jahre und auf den schrittweise daraus berechneten Prognosewerten für diese Jahre auf.
Naturgemäß spielt bei der Beurteilung der Güte einer Prognose mit Hilfe der exponentiellen Glättung die Wahl der Glättungskonstante α eine wesentliche Rolle. Ohne näheren Beweis sollen folgende Hinweise die Auswahl eines geeigneten Wertes für α erleichtern:

Glättungswirkung unterschiedlicher Werte von α

α - Wert	Implikation
Für α wird ein großer Wert gewählt	Die Zeitreihe der Prognosewerte erscheint im Vergleich mit der Original-Beobachtungswerte nur **gering geglättet.** Original-Beobachtungswerte aus jüngster Zeit werden überproportional stark bei der Ermittlung der Prognosewerte berücksichtigt.
Für α wird ein kleiner Wert gewählt	Die Zeitreihe der Prognosewerte erscheint im Vergleich mit der Original-Beobachtungswerte **stark geglättet**. Beobachtungswerte aus länger zurückliegender Perioden haben noch einen deutlichen Einfluss auf die Größe des Prognosewertes.

Sind beispielsweise in einem Unternehmen die Umsatzentwicklungen der letzten Jahre besonders wichtig, weil z. B. neue Produkte des Unternehmens sich eine besondere Marktstellung erobert haben, dann sollte man diese Tatsache durch die Wahl eines größeren α-Wertes berücksichtigen. Für die Auswahl von α ist festzuhalten, dass es nur mathematisch sehr aufwendige Verfahren zur Annäherung an einen "optimalen" α-Wert gibt. Der Wert von α muss vom jeweiligen Prognostizierenden individuell nach seinen Erfahrungen - gegebenenfalls in mehreren Schritten - gesucht werden und dabei die Besonderheiten der zugrundeliegenden betrieblichen Realität widerspiegeln.

Exponentielle Glättung mit Trendkorrektur

Weist die Zeitreihe der Original-Beobachtungswerte x_t die die Basis der Prognose bilden soll, einen deutlichen **Trend** auf, führt das geschilderte Grundmodell der exponentiellen Glättung zu systematisch verzerrten Prognosewerten. Zum Ausgleich dieser Verzerrung sollte das weiterentwickelte Verfahren der **exponentiellen Glättung 2. Ordnung** zur Anwendung kommen. Bei diesem Verfahren werden die nach dem Grundmodell einmal geglätteten Prognosewerte $\hat{x}_t$ nochmals geglättet zu doppelt geglätteten Werten

$$\hat{\hat{x}}_{t+1} = \alpha \cdot \hat{x}_t + (1-\alpha) \cdot \hat{\hat{x}}_t \qquad (12.5\text{-}2)$$

Aus den einfach und den doppelt geglätteten Werten wird der eigentliche Prognosewert der exponentiellen Glättung 2. Ordnung, x^*_{t+1}, berechnet als

$$x^*_{t+1} = 2 \cdot \hat{x}_t - \hat{\hat{x}}_{t-1} \qquad (12.5\text{-}3)$$

Hierbei müssen, ähnlich wie beim Grundmodell die Werte $\hat{x}_2, \hat{\hat{x}}_2$ und $\hat{\hat{x}}_1$, vorgegeben werden. Zur Erläuterung der Rechentechnik diene das folgende

Beispiel 12-5:

In einem expandierenden Unternehmen wurden in den letzten Jahren folgende Umsätze (in Mio. GE) beobachtet:

Beobachtungsjahr	t	1	2	3	4	5	6	7
Umsätze (in Mio.GE)	x	8,4	8,6	9,0	9,4	9,9	10,4	10,8

Mit $\alpha = 0{,}8$ ergibt sich folgende Arbeitstabelle für die exponentielle Glättung mit Trendkorrektur mit $\hat{x}_1 = 8{,}4$, und $\hat{\hat{x}}_1 = 8{,}4$ als Vorgaben:

Beobachtungsjahr	Beobachtungswert	Einmalig geglättete Werte	Doppelt geglättet Werte	Prognosewert nach exponentieller Glättung 2. Ordnung
t	x_t	$\hat{x}_t$	$\hat{\hat{x}}_t$	$x^*_{t+1} = 2 \cdot \hat{x}_t - \hat{\hat{x}}_{t-1}$
1	8,4	8,4	8,4	
2	8,6	8,4	8,4	
3	9,0	8,56	8,40	$8{,}40 = 2 \cdot 8{,}40 - 8{,}40$
4	9,4	8,91	8,53	$8{,}72 = 2 \cdot 8{,}56 - 8{,}40$
5	9,9	9,30	8,83	$9{,}42 = 2 \cdot 8{,}91 - 8{,}40$
6	10,4	9,78	9,21	$10{,}07 = 2 \cdot 9{,}30 - 8{,}53$
7	10,8	10,28	9,67	$10{,}73 = 2 \cdot 9{,}78 - 8{,}83$
8	-	10,70	10,16	$11{,}35 = 2 \cdot 10{,}28 - 9{,}21$
9	-	-	10,59	$11{,}73 = 2 \cdot 10{,}70 - 9{,}67$

Tab. 12-9: Berechnung der Prognosewerte nach dem Verfahren der exponentiellen Glättung mit Trendkorrektur für Beispiel 12-5

Abb. 12-8 auf der nächsten Seite zeigt die unterschiedliche Wirkung der geschilderten Verfahren zur exponentiellen Glättung.

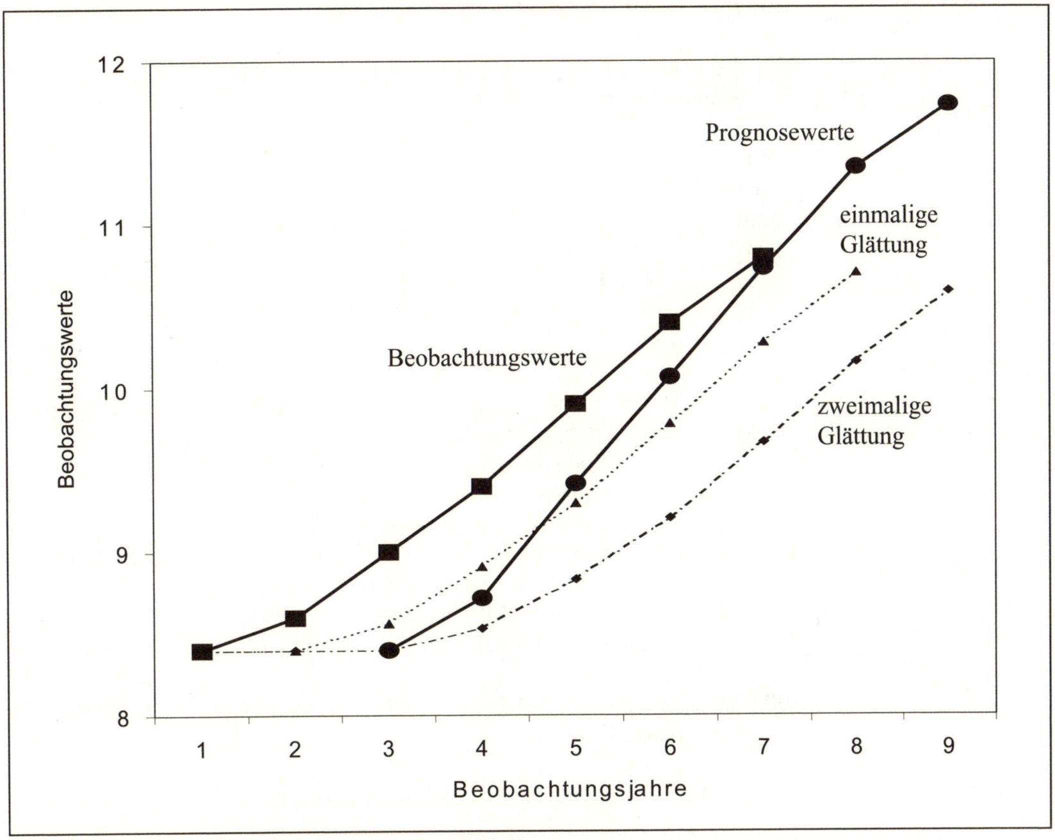

Abb. 12-8: Verlauf der Zeitreihen zu Beispiel 12-5

Zur Bewältigung der rechentechnischen Arbeit bei der Ermittlung exponentiell geglätteter Prognosewerte nach beiden geschilderten Verfahren kann man programmierbare Taschenrechner oder Tabellenkalkulationsprogramme für den PC einsetzen.

Aufgaben zum 12. Kapitel:

99. Es wurde die folgende Entwicklung des Umsatzes (in Mio. GE) eines Unternehmens beobachtet:

Beobachtungsjahr	Umsatz	Beobachtungsjahr	Umsatz	Beobachtungsjahr	Umsatz	Beobachtungsjahr	Umsatz
1	16	4	20	7	27	10	31
2	17	5	22	8	29	11	33
3	18	6	24	9	30	12	36

a) Stellen Sie die zeitliche Entwicklung des Umsatzes als Punktwolke und als Polygonzug dar!

b) Beschreiben Sie den Trend der Umsatzentwicklung mit
(1) gleitenden Dreier-Mitteln!
(2) gleitenden Fünfer-Mitteln!

c) Berechnen Sie eine lineare Trendfunktion der Umsatzentwicklung nach der Methode der kleinsten Quadrate!

d) Führen Sie mit Hilfe der unter c) berechneten Trendfunktion eine Prognose der Umsätze für die Beobachtungsjahre 14 und 16 durch!

100. Ein Unternehmen hat über 5 Jahre hinweg jeweils Halbjahresumsätze beobachtet:

Jahr i	Halbjahr j	Halbjahresumsatz $U_{i.j}$
1	1	4
	2	6
2	1	5
	2	7
3	1	6
	2	8
4	1	7
	2	9
5	1	8
	2	10

a) Berechnen Sie aus den Jahresumsätzen nach der Methode der kleinsten Quadrate eine lineare Trendfunktion!

b) Prognostizieren Sie mit Hilfe der unter a) berechneten Trendfunktion die Umsätze der Jahre 6, 7 und 8. Bestimmen Sie daraus die durchschnittlichen Halbjahresumsätze $\overline{x}_6, \overline{x}_7, \overline{x}_8$!

c) Berechnen Sie die durchschnittlichen *Saisonindices* des Beobachtungszeitraums!

d) Prognostizieren Sie die *Halbjahresumsätze* der Jahre 6, 7 und 8!

Teil III

Grundzüge der analytischen Statistik

13 Einführung in die Wahrscheinlichkeitsrechnung

13.1 Der Begriff der Wahrscheinlichkeit

Die Wahrscheinlichkeitsrechnung ist ein Spezialgebiet der allgemeinen Mathematik. Sie versucht, den **Einfluss des Zufalls** auf bestimmte Vorgänge zu erfassen. Man denke z.B. an Versuche, deren Ergebnis nicht exakt vorhergesagt werden kann, sondern vom Zufall abhängt. Wenn man den Versuch unternimmt, einen Freund anzurufen, kann die Leitung zu ihm frei oder besetzt sein. Wenn die Leitung frei ist, kann es sein, dass der Freund nicht zu Hause ist oder dass er das Telefon abgestellt hat. Vor dem Anruf kann man also nicht sagen, ob man den Freund am Telefon sprechen wird. Es hängt vom Zufall ab, ob dies gelingt.

Zufallsexperiment

Unternimmt man einen Versuch, dessen Ergebnis vom Zufall abhängt, dann führt man ein *Zufallsexperiment* durch. Ein Zufallsexperiment muss nach einer feststehenden Vorschrift im Prinzip beliebig oft wiederholt werden können, und man muss vor Beginn des Experiments in der Lage sein, alle denkbaren Ergebnisse des Versuchs anzugeben.

Die Gesamtheit aller möglichen unterscheidbaren Ergebnisse $x_1, x_2, x_3, \ldots, x_n$ eines Zufallsexperiments kann man als endliche Menge

$$\Omega = \{x_1, x_2, x_3, \ldots, x_n\}$$

oder bei $n \to \infty$ als unendliche Menge

$$\Omega = \{x_1, x_2, x_3, \ldots,\}$$

Ereignisraum

darstellen. Diese Menge aller Ergebnisse eines Zufallsexperimentes bezeichnet man als den *Ereignisraum des Experimentes.* In einem Ereignisraum ist jedes Element x_i eine mögliche Realisation des Zufallsexperimentes. Das bedeutet aber nicht, dass dieses Ergebnis irgendwann einmal beobachtet werden *muss.*

Aus dem Ereignisraum Ω lässt sich eine beliebige Teilmenge $M \subseteq Q$ ableiten. Eine derartige Teilmenge des Ereignisraums bezeichnet man als ein *Zufallsereignis.* Zufallsereignisse können unterschieden werden in *zufällige* **Elementar***ereignisse,* wenn

$$M = \{x_i\} \qquad i = 1, 2, 3, ...,$$

zusammengesetztes Ereignis

oder **zusammengesetzte** *zufällige Ereignisse,* wie z. B.:

$$M = \{x_i, x_j, x_k\} \qquad i, j, k = 1, 2, 3.$$

Betrachtet man zur Veranschaulichung ein Würfelexperiment, bei dem ein idealer Würfel einmal ausgespielt wird. Denkbare Ergebnisse dieses Experiments sind die Augenzahlen 1, 2, 3, 4, 5 und 6. Für dieses Zufallsexperiment gilt somit der Ereignisraum

$$\Omega = \{1,2,3,4,5,6\}$$

Elementarereignis

Ein Elementarereignis dieses Ereignisraums ist das Auftreten einer bestimmten Augenzahl, z. B.:

$$M = \{2\} \quad \text{oder} \quad M = \{3\} \quad \text{oder} \quad M = \{6\}.$$

Als ein Beispiel für ein zusammengesetztes Ereignis kann man das Fallen einer geraden Augenzahl, also die Teilmenge

$$M = \{2,4,6\}$$

ansehen.

Wenn man nun ein bestimmtes zufälliges Ereignis im Rahmen eines Zufallsexperimentes betrachtet, z. B.: das Ereignis "Ich erreiche meinen Freund bei einem Telefonanruf", dann wird man bei vielen **Versuchswiederholungen** in einer bestimmten Zahl von Fällen das interessierende Ereignis erhalten, und in einer anderen Zahl von Fällen wird das untersuchte Ereignis nicht eintreten. Bezeichnet man das Eintreffen eines interessierenden Ereignisses bei einer Versuchswiederholung als ein *günstiges Ereignis* und mit **m** die Anzahl, wie oft das günstige Ereignis bei allen **n** Versuchswiederholungen beobachtet wurde, dann lässt sich die relative Häufigkeit.

günstiges Ereignis

$$\frac{\text{Anzahl der günstigen Ereignisse}}{\text{Anzahl der Versuchswiederholungen}} = \frac{m}{n} \qquad (13.1\text{-}1)$$

berechnen. Lässt man nun die Anzahl der Versuchswiederholungen sehr groß werden, dann zeigt sich in vielen Fällen, dass diese relative Häufigkeit gegen einen festen Wert strebt. Man berechnet also den Grenzwert

$$\lim_{n \to \infty} \left[\frac{m}{n}\right] = W \qquad (13.1\text{-}2)$$

Als Beispiel soll das folgende Zufallsexperiment betrachtet werden: Aus einem 52-teiligen Kartenspiel wird nach jeweiligem Mischen **eine** Karte herausgezogen. Man stellt danach fest, ob es eine "rote" Karte (Herz- oder Karo-

Karte) ist, oder nicht. Das Auftreten einer roten Karte stelle ein günstiges Ereignis dar. Bei wenigen Versuchswiederholungen kann die relative Häufigkeit

$$\frac{\text{Anzahl der gezogenen roten Karten}}{\text{Anzahl der insgesamt gezogenen Karten}} = \frac{m}{n}$$

jeden beliebigen Wert zwischen 0 und 1 einschließlich annehmen. Lässt man aber die Anzahl der Versuchswiederholungen immer größer werden, d. h., lässt man letztendlich $n \rightarrow \infty$ streben, dann wird sich bei zunehmender Zahl der Versuchswiederholungen die relative Häufigkeit $\frac{m}{n}$ bei 0,5 einpendeln. Dieser Wert kann als die **Wahrscheinlichkeit** dafür, dass bei **einer** beliebigen Wiederholung des Zufallsexperimentes das Ereignis "Ziehen einer roten Karte" eintritt, interpretiert werden.

Wahrscheinlichkeit als Grenzwert

Für den Sonderfall, dass alle denkbaren Ergebnisse eines Zufallsexperimentes **gleichermaßen möglich** sind, kann man die Wahrscheinlichkeit für das Eintreffen eines interessierenden Ergebnisses auch berechnen nach

$$W = \frac{\text{Anzahl der günstigen Ereignisse}}{\text{Anzahl aller gleichmöglichen Ereignisse}} \qquad (13.1\text{-}3).$$

Als Beispiel diene ein Würfelexperiment mit einmaligem Ausspielen eines Würfels. Betrachtet man vorrangig das Auftreten einer geraden Augenzahl, dann sind die Augenzahlen 2, 4 und 6 *günstige* Ereignisse. Da ein Würfel aber insgesamt 6 gleichermaßen mögliche Ergebnisse hervorbringen kann und die Anzahl der günstigen Ereignisse, die das interessierende Ereignis bilden, gleich 3 ist, ergibt sich als die Wahrscheinlichkeit für das Eintreffen einer geraden Augenzahl bei **einer** Versuchswiederholung:

$$W\ (\text{gerade Augenzahl}) = \frac{3}{6} = 0{,}5$$

Die beiden angeführten Erläuterungen des Begriffs der Wahrscheinlichkeit sind allerdings nur Beschreibungen, was man unter einer Wahrscheinlichkeit verstehen kann, aber keine mathematische Definition.

Aus der hier nicht diskutierten mathematischen Definition folgt, dass eine Wahrscheinlichkeit nur dann vorliegt, wenn folgende Bedingungen erfüllt sind:

Wertebereich von Wahrscheinlichkeiten

1. Wahrscheinlichkeiten können nicht negativ sein. Für ein interessierendes Ergebnis A bedeutet das

$$W(A) \geq 0 \qquad (13.1\text{-}4)$$

Diese Bedingungen kann man sich einfach an den Beziehungen (13.1-1) und (13.1-3) veranschaulichen. Nach beiden Rechenregeln sind negative Ereignisse nicht möglich.

2. Wahrscheinlichkeiten können nicht größer als 1 sein. Weiß man also definitiv, dass das interessierende Ereignis A mit Sicherheit eintreffen wird, ist

$$W(A) = 1 \qquad (13.1\text{-}5)$$

Wenn man z. B. in einer Firma Personen auswählt und daraufhin überprüft, ob sie arbeitslos sind, ist mit Sicherheit voraussagbar, dass bei jeder Versuchswiederholung das Ergebnis "beschäftigt" herauskommen wird. Da in diesem Fall gem. (13. 1-1) die Anzahl der Beschäftigten gleich groß ist der Anzahl der untersuchten Personen, kann der Quotient $\frac{m}{n}$ nur den Wert 1 annehmen.

Aus der Zusammenfassung von Bedingung 1 und Bedingung 2 erhält man

$$0 \leq W(A) \leq 1 \qquad (13.1\text{-}6)$$

Jede Wahrscheinlichkeit kann nur Werte zwischen 0 und 1 einschließlich annehmen.

Addition von Wahrscheinlichkeiten

3. Wahrscheinlichkeiten lassen sich additiv zusammenfügen, wenn sich die einzelnen Zufallsereignisse gegenseitig ausschließen. Zu denken ist an das angeführte Würfelbeispiel, bei dem die Wahrscheinlichkeit für das Auftreten einer geraden Augenzahl (AZ) mit 0,5 angegeben wurde. Das Ereignis "gerade Augenzahl" umfasst die Zufallsereignisse "AZ = 2", "AZ = 4" und "AZ = 6". Ist z. B. die "2" gefallen, kann nicht gleichzeitig die "4" oder die "6" gefallen sein, das Auftreten des einen Zufallsereignisses schließt also das Auftreten der anderen aus. Nach (13.1-3) ergibt sich:

$$W(AZ = 2) = \frac{1}{6} \qquad W(AZ = 4) = \frac{1}{6} \qquad W(AZ = 6) = \frac{1}{6}$$

Aus der dritten Bedingung folgt dann

$$W(\text{gerade}AZ) = \underbrace{W(AZ = 2) + W(AZ = 4) + W(AZ = 6)}_{\text{Additive Verknüpfung}}$$

$$= \frac{1}{6} + \frac{1}{6} + \frac{1}{6} = \frac{3}{6} = 0{,}5$$

Verallgemeinert man die 3. Bedingung für zwei sich ausschließende Ereignisse A und B, dann kann man diese Bedingung unter Verwendung der Mengenalgebra erfassen als

$$W(A \cup B) = A(A) + W(B) \text{ für } (A \cap B) = \varnothing \qquad (13.1\text{-}7)$$

Die Bedingung der Ausschließlichkeit wird durch die Formulierung $(A \cap B) = \varnothing$ erfasst.

Nach der Veranschaulichung dessen, was man sich unter einer Wahrscheinlichkeit vorstellen kann, und nachdem die Wahrscheinlichkeit näher beschrieben wurde, kann man sich nun den Regeln zuwenden, wie man mit ermittelten Wahrscheinlichkeiten für bestimmte Ereignisse rechnen kann.

13.2 Die Grundregeln der Wahrscheinlichkeitsrechnung

Die Grundregeln der Wahrscheinlichkeitsrechnung sollen nachfolgend in Form von 11 Lehrsätzen dargestellt und in den meisten Fällen durch je ein Beispiel veranschaulicht werden.

Lehrsatz 1: *Wenn sich zwei Ereignisse A und B gegenseitig ausschließen, dann ist die Wahrscheinlichkeit, dass entweder A oder B eintritt gleich der Summe der Einzelwahrscheinlichkeiten von A und B:*

$$W(A \cup B) = W(A) + W(B) \qquad (A \cap B) = \varnothing \qquad (13.2\text{-}1)$$

Additionssatz bei Ausschließlichkeit

Diesen ersten Lehrsatz bezeichnet man auch als *Additionssatz für sich ausschließende Ereignisse.*

Beispiel 13-1:

Bei einer verkehrsstatistischen Untersuchung wurde festgestellt, dass an einer bestimmten Kreuzung die Wahrscheinlichkeit, dass in einer Stunde genau drei Unfälle passieren, gleich 0,05 ist und die Wahrscheinlichkeit für das Eintreffen von vier Unfällen pro Stunde gleich 0,04. Die Wahrscheinlichkeit, dass in einer Stunde **entweder** drei **oder** vier Unfälle beobachtet werden, ist dann:

$$\begin{aligned} W\,[\,(3\text{ Unfälle}) \cup (4\text{ Unfälle})\,] &= W\,(3\text{ Unfälle}) + W\,(4\text{ Unfälle}) \\ &= 0{,}05 + 0{,}04 \\ &= 0{,}09 \end{aligned}$$

Für die Ableitung des zweiten Lehrsatzes sei an das Komplementgesetz

$$A \cup \overline{A} = \Omega \qquad (13.2\text{-}2)$$

aus der Mengenalgebra erinnert. Zudem ist aus (13.1-5) bekannt, dass die Wahrscheinlichkeit für das Auftreten eines sicheren Ereignisses gleich 1 ist. Da Σ alle denkbaren Ereignisse eines Zufallsexperiments beinhaltet, ist

$$W(\Omega) = 1 \qquad (13.2\text{-}3).$$

Wegen (1 3.2- 2) und wegen Lehrsatz 1 gilt dann aber:

$$W(A \cup \overline{A}) = W(A) + W(\overline{A}) = 1 = W(\Omega) \qquad (13.2\text{-}4).$$

Daraus folgt:

Gegenereignis

Lehrsatz 2: *Die Wahrscheinlichkeit für das Eintreffen des Ereignisses A kann man aus der Wahrscheinlichkeit für das Eintreffen des Gegenereignisses* $\overline{A}$ *ermitteln nach:*

$$W(A) = 1 - W(\overline{A}) \qquad (13.2\text{-}5).$$

Beispiel 13-2:

Angenommen, eine Firma möchte ein neues Produkt auf dem Markt einführen. Dieses Produkt kann von den Konsumenten akzeptiert werden (Ereignis A), oder es wird zurückgewiesen (Ereignis $\overline{A}$). Wenn die Marktforscher der Firma die Wahrscheinlichkeit, dass das Produkt vom Markt nicht angenommen wird, mit 0,3 ermittelt haben, dann ist die Wahrscheinlichkeit für die positive Markteinführung

$$W(A) = 1 - 0{,}3 = 0{,}7.$$

Lehrsatz 3: *Bei einem Zufallsexperiment seien die Ergebnisse* A_1 A_2, A_3, . . ., A_n *möglich. Alle Ergebnisse sollen sich gegenseitig ausschließen. Bilden nur die Ergebnisse* A_i , *i = 1, 2, 3, . . n die Menge* Ω *aller möglichen Ergebnisse, dann gilt:*

$$A_1 \cup A_2 \cup \ldots \cup A_n = \Omega, \quad A_i \cap A_j \varnothing \text{ für } i = 1, 2, 3, \ldots, n \text{ und } j = 1, 2, 3, \ldots, n \text{ mit } i \neq j \qquad (1\,3.2\text{ - }6).$$

Dann folgt:

$$W(A_1 \cup A_2 \cup \ldots \cup A_n) = W(A_1) + W(A_2) + W(A_3) + \ldots + W(A_n) = 1 \qquad (13.2\text{-}7).$$

Dieser Lehrsatz ist so trivial, dass es zu seiner Erläuterung keines Beispiels bedarf.

Zur Ableitung des vierten Lehrsatzes muss man sich mit Ereignissen befassen, die sich *nicht ausschließen*, d.h., die gleichzeitig eintreffen können. Versucht ein Student z. B. am Ende eines Semesters die Prüfung im Fach A und im Fach B erfolgreich abzulegen, dann kann er

nur die Prüfung im Fach A bestehen (und im Fach B durchfallen)
nur die Prüfung im Fach B bestehen (und im Fach A durchfallen)
die Prüfung im Fach A und gleichzeitig im Fach B bestehen.

Die Ereignisse A und B schließen sich hier **nicht** gegenseitig aus.

Lehrsatz 4: *Schließen sich zwei Ereignisse A und B nicht gegenseitig aus, dann wird die Wahrscheinlichkeit, dass Ereignis A oder Ereignis B eintrifft, gegeben durch*

$$W(A \cup B) = W(A) + W(B) - W(A \cap B) \qquad (13.2\text{-}8).$$

Diesen Lehrsatz bezeichnet man als *allgemeinen Additionssatz der Wahrscheinlichkeitsrechnung*. Man kann ihn sich am einfachsten an einem VENN'schen Diagramm wie in Abbildung 13-1 veranschaulichen.

allgemeiner Additionssatz

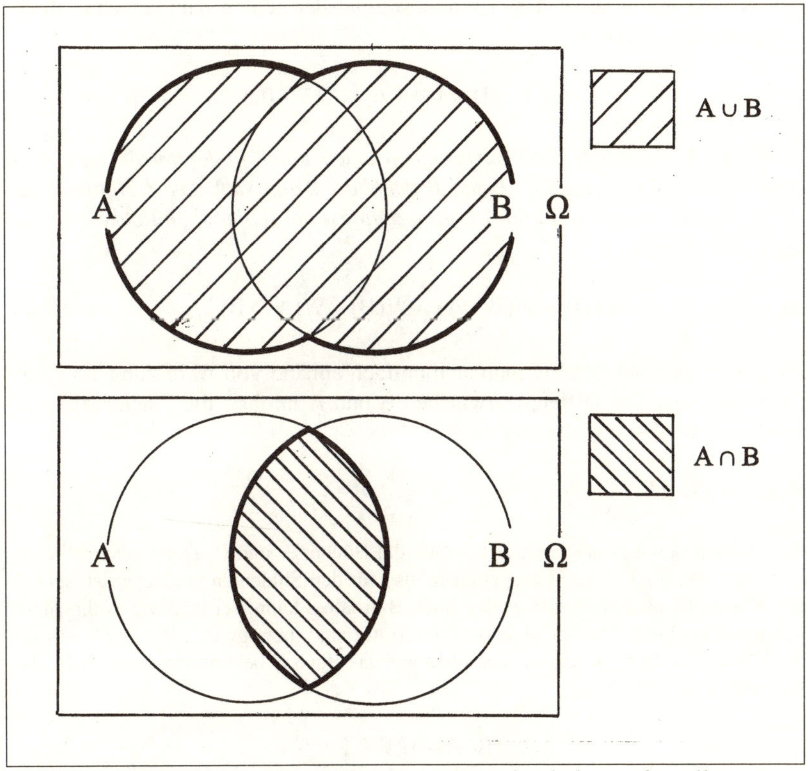

Abb. 13-1: VENN'sches Diagramm zur Veranschaulichung des allgemeinen Additionssatzes der Wahrscheinlichkeit

Wenn man in Abbildung 13-1 zur Ermittlung der Vereinigungsfläche $(A \cap B)$ nur einfach die Flächen von A und B zusammenrechnen würde, wäre die Fläche $(A \cap B)$ einmal zuviel erfasst, weswegen sie in (1 3.2- 8) einmal von der Summe von A und B abgezogen werden muss.

Lehrsatz 4 kann als allgemeiner Additionssatz sowohl für sich ausschließende als auch für sich nicht ausschließende Ereignisse verwandt werden. Schließen sich die beiden Ereignisse A und B nämlich gegenseitig aus, wird $W(A \cap B)$ in (13.2-8) gleich 0, da bei Ausschließlichkeit $(A \cap B) = \varnothing$. Dann geht aber (13.2-8) in (13.2-1) über. Lehrsatz 1 ist also als Spezialfall in Lehrsatz 4 enthalten.

Beispiel 13-3:

Ein Handwerker schätzt die Wahrscheinlichkeit, dass seine Rechnung vom Kunden A bezahlt wird (= Ereignis A) mit 0,4, die Wahrscheinlichkeit, dass seine Rechnung vom Kunden B bezahlt wird (= Ereignis B), mit 0,7. Die Wahrscheinlichkeit, dass sowohl Kunde A als auch Kunde B die Rechnung bezahlen, sei 0,3.

Die Wahrscheinlichkeit, dass zumindest einer der beiden Kunden seine Rechnung bezahlt, ist dann:

$$W(A \cup B) = 0{,}4 + 0{,}7 - 0{,}3 = 0{,}8$$

Differenz von Wahrscheinlichkeiten

Lehrsatz 5: *In einem Zufallsexperiment seien unter anderem die sich nicht ausschließenden Ereignisse A und B denkbar. Wenn sich das Ereignis D aus der Differenz zwischen B und A ergibt, dann ist die Wahrscheinlichkeit für das Differenzereignis:*

$$W(D) = W(B - A) = W(B) - W(A \cap B) \qquad (13.2\text{-}9).$$

Auch den Lehrsatz 5 kann man sich einfach anhand von Abbildung 13-1 veranschaulichen. Die Differenz zwischen B und A umfasst die Fläche, die zu B gehört, nicht aber gleichzeitig zu A.

Beispiel 13-4:

Ein Student benötigt aus einer Bibliothek die Bücher A und B. Die Wahrscheinlichkeit, dass das Buch A nicht ausgeliehen, also für den Studenten verfügbar ist, sei 0,4. Die Wahrscheinlichkeit, dass er das Buch B erhalten kann, sei 0,5. Die Wahrscheinlichkeit, dass beide Bücher gleichzeitig vorrätig sind, betrage 0,2. Wie groß ist dann die Wahrscheinlichkeit, dass der Student nur das Buch B bekommen kann, nicht aber gleichzeitig das Buch A?

$$W(B - A) = 0{,}5 - 0{,}2 = 0{,}3$$

Lehrsatz 6: *In einem Zufallsexperiment seien unter anderem die Ereignisse A und B möglich. Wenn nun das Ereignis A eintritt, nachdem zuvor das Ereignis B eingetreten war, liegt ein bedingtes Ereignis (A/B) (lies: A unter der Bedin-*

gung B) vor. Die Wahrscheinlichkeit für das Eintreffen des bedingten Ereignisses ist:

$$W(A/B) = \frac{W(A \cap B)}{W(B)} \quad \text{mit } W(B) > 0 \qquad (13.2\text{-}10).$$

bedingte Wahrscheinlichkeit

Beispiel 13-5:

Ein Gemüsehändler weiß, dass 5% seiner Apfelsinen und 10% seiner Bananen verdorben sind. Ereignis A sei die zufällige Entnahme einer verdorbenen Apfelsine, Ereignis B die zufällige Entnahme einer verdorbenen Banane. Aufgrund langer Beobachtungen weiß der Händler zudem, dass die Wahrscheinlichkeit, dass ein Kunde zufällig sowohl eine verdorbene Apfelsine als auch eine verdorbene Banane erhält, gleich 0,015 ist. Wie groß ist nun die Wahrscheinlichkeit, dass ein Kunde zufällig eine verdorbene Apfelsine erhält, nachdem der Händler ihm bereits eine verdorbene Banane eingepackt hat?

$$W(A/B) = \frac{0{,}015}{0{,}1} = 0{,}15$$

Lehrsatz 7: *In einem Zufallsexperiment ist unter anderem das gemeinsame Auftreten der beiden Ereignisse A und B möglich. Man bezeichnet die beiden Ereignisse als voneinander stochastisch[1] unabhängig, wenn die Bedingung*

$$W(A/B) = W(A/\overline{B}) \qquad (13.2\text{-}11)$$

erfüllt ist. Das bedeutet, dass sich die Wahrscheinlichkeit für das Eintreten von A nicht verändert, gleichgültig, ob zuvor das Ereignis B eingetreten ist oder nicht. Sind die Ereignisse A und B voneinander stochastisch unabhängig, muss

Wahrscheinlichkeit für unabhängige Ereignisse

$$W(A/B) = W(A) \qquad (13.2\text{-}12)$$

sein. Der Einfachheit halber spricht man übrigens meist nicht exakt von stochastischer Unabhängigkeit, sondern nur von Unabhängigkeit. Dabei sollte man sich aber immer der Stochastizität bewusst sein.

Beispiel 13-6:

Es soll geprüft werden, ob in Beispiel 13-5 stochastische Unabhängigkeit zwischen den Ereignissen A und B vorliegt. Es war beobachtet worden:

$W(A) = 0{,}05$ $\quad W(B) = 0{,}1$ $\quad W(A \cap B) = 0{,}015$

Daraus wurde berechnet: $W(A/B) = 0{,}15$.

Da wegen

$$[W(A/B) = 0{,}15] \neq [W(A) = 0{,}05]$$

[1] "stochastisch" bedeutet: unter Berücksichtigung des Zufallseinflusses.

die Unabhängigkeitsbedingung nicht erfüllt ist, sind die Ereignisse A und B voneinander stochastisch abhängig.

Lehrsatz 8: *Bei einem Zufallsexperiment seien unter anderem die beiden Ereignisse A und B möglich, die sich nicht gegenseitig ausschließen. Zwischen A und B soll stochastische Unabhängigkeit bestehen. In diesem Fall wird die Wahrscheinlichkeit, dass* <u>sowohl</u> *das Ereignis A* <u>als auch</u> *das Ereignis B eintreten, berechnet nach*

$$W(A \cap B) = W(A) \cdot W(B) \qquad (13.2\text{-}13).$$

Multiplikationssatz bei Unabhängigkeit

Diesen Lehrsatz bezeichnet man auch als *Multiplikationssatz der Wahrscheinlichkeitsrechnung bei Unabhängigkeit der Ereignisse.*

Beispiel 13-7:

Die Wahrscheinlichkeit, dass Flugzeug A während seines gesamten kommerziellen Einsatzes nicht abstürzt, sei 0,9. Die gleiche Wahrscheinlichkeit gelte für das von einer anderen Fluggesellschaft eingesetzte Flugzeug B. In diesem Falle kann man davon ausgehen, dass die Flugzeuge A und B voneinander unabhängig geflogen werden und gegebenenfalls voneinander unabhängig abstürzen. In diesem Beispiel ist die Wahrscheinlichkeit, dass sowohl Flugzeug A nicht abstürzt (= Ereignis A) als auch Flugzeug B unversehrt bleibt (= Ereignis B):

$$W(A \cap B) = 0{,}9 \cdot 0{,}9 = 0{,}81$$

Lehrsatz 9: *Bei einem Zufallsexperiment seien die beiden sich nicht ausschließenden Ereignisse A und B möglich. Wenn zwischen A und B stochastische* <u>Abhängigkeit</u> *besteht, ergibt sich die Wahrscheinlichkeit, dass* <u>sowohl</u> *A* <u>als auch</u> *B gemeinsam auftreten, als*

$$W(A \cap B) = W(A) \cdot W(B/A) \qquad (13.2\text{-}14)$$

Allgemeiner Multiplikationssatz

beziehungsweise als

$$W(A \cap B) = W(B) \cdot W(A/B) \qquad (13.2\text{-}15).$$

Beispiel 13-8:

in einer Schachtel liegen 5 Streichhölzer, von denen 2 feucht sind und nicht zünden werden. Aus der Schachtel wird zweimal nacheinander zufällig und ohne Zurücklegen je ein Streichholz entnommen. Wie groß ist die Wahrscheinlichkeit, sowohl bei der ersten als auch bei der zweiten Entnahme ein einwandfreies Streichholz zu erhalten?

Man bezeichnet:

Ereignis A: bei der ersten Entnahme wird ein einwandfreies Streichholz gezogen.
Ereignis B: Bei der zweiten Entnahme wird ein einwandfreies Streichholz entnommen.

Vor der ersten Entnahme sind von den 5 gleichmöglichen Hölzern drei nicht defekt. Nach (13.1-3) berechnet sich die Wahrscheinlichkeit dafür, beim ersten Zug ein einwandfreies Streichholz zu ziehen, als:

$$W(A) = \frac{\text{Anzahl der einwandfreien Streichhölzer}}{\text{Anzahl aller vorhandenen Streichhölzer}} = \frac{3}{5} = 0{,}6$$

Wenn man auch beim zweiten Mal ein zündfähiges Streichholz entnehmen will, sind vor dem zweiten Zug von den verbliebenen vier Hölzern noch zwei einwandfrei. Es ergibt sich damit als Wahrscheinlichkeit, im zweiten Zug ein einwandfreies Streichholz zu ziehen, unter der Bedingung, dass bereits im ersten Zuge ein solches Holz gezogen wurde,

$$W(B/A) = \frac{2}{4} = 0{,}5.$$

Die gesuchte Wahrscheinlichkeit, sowohl beim ersten als auch beim zweiten Zug ein einwandfreies Streichholz zu erhalten, ist dann nach (1 3.2- 14):

$$W(A \cap B) = 0{,}6 \cdot 0{,}5 = 0{,}3$$

Den angeführten 9. Lehrsatz bezeichnet man auch oft als *allgemeinen Multiplikationssatz der Wahrscheinlichkeitsrechnung,* weil er sowohl für voneinander abhängige als auch für voneinander unabhängige Ereignisse gilt. Im Falle der Unabhängigkeit geht Lehrsatz 9 wegen Gleichung (13.2-12) in Lehrsatz 8 über.

Lehrsatz 10: *Der Ereignisraum eines Zufallsexperimentes enthalte zunächst nur die sich gegenseitig ausschließenden Ereignisse $A_1, A_2, \ldots, A_n$, so dass gilt:*

$$A_1 \cup A_2 \cup \ldots \cup A_n = \Omega \text{ mit } A_i \cap A_j = \varnothing \quad \text{mit } i = 1, 2, \ldots, n \text{ und } j = 1, 2, \ldots, n \text{ und } i \neq j \quad (13.2\text{-}16)$$

Zusätzlich soll das Ereignis B als Teilmenge von Ω definiert werden als

$$B = (A_1 \cap B) \cup (A_2 \cap B) \cup \ldots \cup (A_n \cap B) \quad (13.2\text{-}17).$$

Diese Konzeption kann man sich gut an Abbildung 13-2 veranschaulichen.

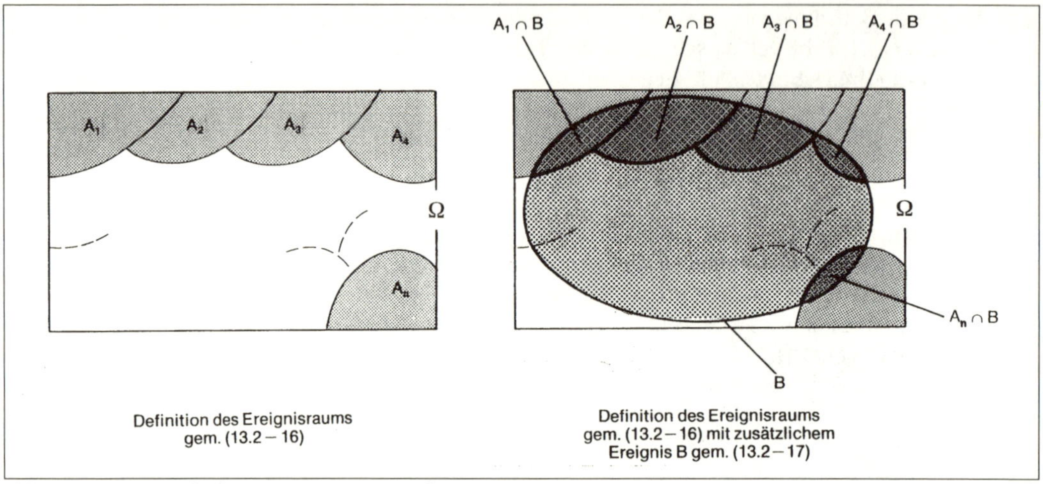

Abb. 13-2: VENN'sches Diagramm zu Lehrsatz 10

Wenn sich die Ereignisse A_1, A_2, - . .,A_n gegenseitig ausschließen, dann gilt dies auch für die Ereignisse $(A_1 \cap B), (A_2 \cap B), ..., (A_n \cap B)$, wie man sich leicht anhand von Abbildung 13-2 überzeugen kann. Wegen dieser Ausschließlichkeit lässt sich unter Verwendung von Lehrsatz 1 die Wahrscheinlichkeit für das Eintreffen des Ereignisses B berechnen als:

$$W(B) = W(A_1 \cap B) + W(A_2 \cap B) + \ldots + W(A_n \cap B) \quad (13.2\text{-}18).$$

Nach Satz 9 gilt aber:

$$W(A_i \cap B) = W(A_i) \cdot W(B / A_i) \qquad i = 1, 2, ..., n \qquad (13.2\text{-}19)$$

Setzt man (13.2-19) in (13.2-18) ein, lässt sich schreiben:

$$W(B) = W(A_1) \cdot W(B / A_1) + W(A_2) \cdot W(B / A_2) + ... + W(A_n) \cdot W(B / A_n) \quad (13.2\text{-}20),$$

oder kürzer:

Satz der totalen Wahrscheinlichkeit

$$W(B) = \sum_{i=1}^{n} W(A_i) \cdot W(B / A_i) \qquad (13.2\text{-}21).$$

Diesen Lehrsatz bezeichnet man auch als *Lehrsatz der totalen Wahrscheinlichkeit.*

Beispiel 13-9:

In einer Fabrik produziert Maschine A_1 60%, Maschine A_2 30% und Maschine A_3 10% der gesamten Ausbringungsmenge eines Gutes A. Es ist bekannt, dass Maschine A_1 3%, Maschine A_2 4% und Maschine A_3 6% Ausschuss hervorbringen. Aus der Gesamtproduktion wird zufällig ein Stück entnommen. Wie groß ist die Wahrscheinlichkeit dafür, dass es ein Ausschussstück ist?

Es sei definiert:

Ereignis A_1: Das Produkt A wird auf Maschine A_1 hergestellt.
Ereignis A_2: Das Produkt A wird auf Maschine A_2 hergestellt.
Ereignis A_3: Das Produkt A wird auf Maschine A_3 hergestellt.
Ereignis B: Ein Stück der Gesamtproduktion ist ein Ausschussstück.

Aus den Angaben des Beispiels kann man entnehmen:

$$W(A_1) = 0{,}6 \quad W(A_2) = 0{,}3 \quad W(A_3) = 0{,}1$$
$$W(B/A_1) = 0{,}03 \quad W(B/A_2) = 0{,}04 \quad W(B/A_3) = 0{,}06.$$

Damit lässt sich die gesuchte Wahrscheinlichkeit W (B) berechnen als:

$$W(B) = W(A_1)\cdot W(B/A_1) + W(A_2)\cdot W(B/A_2) + W(A_3)\cdot W(B/A_3)$$
$$W(B) = 0{,}6\cdot 0{,}03 + 0{,}3\cdot 0{,}04 + 0{,}1\cdot 0{,}06$$
$$W(B) = 0{,}036$$

Lehrsatz 11: *In Lehrsatz 10 wurde ein Ereignisraum mit den Ereignissen A_1, A_2, . . ., A_n und dem zusätzlichen Ereignis B definiert. Für die bedingte Wahrscheinlichkeit $W(A_j/B)$ lässt sich nach Lehrsatz 6 schreiben:*

$$W(A_j/B) = \frac{W(A_j \cap B)}{W(B)} \qquad (13.2\text{-}22).$$

Für $W(A_j \cap B)$ im Zähler von (13.2-22) ergibt sich nach Lehrsatz 9:

$$W(A_j \cap B) = W(A_j)\cdot W(B/A_j) \qquad (13.2\text{-}23)$$

Verwendet man zusätzlich für W(B) im Nenner von (13.2-22) den Ausdruck (13.2-21) aus Lehrsatz 10, dann folgt:

$$W(A_j/B) = \frac{W(A_j)\cdot W(B/A_j)}{\sum_{i=1}^{n} W(A_i)\cdot W(B/A_i)} \qquad j = 1, 2, \ldots, n \qquad (13.2\text{-}24).$$

BAYES´sches Theorem

Nach seinem Urheber Thomas BAYES bezeichnet man (13.2-24) als Ergebnis von Lehrsatz 11 auch als *BAYES'sches Theorem.*

Mit Hilfe des BAYES'schen Theorems ergibt sich die Möglichkeit, die Wahrscheinlichkeit für das Eintreffen des Ereignisses A_j zu berechnen. wenn bereits bekannt ist, dass zuvor das Ereignis B eingetreten ist.

a-posteriori-Wahrscheinlichkeit

Da man diese Wahrscheinlichkeit erst nach Bekannt werden des Auftretens von B berechnet, bezeichnet man $W(A_j/B)$ auch als eine *a-posteriori-Wahrscheinlichkeit,* während Ausdrücke wie $W(B/A_j)$ *a-priori-Wahrscheinlichkeiten* sind.

Beispiel 13-10:

In Ergänzung zu Beispiel 13-9 kann man hier fragen: Angenommen, aus der Gesamtproduktion des Gutes A wurde ein Stück zufällig entnommen, das sich als ein Ausschussstück herausgestellt hat. Wie groß ist die Wahrscheinlichkeit, dass dieses Ausschussstück von der Maschine A_1 stammt?

$$W(A_1/B) = \frac{W(A_1) \cdot W(B/A_1)}{\sum_{i=1}^{3} W(A_i) \cdot W(B/A_i)} = \frac{0{,}6 \cdot 0{,}03}{0{,}036} = 0{,}5$$

wobei sich die 0,036 im Nenner aus Beispiel 13-9 ergeben.

Entsprechend lässt sich auch die Wahrscheinlichkeiten berechnen, dass das gezogene Ausschussstück von Maschine A_2 beziehungsweise von Maschine A_3 stammt:

$$W(A_2/B) = \frac{0{,}3 \cdot 0{,}04}{0{,}036} = 0{,}33 \qquad W(A_3/B) = \frac{0{,}1 \cdot 0{,}06}{0{,}036} = 0{,}17$$

Aufgaben zum 13. Kapitel:

101. Stellen Sie die Begriffe Elementarereignis, zusammengesetztes Ereignis und Ereignisraum dar anhand des VENN'schen Diagramms aus Aufgabe 15!

102. Geben Sie Beispiele für zufällige Ereignisse!

103. Geben Sie Beispiele für nicht zufällige Ereignisse!

104. Wie groß ist die Wahrscheinlichkeit, dass beim Würfeln mit einem Würfel
   a) die Augenzahl"6"
   b) die Augenzahl"3"
   c) die Augenzahl"4" oder"5"
   d) eine gerade Augenzahl
   e) eine Augenzahl kleiner als 4 fällt?

105. Wie groß ist die Wahrscheinlichkeit, dass beim Roulett die Kugel auf eine rote Zahl fällt? Warum kann man beim Roulett langfristig nicht gewinnen?

106. Gegeben ist eine Urne mit 8 Kugeln, von denen 5 rot und 3 weiß sind. Aus der Urne werden zwei Kugeln zufällig und ohne Zurücklegen herausgenommen. Wie groß ist die Wahrscheinlichkeit, bei dieser Form der Entnahme
   a) sowohl beim ersten als auch beim zweiten Zug eine rote Kugel zu ziehen?
   b) beim ersten Zug eine weiße und beim zweiten Zug eine rote Kugel zu ziehen?

107. Gegeben sei eine Urne mit 8 Kugeln, von denen 5 rot und 3 weiß sind. Aus der Urne werden nacheinander drei Kugeln zufällig herausgenommen, wobei aber nach Entnahme einer Kugel und Notieren der Farbe die Kugel zurückgelegt und die Urne erneut durchgemischt wird (sog. Urnenentnahme mit Zurücklegen). Wie groß ist die Wahrscheinlichkeit, in einem Versuch mit den drei Kugeln
   a) bei allen drei Entnahmen rote Kugeln zu ziehen?
   b) bei allen drei Entnahmen weiße Kugeln zu ziehen?
   c) zunächst eine rote und dann zwei weiße Kugeln zu ziehen?

108. Gegeben sei ein Kartenspiel mit 52 Karten. Wie groß ist die Wahrscheinlichkeit, bei einmaligem Ziehen einer Karte
   a) entweder eine Kreuz-Dame oder eine Herz-10 zu ziehen?
   b) entweder eine Kreuz-Karte oder eine Karo-Karte zu ziehen?
   c) entweder ein As oder eine 10 zu ziehen?

Aufgaben

109. Mit einem idealen Würfel wird einmal gewürfelt. Wie groß ist die Wahrscheinlichkeit,
    a) entweder eine 1 oder eine 6 zu würfeln?
    b) entweder eine 1 oder eine Augenzahl größer als 3 zu würfeln?
    c) entweder eine 1 oder eine gerade Augenzahl zu würfeln?
    d) entweder eine 2 oder eine 4 oder eine 6 zu würfeln?

110. Die Wahrscheinlichkeit, dass es morgen regnet, wird vom Wetteramt mit 25% angegeben. Wie groß ist die Wahrscheinlichkeit, dass es morgen trocken bleibt?

111. Die Wahrscheinlichkeit, dass ein Kandidat die Statistik-Klausur besteht, beträgt 70%. Wie groß ist die Durchfallwahrscheinlichkeit?

112. Gegeben sei ein Kartenspiel mit 52 Karten. Wie groß ist die Wahrscheinlichkeit, bei einmaligem Ziehen einer Karte
    a) entweder eine Kreuz-Karte oder eine Bild-Karte zu ziehen?
    b) entweder ein As oder eine Karo-Karte zu ziehen?
    c) entweder eine Zahlen-Karte oder eine Herzkarte zu ziehen?

113. Es wird gleichzeitig mit zwei Würfeln gewürfelt. Wie groß ist die Wahrscheinlichkeit,
    a) entweder mit dem 1. Würfel oder mit dem 2. Würfel eine 6 zu werfen?
    b) entweder mit dem 1. Würfel oder mit dem 2. Würfel eine Augenzahl größer als 4 zu werfen?
    c) entweder mit dem 1. Würfel oder mit dem 2. Würfel eine gerade Augenzahl zu werfen?

114. Es wird gleichzeitig mit zwei Würfeln gewürfelt. Wie groß ist die Wahrscheinlichkeit,
    a) mit dem ersten Würfel eine Augenzahl größer als 3, mit dem 2. Würfel aber keine 6 zu werfen?
    b) mit dem 1. Würfel eine gerade Augenzahl, mit dem 2. Würfel aber keine 1 oder 6 zu werden?

115. Bei einem Würfelexperiment werden zwei Würfel *nacheinander* ausgespielt. Wie groß ist die Wahrscheinlichkeit, mit dem 2. Würfel eine 6 zu werfen unter der Voraussetzung, dass der 1. Würfel bereits eine 6 zeigt? Wie groß ist hier die Wahrscheinlichkeit, mit dem 2. Würfel eine gerade Augenzahl zu werfen unter der Voraussetzung, dass der 1. Würfel bereits eine gerade Augenzahl zeigt? Wie groß ist hier die Wahrscheinlichkeit, mit dem 2. Würfel eine 1 oder 6 zu werfen unter der Voraussetzung, dass der 1. Würfel eine Augenzahl kleiner/gleich 3 zeigt?

Aufgaben

116. In einem Korb liegen 10 Birnen, von denen 4 faul sind. 2 Birnen sollen zufällig nacheinander und ohne Zurücklegen aus dem Korb genommen werden. Wie groß ist die Wahrscheinlichkeit, beim 2. Zug eine essbare Birne zu erhalten, wenn beim ersten Zug bereits eine essbare Birne entnommen wurde?

117. Prüfen Sie, ob in den Aufgaben 115 und 116 stochastische Unabhängigkeit zwischen dem 1. und dem 2. Ereignis (Wurf oder Zug) besteht!

118. Gegeben sei ein Würfelexperiment, bei dem, gleichzeitig zwei Würfel ausgespielt werden. Wie groß ist dabei die Wahrscheinlichkeit, dass
  a) beide Würfel eine 6 zeigen?
  b) der erste Würfel eine 6 zeigt und der zweite Würfel eine 1?
  c) der erste Würfel eine 6 zeigt und der zweite Würfel eine Augenzahl > 3?
  d) beide Würfel Augenzahlen > 4 aufweisen?

119. Ein gefälschter Würfel zeigt die Augenzahlen 1, 2 und 3 jeweils mit der Wahrscheinlichkeit von 1/6, die Augenzahlen 4 und 5 mit jeweils 1/12 und die Augenzahl 6 mit der Wahrscheinlichkeit von 1/3.
Wie groß ist die Wahrscheinlichkeit dafür, dass
  a) bei viermaligem Ausspielen nur Sechsen auftreten?
  b) bei viermaligem Ausspielen keine Augenzahl > 5 auftritt?
  c) bei zwei Würfen bei der ersten Ausspielung eine ungerade Augenzahl und bei der zweiten Ausspielung eine 1 auftritt?
  d) bei zweimaligem Ausspielen die Augensumme genau 7 beträgt?

120. In einer Kiste liegen 10 gleiche Ersatzteile. Der Eingangsprüfer einer Firma weiß aus Erfahrung, dass immer 20% der Ersatzteile dieser Art unbrauchbar sind. Wie groß ist die Wahrscheinlichkeit, dass er beim Prüfen von zwei zufällig und ohne Zurücklegen herausgenommenen Ersatzteilen genau zwei unbrauchbare Teile findet?

121. Eine Fluggesellschaft verfügt zur Bedienung ihres Kurzstreckennetzes über eine größere Zahl von zweistrahligen Flugzeugen eines bestimmten Typs. Dieses Flugzeug ist so konstruiert, dass es auch noch mit einem Triebwerk flugfähig ist. Laut Herstellerangaben beträgt die Wahrscheinlichkeit, dass auf einer Flugstrecke von insgesamt 10 000 km ein Triebwerk ausfällt, 0,05, wobei wegen der Konstruktion der Aggregate die Triebwerke voneinander unabhängig sind bzw. voneinander unabhängig ausfallen würden. Wie groß ist die Wahrscheinlichkeit, dass auf einer Flugstrecke von 10 000 km
  a) genau ein Triebwerk ausfällt?
  b) höchstens ein Triebwerk ausfällt?
  c) kein Triebwerk ausfällt?
  d) das Flugzeug infolge Triebwerkschadens abstürzt?

Aufgaben

122. Die SPEEDY GmbH bezieht 40% ihrer Karosseriebleche vom Stahlwerk S_1 30% vom Stahlwerk S_2 und 30% vom Stahlwerk S_3. Aus der Erfahrung der letzten Jahre weiß man, dass 6% der Bleche von S_1 5% der Bleche von S_2 und 4% der Bleche von S_3 von minderer Stahl-Qualität sind, so dass diese Bleche beim Form-Pressen brechen.
Von der Qualitätskontrollabteilung der SPEEDY GmbH wird zufällig ein zugeschnittenes Blech ausgewählt, um auf Materialeigenschaften geprüft zu werden. Wie groß ist die Wahrscheinlichkeit, dass dieses Blech minderwertig ist?

123. In Ergänzung zu Aufgabe 122 sei angenommen, dass die Materialprüfer bei ihrer zufälligen Entnahme ein minderwertiges Blech gefunden haben. Wie groß ist die Wahrscheinlichkeit, dass dieses Blech vom
   a) Stahlwerk S_1 stammt?
   b) Stahlwerk S_2 stammt?
   c) Stahlwerk S_3, stammt?

124. Ein modernes Auto besitzt zwei voneinander unabhängige Bremskreissysteme. Aus Versuchen weiß man, dass die Wahrscheinlichkeit, dass auf einer Fahrtstrecke von 50 000 km ein Bremskreis durch Defekt ausfällt, gleich 0,03 ist.
Wie groß ist die Wahrscheinlichkeit, dass bei einem beliebigen Auto dieses Typs während der ersten 50 000 km
   a) genau ein Bremskreis ausfällt?
   b) mindestens ein Bremskreis ausfällt?
   c) höchstens ein Bremskreis ausfällt?
   d) beide Bremskreise gleichzeitig ausfallen?

125. Ein Zeitungshändler erhält täglich 500 Tageszeitungen, und zwar 100 Exemplare der "A-Zeitung", 150 Exemplare der "B-Nachrichten" und 250 Exemplare der "C-Rundschau". An einem bestimmten Tag sind in 70% aller Exemplare der A-Zeitung, in 80% der Exemplare der B-Nachrichten und in 90% der Exemplare der C-Rundschau zufällig Prospekte eines Möbelhauses eingelegt worden.
   a) Wie groß ist die Wahrscheinlichkeit, dass der erste Kunde, des Tages zufällig eine Zeitung ohne Prospekt erhält?
   b) Angenommen, ein Kunde hat eine Zeitung mit Prospekt erhalten. Mit welcher Wahrscheinlichkeit hat er eine A-Zeitung gekauft?

Aufgaben

126. Jemand will sein altes Auto an einen Gebrauchtwagenhändler verkaufen und dabei mindestens 2.000,- GE erhalten. Er will das Auto zunächst unverbindlich den beiden Händlern S und T vorführen und sich von diesen Angebote machen lassen. Der Autobesitzer schätzt, dass der Händler S mit einer Wahrscheinlichkeit von 0,4 das Auto seinen Vorstellungen gemäß ankaufen würde, während der Händler T dies nur mit einer Wahrscheinlichkeit von 0,3 täte. Die Wahrscheinlichkeit, dass mindestens einer der beiden Händler den Ankauf zu dem geforderten Preis ablehnt, sei 0,8.
Wie groß ist die Wahrscheinlichkeit für den Autobesitzer, dass wenigstens einer der beiden Händler bereit ist, sein Auto für mindestens 2.000,- GE zu kaufen? Sind hier die beiden Ereignisse (Ankauf durch S bzw. Ankauf durch T) voneinander unabhängig?

127. In einer Fabrik produziert Maschine A 60%, Maschine B 30% und Maschine C 10% der Gesamtproduktion eines Gutes. Es ist bekannt, dass die Maschine A 3% Ausschuss produziert, die Maschine B 4 % und die Maschine C 6 %.
   a) Aus der Gesamtproduktion wird zufällig ein Gut entnommen. Wie groß ist dabei die Wahrscheinlichkeit, ein Ausschussstück zu erhalten?
   b) Angenommen, man habe ein defektes Stück gezogen. Wie groß ist dann die Wahrscheinlichkeit, dass dieses defekte Stück auf Maschine B produziert wurde?

128. In einer Glasbläserei werden Kristallgläser hergestellt. Man weiß aus Erfahrung, dass 15% aller hergestellten Gläser Einschlüsse von Luftbläschen im Glas aufweisen und dass 10% aller Gläser Fehler in der Einfärbung haben. Diese Fehler treten voneinander unabhängig auf.
Stücke ohne jeden Fehler sind für den Export bestimmt, Stücke mit einem der Fehler werden im Inland abgesetzt und Stücke mit beiden Fehlern sind Ausschuss. Täglich werden 1.000 Gläser produziert.
Wie viele der Gläser einer Tagesproduktion sind durchschnittlich
   a) für den Export bestimmt?
   b) für den Inlandsabsatz bestimmt?
   c) Ausschuss?

14 Zufallsvariable

14.1 Der Begriff der Zufallsvariablen

Zufallsexperiment

Der Begriff der Zufallsvariablen soll veranschaulicht werden an folgendem Zufallsexperiment:

Beispiel 14-1:

Beim Einschalten der Scheinwerfer eines Autos kann man sich vorstellen, dass diese leuchten oder nicht leuchten. Genauer betrachtet sind die folgenden Fälle denkbar:

1. Beide Scheinwerfer leuchten.
2. Nur der linke Scheinwerfer leuchtet, der rechte leuchtet nicht.
3. Nur der rechte Scheinwerfer leuchtet, der linke leuchtet nicht.
4. Beide Scheinwerfer leuchten nicht.

Elementarereignis

Jedes dieser Ereignisse ist ein Elementarereignis. Alle Elementarereignisse zusammen bilden den Ereignisraum Ω.

Im weiteren wird das Leuchten des linken Scheinwerfers mit "L", das Nicht-Leuchten des linken Scheinwerfers mit "$\overline{L}$" bezeichnet und entsprechend für den rechten Scheinwerfer "R" und "$\overline{R}$". Man kann den geschilderten Ereignisraum, der nur die angeführten vier Elementarereignisse umfasst, graphisch wie in Abbildung 14-1 darstellen.

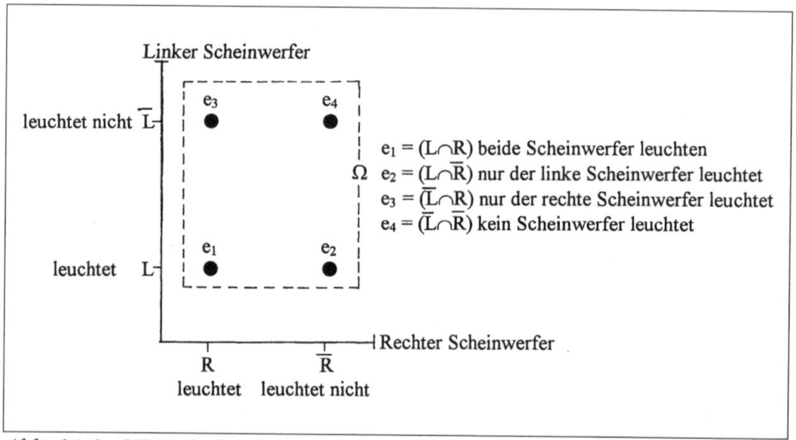

Abb. 14-1: VENN'sches Diagramm des Ereignisraums zu Beispiel 14-1

Die vier denkbaren zufälligen Elementarereignisse sind Realisationen eines Zufallsexperiments, d. h., es hängt vom Zufall ab, ob beim Einschalten der Scheinwerfer e_1 e_2, e_3 oder e_4 eintritt. Diese vier zufallsbedingten Elementarereignisse kann man nun nach bestimmten Regeln reellen Zahlen zuordnen.

Beispielsweise nach der Regel: "Ordne jedes Elementarereignis des Ereignisraums derjenigen Zahl zu, die der jeweiligen Anzahl defekter Scheinwerfer entspricht". Man erhält dann:

Zufälliges Elementarereignis	e_1	e_2	e_3	e_4
Zuordnungszahl	0	1	1	2

Eine andere **Zuordnungsregel** könnte z. B. sein: "Ordne jedes Elementarereignis des Ereignisraums der Zahl zu, die dem Stromverbrauch pro Stunde entspricht". Wenn erfahrungsgemäß ein Scheinwerfer einen Stromverbrauch von 40 Watt/Stunde hat, dann ergibt sich:

Zufälliges Elementarereignis	e_1	e_2	e_3	e_4
Zuordnungszahl	80	40	40	0

Man kann sich für den geschilderten und in Abbildung 14-1 dargestellten Ereignisraum noch viele andere Zuordnungsregeln ausdenken, durch die die vier Elementarereignisse reellen Zahlen zugeordnet werden. Mathematisch gesehen ist aber eine derartige Zuordnungsregel eine Funktion, deren Funktionswerte die zugeordneten Zahlen sind. Das Auftreten der einzelnen Funktionswerte hängt aber, genauso wie das Auftreten der einzelnen Elementarereignisse, vom Zufall ab.

Zufallsvariable

Eine derartige, vom Zufall abhängige Funktion bezeichnet man als *Zufallsvariable.* Man kennzeichnet sie für das Scheinwerferbeispiel mit dem Symbol X(e) oder kürzer X. Zufallsvariable werden im folgenden immer mit Großbuchstaben gekennzeichnet, die Werte der Zufallsvariablen hingegen mit indizierten Kleinbuchstaben, also z. B. mit $x_1, x_2, ..., x_n$. Eine Zufallsvariable X lässt sich damit allgemein darstellen als

$$X = \{x_1, x_2, ..., x_n\} \qquad (14.1\text{-}1)$$

Für den Ereignisraum des Beispiels 14-1 wurden zwei Zufallsvariable beschrieben, die mit X_1 und X_2 bezeichnet werden sollen:

$$X_1 = \{0,1,2\} \qquad\qquad X_2 = \{0,40,80\}$$

Die Menge aller Funktionswerte, die eine Zufallsvariable annehmen kann, ist der *Wertebereich der Zufallsvariablen.*

Zufallsvariable spielen im Bereich der Wirtschaftsstatistik eine große Rolle. Zu denken ist z. B. an Abweichungen vom Sollgewicht bei der Abfüllung irgendeines Gutes, an Warte- und Abfertigungszeiten von Kunden an einem Schalter, an die tägliche Nachfragemenge nach elektrischem Strom in einer Großstadt und viele andere Beispiele mehr.

14.2 Die Wahrscheinlichkeits- bzw. Dichtefunktion und die Verteilungsfunktion von Zufallsvariablen

Das besondere Kennzeichen von Zufallsvariablen ist, dass vor der Ausführung des zugrundeliegenden Zufallsexperimentes niemand sagen kann, welchen speziellen Funktionswert x_j die Zufallsvariable nach Durchführung des Experimentes annehmen wird. Aus Erfahrungen kann man den einzelnen Funktionswerte x_j nur *Eintrittswahrscheinlichkeiten* zuordnen, die angeben, mit welcher Wahrscheinlichkeit das Eintreffen der einzelnen Werte der Zufallsvariablen erwartet wird. Für diese Eintrittswahrscheinlichkeit schreibt man:

$$W(X = x_j),$$

lies: Wahrscheinlichkeit, dass die Zufallsvariable X den konkreten Wert x_j annimmt.

Wenn z.B. im Rahmen von Beispiel 14-1 ein Auto-Hersteller bei 1 000 Einschaltversuchten feststellt, das 810mal beide Scheinwerfer leuchteten, dann wird dem zugehörigen Wert der Zufallsvariablen die Eintrittswahrscheinlichkeit 0,81 zugeordnet. Für die beiden Zufallsvariablen X_1 und X_2 des Beispiels 14-1 bedeutet das:

$$W(X_1 = 0) = 0{,}81 \qquad \text{und} \qquad W(X_2 = 80) = 0{,}81$$

Derartige zugeordnete Eintrittswahrscheinlichkeiten bezeichnet man allgemein mit $f(x_j)$, so dass gilt:

$$f(x_j) = W(X = x_j) \qquad (14.2\text{-}1).$$

diskrete Zufallsvariable

Für die weitere Betrachtung ist eine Unterscheidung zwischen diskreten und stetigen Zufallsvariablen vorzunehmen. Eine *diskrete Zufallsvariable* liegt vor, wenn die Menge ihrer Funktionswerte endlich oder doch höchstens abzählbar ist. Beispiele für diskrete Zufallsvariable sind die tägliche Nachfragemenge nach Exemplaren einer Zeitschrift in einer Buchhandlung, die Anzahl schlechter Stücke bei einer Warenprobe, die Anzahl von Sympathisanten einer Partei bei einer Meinungsumfrage usw.

stetige Zufallsvariable

Bei stetigen Zufallsvariablen ist dagegen die Menge der möglichen Funktionswerte der Zufallsvariablen unendlich und auch nicht mehr abzählbar. Eine stetige Zufallsvariable kann jeden reellen Wert eines bestimmten endlichen oder unendlichen Intervalls annehmen. Beispiele für stetige Zufallsvariable sind die Brenndauer einer Glühbirne, die Laufleistung eines Autoreifens, die tägliche Abgabemenge an Strom in einer Stadt, die tägliche Wassermenge in einem Stausee usw.

Es sollen zunächst ausschließlich diskrete Zufallsvariable betrachtet werden. Später wird die Betrachtung auf stetige Zufallsvariable ausgedehnt.

Ordnet man den abzählbar vielen Realisationen x_j der Zufallsvariablen X jeweils die Wahrscheinlichkeiten $f(x_j)$ ihres Eintreffens zu, dann entsteht eine Wahrscheinlichkeitsfunktion, die wie folgt definiert ist:

Wahrscheinlichkeitsfunktion

Die Wahrscheinlichkeitsfunktion $f(x_j)$ gibt die Wahrscheinlichkeit dafür an, dass die Zufallsvariable X genau den Wert x_j annimmt. Die Wahrscheinlichkeitsfunktion besteht aus einer Zuordnung zwischen den Werten x_j der Zufallsvariablen und den Eintrittswahrscheinlichkeiten $f(x_j)$.

Wenn man in Beispiel 14-1 beobachtet hat, dass jeder Scheinwerfer unabhängig vom anderen Scheinwerfer in 900 von 1 000 Versuchen beim Einschalten leuchtet, dann erhält man als Eintrittswahrscheinlichkeit für das Leuchten eines Scheinwerfers den Wert 0,9. Da auf derartig ermittelte Wahrscheinlichkeiten die Rechenregeln der Wahrscheinlichkeitsrechnung angewendet werden können, erhält man die Eintrittswahrscheinlichkeiten der einzelnen Elementarereignisse des Beispiels 14-1 nach Lehrsatz 8 aus dem folgenden Tableau:

Linker Scheinwerfer / Rechter Scheinwerfer	L	$\overline{L}$	Σ
R	$W(R \cap L)$ 0,81	$W(R \cap \overline{L})$ 0,09	$W(R)$ 0,90
$\overline{R}$	$W(\overline{R} \cap L)$ 0,09	$W(\overline{R} \cap \overline{L})$ 0,01	$W(\overline{R})$ 0,10
Σ	$W(L)$ 0,90	$W(\overline{L})$ 0,10	1,00

Tab. 14-1: Arbeitstableau zu Beispiel 14-1

In diesem Tableau ergeben sich die einzelnen Wahrscheinlichkeiten in den Innenfeldern
z. B. aus: $W(R \cap L) = W(R) \cdot W(L) = 0{,}9 \cdot 0{,}9 = 0{,}81$

Die anderen Wahrscheinlichkeiten für die beobachteten Elementarereignisse ergeben sich entsprechend.

Ausgehend von den ermittelten Eintrittswahrscheinlichkeiten, lassen sich die Wahrscheinlichkeitsfunktionen der beiden Zufallsvariablen X_1 und X_2 angeben als:

Zufallsvariable X_1 "Anzahl defekter Scheinwerfer"		
j	x_j	$f(x_j)$
1	0	0,81
2	1	0,18
3	2	0,01
	Summe	1,00

Zufallsvariable X_2 "Stromverbrauch in Watt/Std."		
j	x_j	$f(x_j)$
1	0	0,01
2	40	0,18
3	80	0,81
	Summe	1,00

Tab. 14-2: Wahrscheinlichkeitsfunktionen zu den beiden Zufallsvariablen aus Beispiel 14-1

Wahrscheinlichkeitsfunktionen lassen sich graphisch als Stabdiagramm darstellen, wie in Abbildung 14-2 veranschaulicht.

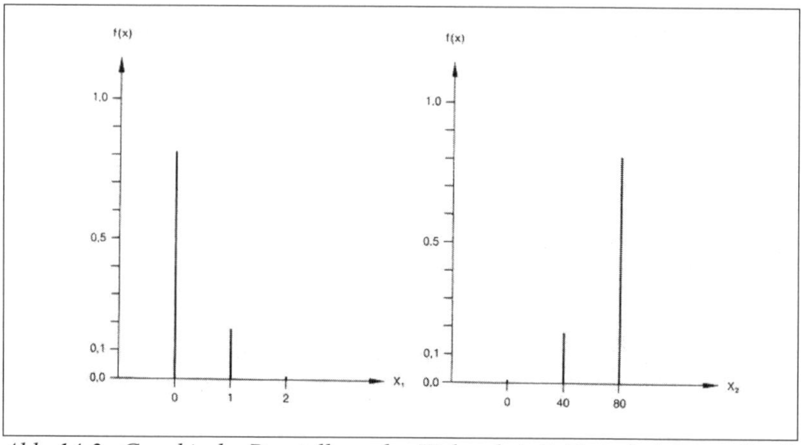

Abb. 14-2: Graphische Darstellung der Wahrscheinlichkeitsfunktionen für die Zufallsvariablen X_1 und X_2 des Beispiels 14-1

Aus den Ausführungen über die Wahrscheinlichkeitsfunktionen diskreter Zufallsvariabler ergibt sich deutlich, dass diese im Prinzip den relativen Häufigkeitsfunktionen der deskriptiven Statistik entsprechen, wie sie in Kapitel 7 vorgestellt wurden.

Neben der Wahrscheinlichkeitsfunktion $f(x_j)$ benötigt man im Folgenden auch die aus der deskriptiven Statistik bereits bekannte Verteilungsfunktion $F(x_j)$ der Zufallsvariablen X.

Verteilungsfunktion

Die Verteilungsfunktion $F(x_j)$ gibt an, wie groß die Wahrscheinlichkeit dafür ist, dass Werte der Zufallsvariablen auftreten, die kleiner sind als x_j, oder **höchstens** so groß wie x_j. Man kann dafür schreiben:

$$W(X \leq x_j) = F(x_j) \qquad (14.2\text{-}2).$$

Zur Ermittlung der Werte der Verteilungsfunktion $F(x_j)$ werden alle Eintrittswahrscheinlichkeiten nach dem Additionssatz bei Ausschließlichkeit bis zu der für den Wert x_j aufaddiert. Für Beispiel 14-1 ergibt sich somit:

Zufallsvariable X_1 "Anzahl defekter Scheinwerfer"			
j	x_j	$f(x_j)$	$F(x_j)$
1	0	0,81	0,81
2	1	0,18	0,99
3	2	0,01	1,00
	Summe	1,00	

Zufallsvariable X_2 "Stromverbrauch in Watt/Std."			
j	x_j	$f(x_j)$	$F(x_j)$
1	0	0,01	0,01
2	40	0,18	0,19
3	80	0,81	1,00
	Summe	1,00	

Tab. 14-3: Wahrscheinlichkeitsfunktion $f(x_j)$ und Verteilungsfunktion $F(x_j)$ für die beiden Zufallsvariablen aus Beispiel 14-1

Verteilungsfunktionen werden, wie in den Ausführungen des Abschnitts 7.4 hervorgehoben, abgebildet in Form waagerechter Linien. Die beiden Verteilungsfunktionen der Zufallsvariablen X_1 und X_2 des Beispiels 14-1 sind in Abbildung 14-3 graphisch dargestellt.

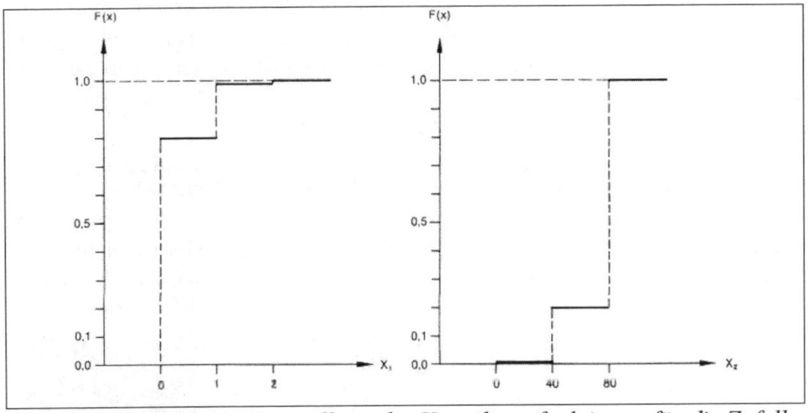

Abb.: 14-3: Graphische Darstellung der Verteilungsfunktionen für die Zufallsvariablen X_1 und X_2 des Beispiels 14-1

Wahrscheinlichkeitsverteilungen bei stetigen Zufallsvariablen

Nunmehr sollen die Zuordnung der Werte der Zufallsvariablen zu den Eintrittswahrscheinlichkeiten auf den Fall stetiger Zufallsvariabler erweitert werden. Ganz offensichtlich ist es bei stetigen Zufallsvariablen nicht sinnvoll, von der Wahrscheinlichkeit des Auftretens einzelner Funktionswerte der Zufallsvariablen zu sprechen. Da es unendlich viele Funktionswerte der Zufallsvariablen gibt, wird die Eintrittswahrscheinlichkeit für jeden dieser Werte als

$$W(X = x_j) = \frac{h_j}{\infty} = 0 \qquad (14.2\text{-}3)$$

berechnet, wobei h_j die Häufigkeit des Auftretens des Wertes x_j darstellt. Diese Wahrscheinlichkeit von 0 bedeutet nun aber keineswegs, dass das Eintreten des Wertes x_j *unmöglich ist,* sondern die Eintrittswahrscheinlichkeit ist nur nicht mehr feststellbar. Wenn damit die Werte x_j einer stetigen Zufallsvariablen X nicht mehr ihren Eintrittswahrscheinlichkeiten $W(X= x_j)$ zugeordnet

werden können, kann damit für stetige Zufallsvariable auch keine Wahrscheinlichkeitsfunktion aufgestellt werden.
Wohl aber kann man für stetige Zufallsvariable deren Verteilungsfunktion bestimmen. Diese wird entsprechend zum diskreten Fall interpretiert als die Wahrscheinlichkeit, dass höchstens der Wert x_0 eintreffen kann. Die Werte der Verteilungsfunktion wurden im diskreten Fall durch Kumulation errechnet. Da aber im Falle stetiger Zufallsvariabler die Abstände zwischen einzelnen Werten der Zufallsvariablen infinitesimal klein sind, können hier die Werte der Verteilungsfunktion nur durch *Integration* ermittelt werden.

Für eine stetige Zufallsvariable X ist damit die Verteilungsfunktion $F(x_0)$ definiert als:

$$F(x_o) = W(X \leq x_o) = \int_{-\infty}^{x_o} f(x)dx \qquad (14.2\text{-}4).$$

Mit Hilfe einer derartig berechneten Verteilungsfunktion könnte man z. B. angeben, wie groß die Wahrscheinlichkeit ist, dass an einem Tag in einer Großstadt höchstens 4 Millionen Kilowattstunden Strom verbraucht werden, dass höchstens 100.000 Kubikmeter Wasser abgezapft werden, dass mit einem Auto höchstens 1.000 km/Tag zurückgelegt werden.

Dichtefunktion

Kann man die Verteilungsfunktion einer stetigen Zufallsvariablen X in der Form (14.2-4) schreiben und ist die darin enthaltene Funktion f(x) nicht negativ, dann bezeichnet man f(x) als die *Dichtefunktion der Zufallsvariablen X*. Da F(x) in diesem Falle differenzierbar sein muss, kann man die Dichtefunktion erhalten aus der Differentiation:

$$f(x) = \frac{dF(x)}{dx} \qquad (14.2 - 5).$$

Zur Veranschaulichung diene das

Beispiel 14-2:

Gegeben sei die stetige Verteilungsfunktion

$$F(x) = \begin{cases} 1 - e^{-2x} & \text{für } x \geq 0 \\ 0 & \text{sonst} \end{cases} \qquad (14.2\text{-}6).$$

Da diese Verteilungsfunktion nur für positive Werte der Zufallsvariablen X definiert ist, ergibt sich durch Differentiation die Dichtefunktion f(x):

$$f(x) = \begin{cases} 2e^{-2x} & \text{für } x \geq 0 \\ 0 & \text{sonst} \end{cases} \qquad (14.2\text{-}7).$$

Hat eine Zufallsvariable die in (14.2-7) angegebene Dichte- und die in (14.2-6) angegebene Verteilungsfunktion, dann bezeichnet man diese Zufallsvariable als *exponentialverteilt. Die* Exponentialverteilung ist zur Erklärung vieler wirtschaftsstatistischer stetiger Zufallsvariabler von großer Bedeutung. Dichte- und Verteilungsfunktion der stetigen exponentialverteilten Zufallsvariablen X haben stetige Abbildungen, wie z. B. in Abbildung 14-4 dargestellt

Exponentialverteilung

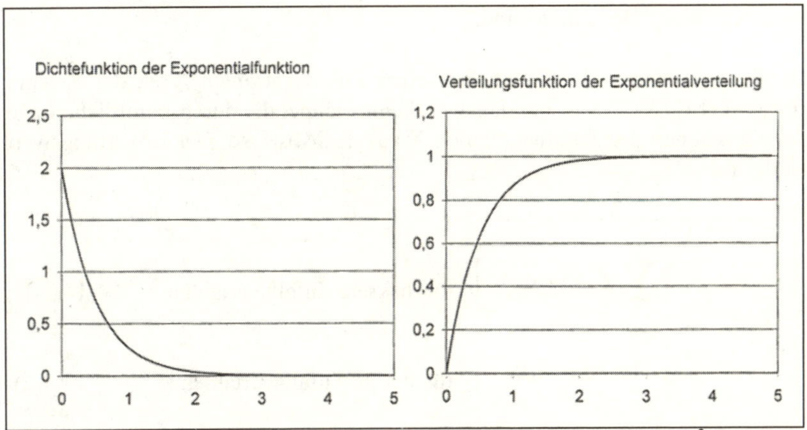

Abb. 14-4: Graphische Darstellung der Dichtefunktion $f(x) = 2e^{-2x}$ und der Verteilungsfunktion $F(x) = 1-e^{-2x}$

Aus der Untersuchung der Kurvenverläufe der Dichte- und Verteilungsfunktion der exponentialverteilten Zufallsvariablen X lässt sich eine weitere wichtige Gesetzmäßigkeit ableiten. Betrachtet man dazu die **Fläche** unter der Dichtefunktion, die nach links und nach unten durch die Ordinate bzw. die Abszisse begrenzt wird. Man kann den Flächeninhalt in den Grenzen $0 \leq x \leq \infty$ berechnen durch Integration:

$$\text{Fläche} = \int_0^\infty (2e^{-2x})dx = 1 \qquad (14.2\text{-}8).$$

Es zeigt sich, dass die **Fläche** unter der gesamten Dichtefunktion **gleich 1** ist. Diese Eigenschaft einer Dichtefunktion gilt nun nicht nur für die Dichtefunktionen von Exponentialverteilungen, sondern für **jede** denkbare Dichtefunktion irgendeiner stetigen Zufallsvariablen X. Diese wichtige Eigenschaft wird später noch von großem Nutzen sein.

14.3 Parameter der Verteilungen von Zufallsvariablen

Wie im vorigen Abschnitt gezeigt wurde, sind Wahrscheinlichkeits- und Verteilungsfunktion besondere Charakteristika diskreter Zufallsvariabler. Gleiches gilt für die Dichte- und Verteilungsfunktion bei stetigen Zufallsvariablen.

Parameter

Es sei daran erinnert, dass in der deskriptiven Statistik zur besonderen Kennzeichnung von Häufigkeitsverteilungen bestimmte Kenngrößen herangezogen wurden, die man als *Para*meter bezeichnet. Diese Parameter beschreiben die

Lage und die Streuung der Häufigkeitsverteilung. Aus dem gleichen Gedanken heraus lassen sich auch für die genannten Funktionen von Zufallsvariablen Lage- und Streuungsparameter bestimmen, die eine komprimierte Information über diese Funktionen vermitteln. Neben den genannten gibt es noch eine Reihe weiterer Parameter, die aber neben Lage- und Streuungsparametern von untergeordneter Bedeutung sind.

Erwartungswert

Der Lageparameter der Funktionen einer Zufallsvariablen X ist der **Erwartungswert E (X)** Der Erwartungswert kennzeichnet die durchschnittliche Lage der Funktionen der Zufallsvariablen X auf der Abszisse. Der Erwartungswert ist definiert als:

$$E(X) = \begin{cases} \sum_{i=1}^{n} x_i \cdot f(x_i) & \text{für diskrete Zufallsvariablen} \quad (14.3\text{-}1); \\ \int_{-\infty}^{+\infty} x \cdot f(x)dx & \text{für stetige Zufallsvariablen} \quad (14.3\text{-}2). \end{cases}$$

Zur Veranschaulichung seien die Erwartungswerte der Zufallsvariablen aus den Beispielen 14-1 und 14-2 berechnet:

In Beispiel 14-1 wurde als Wahrscheinlichkeitsfunktion der Zufallsvariablen X, ermittelt:

Zufallsvariable X_1
"Anzahl defekter Scheinwerfer"

j	x_j	$f(x_j)$
1	0	0,81
2	1	0,18
3	2	0,01
		1,00

Bei dieser diskreten Zufallsvariablen erhält man den Erwartungswert E(X) gem. (14.3- 1) als:

$$E(X_1) = x_1 \cdot f(x_1) + x_2 \cdot f(x_2) + x_3 \cdot f(x_3)$$
$$E(X_1) = 0 \cdot 0{,}81 + 1 \cdot 0{,}18 + 2 \cdot 0{,}01$$
$$E(X_1) = 0{,}20$$

Dieses Ergebnis besagt, dass im langfristigen Durchschnitt beim Einschalten der Scheinwerfer 0,2 Scheinwerfer defekt sind oder dass man bei fünfmaligem Einschalten durchschnittlich einmal damit rechnen muss, dass ein Scheinwerfer defekt ist.

Für die Zufallsvariable X_2 des Beispiels 14-1 gilt:

Zufallsvariable X_2
"Stromverbrauch in Watt/Stunde"

j	x_j	$f(x_j)$
1	0	0,01
2	40	0,18
3	80	0,81
		1,00

Man erhält als Erwartungswert dieser diskreten Zufallsvariablen:

$$E(X_2) = x_1 \cdot f(x_1) + x_2 \cdot f(x_2 + x_3 \cdot f(x_3)$$
$$E(X_2) = 0 \cdot 0{,}01 + 40 \cdot 0{,}18 + 80 \cdot 0{,}81$$
$$E(X_2) = 72$$

Im Durchschnitt ergibt sich nach jedem Einschalten ein Stromverbrauch von 72 Watt/ Stunde.

In Beispiel 14-2 wurde die Dichte- und Verteilungsfunktion einer stetigen, exponentialverteilten Zufallsvariablen X vorgestellt. Hier erhält man als Erwartungswert:

$$E(X) = \int_0^{+\infty} x \cdot (2e^{-2x})dx = 2\left[\frac{e^{-2x}}{(-2)^2}(-2x-1)\right]_0^{+\infty} = \frac{1}{2}$$
$$E(X) = \frac{1}{2}$$

Die hier beispielhaft vorgenommene Integration ist recht schwierig. Allerdings sollte mehr auf das Prinzip der Ermittlung des Erwartungswertes geachtet werden als auf die Integration, die in der praktischen statistischen Arbeit kaum benötigt wird.

Varianz

Der Streuungsparameter der Funktionen einer Zufallsvariablen ist die bereits bekannte **Varianz V(X).** Sie ist hier definiert als:

$$V(X) = \begin{cases} \sum_{i=1}^{n} (x_i - E(X))^2 \cdot f(x_i) & \text{für diskrete Zufallsvariable} \quad (14.3\text{-}3); \\ \int_{-\infty}^{+\infty} (x - E(X))^2 \cdot f(x)dx & \text{für stetige Zufallsvariable} \quad (14.3\text{-}4) \end{cases}$$

Während der Erwartungswert E(X) die Lage der Zufallsvariablen X unter Ausschaltung zufälliger Schwankungen erklären soll, liefert die Varianz ein Maß dafür, wie groß die durchschnittliche quadrierte Abweichung der Funktionswerte x_i der Zufallsvariablen von deren Erwartungswert E (X) ist. Die Varianz ist also ein Maß für die Kompaktheit der Funktionen der Zufallsvariablen.
Für die Zufallsvariable X_1 des Beispiels 14-1 erhält man als Varianz:

$$V(X_1) = (0-0{,}2)^2 \cdot 0{,}81 + (1-0{,}2)^2 \cdot 0{,}18 + (2-0{,}2)^2 \cdot 0{,}01$$
$$V(X_1) = 0{,}18$$

Entsprechend für die Zufallsvariable X_2 des Beispiels 14-1:

$$V(X_2) = (0-72)^2 \cdot 0{,}01 + (40-72)^2 \cdot 0{,}18 + (80-72)^2 \cdot 0{,}81$$
$$V(X_2) = 288$$

Parameter der Exponentialverteilung

Für die in Beispiel 14-2 angeführte stetige, exponentialverteilte Zufallsvariable X kann man die Varianz nach (14.3-4) berechnen. Hier gelten ebenfalls die oben gemachten Anmerkungen über den Schwierigkeitsgrad der notwendigen Integration. Es ergibt sich:

$$V(X) = 2\left[e^{-2x}\left(\frac{x^2}{-2} - \frac{2x}{4} + \frac{2}{-8}\right)\right]_0^\infty - 2\left[\frac{e^{-2x}}{(-2)^2} \cdot (-2x-1)\right]_0^\infty + \frac{1}{2}\left[-\frac{1}{2}e^{-2x}\right]_0^\infty = \frac{1}{4}$$

Neben der Varianz ist bereits die Standardabweichung als aus der Varianz abgeleitetes Streuungsmaß bekannt. Die Standardabweichung ergibt sich, wie auch in der deskriptiven Statistik, als Quadratwurzel aus der Varianz. Die Verwendung der Standardabweichung hat den Vorteil, dass sie die gleiche Dimension hat wie die Zufallsvariable und der Erwartungswert, während die Varianz als Dimension das Quadrat der Zufallsvariablen-Dimension hat. Die Berechnung der Standardabweichung aus den für die Beispiele 14-1 und 14-2 berechneten Varianzen bereitet keine Schwierigkeiten, so dass auf ihre Angabe an dieser Stelle verzichtet werden kann.

Aufgaben zum 14. Kapitel:

129. Was ist eine Zufallsvariable?

130. Gegeben sei ein Würfelexperiment mit einem Würfel. Ein Spieler erhält für das Auftreten der "6" einen Gewinn von 5,- GE, für das Auftreten der "1" 4,- GE. Tritt eine "2" oder "5" auf, gewinnt oder verliert er nichts, tritt eine "3" oder "4" auf, muss er jeweils 5,- GE bezahlen. Konstruieren Sie den Ereignisraum dieses Experiments und - unter Berücksichtigung der Gewinnaussichten - die zugehörige Zufallsvariable! Welchen Wertebereich hat diese Zufallsvariable?

131. Geben Sie Beispiele von diskreten Zufallsvariablen!

132. Geben Sie Beispiele von stetigen Zufallsvariablen!

133. Gegeben sei ein Zufallsexperiment, bei dem zwei Münzen gleichzeitig geworfen werden.
    a) Geben Sie für dieses Experiment den Ereignisraum und die Wahrscheinlichkeitsfunktion der Zufallsvariablen an, die jedem Elementarereignis die reelle Zahl zuordnet, die der Anzahl von "Zahl"-Würfen entspricht!
    b) Angenommen, ein Spieler erhält 5,- GE, wenn auf beiden Münzen "Zahl" erscheint, er muss 3,- GE zahlen, wenn nur einmal "Zahl" erscheint, und er gewinnt oder verliert nichts, wenn zweimal "Wappen" erscheint. Geben Sie den Ereignisraum des Experiments, die Zufallsvariable "Spielgewinn" und deren Wahrscheinlichkeitsfunktion an!

134. Geben Sie die Wahrscheinlichkeitsfunktion der Zufallsvariablen X in Aufgabe 130 an!

135. Stellen Sie die Wahrscheinlichkeitsfunktionen der Aufgabe 130 und 133 graphisch dar!

136. Geben Sie für die beiden Zufallsvariablen aus Aufgabe 133 deren Verteilungsfunktionen jeweils tabellarisch und graphisch wieder!

137. Geben Sie für die Zufallsvariable aus Aufgabe 130 deren Verteilungsfunktion tabellarisch und graphisch wieder!

138. a) Was verstehen Sie unter einer Dichtefunktion?
    b) Was unterscheidet Dichte- und Wahrscheinlichkeitsfunktion?

139. Eine Zufallsvariable X sei im Intervall $[a, b]$ gleichverteilt. Zeichnen Sie für diese Zufallsvariable die Dichtefunktion und die Verteilungsfunktion, und zwar so, wie diese Funktionen im Prinzip aussehen müssen!

Aufgaben

140. Welche Parameter werden als Maßzahlen von Verteilungen von Zufallsvariablen verwandt?

141. Was verstehen Sie unter dem Erwartungswert?

142. Berechnen Sie den Erwartungswert für Aufgabe 133!

143. jemand spielt Roulett nach folgendem System: Er setzt 100,- GE
   a) auf "Rot". Fällt eine rote Zahl, erhält er 200,- GE, fällt keine rote Zahl, ist sein Einsatz verloren.
   b) auf eine Zahl. Fällt diese Zahl, bekommt er 3.600,- GE, fällt diese Zahl nicht, ist sein Einsatz verloren.

   Berechnen Sie die jeweiligen Erwartungswerte des Gewinns für die beiden Spielsysteme! Kann der Spieler gegen die Bank langfristig gewinnen?

144. Berechnen Sie den Erwartungswert für Aufgabe 130!

145. Berechnen Sie den Erwartungswert einer Zufallsvariablen, die im Intervall $[a, b]$ gleichverteilt ist mit der Dichtefunktion

$$f(x) = \begin{cases} 0 & \text{für } x < a \\ \dfrac{1}{b-a} & \text{für } a \le x \le b \\ 0 & \text{für } x > b \end{cases}$$

146. Bestimmen Sie die Streuungen der Zufallsvariablen für Aufgabe 133!

147. Bestimmen Sie die Streuung der Zufallsvariablen X Aufgabe 130!

148. Bestimmen Sie die Streuungen der Zufallsvariablen in Aufgabe 143!

149. Bestimmen Sie die Streuung der stetigen Zufallsvariablen, die im Intervall $[a, b]$ gleichverteilt ist mit der in Aufgabe 145 angegebenen Dichtefunktion!

15 Wahrscheinlichkeitsverteilungen

15.1 Begriff und Bedeutung von Wahrscheinlichkeitsverteilungen

In Kapitel 14 wurde erläutert, welche Bedeutung die Wahrscheinlichkeits- und Verteilungsfunktion für diskrete Zufallsvariable beziehungsweise die Dichte- und Verteilungsfunktion für stetige Zufallsvariable besitzen. Jede beobachtbare Zufallsvariable hat dabei ihre eigenen Funktionen, d. h., es gibt insgesamt unendlich viele Funktionen von Zufallsvariablen.

Aus der praktischen Arbeit mit Zufallsvariablen und ihren Funktionen erfährt man aber sehr schnell, dass sich viele Zufallsvariable aus sehr ähnlichen Zufallsexperimenten ergeben und deswegen sehr ähnliche Funktionen aufweisen. Untersucht man diese Erscheinung weiter, dann erkennt man, dass sich für bestimmte Klassen von Zufallsvariablen mit genau abgegrenzten Voraussetzungen auch bestimmte Klassen von gleichartigen Funktionen ergeben.
Zur Verdeutlichung seien folgende Beispiele angeführt:

1. Jemand kauft 10 Glühbirnen, von denen drei defekt sind. Der Verkäufer prüft vier Birnen, die er der Gesamtmenge zufällig entnimmt, auf Funktion. Man kann hier die Zufallsvariable "Anzahl der defekten Glühbirnen in der Prüf-Auswahl" untersuchen.
2. Von einer Forschungsanstalt sind bei einem Hersteller 10 Kleinraketen zur Wetterforschung bezogen worden. Aus Erfahrung weiß man, dass durchschnittlich 30% der Raketen dieses Typs beim ersten Startversuch nicht zünden. An einem Morgen sollen vier zufällig ausgewählte Raketen abgeschossen werden. Hier untersucht man die Zufallsvariable "Anzahl der defekten Raketen in der Auswahl".

Diese beiden, auf den ersten Blick so unterschiedlichen Zufallsexperimente sind einander aber so ähnlich, dass sich in beiden Fällen die gleiche Wahrscheinlichkeits- und Verteilungsfunktion für die beiden diskreten Zufallsvariablen ergeben wird. Die Ähnlichkeit der Experimente ergibt sich aus folgenden Übereinstimmungen:

1. In beiden Fällen werden 10 Einheiten geliefert.
2. In beiden Fällen sind in den 10 gelieferten Einheiten je drei defekte Einheiten enthalten.
3. Es existieren nur defekte oder nicht-defekte Einheiten.
4. Aus den gelieferten 10 Einheiten werden zufällig vier Einheiten nacheinander entnommen, wobei einmal geprüfte Stücke nicht wieder zurückgelegt werden.
5. In beiden Fällen wird die Anzahl der defekten Stücke in der Auswahl als Zufallsvariable untersucht.

Aus der Tatsache, dass sich für ähnliche Zufallsexperimente ähnliche oder gleiche Wahrscheinlichkeits- und Verteilungsfunktionen ergeben, folgt, dass bestimmte Klassen von Wahrscheinlichkeits- und Verteilungsfunktionen für Zufallsvariable aufgestellt werden können, die sich aus sehr allgemeinen Modellbedingungen ergeben, losgelöst von einem konkreten Zufallsexperiment und einer konkreten empirischen Zufallsvariablen. Führt man dann in der Praxis ein Zufallsexperiment aus, das diesen allgemeinen Modellvoraussetzungen entspricht, braucht man für die aus dem Experiment resultierende Zufallsvariable deren Wahrscheinlichkeits- und Verteilungsfunktion nicht gesondert zu berechnen, sondern man kann sich bereits bestimmter Funktionen bedienen, die für das abstrakte Modell aufgestellt wurden.

Wahrscheinlichkeitsverteilungen

Derartige Klassen von allgemeingültigen Wahrscheinlichkeits- und Verteilungsfunktionen bzw. von Dichte- und Verteilungsfunktionen bezeichnet man allgemein als (theoretische) **Wahrscheinlichkeitsverteilungen.** Diese resultieren also nicht aus empirischen Beobachtungen und Zufallsexperimenten, sondern aus abstrakten Modellüberlegungen. Sie haben ihre große Bedeutung dadurch, dass man sie anstelle empirisch zu ermittelnder Funktionen verwenden kann.

Es gibt eine Vielzahl von statistisch bedeutsamen Wahrscheinlichkeitsverteilungen, sowohl für diskrete als auch für stetige Zufallsvariable. Die wichtigsten dieser Wahrscheinlichkeitsverteilungen sollen nachfolgend diskutiert werden.

15.2 Die hypergeometrische Verteilung

Zufallsvariable haben als Wahrscheinlichkeitsverteilung eine hypergeometrische Verteilung, wenn sie folgenden Voraussetzungen genügen:

1. Die Zufallsvariable ist diskret.

2. In dem zugrundeliegenden Zufallsexperiment enthält der Ereignisraum nur zwei sich ausschließende Zufallsereignisse. Man nennt einen solchen "zweiwertigen" Ereignisraum (oder die betreffende Grundgesamtheit) **dichotom.**

Dichotomie

3. Es existiert eine Menge G von Elementen, die jeweils eines der beiden möglichen Ereignisse E oder $\overline{E}$ des Ereignisraums realisieren können. Die Gesamtzahl aller Elemente in der Menge G ist bekannt und wird mit N bezeichnet. Die Anzahl der in der Menge G enthaltenen Elemente, die das *untersuchte* Zufallsereignis E realisieren, wird mit M bezeichnet. Es gilt dann:

$$N \geq M \qquad (15.2\text{-}1).$$

4. Aus der Menge G werden in einer Zufallsauswahl **n** Elemente entnommen, wobei ein einmal entnommenes Element nicht wieder der Menge hinzugefügt werden darf *(Ziehen ohne Zurücklegen).*

Die hypergeometrische Verteilung wird durch drei Parameter eindeutig festgelegt:

durch N,
durch M
und durch n.

jede mögliche Kombination von N, M und n definiert eine eigene hypergeometrische Verteilung.

Entnahmemodell

Bei einem **Entnahmemodell,** wie es durch die genannten Voraussetzungen festgelegt wird, erklärt man das Auftreten *eines* der beiden Zufallsereignisse zur Untersuchungseigenschaft der entnommenen Elemente. In diesem Fall ist die Anzahl der Elemente in der Zufallsauswahl, die die Untersuchungseigenschaft aufweisen, eine Zufallsvariable X. Für diese Zufallsvariable lässt sich feststellen:

Wahrscheinlichkeiten bei der hypergeometrischen Verteilung

1. die **Wahrscheinlichkeit,** dass in der Zufallsauswahl vom Umfang n **genau x Elemente** mit der untersuchten Eigenschaft sind. x kann alle Werte 0, 1, 2, . . . , n annehmen, die damit die möglichen Ausprägungen der Zufallsvariablen X darstellen. Diese Wahrscheinlichkeit berechnet sich nach

$$W(X = x) = \frac{\binom{M}{x} \cdot \binom{N-M}{n-x}}{\binom{N}{n}} \qquad (15.2\text{-}2).$$

Stellt man die nach (15.2-2) berechneten Wahrscheinlichkeiten für alle x = 0,1,2,..,n mit den zugehörigen Ausprägungen der Zufallsvariablen X zusammen, ergibt sich die Wahrscheinlichkeitsfunktion der hypergeometrischen Verteilung mit N, M und n.

2. die **Wahrscheinlichkeit,** dass in der Zufallsauswahl vom Umfang n **höchstens x Elemente mit** der untersuchten Eigenschaft sind, wobei x = 0, 1, 2,. . ., n. Diese Wahrscheinlichkeit berechnet sich durch Kumulation:

$$W(X \leq x) = W(X = 1) + W(X = 2) + ... + W(X = x)$$

Dafür kann man kürzer schreiben:

$$W(X \leq x) = \sum_{v=0}^{x} \frac{\binom{M}{v} \cdot \binom{N-M}{n-v}}{\binom{N}{n}} \qquad (15.2\text{-}3).$$

Die Zuordnung aller Werte der Zufallsvariablen zu den entsprechenden $W(X \leq x)$ ergibt die Verteilungsfunktion der hypergeometrischen Verteilung mit N, M und n.

Parameter der hypergeometrischen Verteilung

Den Erwartungswert einer hypergeometrisch verteilten Zufallsvariablen berechnet man nach:

$$E(X) = n\left(\frac{M}{N}\right) \qquad (15.2\text{-}4)$$

und die Varianz aus

$$V(X) = n\left(\frac{M}{N}\right) \cdot \left(1 - \frac{M}{N}\right) \cdot \frac{N-n}{N-1} \qquad (15.2\text{-}5).$$

Die Anwendung der hypergeometrischen Verteilung soll an folgendem Beispiel veranschaulicht werden:

Beispiel 15-1:

Ein Vertragshändler der SPEEDY GmbH hat 8 Fahrzeuge auf Lager, von denen 3 eine Metallic-Lackierung haben. Der Händler lässt aus seinem Lagerbestand zufällig 4 PKW´s entnehmen und einem Kunden als Modellvarianten vorführen. Wie groß ist die Wahrscheinlichkeit, dass er dem Kunden damit

a) kein
b) ein
c) zwei
d) drei
e) vier
f) höchstens ein
g) höchstens zwei
h) höchstens drei
i) mindestens ein

} Fahrzeug mit Metallic-Lack vorführt?

In Beispiel 15-1 ist

$$N=8$$
$$M = 3$$
$$n = 4$$

Man berechnet die gesuchten Wahrscheinlichkeiten nach (15.2-2) bzw. nach (15.2-3) unter Verwendung der Rechenregeln für Binomialkoeffizienten:

a) $$W(X=0) = \frac{\binom{3}{0} \cdot \binom{5}{4}}{\binom{8}{4}} = \frac{1 \cdot 5}{70} = 0{,}0714$$

b) $$W(X=1)=\frac{\binom{3}{1}\cdot\binom{5}{3}}{\binom{8}{4}}=\frac{3\cdot 10}{70}=0{,}4286$$

c) $$W(X=2)=\frac{\binom{3}{2}\cdot\binom{5}{2}}{\binom{8}{4}}=\frac{3\cdot 10}{70}=0{,}4286$$

d) $$W(X=3)=\frac{\binom{3}{3}\cdot\binom{5}{1}}{\binom{8}{4}}=\frac{1\cdot 5}{70}=0{,}0714$$

e) $W(X=4)=0$ Wenn nur 3 metalliclackierte PKW's im Lager sind, können nicht 4 Metallic-Fahrzeuge vorgestellt werden.

Die gesuchten Wahrscheinlichkeiten zu den Aufgaben f), g) und h) ergeben sich aus den oben berechneten Wahrscheinlichkeiten durch Kumulation:

f) $$W(X\le 1)=W(X=0)+W(X=1)=0{,}0714+0{,}4286=0{,}5000$$

g) $$W(X\le 2)=W(X=0)+W(X=1)+W(X=2)$$
$$=0{,}0714+0{,}4268+0{,}4268=0{,}9286$$

h) $$W(X\le 3)=W(X=0)+W(X=1)+W(X=2)+W(X=3)$$
$$=0{,}0714+0{,}4286+0{,}0714=1{,}0000$$

i) Der Fall "mindestens ein Metallic-PKW" umfasst die Ereignisse "ein Metallic-PKW", "zwei Metallic-PKW" und "drei Metallic-PKW". Man kann also rechnen:

$$W(X\ge 1)=W(X=1)+W(X=2)+W(X=3)$$
$$=0{,}4286+0{,}4286+0{,}0714=0{,}9286$$

Die Wahrscheinlichkeit W $(X\ge 1)$ lässt sich aber auch einfacher über die *Gegenwahrscheinlichkeit* ausrechnen. In dem Beispiel sind die Ereignisse x = 0, 1, 2 und 3 möglich. Da in $W(X\ge 1)$ die Ereignisse x = 1,2 und 3 enthalten sind, und die Summe der Wahrscheinlichkeiten für alle Ereignisse gleich 1 sein muss, lässt sich $W(X\ge 1)$ auch berechnen als:

$$W(X\ge 1)=1-W(X=0)=1-0{,}0714=0{,}9286$$

Mit den berechneten Wahrscheinlichkeiten kann man die Wahrscheinlichkeits- und die Verteilungsfunktion der Zufallsvariablen "Anzahl von metalliclackierten PKW's in der Auswahl" als Funktion einer hypergeometrischen Verteilung mit N = 8, M = 3 und n = 4 wie in Tabelle 15-1 wiedergeben.

x	Wahrscheinlichkeitsfunktion $W(X=x)=f(x)$	Verteilungsfunktion $W(X \leq x)=F(x)$
0	0,0714	0,0714
1	0,4286	0,5000
2	0,4286	0,9286
3	0,0714	1,0000
Σ	1,0000	

Tab. 15-1: Die Wahrscheinlichkeits- und die Verteilungsfunktion zu Beispiel 15-1

Als Erwartungswert für Beispiel 15-1 ergibt sich:

$$E(X) = 4 \cdot \left(\frac{3}{8}\right) = 1{,}5$$

und als Varianz:

$$V(X) = 4 \cdot \left(\frac{3}{8}\right) \cdot \left(1 - \frac{3}{8}\right) \cdot \frac{8-4}{8-1} = 0{,}5357$$

Wenn man sich vorstellt, dass derartige Auswahlen von PKW's sehr oft wiederholt werden, dann werden im Durchschnitt in jeder Auswahl 1,5 Metallic-PKW's bei einer Varianz von 0,5357 enthalten sein.

Tabellensammlung

Um die etwas mühselige Berechnung der einzelnen Wahrscheinlichkeiten nach (15.2-2) und (15.2-3) zu vermeiden, sollte man die in **Tabelle 6** der beigefügten **Tabellensammlung** abgedruckten Wahrscheinlichkeits- und Verteilungsfunktionen der hypergeometrischen Verteilungen bis N = 10 verwenden. Um den Gebrauch der Tabelle zu üben, sollte man die Ergebnisse des Beispiels 15-1 auch in Tabelle 6 aufsuchen.

An dieser Stelle ist eine Anmerkung zur Symbolik angebracht. Im 14. Kapitel wurden die Symbole $f(x_j)$ für die Wahrscheinlichkeits- und $F(x_j)$ für die Verteilungsfunktion einer Zufallsvariablen X verwandt. Jetzt ist aber zusätzlich anzugeben , dass es sich nicht um beliebige Funktionen, sondern um die einer hypergeometrischen Verteilung handelt. Dafür wird der Index "H" verwendet, und man schreibt dann $f_H(x_j)$ und $F_H(x_j)$. Wie oben ausgeführt, gibt es viele verschiedene hypergeometrische Verteilungen, die jeweils durch die Kombination der Parameter N, M und n genau definiert werden. Dies ist auch in der Symbolik zu kennzeichnen. Man schreibt deshalb

$f_H(x; N, M, n)$ für die hypergeometrische Wahrscheinlichkeitsfunktion und

$F_H(x; N, M, n)$ für die hypergeometrische Verteilungsfunktion

15.3 Die Binomialverteilung

Zufallsvariable haben als Wahrscheinlichkeitsverteilungen eine der Binomialverteilungen, wenn sie folgende Bedingungen erfüllen:

1. Die Zufallsvariable ist diskret.
2. Es existieren in dem zugrundeliegenden Zufallsexperiment nur zwei sich ausschließende Zufallsereignisse E und $\bar{E}$ bei allen möglichen Ereignissen. Der Ereignisraum ist also dichotom.
3. Es existiert eine Menge G mit Elementen, die jeweils nur eines der beiden möglichen Zufallsereignisse realisieren können. Eines der beiden Zufallsereignisse, z.B. das Ereignis "E", wird zur *Untersuchungseigenschaft* der Elemente der Menge G erklärt. Der **Anteil** der Elemente mit der Untersuchungseigenschaft an allen Elementen der Menge G ist bekannt und wird mit Θ bezeichnet.
4. Aus der Menge G wird eine Zufallsauswahl von n Elementen gezogen, wobei jedes einmal entnommene Element nach der Entnahme und der Feststellung, welches der beiden möglichen Ereignisse es realisiert, wieder der Menge G hinzugefügt wird *(Ziehen mit Zurücklegen).* Nach erneutem Durchmischen wird das nächste Element gezogen, untersucht und wieder zurückgelegt usw., bis insgesamt **n** Elemente gezogen wurden. Durch diese Ziehungsweise wird es möglich, ein Element mehrfach in der Zufallsauswahl vorzufinden.

Entnahme <u>mit</u> Zurücklegen

Die Binomialverteilung wird durch zwei Parameter eindeutig festgelegt:

durch Θ und durch **n**.

Jede mögliche Kombination von Θ und n definiert eine eigene Binomialverteilung.

Werden aus einer Menge G unter den genannten Bedingungen Elemente entnommen, dann gibt die Zufallsvariable X die Anzahl der Elemente in der Auswahl an, die das untersuchte Ereignis realisieren. Für diese Zufallsvariable X kann man berechnen:

Wahrscheinlichkeiten bei der Binomialverteilung

1. die **Wahrscheinlichkeit, in** der Zufallsauswahl vom Umfang n **genau x Elemente** zu finden, die das Untersuchungsereignis realisieren, wobei x = 0, 1, 2,3,. . ., n. Diese Wahrscheinlichkeit berechnet sich im Modell der Binomialverteilung nach

$$W(X = x) = \binom{n}{x} \cdot \Theta^x \cdot (1-\Theta)^{n-x} \qquad (15.3\text{-}1).$$

Aus den Wahrscheinlichkeiten für alle Werte x der Zufallsvariablen X kann man in bekannter Weise die Wahrscheinlichkeitsfunktion $f_B(x; \Theta, n)$ aufstellen.

2. die **Wahrscheinlichkeit,** in der Zufallsauswahl vom Umfang n **höchstens x Elemente** mit der Untersuchungseigenschaft zu finden, wobei x = 0,1,2,...,n. Diese Wahrscheinlichkeit erhält man wieder durch Kumulation der nach (15.3-1) berechneten Einzel-Wahrscheinlichkeiten. Für die Kumulation lässt sich schreiben:

$$W(X \leq x) = \sum_{v=0}^{x} \binom{n}{v} \cdot \Theta^{v} \cdot (1-\Theta)^{n-v} \quad (15.3\text{-}2).$$

Aus den Wahrscheinlichkeiten $W(X \leq x)$ für alle Werte x der Zufallsvariablen X ergibt sich die Verteilungsfunktion $F_B(x; \Theta, n)$ der Binomialverteilung.

Parameter der Binomialverteilung

Bei einer binomialverteilten Zufallsvariablen berechnet man deren Erwartungswert nach

$$E(X) = n \cdot \Theta \quad (15.3\text{-}3)$$

und die Varianz nach

$$V(X) = n \cdot \Theta \cdot (1-\Theta) \quad (15.3\text{-}4)$$

Die Anwendung der Binomialverteilung demonstriert

Beispiel 15-2:

In einem Saal spielen 100 Kinder, von denen 40 Mädchen sind. Verschiedene Kinder verlassen zufällig den Saal und gehen kurz darauf wieder zurück. Wie groß ist die Wahrscheinlichkeit, dass bei den ersten 5 Kindern, die den Saal verlassen,

a) kein
b) ein
c) zwei
d) fünf
e) höchstens ein
f) höchstens zwei

} Mädchen ist/sind?

In diesem Beispiel ist Θ = 0,4 und n = 5. Man berechnet die gesuchten Wahrscheinlichkeiten für die Teilaufgaben a - d nach (1 5.3 - 1):

a) $$W(X=0) = \binom{5}{0} \cdot 0{,}4^{0} \cdot (1-0{,}4)^{5} = 1 \cdot 0{,}4^{0} \cdot 0{,}6^{5} = 0{,}0778$$

b) $W(X=1)=\binom{5}{1}\cdot 0{,}4^1\cdot(1-0{,}4)^4=5\cdot 0{,}6^4\cdot 0{,}4^1=0{,}2592$

c) $W(X=2)=\binom{5}{2}\cdot 0{,}4^2\cdot(1-0{,}4)^3=10\cdot 0{,}4^2\cdot 0{,}6^3=0{,}3456$

d) $W(X=5)=\binom{5}{5}\cdot 0{,}4^5\cdot(1-0{,}4)^0=1\cdot 0{,}4^5\cdot 0{,}6^0=0{,}0102$

Die Ergebnisse zu den Teilaufgaben e) und f) ergeben sich gem. (15.3-2) durch Kumulation aus den oben errechneten Wahrscheinlichkeiten:

e) $W(X\leq 1)=W(X=0)+W(X=1)=0{,}0778+0{,}2592=0{,}3370$

f) $W(X\leq 2)=W(X=0)+W(X=1)+W(X=2)$
$=0{,}0778+0{,}2592+0{,}3456=0{,}6826$

Wenn man die weiteren Wahrscheinlichkeiten in der gezeigten Art berechnet, kann man die Wahrscheinlichkeitsfunktion $f_B(x;\,0{,}4;\,5)$ und die Verteilungsfunktion $F_B(x;\,0{,}4;\,5)$ aufstellen:

x	Wahrscheinlichkeitsfunktion $f_B(x;0{,}4;5)=W(X=x)$	Verteilungsfunktion $F_B(x;0{,}4;5)=W(X\leq x)$
0 1 2 34 5	0,0778 0,2592 0,3456 0,2304 0,0768 0,0102	0,0778 0,3370 0,6826 0,9130 0,9898 1,0000
Σ	1,0000	

Tab. 15-2: Die Wahrscheinlichkeits- und die Verteilungsfunktion einer Binomialverteilung mit $\Theta = 0{,}4$ und $n = 5$

Man erhält für Beispiel 15-2 den Erwartungswert mit

$$E(X)=5\cdot 0{,}4=2$$

und die Varianz

$$V(X)=5\cdot 0{,}4(1-0{,}4)=1{,}2$$

Wenn sehr viele Gruppen von 5 Kindern beim einzelnen Verlassen des Saales beobachtet werden, sind in jeder Auswahl im Durchschnitt 2 Mädchen zu finden bei einer Varianz von 1,2.

Auch die Binomialverteilung liegt für Zufallsauswahlen bis n = 10 in der beigefügten **Tabellensammlung** in **Tabelle 7** vor. Zur Übung sollte man die Ergebnisse des Beispiels 15-2 mit den Werten der Tabelle vergleichen. **Tabellensammlung**

Das besondere Kennzeichen des Modells der Binomialverteilung ist das Ziehen **mit** Zurücklegen. Dadurch wird erreicht, dass vor jeder Entnahme alle

Elemente des Ereignisraums vorhanden sind und gezogen werden können. Damit ist vor jeder Entnahme der Anteil Θ der Elemente mit der Untersuchungseigenschaft gleich groß.

Konstanz von Θ

Diese zuletzt geschilderte Eigenschaft ist von großer praktischer Bedeutung. Häufig ergibt sich das Problem, dass aus einer sehr großen dichotomen Menge von Elementen einige wenige Elemente ausgewählt, untersucht und **nicht** zurückgelegt werden. Streng genommen müsste hier das Entnahmemodell der hypergeometrischen Verteilung zur Anwendung kommen. Wenn aber der Ereignisraum sehr groß (exakt: unendlich groß) ist, dann hat die Entnahme einiger Elemente keinen messbaren Einfluss auf den Anteil Θ. Da Θ somit quasikonstant ist, kann man auch hier die Binomialverteilung anwenden, ohne zu große Abweichungen von den exakten Wahrscheinlichkeiten der hypergeometrischen Verteilung in Kauf nehmen zu müssen. Zudem liegen die hypergeometrischen Verteilungen für große Werte von N nicht tabelliert vor, und die Berechnung von Einzelwahrscheinlichkeiten bereitet hier große rechentechnische Schwierigkeiten. Auch aus diesem Grund zieht man in solchen Fällen die Verwendung der Binomialverteilung vor. Allerdings muss bei einer Verwendung der Binomialverteilung anstelle der hypergeometrischen Verteilung gewährleistet sein, dass der Umfang der Zufallsauswahl viel kleiner ist als der Umfang der Gesamtheit aller Elemente. Als Faustregel sollte man sich merken, dass

$$\frac{n}{N} \leq 0{,}05$$

sein sollte.

Beispiel 15-3:

Von einem bestimmten Artikel weiß man, dass er mit einem Anteil von $\Theta = 0{,}1$ in minderer Qualität (II. Wahl) produziert wird. Aus der sehr großen Monatsproduktion dieses Artikels werden zufällig n = 10 Einheiten des Produktes zu Prüfzwecken entnommen, wobei eine Ziehung ohne Zurücklegen erfolgt. Wie groß ist die Wahrscheinlichkeit, in der Auswahl

a) zwei
b) fünf
c) zehn
d) höchstens drei
e) höchstens fünf
f) mindestens vier

} Elemente der II. Wahl zu finden?

Unter Zuhilfenahme der Formeln (15.3-1) bzw. (15.3-2) ergibt sich:

a)	$W(X=2) = 0{,}1937$	b)	$W(X=5) = 0{,}0015$
c)	$w(X=10) = 0{,}0000$	d)	$W(X \leq 3) = 0{,}9872$
e)	$W(X \leq 5) = 0{,}9999$	f)	$W(X \geq 4)=1-W(X-3)=0{,}0128$

15.4 Die Poissonverteilung

Zufallsvariable haben unter folgenden Bedingungen eine Poissonverteilung als Wahrscheinlichkeitsverteilung:

1. Die Zufallsvariable ist diskret.
2. In dem Ereignisraum des zugrundeliegenden Zufallsexperimentes existieren nur zwei sich ausschließende Zufalls-Ereignisse (Dichotomie).
3. Es existiert eine **unendliche** Menge G von Elementen, die jeweils eines der beiden möglichen Ereignisse realisieren können.
4. Es wird untersucht, **wie oft** ein Element mit dem untersuchten Ereignis **in einem bestimmten Bezugsrahmen (z.B. einem Zeitraum)** eingetreten ist. Wegen der Unendlichkeit der Menge aller Elemente kann dann nicht angegeben werden, wie oft das untersuchte Ereignis **nicht** eingetreten ist.
5. Der Anteil der Elemente mit dem untersuchten Ereignis ist relativ klein. Anders ausgedrückt: das Auftreten von Elementen, die das Untersuchungsereignis realisieren, ist ein **seltenes Ereignis.**

seltenes Ereignis

Typische Beispiele für Zufallsexperimente, deren Wahrscheinlichkeitsverteilung eine Poissonverteilung ist, sind:

- Kunden betreten einen Laden in einer Stunde. (Man kann sagen: "X Kunden haben den Laden betreten", aber es kann nicht gesagt werden, wie viele Kunden nicht den Laden betreten haben).

- Anzahl von Geburten pro Tag

- Anzahl von ankommenden Telefongesprächen pro Minute

- Anzahl von auftretenden Maschinendefekten pro Tag

- Anzahl von Lackierfehlern pro Auto.

Die Poissonverteilung wird nur durch **einen** Parameter festgelegt, nämlich durch die durchschnittliche Anzahl von beobachteten Untersuchungsmerkmalen im vorgegebenen Bezugsrahmen. Dieser Durchschnittswert wird mit μ bezeichnet. jede denkbare Größe von μ definiert eine eigene Poissonverteilung.

Bei einem durch die angeführten Bedingungen festgelegten Zufallsexperiment wird die Zufallsvariable X: "Anzahl der Elemente, die das Untersuchungsereignis in einem bestimmten Zeitraum realisieren" analysiert. Für diese Zufallsvariable können wir feststellen:

1. die **Wahrscheinlichkeit,** dass in dem bestimmten Zeitraum das Untersuchungsereignis **genau x mal** beobachtet wurde, wobei x = 0, 1, 2,...,

Wahrscheinlichkeiten bei der Poissonverteilung

∞. Diese Wahrscheinlichkeit kann man im Modell der Poissonverteilung berechnen nach[1]

$$W(X = x) = \frac{\mu^X \cdot e^{-\mu}}{x!} \qquad (15.4\text{-}1)$$

Die Zuordnung aller Werte der Zufallsvariablen zu den entsprechenden Wahrscheinlichkeiten stellt die Wahrscheinlichkeitsfunktion der Poissonverteilung dar. Da x alle Werte von 0 bis ∞ annehmen kann, hat die Wahrscheinlichkeitsfunktion streng genommen unendlich viele Werte. Da sich aber nach wenigen $W(X = x) \neq 0$ nur noch Werte ergeben, die vernachlässigbar klein sind, kann man diese praktisch gleich 0 setzen. Die Angabe aller weiteren Werte nach erstmaligem Erreichen dieses Wertes kann dann unterbleiben.

2. die **Wahrscheinlichkeit,** dass in dem bestimmten Bezugsrahmen das beobachtete Ereignis **höchstens x mal** festgestellt wurde, wobei x = 0, 1, 2,..., ∞. Diese Wahrscheinlichkeit $W(X \leq x)$ erhält man durch Kumulation der Einzelwahrscheinlichkeiten. Für diese Kumulation lässt sich kürzer schreiben:

$$W(X \leq x) = \sum_{v=0}^{x} \frac{\mu^v \cdot e^{-\mu}}{v!} \qquad (15.4\text{-}2).$$

Die Zusammenstellung aller $W(X \leq x)$ für alle Werte x der Zufallsvariablen X ist die Verteilungsfunktion der Poissonverteilung. Da x alle Werte von 0 bis ∞ annehmen kann, müsste die Verteilungsfunktion streng genommen unendlich viele Werte umfassen. Die Angabe derartig vieler Werte erübrigt sich aber, weil nach einer begrenzten Anzahl kumulierter Wahrscheinlichkeiten nur noch Ausdrücke der Art $W(X \leq x) = 1$ folgen, deren unbegrenzte Wiedergabe keinen Informationsgewinn bringt.

Parameter der Poissonverteilung

Als Erwartungswert einer poissonverteilten Zufallsvariablen erhält man:

$$E(X) = \mu \qquad (15.4\text{-}3)$$

und als Varianz:

$$V(X) = \mu \qquad (15.4\text{-}4).$$

Poissonverteilungen bis $\mu = 9$ sind in **Tabelle 8** der beigefügten **Tabellensammlung** aufgeführt. Benötigte Wahrscheinlichkeiten für diese Verteilungen können dort leicht nachgeschlagen werden.

Zur Veranschaulichung der Verwendung der Poissonverteilung diene folgendes Beispiel:

[1] In(15.4-1) und (15.4-2) ist "e" die Euler'sche Zahl: e = 2,71828... , deren Potenzen e^x bzw. e^{-x} sich leicht mit einem guten Taschenrechner berechnen lassen.

Beispiel 15-4:

Die SPEEDY GmbH hat eine sehr große Zahl von Beschäftigten. Im Durchschnitt sind pro Arbeitstag 2,8 Beschäftigte auf einer Dienstreise. Mit welcher Wahrscheinlichkeit sind an einem Arbeitstag

a) keine
b) genau vier
c) genau acht
d) höchstens drei
e) höchstens fünf
f) mindestens vier

} Beschäftigte(n) auf einer Dienstreise?

Mit Hilfe der Formeln (15.4-1) bzw. (15.4-2) erhält man die folgenden Ergebnisse für $\mu = 2{,}8$:

a)	$W(X=0)=0{,}0608$	b)	$W(X=4)=0{,}1557$
c)	$W(X=8)=0{,}0057$	d)	$W(X\leq 3)=0{,}6919$
e)	$W(X\leq 5)=0{,}9349$	f)	$W(X\geq 4)=1-W(X\leq 3)=0{,}3081$

15.5 Die Normalverteilung

Hat eine **stetige** Zufallsvariable X die Dichtefunktion

Dichtefunktion

$$f(x)=f_N(x;\mu,\sigma^2)=\frac{1}{\sigma\sqrt{2\pi}}\cdot e^{-\frac{1}{2}\left[\frac{v-\mu}{\sigma}\right]^2} \quad \text{für } -\infty < x < +\infty \text{ und } \sigma > 0 \qquad (15.5\text{-}1)$$

und die Verteilungsfunktion

$$F(x)=F_N(x;\mu,\sigma^2)=\frac{1}{\sigma\sqrt{2\pi}}\cdot\int_{-\infty}^{x} e^{-\frac{1}{2}\left[\frac{v-\mu}{\sigma}\right]^2}dv \quad \text{für } -\infty < x < +\infty \text{ und } \sigma > 0 \qquad (15.5\text{-}2),$$

dann bezeichnet man die Zufallsvariable X als **normalverteilt.** Die Normalverteilung wird bestimmt durch ihre beiden Parameter μ und, so dass sich für jede denkbare Kombination dieser Parameter eine eigene Normalverteilung ergibt. Erwartungswert und Varianz der Normalverteilung mit μ und σ^2 sind definiert als

$$E(X)=\mu \qquad (15.5\text{-}3)$$

$$V(X)=\sigma^2 \qquad (15.5\text{-}4).$$

Einige Normalverteilungen mit $\mu = 1.000$ und verschiedenen Werten für σ haben die in Abb. 15-1 wiedergegebenen graphischen Darstellungen.

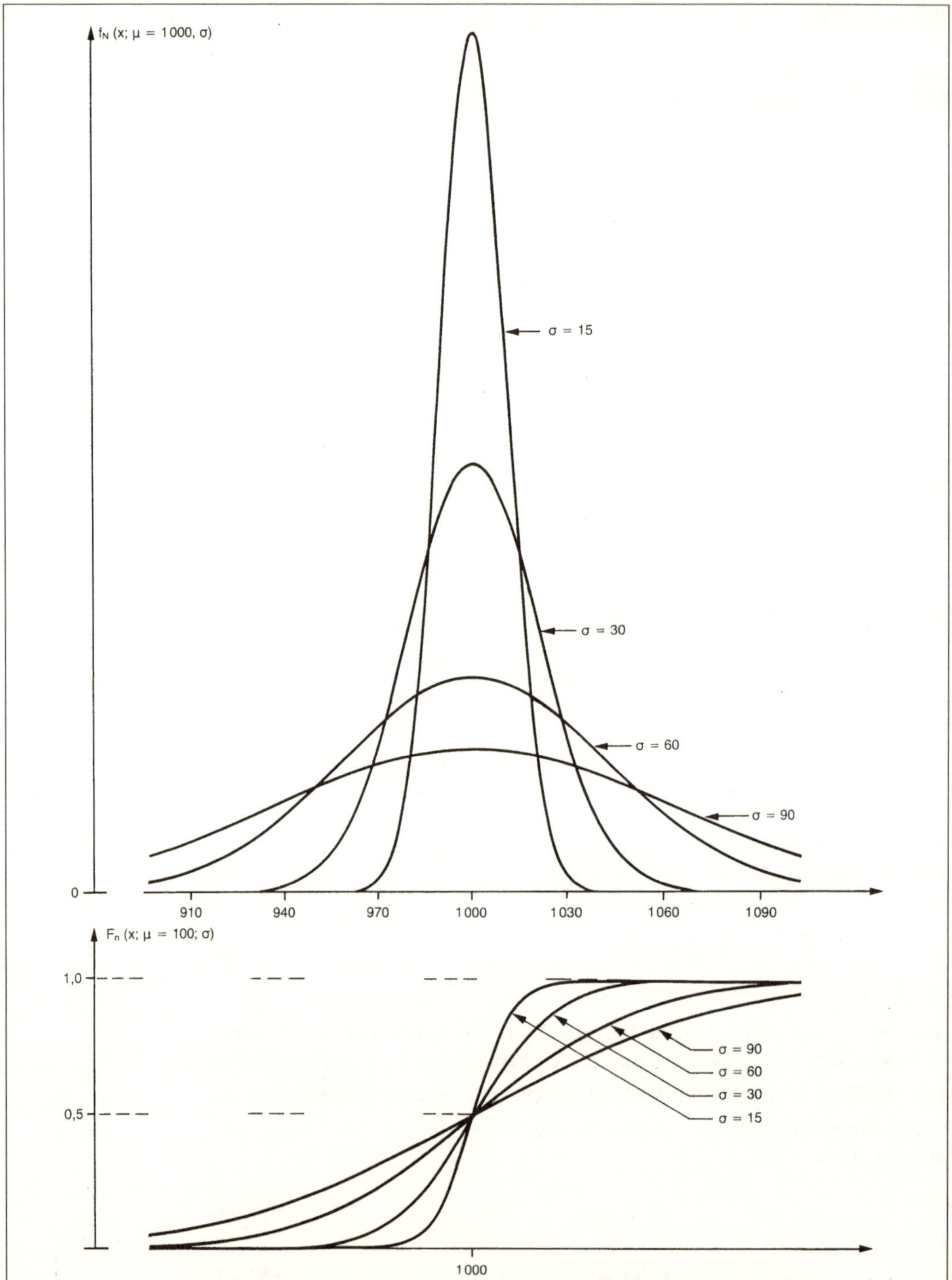

Abb. 15-1: Graphische Darstellung der Dichte- und Verteilungsfunktionen für verschiedene Normalverteilungen mit μ = 1.000 und verschiedener Streuung

Ein besonderes Kennzeichen der Normalverteilungen ist es, dass der **Abstand der Wendepunkte** der Dichtefunktion von der durch den Parameter μ bestimmten Symmetrieachse genau $1\ \sigma$ beträgt.

Von den vielen möglichen Normalverteilungen nimmt diejenige mit $\mu = 0$ und $\sigma^2 = 1 = \sigma$ eine besondere Stellung ein. Diese besondere Normalverteilung wird als **Standardnormalverteilung** bezeichnet. Die überragende Bedeutung der Standardnormalverteilung ergibt sich aus der Tatsache, dass man alle Werte x einer beliebig-normalverteilten Zufallsvariablen X durch die Transformation

Standardnormalverteilung

$$z = \frac{x - \mu}{\sigma} \qquad (15.5\text{-}5)$$

in die Werte z einer standardnormalverteilten Zufallsvariablen Z transformieren kann. Da diese Umformung für **jede** Normalverteilung möglich ist und auch wieder umgekehrt werden kann, reicht es aus, nur die Werte der standardnormalverteilten Dichte- und Verteilungsfunktion zu berechnen und zu tabellieren. Benötigt man für irgendeinen Wert x einer normalverteilten Zufallsvariablen X z. B. den Wert der Verteilungsfunktion, also $W(X \leq x)$, dann wird der Wert x mit (15.5-5) in einen Wert z transformiert, für den man $W(Z \leq z)$ aus der Tabelle entnehmen kann. Dieser Wert entspricht dann unmittelbar der gesuchten Wahrscheinlichkeit $W(X \leq x)$. Die Dichte- und die Verteilungsfunktion der Standardnormalverteilung sind in Abb. 15-2 graphisch dargestellt.

Als Beispiel: die SPEEDY GmbH liefert an ihre Vertragshändler Ersatzteile durch einen Kurierdienst. Dessen (stetige) Lieferzeiten seien normalverteilt mit $\mu = 50$ [Stunden]und $\sigma = 10$ [Stunden]. In diesem Fall kann man nicht ohne weiteres angeben, wie groß z. B. die Wahrscheinlichkeit ist, bei einer Zufallsauswahl Werte dieser Zufallsvariablen zu beobachten, die höchstens $x_i = 75$ Stunden groß sind, weil diese spezielle Normalverteilung ($\mu = 50$; $\sigma = 10$) nicht tabelliert vorliegt. Die gesuchte Wahrscheinlichkeit lässt sich jedoch mit Hilfe von Gleichung (15.5-2) berechnen. Diese Berechnung ist aber recht kompliziert.

Wesentlich einfacher ist es dagegen, aus der **normalverteilten Zufallsvariablen** X mit der **Transformationsgleichung** (15.5-5) eine **standardnormalverteilte Zufallsvariable Z** abzuleiten. Für den oben angeführten Grenz-Wert von $x_i = 75$ ergibt sich als transformierter Wert z_i:

Standardisierung von Zufallsvariablen

$$z_i = \frac{x_i - \mu}{\sigma} = \frac{75 - 50}{10} = 2{,}5$$

Mit diesem Ergebnis kann man in der Tabelle der Standardnormalverteilung ablesen, dass z_i-Werte von höchstens 2,5 (das entspricht x_i-Werten von höchstens 75) mit einer Wahrscheinlichkeit von 0,9938 beobachtet werden, d.h. 99,38% aller Vertragshändler erhalten ihre Ersatzteile in höchstens 75 Stunden. Die Verwendung der entsprechenden Tabellen der Standardnormalverteilung wird später erläutert werden.

Tabellensammlung

In Abb. 15-1 war ersichtlich, dass der Abstand des Wendepunktes der Dichtefunktion von der Symmetrieachse genau 1σ beträgt. Durch die Transformation nach (15.5-5) wird dieser Abstand in der Standardnormalverteilung genau gleich **1,0**.

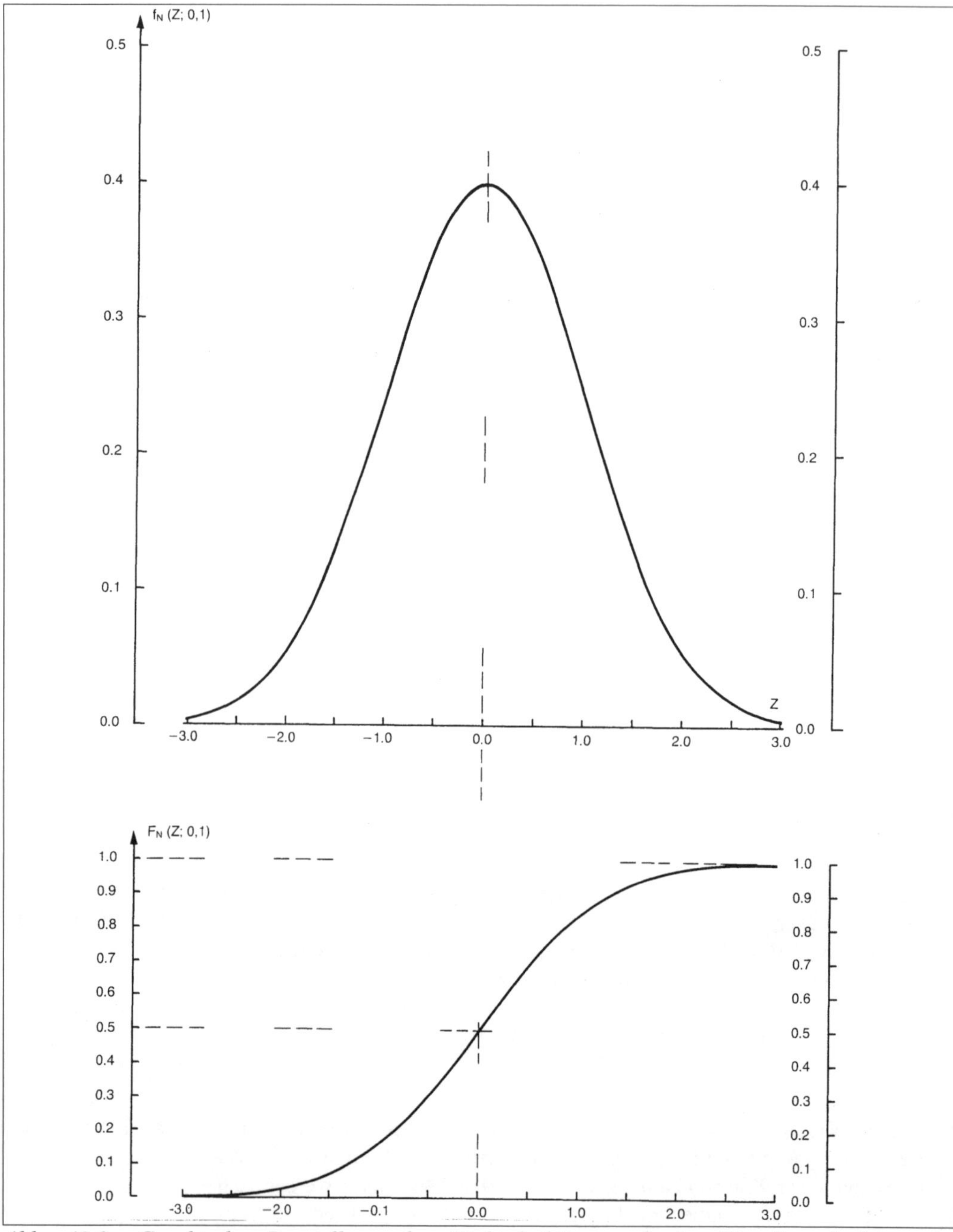

Abb. 15-2: Graphische Darstellung der Dichtefunktion und der Verteilungsfunktion der ***Standardnormalverteilung***

Wie bereits bekannt, ist bei Dichtefunktionen die **Fläche unter der Dichtefunktion,** die von der Abszisse und eventuell von der Ordinate begrenzt wird, **gleich 1**. Normalverteilungen und damit auch die Standardnormalverteilung haben alle die in Abb. 15-1 bzw. Abb. 15-2 wiedergegebenen symmetrischen Dichtefunktionen. In diesem Fall kann man sagen, dass die Fläche unter einer **Hälfte** der Dichtefunktion einer Normalverteilung genau gleich **0,5 ist.** Damit entspricht die Fläche unter der linken Hälfte der Dichtefunktion der Standardnormalverteilung, also für alle Werte $z \leq 0$, genau dem zugehörigen Wert der Verteilungsfunktion. Diesen Gedanken kann man erweitern und aussagen, dass der Wert der Verteilungsfunktion für einen bestimmten z-Wert immer gleich ist der Fläche unter der Dichtefunktion für alle z-Werte, die kleiner oder gleich sind dem vorgegebenen z-Wert der Verteilungsfunktion. Abb. 15-3 veranschaulicht diese Gesetzmäßigkeit.

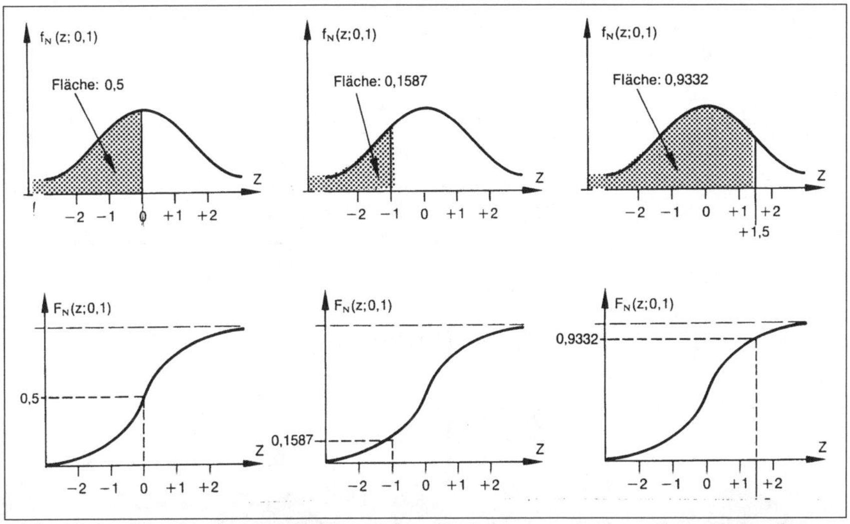

Abb. 15-3: Graphische Darstellung der Beziehung zwischen dem Wert der Verteilungsfunktion und der zugehörigen Fläche unter der Dichtefunktion, dargestellt am Beispiel der Standardnormalverteilung

Die Dichte- und die Verteilungsfunktion der Standardnormalverteilung sind in den **Tabellen l0a und 10b** der beigefügten **Tabellensammlung** wiedergegeben

Aus der Tatsache, dass man bei der Standardnormalverteilung (wie auch bei jeder anderen Verteilung) die Werte der Verteilungsfunktion auch als Flächen unter der Dichtefunktion darstellen kann, lassen sich zwei weitere interessante Funktionen ableiten. Man betrachte dazu die mittlere Darstellung in Abb. 15-3. Wenn dort die schraffierte Fläche den Wert 0,1587 hat, dann hat die Fläche unter der Dichtefunktion zwischen z = -l und z = 0 den Wert 0,5-0,1587 = 0,3413, denn die Gesamtfläche unter der linken Hälfte der Dichtefunktion ist 0,5. Analog lassen sich andere Flächen unter der Dichtefunktion der Standardnormalverteilung bestimmen, die zwischen irgendeinem z-Wert und z = 0 liegen. Abb. 15-4 veranschaulicht diesen Gedanken.

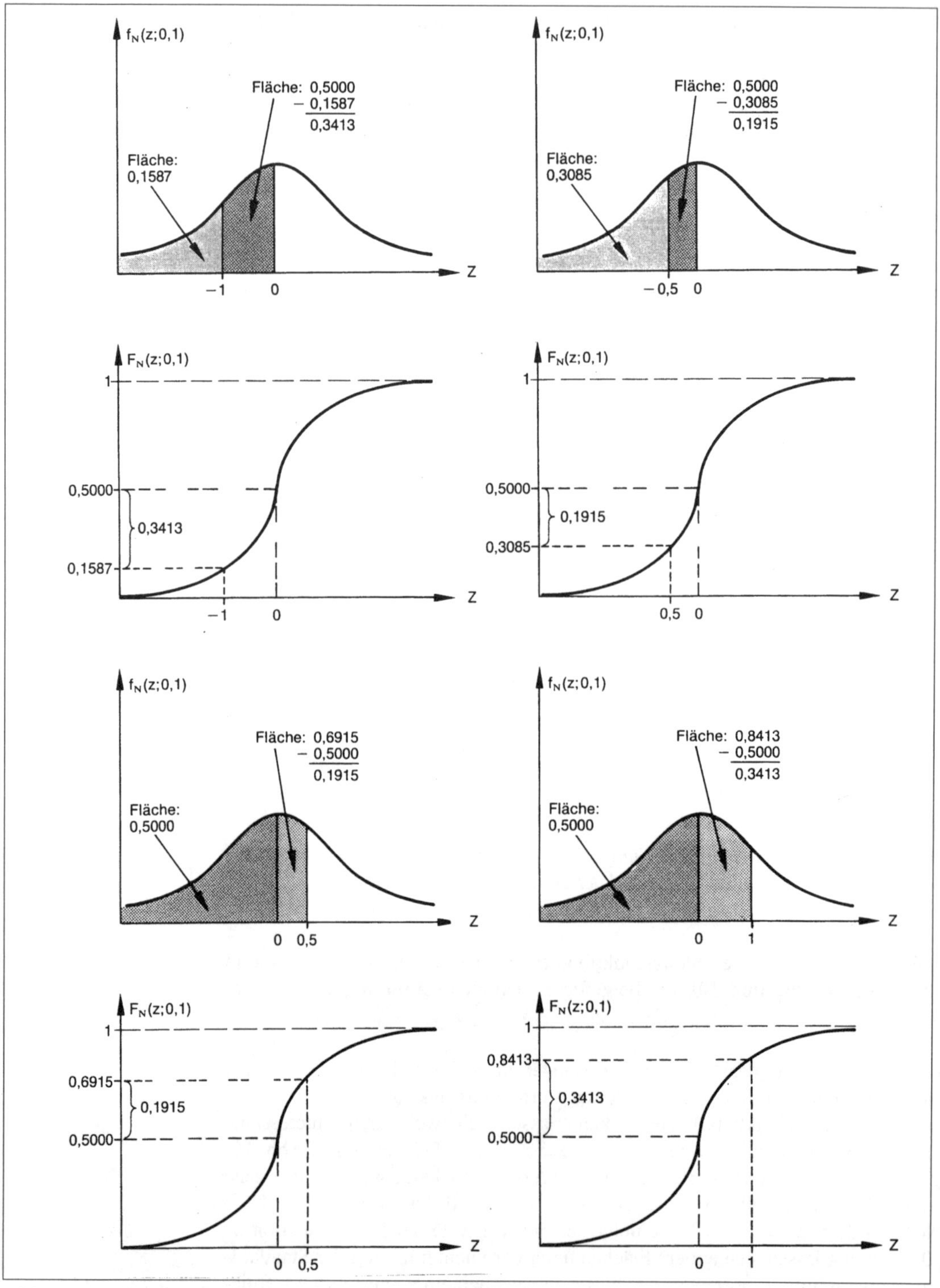

Abb. 15-4: Graphische Darstellung der Ermittlung der aus der Verteilungsfunktion $F_N(z;0;1)$ abgeleiteten Funktion $F_N{}^*(z;0;1)$

Die aus der Verteilungsfunktion F_N (z;0;1) abgeleitete Funktion, die Flächen als einseitige Abweichung eines z-Wertes von z = 0 bestimmt, bezeichnet man zur Unterscheidung mit F_N^* (z; 0;1). Diese abgeleitete Funktion ist in **Tabelle 10 c** der beigefügten **Tabellensammlung** berechnet und wiedergegeben. Wegen der aus Abb. 15-4 zu ersehenden Symmetrie dieser Funktion sind nur die Funktionswerte für positive z-Werte angegeben. Die Funktionswerte für negative z-Werte erhält man, indem man sie für den absoluten Betrag des negativen z-Wertes in der Tabelle nachschlägt, d. h., der Funktionswert für z = 1 ist genauso groß wie der für z = -1.

Die zweite Funktion, die man aus der Verteilungsfunktion ableiten kann, ergibt sich wie folgt: Wenn, wie in Abb. 15-4 ersichtlich, die Fläche zwischen z = - 1 und z = 0 gleich 0,3413 ist und die Fläche zwischen z = 0 und z = 1 den gleichen Wert hat, dann ist die Fläche in dem symmetrischen Bereich von z = - 1 bis z = 1 gleich 2 · 0,3413 = 0,6828. Entsprechend ist die Fläche zwischen z = -0,5 und z = 0,5 gleich 2 · 0,1915 = 0,3830. Abb. 15-5 verdeutlicht dieses Vorgehen.

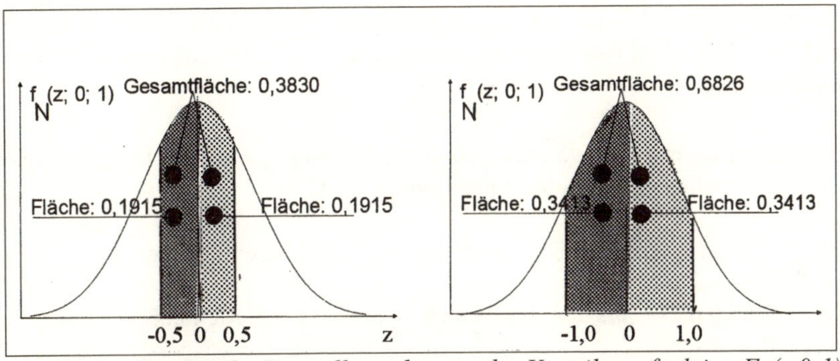

Abb.15-5: Graphische Darstellung der aus der Verteilungsfunktion $F_N(z;0;1)$ abgeleiteten Funktion $F_N^{**}(z;0;1)$

Die Funktion F_N^{**}(z;0,l) bestimmt also die Fläche eines **symmetrischen** Intervalls um z = 0. Diese abgeleitete Funktion ist in **Tabelle 10 d** der beigefügten **Tabellensammlung** erfasst.

Die beiden abgeleiteten Funktionen F_N^*(z; 0;1) und F_N^{**}(z; 0;1) haben in der praktischen statistischen Arbeit die größte Bedeutung. Um die Verwendung der Tabellen der Standardnormalverteilung und die Bedeutung der unter (15.5-5) angeführten z-Transformation zu verdeutlichen, sei das folgende Beispiel angeführt:

Beispiel 15-5:

Aus Erfahrung sei bekannt, dass der Durchmesser von Stahlrohren einer bestimmten Fertigung normalverteilt sei mit einem Mittelwert von μ = 100 mm bei einer Varianz von σ^2 = 25 mm^2. Die Produktion ist sehr groß. Der Durchmesser kann als stetig angenommen werden.

a) Wie groß ist in der Gesamtproduktion der Anteil der Rohre mit einem Durchmesser von

1.	höchstens 95 mm?	5.	mehr als 90 und höchstens 100 mm?
2.	höchstens 106 mm?	6.	mehr als 100 und höchstens 106 mm?
3.	mehr als 95 mm?	7.	mehr als 90 und höchstens 110 mm?
4.	mehr als 106 mm?	8.	mehr als 95 und höchstens 105 mm?

b) Es können nur Rohre verkauft werden, deren Durchmesser mindestens 94 mm und höchstens 108 mm beträgt. Alle anderen Rohre sind Ausschuss. Wie groß ist der Ausschussanteil der Produktion?

Die gesuchten Anteile sind bei einer sehr großen Produktion gleich den Wahrscheinlichkeiten, die man aus der Verteilungsfunktion bzw. aus den aus der Verteilungsfunktion abgeleiteten Funktionen erhält. Da die Verteilungsfunktion F_N (x;100;25) nicht tabelliert vorliegt, werden mit Gleichung (15.5-5) die Werte der Zufallsvariablen X in Werte einer Zufallsvariablen Z transformiert, die standardnormalverteilt ist. Die sich ergebenden Werte aus der Verteilungsfunktion F_N(z; 0;l) und aus den abgeleiteten Funktionen $F_N{}^*$(z; 0;l) und $F_N{}^{**}$ (z; 0;l) haben dann unmittelbare Gültigkeit für die ursprüngliche Normalverteilung mit $\mu = 100$ und $\sigma^2 = 25$.

Am besten veranschaulicht man sich die in Beispiel 15-5 genannten Fragestellungen zunächst graphisch wie in Abbildung 15-6.

Für die Teilaufgabe a) finden sich nunmehr die folgenden Lösungen:

Die Teilfragen a) 1. bis a) 4. lassen sich direkt mit der Verteilungsfunktion F_N (z; 0;1) lösen:

a) 1. Gesucht: $W(X \leq 95)$.Man transformiert:

$$z = \frac{95-100}{5} = 1$$

Aus Tabelle 10 b ergibt sich:

F_N (z= -1; 0,1)= **0,1587**= W (X $\leq$ 95)

2. Gesucht: $W(X \leq 106)$. Man transformiert:

$$z = \frac{106-100}{5} = 1{,}2$$

Aus Tabelle 10 b ergibt sich:

F_N(z =1,2;0;1)= **0,8849**= W (X $\leq$ 106)

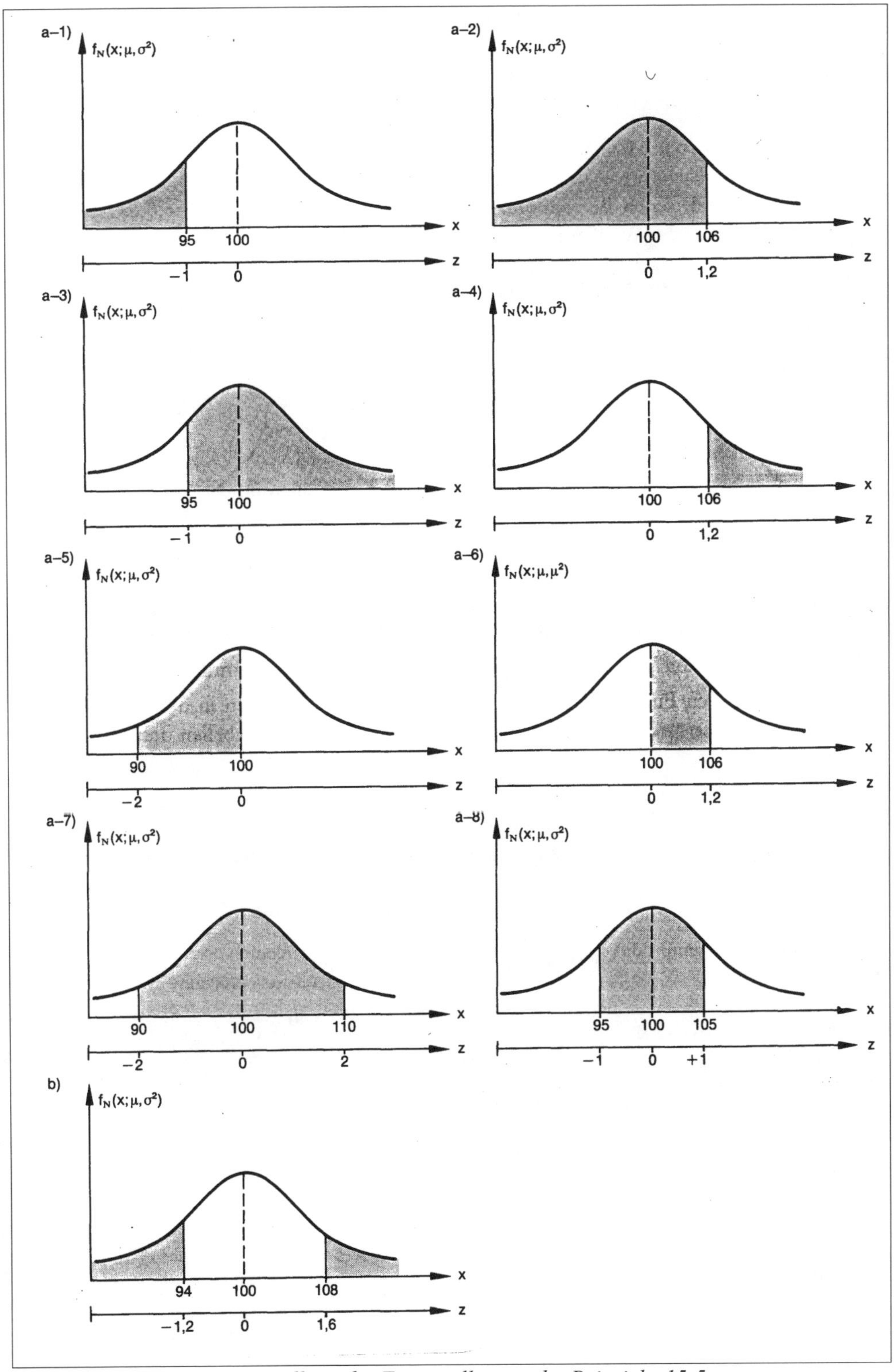

Abb. 15-6: Graphische Darstellung der Fragestellungen des Beispiels 15-5

3. Gesucht: W(X>95). Diesen Wert erhält man aus:

   $W(X > 95) = 1 - W(X \leq 95)$
   $W(X>95) = 1-0{,}1587 = \mathbf{0{,}8413}$

4. Gesucht: W(X>106).Diesen Wert erhält man aus:

   $W(X > 106) = 1 - W(X \leq 106)$
   $W(X > 106) = 1- 0{,}8849 = \mathbf{0{,}1151}$

5. Gesucht: W (90 < X ≤ 100): Man transformiert:

   $$z_1 = \frac{90-100}{5} = -2 \quad \text{und} \quad z_2 = \frac{100-100}{5} = 0$$

   Den Wert für –2 kann man wegen der Symmetrie bei |2| ablesen.
   Daraus folgt: $F_N{}^*(z = 2; 0; 1) = \mathbf{0{,}4772} = W(90 < X \leq 100)$.

6. Gesucht: W (100 < X < 106**).** Man transformiert:

   $$z_1 = \frac{100-100}{5} = 0 \text{ und } z_2 = \frac{106-100}{5} = 1{,}2$$

   Laut Tabelle: $F_N{}^*(z = 1{,}2;0;1) = \mathbf{0{,}3849} = W(100 < X \leq 106)$.

7. Gesucht: W (90<X ≤ 0). Man transformiert:

   $$z_1 = \frac{90-100}{5} = -2 \text{ und } z_2 = \frac{110-100}{5} = 2$$

   Hier wird eine Fläche gesucht, die zwischen z = - 2 und z = 2 symmetrisch zu z = 0 liegt. Aus Tabelle 10 d folgt:

   $F_N{}^{**}(z=2;0;1) = \mathbf{0{,}9545} = W(90< X \leq 110)$.

8. Gesucht: W (95<X ≤ 105). Man transformiert:

   $$z_1 = \frac{95-100}{5} = -1 \text{ und } z_2 = \frac{105-100}{5} = 1$$

   Aus Tabelle 10d ergibt sich:

   $F_N{}^{**}(z=1;0;1) = \mathbf{0{,}6827}= W(95< X \leq 105)$.

b) Diese Teilfrage wird beantwortet, indem die gesuchten in Abbildung 15-6 schraffierten Flächen einzeln berechnet und addiert werden. Wegen der Stetigkeit von X gilt: $W(X < 94) \approx W(X \leq 94)$:

Linke Teilfläche: $W(X \leq 94) = F_N(z = -1{,}2; 0; 1) =$ **0,1151**
Rechte Teilfläche: $W(X > 108) = 1 - W(X \leq 108)$
$= 1 - F_N(z = 1{,}6; 0{,}1)$
$= 1 - 0{,}9452 =$ **0,0548**.

Die Wahrscheinlichkeit für das Auftreten von Ausschuss, die gleich ist dem Ausschussanteil, ist dann

W (Ausschuss) = 0, 1151 + 0,0548 = **0,1699**.
In der Gesamtproduktion sind also knapp 17% Ausschuss enthalten.

Die Normalverteilungen und die Standardnormalverteilung haben für die analytische Statistik überragende Bedeutung. Woraus ergibt sich dies? Zum einen aus der Tatsache, dass relativ viele Zufallsvariable in der Realität normalverteilt sind. Zum anderen wegen der folgenden Gesetzmäßigkeit:

Bedeutung der Normalverteilung

In der Realität gibt es sehr viele Zufallsvariable X_i, $i = 1, 2, ..., n$, mit beliebigen Wahrscheinlichkeitsverteilungen, die endliche Erwartungswerte und Varianzen[2] aufweisen. Bildet man aus den Zufallsvariablen die Summe

$$\sum_{i=1}^{n} X_i = Y_n \qquad (15.5\text{-}6)$$

oder das arithmetische Mittel

$$\frac{\sum_{i=1}^{n} X_i}{n} = \overline{X}_n \qquad (15.5\text{-}7),$$

und hat keine der Variablen X_i einen überragenden Einfluss, so strebt für $n \to \infty$ die Verteilungsfunktion von Y, gegen die Verteilungsfunktion einer Normalverteilung $F_N(Y_n; \mu; \sigma^2)$ und die Verteilungsfunktion von $\overline{X}$, gegen die Verteilungsfunktion einer Normalverteilung $F_N(\overline{X}_n; E(\overline{X}_n), V(\overline{X}_n))$. Anders ausgedrückt streben die **Summe** aus unendlich vielen Zufallsvariablen X_i und deren **arithmetisches Mittel** gegen zwei Normalverteilungen. Diese Gesetzmäßigkeit bezeichnet man als den *Zentralen Grenzwertsatz der Wahrscheinlichkeitsrechnung*. Er wurde in seiner heute gültigen Form von dem russischen Mathematiker LJAPUNOW bewiesen. Interessant ist der zentrale Grenzwertsatz vor allem deswegen, weil sich nachweisen lässt, dass schon für mindestens 30 Zufallsvariable die Verteilungsfunktionen von Y_n und $\overline{X}_n$ in

Zentraler Grenzwertsatz

[2] Streng genommen müssen auch noch endliche Momente 3. Ordnung vorliegen. Der Begriff des "Moments" soll aber in diesem Buch nicht erläutert werden.

guter Annäherung (= Approximation) gegen die Verteilungsfunktionen der oben angeführten Normalverteilungen streben.

Die Bedeutung des zentralen Grenzwertsatzes soll an folgendem Beispiel verdeutlicht werden: Bei 50 zufällig ausgewählten SPEEDY-Vertragshändlern wird der Monatsumsatz in einem Beobachtungsmonat festgestellt. Der Monatsumsatz des 1. Händlers ist eine Zufallsvariable X_1 der des zweiten Händlers die Zufallsvariable X_2 usw. Bildet man aus allen 50 beobachteten Umsätzen die Summe, dann ist diese Summe aller Umsätze in guter Annäherung normalverteilt. Bildet man aus den 50 beobachteten Umsätzen den Durchschnittsumsatz (= arithmetisches Mittel), dann ist auch dieser Durchschnittsumsatz nach dem zentralen Grenzwertsatz approximativ normal verteilt.

15.6 Approximationsregeln

Approximation von anderen Wahrscheinlichkeitsverteilungen durch die Normalverteilung

Wegen der universellen Anwendbarkeit und der geschilderten Vorteile der Normalverteilung versucht man meist, für alle sich bietenden Problemstellungen die Normalverteilung anzuwenden und sieht im zentralen Grenzwertsatz die Rechtfertigung für dieses Vorgehen.

Trotzdem sollte die Normalverteilung niemals ohne eine Überprüfung ihrer Voraussetzungen verwendet werden.

Weiterhin bemüht man sich in der praktischen statistischen Arbeit darum, empirisch festgestellte Wahrscheinlichkeitsverteilungen durch die Normalverteilung so weit zu erklären, dass man die beobachtete Verteilung durch die Normalverteilung ersetzen (= approximieren) kann. Nachfolgend soll kurz festgehalten werden, unter welchen Voraussetzungen die bisher bekannten Wahrscheinlichkeitsverteilungen durch die Normalverteilung approximiert werden können.

1. Gilt für die untersuchte Zufallsvariable eine **hypergeometrische Verteilung,** dann wird diese durch die Parameter N, M und n definiert. Diese Verteilung kann unter folgenden Bedingungen durch eine Normalverteilung approximiert werden:

   a) $M/N = \text{konstant}$
   b) $0{,}1 < (M/N) < 0{,}9$
   c) $N > 2n$
   d) $n \cdot \frac{M}{N} \cdot \left[1 - \frac{M}{N}\right] \geq 9$

   Die beiden Parameter μ und σ^2 der Normalverteilung können aus den Parametern N, M und n der hypergeometrischen Verteilung abgeleitet werden nach:

$$\mu = n \cdot \frac{M}{N} \tag{15.6-1}$$

und

$$\sigma^2 = n \cdot \frac{M}{N} \cdot \left[1 - \frac{M}{N}\right] \cdot \frac{N-n}{N-1}$$

2. Ist für die untersuchte Zufallsvariable eine **Binomialverteilung** mit den Parametern Θ und n zutreffend, kann diese unter folgenden Voraussetzungen durch eine Normalverteilung approximiert werden:

   a) $0{,}1 < \Theta < 0{,}9$
   b) $n \cdot \Theta(1-\Theta) > 9$
   c) $\frac{n}{N} \le 0{,}05$

   Die beiden Parameter μ und σ^2 der Normalverteilung können aus den Parametern Θ und n der Binomialverteilung nach folgenden Regeln abgeleitet werden:

$$\mu = n \cdot \Theta$$

   und

$$\sigma^2 = n \cdot \Theta \cdot (1-\Theta)$$

3. Ist für die untersuchte Zufallsvariable eine **Poissonverteilung** mit dem Parameter μ_p, zutreffend, dann kann diese Verteilung unter folgender Voraussetzung durch eine Normalverteilung approximiert werden:

$$\mu_p \ge 9$$

   Die Parameter μ und σ^2 der Normalverteilung erhält man dann aus:

$$\mu = \mu_p$$

   und

$$\sigma^2 = \mu_p$$

   Über die genannten Approximationsmöglichkeiten sowie über einige weitere gibt anschaulich das Entscheidungsschema auf S. 31 der beigefügten **Tabellensammlung** Aufschluss[3].

[3] Dieses Schema ist entnommen: BLEYMÜLLER, J.: Statistische Tabellen, Münster, o.J., S. 22. Ich danke Herrn Prof Dr. J. BLEYMÜLLER für seine freundliche Erlaubnis, dieses Schema verwenden zu dürfen.

Aufgaben zum 15. Kapitel:

150. Wozu benötigt man Wahrscheinlichkeitsverteilungen?

151. a) Welche Wahrscheinlichkeitsverteilungen für diskrete Zufallsvariable kennen Sie?
     b) Welche Wahrscheinlichkeitsverteilungen für stetige Zufallsvariable kennen Sie?

152. Berechnen Sie: a) 3! b) 5! c) 1! d) 7! e) 10!

153. Berechnen Sie a) $\binom{5}{2}$ b) $\binom{7}{3}$ c) $\binom{6}{4}$ d) $\binom{5}{5}$ e) $\binom{4}{1}$ f) $\binom{10}{0}$

154. Schildern Sie das Modell der hypergeometrischen Verteilung anhand eines Urnenmodells!

155. In einer Schachtel liegen n = 5 Glühbirnen, von denen M = 2 fehlerhaft sind. Aus dieser Schachtel werden zufällig und ohne Zurücklegen n = 2 Glühbirnen entnommen. Wie groß ist die Wahrscheinlichkeit, dass von diesen zwei Glühbirnen
a) keine
b) eine
c) beide fehlerhaft sind?
} fehlerhaft ist?

156. Geben Sie die Wahrscheinlichkeitsfunktion zu Aufgabe 155 mit Hilfe der Tabelle der hypergeometrischen Verteilung wieder!

157. Gegeben sei eine Urne mit 7 Kugeln, von denen 3 weiß sind. Es werden zufällig 4 Kugeln ohne Zurücklegen entnommen. Wie groß ist die Wahrscheinlichkeit, bei der Entnahme
a) vier
b) drei
c) zwei
d) eine
e) keine
} weiße Kugel(n) zu finden?

158. Aus Erfahrung weiß man, dass bei Bohrmaschinen eines bestimmten Typs im Durchschnitt 20% nach dem Verkauf zu Beanstandungen Anlass geben, die im Rahmen der Gewährleistung kostenlos behoben werden müssen. Ein Händler kauft 10 Maschinen dieses Typs und unterzieht vier davon gleichzeitig einer sofortigen Funktionskontrolle.
Wie groß ist die Wahrscheinlichkeit, dass bei dieser Kontrolle
a) keine Maschine defekt ist?
b) drei Maschinen defekt sind?
c) alle untersuchten Maschinen defekt sind?
d) höchstens zwei Maschinen defekt sind?
e) mindestens drei Maschinen defekt sind?

Aufgaben

159. Ein Betrüger geht mit 6 gleichen Geldscheinen zur Bank, von denen 3 gefälscht sind. Der Schalterbeamte prüft zwei zufällig ausgewählte Scheine auf Echtheit.
   a) Geben Sie die Wahrscheinlichkeitsfunktion und die Verteilungsfunktion der Zufallsvariablen "Zahl der in der Auswahl entdeckten Falschgeldnoten" an!
   b) Wie groß ist die Wahrscheinlichkeit, dass der Betrug nicht entdeckt wird?
   c) Wie groß ist die Wahrscheinlichkeit, dass höchstens eine Falschgeldnote entdeckt wird?

160. Berechnen Sie Erwartungswert und Varianz der Zufallsvariablen in den Aufgaben 155, 157, 158, 159!

161. Schildern Sie das Modell der Binomialverteilung anhand eines Urnenmodells!

162. In einer Kiste liegen 10 Spezialschrauben, von denen 2 schon benutzt und damit nicht mehr passgenau sind. Ein Auszubildender entnimmt zufällig 3 Schrauben **mit** Zurücklegen und prüft sie auf Passgenauigkeit. Wie groß ist die Wahrscheinlichkeit, dass er bei seiner Prüfung
   a) keine
   b) eine
   c) zwei
   d) drei

   } fehlerhafte Schraube(n) findet?

163. Geben Sie die Wahrscheinlichkeitsfunktion der Zufallsvariablen aus Aufgabe 162 anhand der Tabelle der Binomialverteilung wieder!

164. Geben Sie die Verteilungsfunktion der Zufallsvariablen aus Aufgabe 162 anhand der Tabelle der Binomialverteilung wieder! Wie groß ist die Wahrscheinlichkeit, dass der Auszubildende
   a) höchstens eine
   b) mindestens eine

   } fehlerhafte Schraube findet?

165. Wenn viele Auszubildende die in Aufgabe 162 beschriebene Prüfung durchführen, wie viele fehlerhafte Schrauben werden von ihnen im Durchschnitt gefunden? Berechnen Sie auch die Streuung der Zufallsvariablen!

166. Aufgrund langjähriger Erfahrung bei der Produktion von Messinghülsen ist bekannt, dass 10% der Produktion nicht maßhaltig sind und damit als Ausschuss anfallen. Zur Kontrolle wird der Massenproduktion jede Stunde zufällig und ohne Zurücklegen eine Probe von 7 Hülsen entnommen. Wie groß ist die Wahrscheinlichkeit, in der Probe
   a) ein Ausschussstück zu finden?
   b) kein Ausschussstück zu finden?
   c) sieben Ausschussstücke zu finden?
   d) höchstens vier Ausschussstücke zu finden?
   e) mindestens 2 und höchstens 4 Ausschussstücke zu finden?

Aufgaben

167. Beim Werfen einer idealen Münze fallen Zahl und Adler mit der gleichen Wahrscheinlichkeit. Wie groß ist die Wahrscheinlichkeit, dass bei drei Würfen hintereinander
    a) zuerst einmal Adler und dann zweimal Zahl fällt?
    b) zuerst zweimal Adler und dann einmal Zahl fällt?
    c) höchstens einmal Adler fällt?
    d) mindestens einmal Zahl fällt?

168. In einem Land hat sich bei der letzten Wahl gezeigt, dass eine Partei A 45% der Bevölkerung als Anhänger hat. Bei einer Blitzumfrage werden 5 Passanten auf der Straße zufällig ausgewählt und befragt. Wie groß ist die Wahrscheinlichkeit, dabei auf
    a) keinen Anhänger der Partei A zu stoßen?
    b) drei Anhänger der Partei A zu stoßen?
    c) höchstens drei Anhänger der Partei A zu stoßen?
    d) mindestens einen und höchstens 3 Anhänger der Partei A zu stoßen?

169. In der Telefonzentrale einer Firma wurde beobachtet, dass pro Minute durchschnittlich 1,3 Anrufe ankommen. Wie groß ist dann die Wahrscheinlichkeit, dass in irgendeiner beliebigen Minute
    a) genau 4 Anrufe ankommen?
    b) höchstens 3 Anrufe ankommen?
    c) Geben Sie die Wahrscheinlichkeits- und die Verteilungsfunktion der Zufallsvariablen "Zahl der ankommenden Telefonanrufe pro Minute" wieder und interpretieren Sie die Aussagen dieser beiden Funktionen!

170. Aus langjährigen Untersuchungen weiß man in einem Automobilwerk, dass im Durchschnitt an jedem PKW eines bestimmten Typs in der 3stündigen Endkontrolle 3 minimale Lackierfehler zu finden sind. Wie groß ist die Wahrscheinlichkeit, bei einem zufällig herausgegriffenen Auto
    a) 10 Lackierfehler zu finden?
    b) höchstens 5 Lackierfehler zu finden?
    c) mindestens 4 Lackierfehler zu finden?
    d) mindestens 3 und höchstens 7 Lackierfehler zu finden?

171. Zum Paketschalter eines Postamtes kommen vormittags durchschnittlich 2,4 Kunden pro Viertelstunde. Wie groß ist die Wahrscheinlichkeit, dass in dem betrachteten Zeitraum zufällig
    a) kein Kunde kommt?
    b) zwölf Kunden kommen?
    c) höchstens 5 Kunden kommen?
    d) mindestens 5 Kunden kommen?
    e) mindestens 2 und höchstens 4 Kunden kommen?

Aufgaben

172. Bei bestimmten Schrauben weiß man aus Erfahrung, dass von den produzierten Stücken im Durchschnitt 4% Ausschuss sind. Aus der sehr großen Tagesproduktion werden zufällig 90 Schrauben entnommen.
Wie groß ist die Wahrscheinlichkeit, in dieser Auswahl
a) keine fehlerhafte Schraube zu finden?
b) 12 fehlerhafte Schrauben zu finden?
c) mindestens 4 fehlerhafte Schrauben zu finden?
d) mindestens 3 und höchstens 7 fehlerhafte Schrauben zu finden?

173. Ein Busunternehmer vermietet Busse für Tagesfahrten. Es wird unterstellt, dass jeder Bus nur einmal am Tag vermietet wird. Der Unternehmer hat in der Vergangenheit an 200 Tagen folgende Nachfrageverteilung beobachtet:

Nachfrage nach x Bussen pro Tag	0	1	2	3	4	5	6	7	≥
beobachtet an h(x) Tagen	73	75	37	11	3	0	1	0	0

a) Beschreiben Sie die Nachfrageverteilung durch eine Poissonverteilung. Überprüfen Sie dieses Vorgehen durch einen Vergleich der empirischen und der theoretischen Wahrscheinlichkeitsfunktion!

b) Angenommen, man könnte die in a) ermittelte Poissonverteilung der Nachfrage auch für die Zukunft unterstellen. Die Fixkosten pro Tag und Bus betragen für den Unternehmer 200,- GE. Der Unternehmer erzielt pro Vermietung eine durchschnittliche Einnahme von 500,- GE. Wie viele Busse sollte der Unternehmer anschaffen und unterhalten, um seinen erwarteten Gewinn zu maximieren?

174. Welchen Einfluss haben die beiden Parameter μ und σ auf die Abbildung der Dichtefunktion der Normalverteilung?

175. Von den 100.000 Einwohnern einer Stadt weiß man, dass die Körpergröße der Bewohner eine normalverteilte Zufallsvariable ist mit $\mu = 175$ cm und $\sigma = 10$ cm.
a) Wie groß ist der Anteil der Bewohner, die mindestens 170 cm und höchstens 180 cm groß sind?
b) Wie groß ist der Anteil der Bewohner, die mindestens 173 cm und höchstens 180 cm groß sind?
c) Wie groß ist der Anteil der Bewohner, die kleiner sind als 160 cm?
d) Wie groß ist der Anteil der Bewohner, die größer sind als 190 cm?
e) Geben Sie die ermittelten Anteile auch als absolute Zahlen, bezogen auf die gesamte Bevölkerungszahl, wieder.

Aufgaben

176. Bei einem bestimmten Regionalverkehrsflugzeug ist die Auslastung pro Flug normalverteilt mit einem Mittelwert von 160 Passagieren bei einer Standardabweichung von 48 Passagieren.
Wie groß ist die Wahrscheinlichkeit, dass auf einem beliebigen, zufällig herausgegriffenen Flug
a) mindestens 100 und höchstens 220 Passagiere an Bord sind?
b) mindestens 100 und höchstens 200 Passagiere an Bord sind?
c) mehr als 275 Passagiere an Bord sind?
d) weniger als 50 Passagiere an Bord sind?

177. Ein Unternehmen produziert Stahlrohre mit einem Außendurchmesser von 300 mm bei einer Standardabweichung von 2 mm. Der Außendurchmesser der Rohre ist normalverteilt; Mittelwert ist der Solldurchmesser. Der Käufer der Stahlrohre nimmt diese nur ab, wenn ihr Außendurchmesser mindestens 296 mm und höchstens 305 mm beträgt. Wie groß ist der Ausschussanteil der Produktion?

178. Ein Unternehmen stellt Koffer für Flugreisen her, deren Gewicht normalverteilt ist mit $\mu = 3{,}1$ kg und $\sigma = 0{,}3$ kg.
a) Wie viele der 1.000 Koffer einer Tagesproduktion wiegen im Durchschnitt aller Tage höchstens 2,5 kg?
b) Wie viele der 1.000 Koffer einer Tagesproduktion wiegen im Durchschnitt aller Tage mehr als 3,7 kg?

179. Eine Fabrik für Bilderrahmen bezieht Holzleisten einer bestimmten Holzsorte von zwei Vorlieferanten. Der Hersteller L liefert Leisten, deren Stärke normalverteilt ist mit $\mu = 60$ mm und $\sigma = 2$ mm. Der Hersteller M liefert Leisten, deren Stärke normalverteilt ist mit $\mu = 59$ mm und $\sigma = 1{,}5$ mm. Aus technischen Gründen können nur Leisten verwendet werden, die mindestens 56 mm und höchstens 63 mm stark sind.
a) Angenommen, die Fabrik bezieht monatlich 4 000 Leisten von L und 8 000 Leisten von M. Wie groß ist der monatliche Ausschussanteil der insgesamt bezogenen Leisten?
b) Wie viele der pro Monat von L bzw. von M gelieferten Leisten sind im Durchschnitt Ausschuss?

16 Prüfverteilungen

16.1 Begriff und Bedeutung der Prüfverteilungen für die analytische Statistik

In Kapitel 15 wurde erläutert, dass Zufallsvariable bestimmte Wahrscheinlichkeitsverteilungen haben, deren Art von dem zugrundeliegenden Zufallsexperiment bestimmt wird. Neben diesen Wahrscheinlichkeitsverteilungen sind besondere Prüfverteilungen bekannt, deren Grundlage Verteilungsannahmen über eine bestimmte mathematische Prüfgröße sind. Diese **Prüfgrößen** müssen erst aus Zufallsvariablen abgeleitet werden. Nachfolgend sollen die wichtigsten dieser Prüfverteilungen kurz erläutert werden, wobei die theoretische Ableitung dieser Verteilungen untergeordnete Bedeutung haben soll.

Prüfgrößen

16.2 Die Normalverteilung

In der analytischen Statistik ist die Normalverteilung nicht nur die wichtigste Wahrscheinlichkeits-, sondern auch die bedeutendste Prüfverteilung. Da die Normalverteilung in Abschnitt 15.5 bereits vorgestellt wurde, genügt an dieser Stelle ein Hinweis auf die unterschiedliche Verwendbarkeit.

Ihrer überragenden Rolle als Prüfverteilung wird die Normalverteilung insbesondere dadurch gerecht, dass sich alle anderen noch zu erläuternden Prüfverteilungen durch Normalverteilungen approximieren lassen.

16.3 Die Student-Verteilung

Wie bei der Diskussion des zentralen Grenzwertsatzes gezeigt wurde, ist für eine genügend große Zahl von Zufallsvariablen unter anderem deren arithmetisches Mittel normalverteilt mit $E(\overline{X}) = \mu$ und $\sqrt{V(\overline{X})} = \sigma_{\bar{x}}$. Damit ist die Zufallsvariable

$$Z = \frac{\overline{X} - \mu}{\sigma_{\bar{x}}}$$

standardnormalverteilt. Ist die Standardabweichung $\sqrt{V(\overline{X})}$ und damit der **Standardfehler** $\sigma_{\bar{x}}$ unbekannt und muss deswegen als $\hat{\sigma}_{\bar{x}}$ aus Stichprobenergebnissen geschätzt werden, dann ist die Zufallsvariable z nicht mehr standardnormalverteilt, sondern folgt annähernd der von GOSSET entwickelten

Standardfehler

Student-Verteilung. Für den geschätzten Standardfehler $\sigma_{\bar{x}}$ schreibt man üblicherweise das Symbol $\hat{\sigma}_{\bar{x}}$.

Die Student-Verteilung weist als Wahrscheinlichkeitsverteilung der stetigen Prüfgröße

$$Z_s = \frac{\overline{X} - \mu}{\hat{\sigma}_{\bar{x}}} \qquad (16.3\text{-}1)$$

einen Erwartungswert

$$E(Z_s) = 0 \qquad \text{für } \nu > 1 \qquad (16.3\text{-}2)$$

und eine Varianz

$$V(Z_s) = \frac{\nu}{\nu - 2} \qquad \text{für } \nu > 2 \qquad (16.3\text{-}3)$$

auf.

Zahl der Freiheitsgrade

Die Studentverteilung wird definiert durch den Parameter ν, den man als *Zahl der Freiheitsgrade* bezeichnet. Diese Zahl der Freiheitsgrade gibt an, wie viele der Zufallsvariablen, die der Prüfgröße Z_s, und damit auch dem arithmetischen Mittel zugrunde liegen, voneinander unabhängig sind. Wenn man z. B. das arithmetische Mittel $\bar{x}$ aus fünf Summanden berechnet und die Summe aus ihnen kennt, dann kann man vier Summanden beliebig vorwählen, während der fünfte bereits durch die Wahl der anderen eindeutig festgelegt ist. In diesem Falle müsste man von vier Freiheitsgraden der Summenbildung sprechen.

Man kann sagen, dass z. B. bei Tests über ein arithmetisches Mittel $\bar{x}$ die Zahl der Freiheitsgrade berechnet wird aus der Beziehung:

$$\nu = n\text{-}1 \qquad (16.3\text{-}4).$$

In **Tabelle 11a** der beigefügten **Tabellensammlung** ist eine aus der Verteilungsfunktion der Student-Verteilung abgeleitete einseitige Funktion wiedergegeben. In dieser Tabelle kann man für $\nu = 1$ bis $\nu = 30$ ablesen, wie groß bei verschiedenen vorgegebenen Eintrittswahrscheinlichkeiten der z_s-Wert höchstens wird. So ist z. B. bei $\nu = 25$ Freiheitsgraden und einer Eintrittswahrscheinlichkeit von 95% ein z_s-Wert von höchstens 1,708 zu erwarten. Die Verwendung dieser Werte wird in Kapitel 18 näher erläutert.

In **Tabelle 11b** der beigefügten **Tabellensammlung** ist ebenfalls eine aus der Student-Verteilungsfunktion abgeleitete Funktion wiedergegeben. Diese ist zweiseitig-symmetrisch. Hier kann man in Abhängigkeit von der Zahl der

Freiheitsgrade ablesen, mit welcher Wahrscheinlichkeit ein Z_s-Wert auftritt, der größer ist als der in der Tabelle wiedergegebene Z_s-Wert mit negativem Vorzeichen und der höchstens so groß ist wie der in der Tabelle erfasste Z_s-Wert. So ist z. B. bei $\nu = 25$ Freiheitsgraden ein beobachteter Z_s-Wert mit 95 %iger Wahrscheinlichkeit mindestens -2,060 und höchstens 2,060 groß.

Mit anwachsender Zahl der Freiheitsgrade werden die Student-Verteilungen der Standardnormalverteilung immer ähnlicher. Die Annäherung zwischen diesen Verteilungen ist bei $\nu \geq 30$ schon so gut, dass man für Probleme mit mindestens 30 Freiheitsgraden statt der Student-Verteilungen die Standardnormalverteilung verwenden kann.

16.4 Die χ^2-Verteilung[1]

Bildet man aus ν voneinander unabhängigen Zufallsvariablen $X_i, i = 1,2,...,\nu$ jeweils das Quadrat und aus den quadrierten Größen dann die Summe

$$X^2 = X_1^2 + X_2^2 + ... + X_\nu^2 \qquad (16.4\text{-}1),$$

dann hat die Zufallsvariable X^2 die Dichte- und Verteilungsfunktion einer χ^2-Verteilung mit ν Freiheitsgraden. Für jedes ν existiert eine eigene χ^2-Verteilung. In Abb. 16-1 sind beispielhaft einige χ^2-Verteilungen wiedergegeben.

In **Tabelle 13** der beigefügten Tabellensammlung sind aus den jeweiligen Verteilungsfunktionen der verschiedenen χ^2-Verteilungen abgeleitete Funktionen enthalten. In dieser Tabelle kann man ablesen, wie groß bei vorgegebenem Freiheitsgrad ν und vorgegebener Eintrittswahrscheinlichkeit $1-\alpha$ in der Verteilungsfunktion derjenige x-Wert ist, der die Fläche unter der Dichtefunktion (Wert der Verteilungsfunktion) im Verhältnis $(1-\alpha) : \alpha$ teilt. Für eine χ^2-Dichtefunktion mit $\nu = 9$ Freiheitsgraden und einer vorgegebenen Wahrscheinlichkeit von $1 - \alpha = 0{,}95$ veranschaulicht Abb. 16-2 die Aussage der Werte der χ^2-Tabelle.

[1] χ ist der griechische Buchstabe "chi".

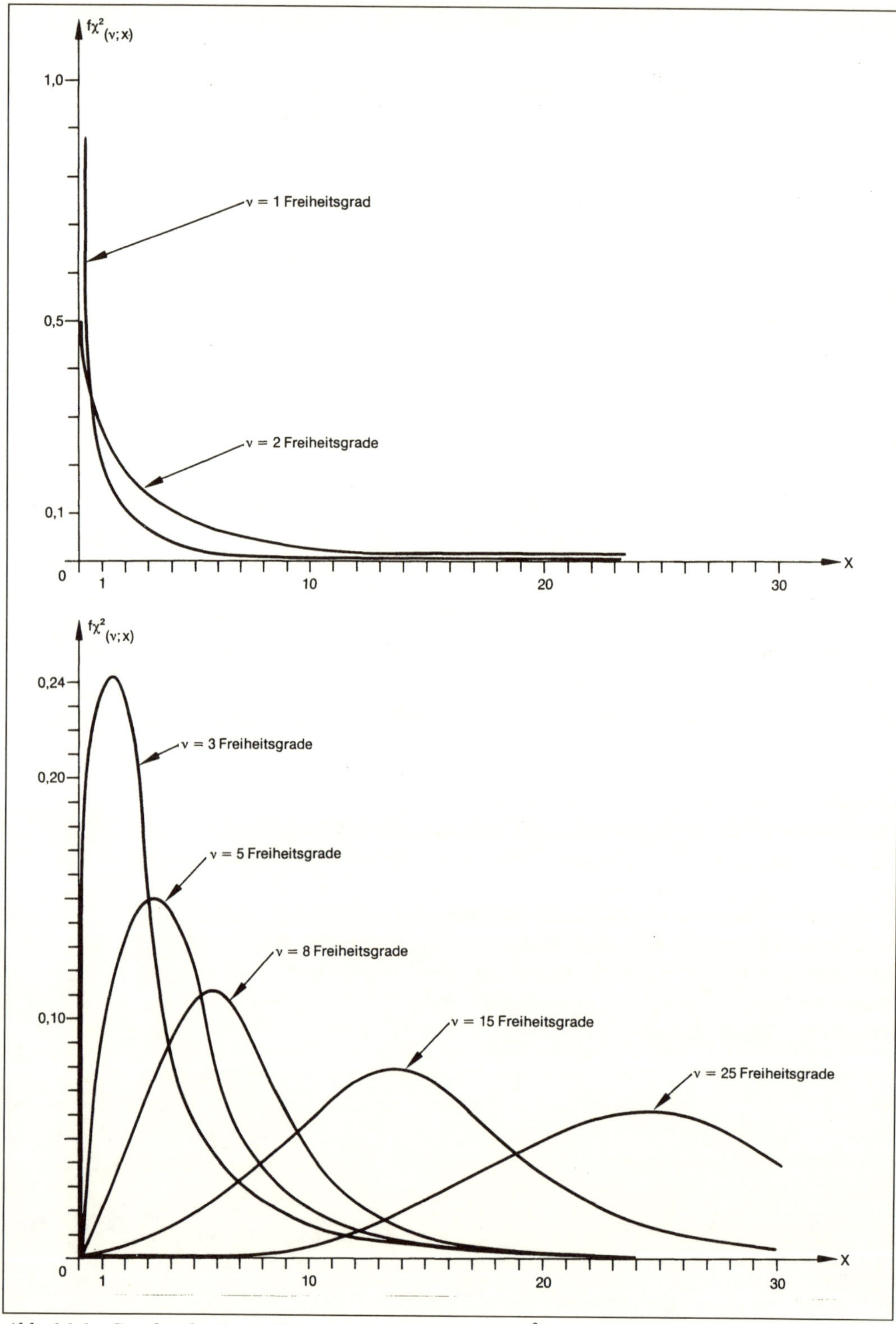

Abb. 16-1: Graphische Darstellung einiger ausgewählter χ^2-Dichtefunktionen

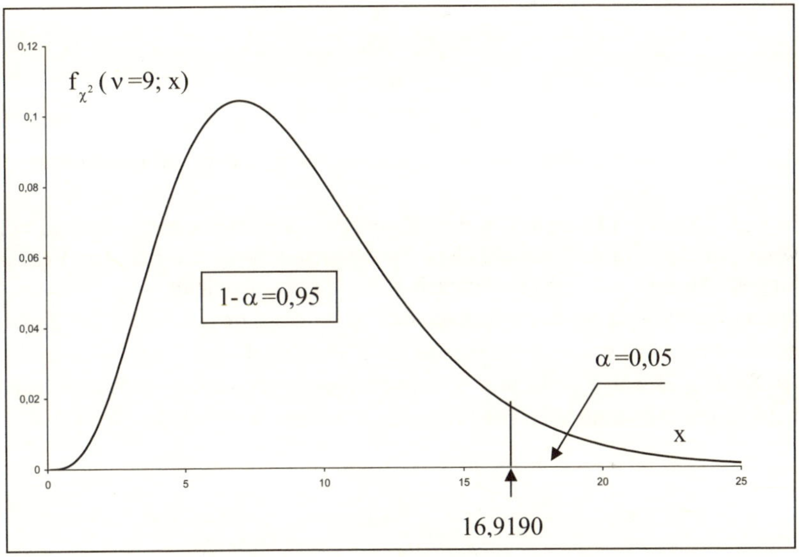

Abb. 16-2: Graphische Darstellung einer χ^2-Dichtefunktion mit $\nu = 9$ Freiheitsgraden

Die Interpretation der Werte der χ^2-Tabelle kann man sich auch an folgendem Beispiel verdeutlichen: Bei $\nu = 15$ Freiheitsgraden wird mit einer Wahrscheinlichkeit von 0,95 kein x-Wert auftreten, der größer ist als 24,9958.

Wie man der Abbildung 16-1 entnehmen kann, nähert sich die Gestalt der χ^2-Dichtefunktionen mit zunehmendem ν immer mehr der Form einer Standardnormalverteilung. Man kann nachweisen, dass für $\nu \geq 30$ die χ^2-Verteilung gut durch eine Standardnormalverteilung approximiert werden kann.

16.5 Die F-Verteilung

Angenommen, aus einer Menge von n_1 Zufallsvariablen $X_i, i = 1,2,...,n_1$ und aus einer Menge von n_2 Zufallsvariablen $Y_j, j = 1,2,...,n_2$, wird jeweils die Summe der quadrierten Werte gebildet

$$X^2 = X_1^2 + X_2^2 + ... + X_{n_1}^2 \qquad (16.5\text{-}1)$$

und

$$Y^2 = Y_1^2 + Y_2^2 + ... + Y_{n_2}^2 \qquad (16.5\text{-}2),$$

dann folgen X^2 und Y^2 jeweils einer χ^2-Verteilung mit $\nu_1 = n_1$ und $\nu_2 = n_2$ Freiheitsgraden. Bildet man nun aus X^2 und Y^2 den Quotienten

$$F = \frac{\frac{X^2}{\nu_1}}{\frac{Y^2}{\nu_2}} = \frac{X^2}{Y^2} \cdot \frac{\nu_2}{\nu_1} \qquad (16.5\text{-}3)$$

dann folgt dieser Quotient einer F-Verteilung mit ν_1 und ν_2 Freiheitsgraden.

In den Tabellen **12a und 12b** der beigefügten **Tabellensammlung** sind bei vorgegebenen Wahrscheinlichkeiten Funktionen erfasst, die aus den Verteilungsfunktionen der verschiedenen F-Verteilungen abgeleitet sind. Man entnimmt bei vorgegebenen Freiheitsgraden ν_1 und ν_2 den Tabellen die Werte, die die Prüfgröße F mit der angegebenen Wahrscheinlichkeit nicht überschreitet. So ist z. B. bei $\nu_1 = 12$ und $\nu_2 = 15$ Freiheitsgraden mit einer Wahrscheinlichkeit von 0,95 kein Wert der Prüfgröße F zu finden, der größer ist als 2,48.

17 Einige Vorbemerkungen zu Stichprobenverfahren

17.1 Begriff und Bedeutung des Stichprobenverfahrens

Der Begriff der Grundgesamtheit ist bereits aus der deskriptiven Statistik bekannt. In Grundgesamtheiten können bestimmte Eigenschaften untersucht und deren Ausprägungen an Untersuchungsobjekten festgestellt werden. Zum Beispiel:

Grundgesamtheit	Untersuchungsmerkmal	Parameter für alle beobachteten Ausprägungen des Untersuchungsmerkmals
Bevölkerung der BR Deutschland	Persönliches Einkommen pro Jahr	Durchschnittseinkommen aller Personen pro Jahr
	Bierkonsum pro Jahr	Durchschnittlicher Bierkonsum aller Personen pro Jahr
	Konsumausgaben jedes Haushalts pro Woche	Durchschnittliche wöchentliche Konsumausgaben aller Haushalte

Tab. 17-1: Beispiel für die logische Kette "Grundgesamtheit" ⇒ "Untersuchungsmerkmal" ⇒"Parameter"

Die Parameter für die Ausprägungen der Untersuchungsmerkmale kann man auf zwei Arten ermitteln:

Vollerhebung

- durch **Vollerhebung**. Das untersuchte Merkmal wird an **jedem** Element der Grundgesamtheit festgestellt und geht in die Untersuchung ein. Vorteil der Vollerhebung ist die Genauigkeit ihrer Ergebnisse. Nachteil der Vollerhebung ist der sehr hohe finanzielle und zeitliche Aufwand;

Stichprobe

- durch **Stichprobenerhebung**. Aus der Grundgesamtheit wird eine kleine **Teilmenge** von Elementen, die **Stichprobe**, gebildet. Diese Teilmenge soll ein verkleinertes, aber repräsentatives Abbild der Grundgesamtheit sein. Das untersuchte Merkmal wird an jedem Element der Stichprobe untersucht und geht in die Berechnung des Stichprobenergebnisses ein. Anschließend wird vom Ergebnis der Untersuchung in der Stichprobe auf das entsprechende unbekannte Ergebnis der Grundgesamtheit **geschlossen**. Zum Beispiel: In der Stichprobe findet man ein durchschnittliches Pro-Kopf-Einkommen von 50.000 GE pro Jahr. Ausgehend von diesem Ergebnis wird auf das durchschnittliche Pro-Kopf-Einkommen pro Jahr aller Personen in der Grundgesamtheit geschlossen. Der Vorteil einer Stichprobenerhebung liegt in ihren vergleichsweise geringen Kosten und der großen Zeitersparnis bei ihrer Durchführung. Ihr Nachteil liegt in der geringeren Genauigkeit im Vergleich zu einer Vollerhebung.

In der Praxis können Vollerhebungen unter Umständen auch ungenauer sein als Stichprobenuntersuchungen. Da letztere wegen des geringeren Umfangs sorgfältiger gemacht werden können, ergeben sich hier kleinere systematische Fehler. Man denke zum Beispiel an das Materiallager einer großen Firma mit Zehntausenden von Einzelpositionen. Wird hier eine Inventur als Vollerhebung durchgeführt, zeigt die Erfahrung, dass sich - wegen des Zeitdrucks oder schlecht motivierter Mitarbeiter - Zähl- und Messfehler einstellen. Bei einer Stichprobeninventur des gleichen Lagers kann eine sehr viel kleinere Datenmenge doppelt erhoben und wechselseitig kontrolliert werden, um Beobachtungsfehler zu vermeiden.

Außerdem ist in vielen Fällen eine Vollerhebung unmöglich oder sinnlos, wie zum Beispiel bei Qualitätsprüfungen, bei denen die zu untersuchenden Produkte "verbraucht" oder zerstört werden. Man denke z. B. an eine Überprüfung der Brenndauer von Glühlampen oder der Laufleistung von Autoreifen.

17.2 Das Problem der Auswahl der Untersuchungsobjekte

Ein wesentliches Problem bei der Durchführung von Stichprobenerhebungen liegt darin, dass die ausgewählten Stichprobenelemente in bezug auf das Untersuchungsmerkmal ein möglichst **maßstabsgetreues Abbild** der Grundgesamtheit sein sollen. Dies kann nur erreicht werden, wenn schon bei der Auswahl der Stichprobenelemente entsprechende Vorsorge getroffen wird.

Bei der Auswahl müssen unbedingt 2 Kriterien erfüllt werden:

1. Die Auswahl muss so vorgenommen werden, dass die Stichprobe für die Grundgesamtheit repräsentativ ist;

2. Die Auswahl muss so vorgenommen werden, dass für die Auswertung der Stichprobe die Methoden der mathematischen Statistik verwendet werden können.

Eine Stichprobenauswahl ist nur dann für die weitere Verwendung brauchbar, wenn gleichzeitig **beide Kriterien** erfüllt werden.

Die vielschichtige Problematik der Auswahl der Untersuchungsobjekte soll in diesem Buch nicht weiter erörtert werden[1]. Als Ergebnis einer derartigen Diskussion würde sich herausstellen, dass im Rahmen von Stichprobenuntersu-

[1] Zur Problematik der Auswahl von Untersuchungsobjekten für eine Stichprobe vgl. z. B.: BLEYMÜLLER, J., GEHLERT, G. und GÜLICHER, H.: Statistik für Wirtschaftswissenschaftler, 14. Aufl., München 2004; SCHARNBACHER, K.: Statistik im Betrieb-Lehrbuch mit praktischen Beispielen, 14. aktualisierte Auflage, Wiesbaden 2004; LIENERT, G. A. und andere: Verteilungsfreie Methoden in der Biostatistik, Band I, 4., völlig neu bearbeitete Auflage; Berlin, Heidelberg 1990.

chungen die Erfüllung der beiden genannten Kriterien nur durch eine uneingeschränkte *Zufallsauswahl* zu erreichen ist. Bei einer derartigen Auswahl muss sichergestellt sein, dass jedes Element der Grundgesamtheit die gleiche Chance hat, in die Stichprobe aufgenommen zu werden. Wenn z. B. aus der Bevölkerung der Bundesrepublik Deutschland eine repräsentative Stichprobe gezogen werden soll und man untersucht nur Personen aus München, dann läge keinesfalls eine Zufallsauswahl vor, weil Personen aus anderen Gebieten keine Chance hätten, in die Stichprobe aufgenommen zu werden.

Zufallsauswahl

Stichprobenerhebungen in Form der Zufallsauswahl sind insofern von größter Bedeutung, weil nur auf Daten, die auf diese Weise gewonnen wurden, die oben geschilderte Wahrscheinlichkeitsrechnung angewandt werden kann, die es ermöglicht, den Einfluss des Zufalls bei der Auswahl von Stichprobenelementen zu quantifizieren.

17.3 Arten von Stichprobenverfahren

In der Stichprobentheorie unterscheidet man zwei Arten von Verfahren:

1. Verfahren, bei denen aufgrund eines festgestellten Stichprobenparameters die Größe des analogen Parameters in der Grundgesamtheit abgeschätzt wird. Hier hat man vor der Ziehung der Stichprobe überhaupt keine Vorstellungen, wie groß der Parameter der Grundgesamtheit ist. Verfahren dieser Art bezeichnet man als *Schätzverfahren.*

Schätzverfahren

2. Verfahren, bei denen vor der Stichprobenerhebung bereits Vermutungen oder **Hypothesen** über die Größe eines Parameters in der Grundgesamtheit bestehen. Das Ergebnis der Stichprobenuntersuchung wird dazu verwendet zu überprüfen (= zu testen), ob die aufgestellte Hypothese beibehalten werden kann oder ob sie abgelehnt werden muss. Verfahren dieser Art bezeichnet man als *Hypothesenprüfverfahren* oder meist kürzer als *Testverfahren.*

Testverfahren

18 Schätzverfahren

18.1 Das Prinzip des statistischen Schätzens

Mit Hilfe statistischer Schätzverfahren werden von berechneten Stichprobenparametern Abschätzungen vorgenommen über die Größe des entsprechenden Parameters in der Grundgesamtheit. Es sollen hier die folgenden Symbole verwendet werden:

Untersuchte Größe in der Stichprobe	Entsprechende Größe in der Grundgesamtheit	Was gibt diese Größe an?
n	N	Anzahl der Elemente in der jeweiligen Gesamtheit
$\overline{x}$	μ	Arithmetisches Mittel des Untersuchungsmerkmals
p	Θ	Anteilswert (relative Häufigkeit) des Untersuchungsmerkmals
s	σ	Standardabweichung der Merkmalsausprägungen

Tab. 18-1: Übersicht über die Symbolik für Schätzverfahren

Im weiteren sollen nur die Schätzverfahren betrachtet werden, mit denen von

$\overline{x}$ auf μ ,
von p auf Θ
und von s auf σ

geschätzt wird. Weitere mögliche Schätzverfahren können hier nicht abgehandelt werden.

Bei einem Schätzverfahren hängt es offensichtlich vom Ergebnis der Stichprobenuntersuchung ab, wie groß der entsprechende Parameter der Grundgesamtheit geschätzt wird. Da aus einer Grundgesamtheit unendlich viele verschiedene Stichproben denkbar sind, wird der untersuchte Stichprobenparameter nicht in allen Stichproben den gleichen Wert aufweisen. Wenn man also vom Ergebnis **einer** gezogenen Stichprobe auf den entsprechenden Grundgesamtheits-Parameter schließt, kann nicht mit Sicherheit, d. h., nicht mit einer Wahrscheinlichkeit = 1, gesagt werden, dass der Grundgesamtheits-Parameter den gleichen Wert hat wie der Stichproben-Parameter. Man kann aber eine Wahrscheinlichkeit für die Güte der Schätzung berechnen. Diese Wahrscheinlichkeit wird dann aber kleiner sein als 1, nämlich 1-α. Diese Wahrscheinlichkeit kann mit Hilfe der Wahrscheinlichkeitsrechnung bestimmt werden.

18.2 Punktschätzungen

Bei einer Punktschätzung wird angenommen, dass der zu schätzende Parameter der Grundgesamtheit genau so groß ist wie der beobachtete Parameter in der Stichprobe. Wenn man z. B. in einer Stichprobe vom Umfang n = 1.000 aus einer Grundgesamtheit von N = 200.000 Einwohnern einer Stadt berechnet, dass das durchschnittliche monatliche Netto-Einkommen von Beschäftigten in der Stichprobe $\overline{x}$ = 4.086,72 GE beträgt, dann wird bei der Punktschätzung angenommen, dass auch für die Grundgesamtheit μ = 4.086,72 GE gilt.

Punktschätzungen haben den Vorteil, dass sie sehr einfach durchzuführen sind. Ihr Nachteil besteht darin, dass man die Wahrscheinlichkeit, dass gerade **diese** Schätzung die wahren, aber unbekannten Verhältnisse in der Grundgesamtheit exakt trifft, im allgemeinen nicht angeben kann. Um mit Hilfe von Wahrscheinlichkeiten die **Zuverlässigkeit** der Schätzung beurteilen zu können, bedarf es eines anderen Schätzverfahrens, nämlich der Intervallschätzung.

Zuverlässigkeit

18.3 Intervallschätzungen für Mittelwerte

Wie oben ausgeführt, kann man aus einer Grundgesamtheit im Prinzip sehr viele verschiedene Stichproben ziehen. In jeder dieser Stichproben kann man, ein entsprechendes Untersuchungsmerkmal vorausgesetzt, beispielsweise ein arithmetisches Mittel $\overline{x}$ finden. Da die Größe von $\overline{x}$ vom Zufall abhängt, stellt das arithmetische Mittel allgemein eine Zufallsvariable $\overline{X}$ dar, die eine bestimmte Wahrscheinlichkeitsverteilung hat. Der zentrale Grenzwertsatz besagt in diesem Zusammenhang, dass das arithmetische Mittel vieler gleichbedeutender Zufallsvariabler $\overline{X}_i$ in der Grundgesamtheit dann annähernd **normalverteilt** ist mit E ($\overline{X}$) und V($\overline{X}$), wenn die Anzahl der berücksichtigten Zufallsvariablen genügend groß ist. Dieser Satz bedeutet im Fall der statistischen Schätzung, dass sehr viele mögliche Stichprobenmittelwerte **relativ** dicht bei E ($\overline{X}$) liegen und dass diejenigen Stichprobenmittelwerte die geringste Wahrscheinlichkeit haben, die am weitesten von E($\overline{X}$) entfernt sind. Es lässt sich nachweisen, dass E ($\overline{X}$), also der **Erwartungswert aller Stichprobenmittelwerte,** gleich ist dem unbekannten Mittelwert der Grundgesamtheit. Es gilt also:

Zentraler Grenzwertsatz

$$\boxed{E(\overline{X}) = \mu} \qquad (18.3\text{-}1).$$

Wenn die Zufallsvariable $\overline{X}$ einer Normalverteilung mit E($\overline{X}$) und V($\overline{X}$) folgt, dann liegen im Bereich von (E ($\overline{X}$) - $\sqrt{V(\overline{X})}$) bis (E ($\overline{X}$) + $\sqrt{V(\overline{X})}$) 68,27% aller möglichen Stichprobenmittelwerte, wie aus der Betrachtung der Normalverteilung und der Funktion F^{**} (z; 0; 1) bekannt ist. Im Bereich von

$(E(\overline{X}) \pm 2 \cdot \sqrt{V(\overline{X})})$ liegen dann 95,45% aller möglichen Stichprobenmittelwerte. Je breiter man den Bereich um $E(\overline{X})$ macht, um so größer wird der Anteil der Stichprobenmittelwerte, die in diesen Bereich fallen. Anders ausgedrückt: Je breiter man den Bereich um $E(\overline{X})$ fasst, desto größer ist die **Wahrscheinlichkeit,** dass **ein** Stichprobenmittelwert $\overline{x}$ in diesen Bereich fällt. Alle diese Wahrscheinlichkeiten kann man der Tabelle 10d der beigefügten Tabellensammlung entnehmen, wenn man berücksichtigt, dass die $\overline{x}$ normalverteilt sind und die Größe

$$z = \frac{\overline{x} - E(\overline{X})}{\sqrt{V(\overline{X})}} \tag{18.3-2}$$

standardnormalverteilt ist. Graphisch kann man sich den soeben **entwickelten** Gedankengang wie in Abbildung 18-1 verdeutlichen.

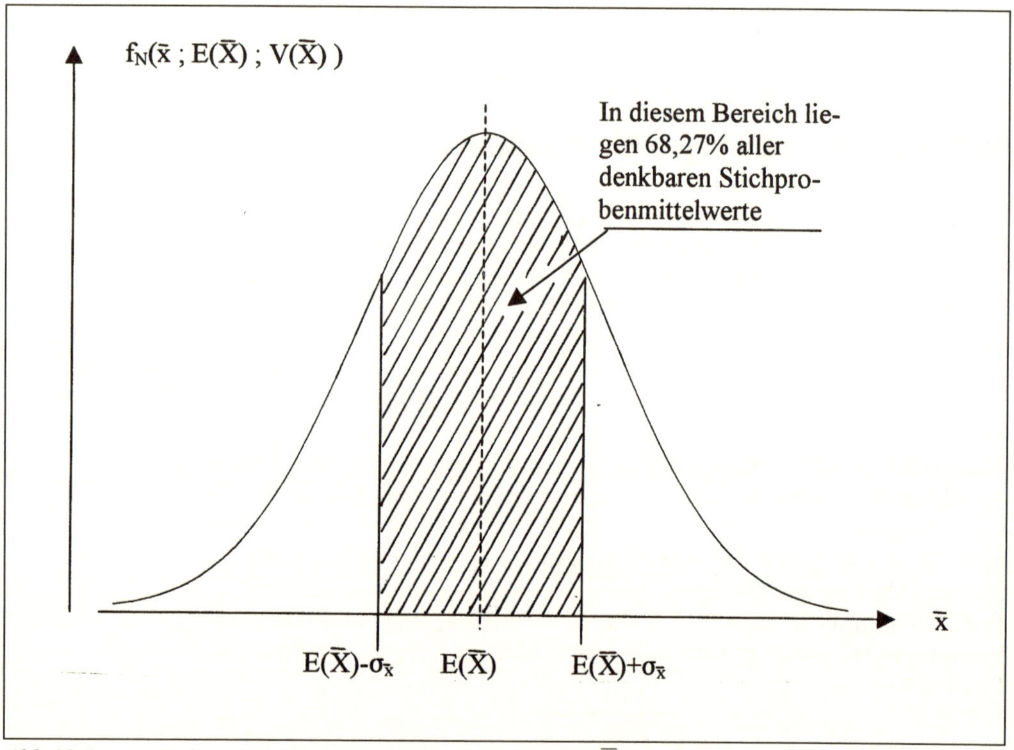

Abb.18-1: Stichprobenverteilung der Zufallsvariablen $\overline{X}$

Das Ziel muss es also sein, ausgehend von **einem** beobachteten Stichprobenmittelwert $\overline{x}$ eine möglichst zuverlässige Schätzung von $E(\overline{X})$ und damit von μ zu erhalten. Dabei kann man sich der Normalverteilungseigenschaft der Zufallsvariablen $\overline{X}$ bedienen. Diese Zufallsvariable, die in der Grundgesamtheit normalverteilt ist, streut mit der Standardabweichung $\sqrt{V(\overline{X})} = \sigma_{\overline{x}}$ um den Erwartungswert $E(\overline{X}) = \mu$. Es ist gezeigt worden, dass in einem bestimmten, symmetrischen Bereich um μ, dessen Breite von $\sigma_{\bar{x}}$ abhängt, ein bestimmter Anteil der möglichen Stichprobenmittelwerte zu finden ist. Wenn man nun um einen beobachteten Stichprobenmittelwert $\bar{x}$ ein symmetrisches Intervall legt, dann wird z. B. das Intervall

$$[\bar{x} - \sigma_{\bar{x}}, \bar{x} + \sigma_{\bar{x}}]$$

mit einer Wahrscheinlichkeit von 0,6827 den Erwartungswert $E(\bar{X}) = \mu$ mit einschließen. Vergrößert man das Intervall um $\bar{x}$, beispielsweise auf $(\bar{x} \pm 2 \cdot \sigma_{\bar{x}})$, dann beträgt die Wahrscheinlichkeit, dass $E(\bar{X})$ in diesem Intervall liegt, schon 0,9545. Wenn man $E(\bar{X})$ und damit μ in diesem Intervall vermutet, beträgt die Wahrscheinlichkeit, dass diese Annahme falsch ist, dass μ also außerhalb dieses Intervalls liegt, genau 1-0,9545 = 0,0455. Diese Wahrscheinlichkeit bezeichnet man als das *Fehlerrisiko der Schätzung* und üblicherweise mit dem Symbol "α". Die Wahrscheinlichkeit, dass die Schätzung richtig ist, kann man dann mit "1-α" beschreiben.

Fehlerrisiko der Schätzung

Die Breite des Intervalls um $\bar{x}$ hängt primär ab vom Standardfehler $\sigma_{\bar{x}}$. Man kann diesen Standardfehler berechnen aus der Standardabweichung σ der Merkmalswerte in der Grundgesamtheit nach

Standardfehler

$$\sigma_{\bar{x}} = \frac{\sigma}{\sqrt{n}}\sqrt{\frac{N-n}{N-1}} \qquad (18.3.3)$$

Der Faktor $\sqrt{\frac{N-n}{N-1}}$ in (18.3-3) ist ein *Endlichkeitskorrekturfaktor*. Durch seine Verwendung soll beim Ziehen ohne Zurücklegen, wie es bei Stichprobenerhebungen üblich ist, die Endlichkeit der Grundgesamtheit berücksichtigt werden. Da bei $N \to \infty$ der Endlichkeitskorrekturfaktor gegen 1 strebt, ist die Verbesserung der Anpassung bei großem N und kleinem n nur unerheblich. Man muss deswegen den Endlichkeitskorrekturfaktor nur dann bei der Berechnung von $\sigma_{\bar{x}}$ berücksichtigen, wenn der Faktor einen Einfluss auf die Größe von $\sigma_{\bar{x}}$ hat. Man kann sich als Faustregel merken, dass bei Auswahlsätzen

Endlichkeits-korrekturfaktor

$$\frac{n}{N} \leq 0{,}05 \qquad (18.3\text{-}4)$$

der Korrekturfaktor **nicht** berücksichtigt werden muss.

Der Gedanke der Schätzung, der bisher entwickelt wurde, besteht darin, um den beobachteten Stichprobenmittelwert $\bar{x}$ ein *Intervall* zu legen, das mit angebbarer Wahrscheinlichkeit den gesuchten Mittelwert μ der Grundgesamtheit einschließt. Aufgrund dieses Vorgehens spricht man hier auch von einer **Intervallschätzung.** Dieses Schätzprinzip sei an folgendem Beispiel verdeutlicht:

Beispiel 18-1:

In einer Grundgesamtheit von N = 10.000 Einzelhandelsgeschäften soll die durchschnittliche Anzahl von Verkäuferinnen pro Laden geschätzt werden. Aus Erfahrung sei bekannt, dass die Anzahl der Verkäuferinnen pro Laden mit einer Standardabweichung von $\sigma = 6$ Verkäuferinnen um den unbekannten Mittelwert μ streut. Es wird eine Zufallsstichprobe von n = 900 Geschäften untersucht, in der sich als durchschnittliche Anzahl von Verkäuferinnen $\overline{x} = 7{,}2$ ergibt.

Um den unbekannten Mittelwert μ in der Grundgesamtheit zu schätzen, berechnet man zunächst $\sigma_{\overline{x}}$:

$$\sigma_{\overline{x}} = \frac{6}{\sqrt{900}}\sqrt{\frac{10000-900}{10000-1}} = 0{,}2 \cdot 0{,}9540 = 0{,}1908$$

Nun wird um $\overline{x} = 7{,}2$ ein Intervall von $\pm 1\ \sigma_{\overline{x}}$ gelegt:

$$[7{,}2-1 \cdot 0{,}1908;\ 7{,}2 + 1 \cdot 0{,}1908]$$

$$[7{,}0092;\ 7{,}3908]$$

Das bedeutet, dass **mit** einer Wahrscheinlichkeit von 0,6827 die durchschnittliche Anzahl von Verkäuferinnen pro Geschäft in der Grundgesamtheit, also μ, zwischen 7,0092 und 7,3908 liegt. Diese Aussage kann man schreiben als:

$$7{,}0092 \le \mu \le 7{,}3908$$

Da bei der angegebenen Schätzung die Wahrscheinlichkeit, dass diese *nicht* richtig ist, mit (1-0,6827) = 0,3173 noch sehr hoch ist, soll zur Erhöhung der Schätzsicherheit das Intervall vergrößert werden auf $(\overline{x} \pm 2 \cdot \sigma_{\overline{x}})$. In diesem Fall erhält man:

$$W(7{,}2 - 2 \cdot 0{,}1908 \le \mu \le 7{,}2 + 2 \cdot 0{,}1908) = 0{,}9545$$

$$6{,}8184 \le \mu \le 7{,}5816$$

Diese Aussage ist mit einer Wahrscheinlichkeit von 0,9545 wahr. Eine weitere Verbreiterung des Intervalls um beliebige Vielfache von $\sigma_{\overline{x}}$, würde die Wahrscheinlichkeit, dass die vorgenommene Schätzung richtig ist, noch erhöhen, würde allerdings auch wegen der wachsenden Intervallbreite die Schärfe der Schätzung vermindern. Es gilt also, einen Kompromiss zu finden zwischen benötigter Schätzgenauigkeit und der Schätzsicherheit. Üblicherweise werden hier die Wahrscheinlichkeiten der Schätzsicherheit normativ vorgegeben, z. B. mit $1 - \alpha = 0{,}9545$. Hier würde sich dann ein Faktor von 2 für den Standardfehler ergeben.

Allgemein werden die Grenzen der Schätz-Intervalle aus $(x\text{-}k \cdot \sigma_{\overline{x}})$ und $(x\text{+}k \cdot \sigma_{\overline{x}})$ berechnet, wobei k irgendeine reelle Zahl als Faktor darstellt. Ist k=1, liegt der gesuchte Parameter μ in dem Intervall mit einer Wahrscheinlichkeit von 0,6827. Diesen Wert erhält man, wie oben erläutert, wenn man in der Tabelle 10d der abgeleiteten Funktion $F^{**}(z;0,1)$ für z=1 die entsprechende Wahrscheinlichkeit aufsucht. Analog ersieht man aus dieser Tabelle, dass sich für z=2 eine Wahrscheinlichkeit von 0,9545 ergibt, also die gleiche Wahrscheinlichkeit, die für das Intervall $(\bar{x} \pm 2 \cdot \sigma_{\bar{x}})$ gilt. Daraus kann man ableiten, dass die Faktoren k durch die z-Werte einer standardnormalverteilten Zufallsvariablen Z ersetzt werden können.

Man erhält damit als allgemeine Formel für eine Intervallschätzung von einem Stichprobenmittelwert $\bar{x}$ auf einen Mittelwert der Grundgesamtheit:

$$W(\bar{x} - z \cdot \sigma_{\bar{x}} \leq \mu \leq \bar{x} + z \cdot \sigma_{\bar{x}}) = 1 - \alpha \qquad (18.3\text{-}5)$$

Konfidenzintervall

Das durch (18.3-5) festgelegte Schätzintervall nennt man üblicherweise ein **Konfidenzintervall.**

heterograde Fragestellung

Die Intervallschätzung von $\bar{x}$ auf μ, die man auch als Schätzung für **heterograde Merkmale** bezeichnet, sei an einem weiteren Beispiel veranschaulicht:

Beispiel 18-2:

Langjährige Erfahrung zeigte, dass die Brenndauer einer bestimmten Sorte von Glühlampen eine Standardabweichung von σ = 300 Stunden aufweist. Aus der laufenden sehr großen Produktion wird eine Zufallsstichprobe vom Umfang n = 400 gezogen. In dieser Stichprobe wird eine durchschnittliche Brenndauer von $\bar{x}$ = 1.000 Stunden festgestellt. In welchen Grenzen wird mit einer Wahrscheinlichkeit von 0,9011 die durchschnittliche Brenndauer aller produzierten Glühlampen liegen?

Da 1 - α = 0,9011 vorgegeben ist, ergibt sich aus Tabelle 10d ein z-Wert von z = 1,65 als Faktor für $\sigma_{\bar{x}}$. Zunächst wird nach (18.3-3) der Standardfehler berechnet, wobei aber wegen $N \to \infty$ und damit $\frac{n}{N} < 0,05$ der Endlichkeitskorrekturfaktor unberücksichtigt bleiben kann:

$$\sigma_{\bar{x}} = \frac{300}{\sqrt{400}} = 15.$$

Es ergibt sich dann als Schätzung das folgende Konfidenzintervall:

$$1000 - 1,65 \cdot 15 \leq \mu \leq 1000 + 1,65 \cdot 15$$

und

$$975,25 \leq \mu \leq 1024,75$$

Mit einer Wahrscheinlichkeit von 0,9011 liegt die durchschnittliche Brenndauer aller Glühbirnen zwischen 975,24 Stunden und 1.024,75 Stunden.

Ein besonderes Problem bei Intervallschätzungen ergibt sich daraus, dass in der Regel die zur Berechnung des Standardfehlers $\sigma_{\bar{x}}$ benötigte Standardabweichung σ der Grundgesamtheit nicht bekannt ist. Man muss in diesem Fall eine Abschätzung von σ aus der Standardabweichung s der Stichprobe vornehmen. Da die Standardabweichung nunmehr selbst geschätzt ist, wird diese Eigenschaft durch die Schreibweise $\hat{\sigma}$ (lies: Sigma-Dach) gekennzeichnet. Man erhält $\hat{\sigma}$ aus:

$$\hat{\sigma} = s \cdot \sqrt{\frac{n}{n-1}} \cdot \sqrt{\frac{N-n}{N-1}} = \sqrt{\frac{\sum_i (x_i - \bar{x})^2}{n}} \cdot \sqrt{\frac{n}{n-1}} \cdot \sqrt{\frac{N-n}{N-1}}$$

und damit:

$$\hat{\sigma} = \sqrt{\frac{\sum_i (x_i - \bar{x})^2}{n-1}} \cdot \sqrt{\frac{N-n}{N-1}} \qquad (18.3\text{-}6)$$ [1]

BESSEL-Korrektur

Den Korrekturfaktor bei s in (18.3-6) nennt man nach seinem Urheber die **BESSEL-Korrektur**. Setzt man $\hat{\sigma}$ gem. (18.3-6) für σ in (18.3-3) ein, dann ergibt sich nach einigen Umformungen als Schätzwert $\hat{\sigma}_{\bar{x}}$ für den Standardfehler:

$$\hat{\sigma}_{\bar{x}} = \frac{s}{\sqrt{n-1}} \cdot \sqrt{\frac{N-n}{N-1}}$$

bzw. bei Verwendung von Taschenrechnern, die die Standardabweichung s bereits mit der "n-1-Gewichtung" berechnen:

$$\hat{\sigma}_{\bar{x}} = \frac{s}{\sqrt{n}} \sqrt{\frac{N-n}{N-1}} \qquad (18.3\text{-}7)$$

Der Faktor $\sqrt{\frac{N-n}{N-1}}$ ist ebenfalls ein Endlichkeitskorrekturfaktor, der für $\frac{n}{N} < 0{,}05$ entfallen kann.

[1] Bei manchen Taschenrechnern wird bei Verwendung der integrierten statistischen Funktionen die Stichproben-Standardabweichung "s" häufig bereits als

$$s = \sqrt{\frac{\sum (x_i - \bar{x})^2}{n-1}}$$

berechnet. Dies ist ggf. bei der Berechnung von $\hat{\sigma}$ zu berücksichtigen.

Verwendet man statt des Standardfehlers $\sigma_{\bar{x}}$, den geschätzten Standardfehler $\hat{\sigma}_{\bar{x}}$, dann ist die Zufallsvariable

$$z = \frac{\bar{x} - \mu}{\hat{\sigma}_{\bar{x}}}$$

nicht mehr standardnormalverteilt, sondern **studentverteilt** mit **ν = n-1** Freiheitsgraden, wenn das Untersuchungsmerkmal in der Grundgesamtheit normalverteilt ist. Dies kann man wegen des zentralen Grenzwertsatzes in der Regel annehmen. Wenn die Zufallsvariable z studentverteilt ist, können die für das Konfidenzintervall benötigten Faktoren z bei vorgegebener Wahrscheinlichkeit nur den Tabellen der Student-Verteilung, Tabelle 11 der beigefügten Tabellensammlung, entnommen werden.

Beispiel 18-3:

In einem Büro mit N = 420 Beschäftigten soll festgestellt werden, wie viele Tage im Durchschnitt pro Jahr und Beschäftigten durch Sonderurlaub wegen familiärer Anlässe anfallen. Es wird eine Zufallsstichprobe vom Umfang n = 26 gezogen, aus der sich ergibt, dass jeder der 26 Befragten pro Jahr im Durchschnitt $\bar{x}$ = 3,4 Tage bei einer Standardabweichung von s = 2,1 Tagen Sonderurlaub hatte. Der gesuchte Mittelwert μ für alle Angestellten soll mit einer Wahrscheinlichkeit von 0,95 geschätzt werden.

Aus der Angabe der Wahrscheinlichkeit $1 - \alpha = 0{,}95$ ergibt sich unter Zuhilfenahme der Tabelle der Student-Verteilung bei $\nu = 26\text{-}1 = 25$ Freiheitsgraden: z = 2,060. Als geschätzten Standardfehler erhält man:

$$\hat{\sigma}_{\bar{x}} = \frac{2{,}10}{\sqrt{26-1}} \cdot \sqrt{\frac{420-26}{420-1}} = 0{,}42 \cdot 0{,}9697$$

$$\hat{\sigma}_{\bar{x}} = 0{,}4073$$

Es ergibt sich dann das folgende Konfidenzintervall

$$3{,}4 - 2{,}06 \cdot 0{,}4073 \leq \mu \leq 3{,}4 + 2{,}06 \cdot 0{,}073$$

$$2{,}5610 \leq \mu \leq 4{,}2390$$

Mit einer Wahrscheinlichkeit von 0,95 fallen in dem gesamten Büro pro Jahr im Durchschnitt zwischen 2,561 und 4,239 Tagen pro Angestellten durch Sonderurlaub aus. Das bedeutet, dass dem Büro jährlich im Durchschnitt mindestens $2{,}561 \cdot 420$ = 1.075,62 und höchstens 1.780,38 Arbeitstage durch Sonderurlaub der Angestellten verloren gehen.

Bei der Verwendung der Student-Verteilung sollte berücksichtigt werden, dass für Stichprobenumfänge > 30 die (an sich exakte) Student-Verteilung durch die Normalverteilung approximiert werden kann. Die Student-Verteilung muss also nur angewendet werden im Falle "kleiner Stichproben", bei denen der Standardfehler $\hat{\sigma}_{\bar{x}}$ geschätzt wurde.

18.4 Intervallschätzungen für Anteilswerte

homograde Fragestellung

Bei Intervallschätzungen für Anteilswerte wird, ausgehend von einem in einer Stichprobe beobachteten Anteilswert p, auf die Größe des unbekannten Anteilswertes Θ des Untersuchungsmerkmals geschlossen. Da Anteilswerte homograde Merkmale darstellen, liegt hier der homograde Fall von Intervallschätzung vor. Wenn also z. B. der Anteil der Frauen bei 1.000 zufällig ausgewählten Besuchern einer Stadtverwaltung bei p = 0,4 liegt, kann man von diesem Wert schließen, wie groß der Anteil der Frauen in der betreffenden Stadt ist. Diese Schätzungen werden aber nur dann möglich, wenn man die Verteilungseigenschaften der Stichproben-Anteilswerte kennt.

Es lässt sich nachweisen, dass die Stichprobenanteilswerte p einer Zufallsvariablen P entstammen, die mit E (P) = Θ und V(P) normalverteilt ist, wenn die Anzahl der Elemente in der Grundgesamtheit ausreichend groß ist. Damit ist bei genügend großen Stichproben die Zufallsvariable

$$z = \frac{P - E(P)}{\sqrt{V(P)}} = \frac{P - \Theta}{\sigma_p} \qquad (18.4\text{-}1)$$

standardnormalverteilt. Man kann deswegen bei Schätzungen für Anteilswerte genauso vorgehen wie bei Schätzungen für arithmetische Mittel: Man legt um den beobachteten Stichproben-Anteilswert p ein symmetrisches Intervall von $p \pm z \cdot \sigma_p$, wobei sich der Standardfehler σ_p, berechnet nach:

$$\sigma_p = \sqrt{\frac{\Theta(1-\Theta)}{n}}\sqrt{\frac{N-n}{N-1}} \qquad (18.4\text{-}2).$$

Das Konfidenzintervall einer homograden Intervallschätzung wird dann berechnet als:

$$W(p - z \cdot \sigma_p \leq \Theta \leq p + z \cdot \sigma_p) = 1 - \alpha \qquad (18.4\text{-}3).$$

Beispiel 18-4:

Aus früheren Untersuchungen ist bekannt, dass der Anteil von Studentinnen an den N = 10.000 Studierenden einer Hochschule bei $\Theta = 0{,}3$ liegt. In einer erneuten Untersuchung von n = 900 Studierenden wird ein Anteil von p = 0,28 festgestellt. Es soll aufgrund dieses Ergebnisses der Anteil der Studentinnen in der Grundgesamtheit mit einem Fehlerrisiko von $\alpha = 0{,}0455$ geschätzt werden.

Für den Standardfehler σ_p erhält man hier:

$$\sigma_p = \sqrt{\frac{0{,}3 \cdot (1-0{,}3)}{900}} \cdot \sqrt{\frac{10000-900}{10000-1}} = 0{,}01528 \cdot 0{,}9540$$

$$\sigma_p = 0{,}01457$$

Aus $1 - \alpha = 0{,}9545$ folgt bei Annahme der Standardnormalverteilung: z = 2. Zur Schätzung des Anteils in der Grundgesamtheit wird das Konfidenzintervall für Θ berechnet:

$$0{,}28 - 2 \cdot 0{,}01457 \le \Theta \le 0{,}28 + 2 \cdot 0{,}01457$$

$$0{,}2509 \le \Theta \le 0{,}3091$$

Mit einer Wahrscheinlichkeit von 0,9545 liegt der Anteil der Studentinnen an der betreffenden Hochschule bei mindestens 25,1% und höchstens bei 30,9%.

Bei Intervallschätzungen im homograden Fall wird das Problem des Standardfehlers noch offensichtlicher als im oben geschilderten heterograden Fall. Es soll Θ geschätzt werden, man braucht diesen Anteilswert aber bereits zur Berechnung des Standardfehlers σ_p. Dieses Problem lässt sich nur dadurch umgehen, dass man den Standardfehler als Schätzwert $\hat{\sigma}_p$ aus dem Stichprobenergebnis ableiten. Dies ist möglich nach der Formel:

Schätzung des Standardfehlers

$$\hat{\sigma}_p = \sqrt{\frac{p(1-p)}{n-1}} \cdot \sqrt{\frac{N-n}{N-1}} \qquad (18.4\text{-}4).$$

Durch die Schätzung des Standardfehlers aus dem Stichprobenergebnis ist aber die Zufallsvariable z mit den Werten

$$z = \frac{p - \Theta}{\hat{\sigma}_p}$$

nicht mehr standardnormalverteilt, sondern bei dem üblichen Auswahlverfahren hypergeometrisch verteilt. Die hypergeometrische Verteilung lässt sich aber unter den oben geschilderten Voraussetzungen durch die Normalverteilung approximieren. Wegen der rechentechnischen Schwierigkeiten, die die hypergeometrische Verteilung aufwirft, sollen im folgenden nur solche Beispiele betrachtet werden, bei denen die Approximation hypergeometrische

Verteilung → Normalverteilung ausreichend gut ist, so dass die zur Schätzung benötigten z-Werte aus der Tabelle der Standardnormalverteilung entnommen werden können.

Beispiel 18-5:

Die SPEEDY-GmbH möchte bei den N=200.000 SPEEDSTER-Besitzern im Zuge einer Marktforschungsmaßnahme die berufliche Zusammensetzung dieses Abnehmerkreises auf Stichprobenbasis untersuchen. Eine Stichprobe vom Umfang n=2500 brachte folgendes Ergebnis:

300 Arbeiter (= Arb)
725 Angestellte (= Ang)
855 Beamte(= B)
620 Selbständige (= S)

Mit welchem Anteil wird bei einem Fehlerrisiko von $\alpha = 0{,}0989$ jede der Berufsgruppen in der Grundgesamtheit vertreten sein?

Der Anteil der Arbeiter in der Stichprobe beträgt

$$p_{\text{Arb.}} = \frac{300}{2500} = 0{,}12$$

Daraus ergibt sich nach (18.4-4) ein geschätzter Standardfehler von:

$$\hat{\sigma}_{p_{\text{Arb}}} = \sqrt{\frac{0{,}12 \cdot (1 - 0{,}12)}{2500 - 1}} = 0{,}0065$$

wobei die Endlichkeitskorrektur, wie auch in allen anderen Schätzungen dieses Beispiels, entfallen kann. Zur Schätzung wird hier das Konfidenzintervall (18.4-3) mit der Anpassung auf den *geschätzten* Standardfehler verwendet:

$$W\left(p - z \cdot \hat{\sigma}_p \leq \Theta \leq p + z \cdot \hat{\sigma}_p\right) = 1 - \alpha$$

Aus $1 - \alpha = 0{,}9011$ folgt: $z = 1{,}65$. Damit ergibt sich:

$$0{,}12 - 1{,}65 \cdot 0{,}0065 \leq \Theta_{\text{Arb}} \leq 0{,}12 + 1{,}65 \cdot 0{,}0065$$
$$0{,}1093 \leq \Theta_{\text{Arb}} \leq 0{,}1307$$

Der Anteil der Arbeiter liegt in der Grundgesamtheit mit einer Wahrscheinlichkeit von 0,9011 zwischen rund 10,9 % und 13,1 % einschließlich.

Entsprechend erhält man:

$$p_{\text{Ang.}} = \frac{725}{2500} = 0{,}29$$

$$\hat{\sigma}_{p_{Ang}} = \sqrt{\frac{0{,}29 \cdot (1-0{,}29)}{2500-1}} = 0{,}00908$$
$$0{,}29 - 1{,}65 \cdot 0{,}00908 \leq \Theta_{Ang} \leq 0{,}29 + 1{,}65 \cdot 0{,}00908$$
$$0{,}2750 \leq \Theta_{Ang} \leq 0{,}3050$$

und weiter

$$p_B = \frac{855}{2500} = 0{,}342$$
$$\hat{\sigma}_{p_B} = \sqrt{\frac{0{,}342(1-0{,}342)}{2500-1}} = 0{,}00950$$
$$0{,}342 - 1{,}65 \cdot 0{,}00950 \leq \Theta_B \leq 0{,}342 + 1{,}65 \cdot 0{,}00950$$
$$0{,}3263 \leq \Theta_B \leq 0{,}3577$$

und schließlich

$$p_S = \frac{620}{2500} = 0{,}248$$
$$\hat{\sigma}_{p_S} = \sqrt{\frac{0{,}248(1-0{,}248)}{2500-1}} = 0{,}00864$$
$$0{,}248 - 1{,}65 \cdot 0{,}00864 \leq \Theta_S \leq 0{,}248 + 1{,}65 \cdot 0{,}00864$$
$$0{,}2337 \leq \Theta_S \leq 0{,}2623$$

18.5 Intervallschätzungen für Varianzen

Bei Intervallschätzungen für Varianzen wird von einer beobachteten Stichprobenvarianz s^2 auf die Größe der entsprechenden Varianz σ^2 in der Grundgesamtheit geschlossen.

Da in der Formel für die Varianz

$$s^2 = \frac{\sum_{i=1}^{n}(x_i - \bar{x})^2}{n}$$

die Werte der Zufallsvariablen $(x_i - \bar{x})$ quadriert und dann summiert werden, ist die Zufallsvariable s^2 χ^2-verteilt.

Ohne näheren Beweis erhält man als Konfidenzintervall für die Varianz einer Grundgesamtheit:

$$\boxed{W\left[\frac{n \cdot s^2}{x_1} \le \sigma^2 \le \frac{n \cdot s^2}{x_2}\right] = 1 - \alpha} \qquad (18.5\text{-}1)$$

Die Größe x_1 erhält man, wenn man aus **Tabelle 13** der beigefügten Tabellensammlung den x-Wert entnimmt, der zu dem Wert $F\chi^2\left(1 - \frac{\alpha}{2}; n - 1\right)$ gehört. Die Größe x_2 ergibt sich, wenn man aus der gleichen Tabelle den x-Wert entnimmt, der zu dem Wert $F\chi^2\left(\frac{\alpha}{2}; n - 1\right)$ gehört.

Beispiel 18-6:

In einer Stichprobe vom Umfang n = 30 wird eine Stichprobenvarianz von $s^2 = 90$ ermittelt. Die Varianz σ^2 der Grundgesamtheit soll mit einem Fehlerrisiko von $\alpha = 0{,}1$ geschätzt werden.

Aus Tabelle 13 der Tabellensammlung folgt, dass dem Wert

$$F\chi^2\left(1 - \frac{0{,}1}{2}; 30 - 1\right) = F\chi^2(0{,}95; 29)$$

der Verteilungsfunktion ein Wert von $x_1 = 42{,}6$ entspricht. Entsprechend erhält man für

$$F\chi^2\left(\frac{0{,}1}{2}; 30 - 1\right) = F\chi^2(0{,}05; 29)$$

einen Wert von $x_2 = 17{,}7$.

Damit ergibt sich als Konfidenzintervall:

$$\frac{30 \cdot 90}{42{,}6} \le \sigma^2 \le \frac{30 \cdot 90}{17{,}7}$$

und

$$63{,}4 \le \sigma^2 \le 152{,}5$$

Mit einer Wahrscheinlichkeit von 0,9 liegt die unbekannte Varianz σ^2 der Grundgesamtheit zwischen 63,4 und 152,5 einschließlich.

18.6 Die Bestimmung des notwendigen Stichprobenumfangs

Der dritte Problemkreis der Schätztheorie befasst sich mit der Bestimmung des notwendigen Stichprobenumfangs, wenn die **Breite des Konfidenzintervalls** und die **Sicherheitswahrscheinlichkeit** $1-\alpha$ **vorgegeben** sind. Es geht hier z. B. um Problemstellungen der folgenden Art:

Beispiel 18-7:

Der Zulieferant, der für die SPEEDY-GmbH die Sitze für den SPEEDSTER bereitstellt, möchte die durchschnittliche Körpergröße männlicher Autofahrer in einem Bereich von **±2cm** bestimmen lassen mit einer Sicherheitswahrscheinlichkeit von $\mathbf{1-\alpha = 0{,}95}$**.** Wie groß muss der Stichprobenumfang **mindestens** gewählt werden, damit diese Forderungen erfüllt werden können?

Beispiel 18-8:

Ein Politiker möchte das derzeitige Anhängerpotential seiner Partei auf ± 2% genau bestimmen lassen mit einer Sicherheit von $\mathbf{1-\alpha = 0{,}90}$**.** Wie groß muss der Stichprobenumfang **mindestens** gewählt werden, damit diese Forderungen erfüllt werden?

Derartige Fragestellungen lassen sich wie in Abb. 18-2 graphisch veranschaulichen:

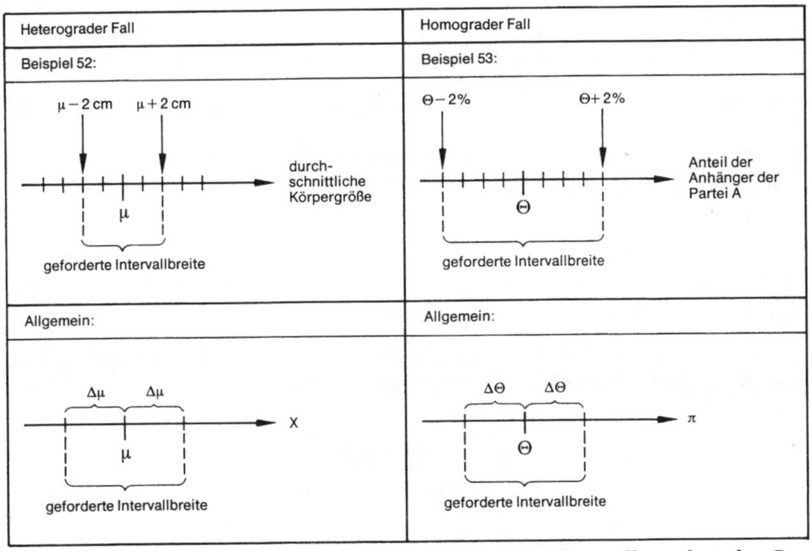

Abb. 18-2: Graphische Veranschaulichung der Problemstellung bei der Bestimmung des notwendigen Stichprobenumfangs

absolute Fehler

Man bezeichnet die Größen $\Delta\mu$ und $\Delta\Theta$ auch oft als die *absoluten Fehler*.

Zunächst sei der heterograde Fall betrachtet, bei dem der notwendige Stichprobenumfang für das Intervall $(\mu \pm \Delta\mu)$ bestimmt wird. Man kann hier aus der Formel für das Konfidenzintervall gem. (18.3-5) nach Auflösung des Intervalls nach n folgende Formel ableiten:

$$\boxed{n \geq \frac{z^2 \cdot N \cdot \sigma^2}{\Delta^2\mu \cdot (N-1) + z^2 \cdot \sigma^2}} \qquad (18.6\text{-}1)$$

Diese Formel ist exakt. Sie muss immer dann angewandt werden, wenn $\frac{n}{N} > 0{,}05$. Für den Fall großer Grundgesamtheiten und kleiner Stichproben, also im Falle, dass $\frac{n}{N} \leq 0{,}05$, kann die folgende Näherungsformel bei Wegfall des Endlichkeitskorrekturfaktors berechnet werden:

$$\boxed{n \geq \frac{z^2 \cdot \sigma^2}{\Delta^2\mu}} \qquad (18.6\text{-}2)$$

Problematisch **ist** bei der Verwendung dieser Formeln, dass vor Berechnung von n der Auswahlsatz $\frac{n}{N}$ gar nicht angegeben werden kann, so dass man im Prinzip die Gleichung (18.6-2) nur dann verwenden sollte, wenn der Umfang der Grundgesamtheit wirklich sehr groß ist. Auch in diesem Fall muss nach Berechnung von n geprüft werden, ob $\frac{n}{N} \leq 0{,}05$. Sollte diese Bedingung wider Erwarten nicht erfüllt sein, muss eine erneute Berechnung des notwendigen Stichprobenumfangs nach (18.6-1) erfolgen.

Vorstichprobe

Die in den Formeln (18.6-1) und (18.6-2) benötigte Varianz σ^2 der Grundgesamtheit ist in aller Regel nicht bekannt. Um σ^2 für die Formeln zu erhalten, erhebt man üblicherweise eine kleine **Vorstichprobe** vom Umfang n_V aus deren Standardabweichung s man einen Schätzwert $\hat{\sigma}$ für die Standardabweichung der Grundgesamtheit erhält nach (18.3-6):

$$\boxed{\hat{\sigma} = s_V \sqrt{\frac{n_V}{n_V - 1}} \sqrt{\frac{N - n_V}{N - 1}}}$$

bei der der Korrekturfaktor $\sqrt{\frac{N-n}{N-1}}$ bei großen Grundgesamtheiten entfallen kann.

Angenommen, in **Beispiel 18-7** habe der Marktforscher des SPEEDY-Zulieferers eine kleine Vorstichprobe vom Umfang $n_v = 36$ erhoben, die eine Standardabweichung der Körpergrößen von $s_v = 15$ cm ergeben habe. Da die

Grundgesamtheit aller männlichen Autofahrer sehr groß ist, kann die Standardabweichung der Grundgesamtheit nach (18.3-6) geschätzt werden als:

$$\hat{\sigma} = 15\sqrt{\frac{36}{36-1}} = 15{,}2128$$

Aus der vorgegebenen Sicherheitswahrscheinlichkeit von $1-\alpha = 0{,}95$ ergibt sich gem. Tabelle 10d: $z = 1{,}96$ und damit: $z^2 = 3{,}8416$. Da $\Delta\mu = 2$ vorgegeben ist, ist $\Delta^2\mu = 4$. Mit $\hat{\sigma}^2 = 15{,}2128^2 = 231{,}4286$ berechnet man den notwendigen Stichprobenumfang nach (18.6-2) als:

$$n \geq \frac{3{,}8416 \cdot 231{,}4286}{4} = 222{,}264$$

Da n = 222 die geforderten Bedingungen noch nicht ganz erfüllt, n = 222,264 Personen aber nicht befragt werden können, müssen mindestens 223 Personen in die Zufallsstichprobe aufgenommen werden.

notwendiger Stichprobenumfang im homograden Fall

Nun soll die Bestimmung des notwendigen Stichprobenumfangs für den homograden Fall diskutiert werden. Hier ergibt sich aus der Auflösung des Konfidenzintervalls (18.4-3) nach n die folgende exakte Formel:

$$n \geq \frac{z^2 \cdot \{\Theta(1-\Theta)\} \cdot N}{\Delta^2\Theta \cdot (N-1) + z^2 \cdot \{\Theta(1-\Theta)\}} \qquad (18.6\text{-}3)$$

Auch diese Formel kann für $\frac{n}{N} \leq 0{,}05$ durch die Näherungsformel

$$n \geq \frac{z^2 \{\Theta(1-\Theta)\}}{\Delta^2\Theta} \qquad (18.6\text{-}4)$$

ersetzt werden.

Als Schätzwert für die Varianz $\{\Theta(1-\Theta)\}$ erhält man hier:

$$\widehat{\{\Theta(1-\Theta)\}} = p_V(1-p_V) \cdot \frac{n_V}{n_V - 1} \cdot \frac{N - n_V}{N-1} \qquad (18.6\text{-}5)$$

wobei p_v der entsprechende Anteilswert aus einer Vorstichprobe vom Umfang n_v ist.

Angenommen, das in Beispiel 18-8 beauftragte Meinungsforschungsinstitut habe aus einer Vorstichprobe vom Umfang $n_V = 50$ einen Anteilswert von p = 0,4 der Anhänger der Partei ermittelt. Bei der sehr großen Grundgesamtheit aller Wähler kann die Varianz $\{\Theta(1-\Theta)\}$ geschätzt werden als:

$$\widehat{\{\Theta(1-\Theta)\}} = 0,4(1-0,4)\frac{50}{50-1}$$

$$\widehat{\{\Theta(1-\Theta)\}} = 0,2449$$

Bei dem angegebenen Sicherheitsgrad von $1 - \alpha = 0,90$ ergibt sich aus Tabelle 10d: $z = 1,65$, so dass $z^2 = 2,7225$. Aus $\Delta\Theta = 0,02$ folgt: $\Delta^2\Theta = 0,0004$. Wegen der sehr großen Grundgesamtheit lässt sich der notwendige Stichprobenumfang nach (18.6-4) berechnen als:

$$n \geq \frac{2,7225 \cdot 0,2449}{0,0004} = 1666,84$$

Es müssen mindestens 1667 Wähler in die Zufallsstichprobe einbezogen werden, um die genannten Bedingungen einer Intervallbreite von ±2% und einer Schätz-Sicherheit von 0,9 zu erfüllen.

Aufgaben zum 18. Kapitel:

180. Bei den 4.417 Studenten einer Hochschule in einem bestimmten Semester soll auf Stichprobenbasis das durchschnittliche Alter geschätzt werden. Aus vorangegangenen Untersuchungen weiß man, dass die Standardabweichung des Alters in der Grundgesamtheit mit $\sigma = 3$ Jahren bekannt ist, genauso wie die Tatsache, dass das Alter der Studenten normalverteilt ist.
Es wird eine Stichprobe vom Umfang $n = 90$ gezogen, die ein Durchschnittsalter von 22,6 Jahren ergibt.

Bestimmen Sie für das unbekannte Durchschnittsalter μ aller Studenten der Hochschule ein
a) 68,26%-Konfidenzintervall!
b) 90%-Konfidenzintervall!
c) 95%-Konfidenzintervall!
d) 95,45%-Konfidenzintervall!
e) 99%-Konfidenzintervall!

181. Das Durchschnittseinkommen von 10.000 Ärzten soll geschätzt werden. Zu diesem Zweck wird eine Zufallsstichprobe erhoben, die ein jährliches Durchschnittseinkommen von $\overline{x} = 160.000$ GE bei einer Standardabweichung von $s = 15.000$ GE ergibt.

Berechnen Sie für μ, das unbekannte Durchschnittseinkommen aller Ärzte, ein
a) 90%-Konfidenzintervall,
b) 95%-Konfidenzintervall,
c) 99%-Konfidenzintervall,

wenn die Stichprobe
α) $n = 101$ Untersuchungseinheiten umfasst!
β) $n = 17$ Untersuchungseinheiten umfasst!

182. Langjährige Erfahrung ergab bei einer bestimmten Glühlampenart, dass deren Brenndauer normalverteilt ist mit einer Standardabweichung von $\sigma = 250$ Stunden. Zur Qualitätskontrolle wird eine Stichprobe vom Umfang
a) $n = 100$
b) $n = 400$
c) $n = 900$

aus der sehr großen laufenden Produktion gezogen, die jeweils eine durchschnittliche Brenndauer der geprüften Lampen von 900 Stunden erbrachte. In welchen Grenzen wird sich mit einer Wahrscheinlichkeit von 0,9545 die durchschnittliche Brenndauer aller Glühlampen der gesamten Produktion befinden?

Aufgaben

183. Aus einer Massenproduktion von Schrauben des Typs "M 3 X 50" werden n = 16 Schrauben zur Kontrolle zufällig entnommen. Ihr Durchmesser beträgt im Durchschnitt 3,02 mm. Es ist bekannt, dass bei der Produktion aller Schrauben deren Durchmesser normalverteilt ist mit einer Standardabweichung von $\sigma = 0{,}024$ mm.

Bestimmen Sie ein 95,45%-Konfidenzintervall für den durchschnittlichen Durchmesser aller Schrauben der Produktion!

184. Für die 35 000 Studierenden der Hochschulen in M sollen die monatlichen Durchschnittsausgaben für Bücher auf Stichprobenbasis geschätzt werden. Dazu wird eine Stichprobe vom Umfang

a) n = 26
b) n = 401

gezogen, die jeweils einen Durchschnittswert von $\overline{x} = 30$ GE/Monat bei einer Varianz von $s^2 = 25(GE/Monat)^2$ erbringt.

Berechnen Sie aufgrund dieser Angaben für die Stichprobenumfänge unter a) und b) je ein

α) 95%-Konfidenzintervall
β) 99,5%Konfidenzintervall

für den unbekannten Durchschnittswert μ der monatlichen Ausgaben für Bücher aller Studenten in der Grundgesamtheit!

185. Langjährige Erfahrung zeigte, dass die durchschnittliche Betriebsleistung bis zum ersten Defekt bei bestimmten Farbfern-sehgeräten normalverteilt ist mit einer Standardabweichung von σ=300 Stunden. Aus der laufenden, sehr großen Produktion werden 400 Geräte zufällig ausgewählt. Für diese Geräte wird eine durchschnittliche Betriebsleistung von 1 000 Stunden beobachtet.
In welchen Grenzen wird sich mit einer Wahrscheinlichkeit von 0,9545 die durchschnittliche Betriebsleistung aller gefertigten Farbfernsehgeräte bewegen?

186. Zehn Bewerber um eine hochdotierte Trainee-Ausbildung unterzogen sich unter anderem einem bestimmten Leistungstest, der für diese Bewerber eine durchschnittliche Punktzahl von 198 Punkten bei einer Varianz von 56,25 $(\text{Punkten})^2$ ergab. Man kann annehmen, dass die Punktzahlen des Testergebnisses in der (sehr großen) Grundgesamtheit aller möglichen Bewerber normalverteilt ist.

a) Berechnen Sie ein 99%-Konfidenzintervall für die durchschnittliche Punktzahl aller möglichen Bewerber!
b) Welches 99%-Konfidenzintervall hätte sich ergeben, wenn die angegebene Varianz von 56,25 $(\text{Punkten})^2$ die Varianz der Grundgesamtheit gewesen wäre?

Aufgaben

187. Aus einer unendlich großen, normalverteilten Grundgesamtheit, deren Standardabweichung mit $\sigma = 4$ bekannt ist, wird eine Stichprobe vom Umfang $n = 16$ gezogen, die einen Mittelwert von $\overline{x} = 50$ und eine Varianz von $s^2 = 36$ ergibt. Berechnen Sie ein 90%-Konfidenzintervall für den unbekannten Mittelwert μ der Grundgesamtheit!

188. Berechnen Sie das Konfidenzintervall in Aufgabe 187 für den Fall, dass σ unbekannt ist und das Stichprobenergebnis aus einer Stichprobe vom Umfang $n = 16$ stammt!

Warum sind die beiden Konfidenzintervalle aus Aufgabe 187 und 188 unterschiedlich?

189. An einer Hochschule studieren 5000 Studierende. 50 von diesen werden zufällig ausgewählt und nach ihrem monatlichen Durchschnittseinkommen befragt. Man erhält:

Student	Monatliches Durchschnittseinkommen (in GE)	Quadriertes monatliches Durchschnittseinkommen (in GE^2)
1	360	129.600
2	350	122.500
3	480	164.100
.	.	.
.	.	.
.	.	.
48	280	78.400
49	400	160.000
50	625	390.625
Summen	20.000	10.205.000

a) Berechnen Sie aufgrund dieser Angaben ein 95,45%-Konfidenzintervall für das Durchschnittseinkommen aller Studenten dieser Hochschule!

b) Berechnen Sie aufgrund dieser Angaben ein 95,45%-Konfidenzintervall für den Gesamtbetrag aller Einkünfte aller Studenten dieser Hochschule!

Aufgaben

190. In einer Stadt ist per 1.1. eines Jahres eine Gebietsreform durchgeführt worden, durch die eine Zahl von Umlandgemeinden in die Stadt eingemeindet wurden. Der Rat der Stadt möchte nach der Eingemeindung wissen, ob die Bürger der vergrößerten Stadt dieser Gebietsreform positiv gegenüberstehen. Zu diesem Zweck werden n = 1.600 Bürger zufällig ausgewählt und befragt. Von den Befragten befürworten 320 die Gebietsreform, alle anderen sind dagegen.

    a) Welchem Urnenmodell und damit welcher Wahrscheinlichkeitsverteilung entspricht das Stichprobenmodell exakt?
    b) Wann kann diese exakte Wahrscheinlichkeitsverteilung durch eine Normalverteilung ersetzt werden?
    c) Berechnen Sie unter Verwendung der Normalverteilung ein 95,45%-Konfidenzintervall für den unbekannten Anteil Θ der Befürworter der Reform in der (sehr großen) Grundgesamtheit!

191. Ein Wirtschaftsprüfer wählt von insgesamt 2.500 zu prüfenden Buchungen und Belegen eines bestimmten Prüfungsfeldes n = 900 zufällig aus. Von diesen 900 Vorgängen sind 90 falsch verbucht. Berechnen Sie aufgrund dieser Angaben ein 90%-Konfidenzintervall für den unbekannten Anteil Θ der fehlerhaften Buchungen in dem gesamten Prüfungsfeld!

192. Um den Bekanntheitsgrad eines Markenartikels festzustellen, werden in einer Großstadt mit 300.000 Einwohnern n = 400 Einwohner zufällig ausgewählt, von denen 80 diesen Markenartikel kennen.
    a) Bestimmen Sie ein 95,45%-Konfidenzintervall für den Anteil der Personen in der Grundgesamtheit, die den Markenartikel kennen!
    b) Bestimmen Sie ein 95,45%-Konfidenzintervall für die Anzahl der Personen in der Stadt, die den Markenartikel kennen!

193. Der Herausgeber einer Illustrierten mit einer Auflage von 1.500.000 Exemplaren beauftragt seine Marktforschungsabteilung herauszufinden, ob von den Lesern ein anderes Design des Titelblattes gewünscht wird. Von den n = 1.000 befragten ständigen Lesern wünschen 400 eine derartige Änderung. Bestimmen Sie ein 90%-Konfidenzintervall für den Anteil und die Anzahl der Leser in der Grundgesamtheit, die diese Änderung wünschen!

194. Von den N = 500 Bauern einer Landgemeinde werden n = 100 zufällig ausgewählt und nach ihrer Meinung zu einer Förderungsmaßnahme der Bundesregierung befragt. 80 dieser Bauern äußern sich negativ zu den vorgeschlagenen Maßnahmen. Bestimmen Sie ein 90%-Konfidenzintervall für den Anteil derjenigen Bauern der Gemeinde, die die Maßnahmen befürworten!

195. In einer Stichprobe vom Umfang n = 25 wird eine Stichprobenvarianz von $s^2 = 800$ ermittelt. Bestimmen Sie ein 96%-Konfidenzintervall für die unbekannte Varianz σ^2 der Grundgesamtheit!

Aufgaben

196. In einer Stichprobe vom Umfang n = 26 wird eine Varianz von $s^2 = 400$ ermittelt. Berechnen Sie ein 90%-Konfidenzintervall für die unbekannte Varianz σ^2 der Grundgesamtheit!

197. Ein Marktforschungsinstitut möchte ermitteln, wie hoch die durchschnittlichen Ausgaben eines Haushalts für eine bestimmte Produktgruppe sind. Die Ausgaben sollen auf ± 10 GE genau sein und mit einer Wahrscheinlichkeit von 0,9545 zutreffen. Aus einer Vorstichprobe vom Umfang
$n_V = 50$ ergab sich eine Standardabweichung von $s_V = 25$ GE. Wie groß muss der Stichprobenumfang für die geplante Untersuchung mindestens gewählt werden, wenn die oben genannten Anforderungen erfüllt werden sollen?

198. In einer Stadt von 10.000 Einwohnern soll der Anteil der Raucher an der Gesamtbevölkerung mit einer Genauigkeit von ± 3 % bei einer Wahrscheinlichkeit von 0,9545 geschätzt werden. Bei einer Vorstichprobe vom Umfang $n_V = 100$ ergab sich ein Anteil von Rauchern von $p_V = 0{,}3$. Wie groß muss für die geplante Untersuchung der Stichprobenumfang mindestens gewählt werden, damit die genannten Anforderungen an die Schätzgenauigkeit erfüllt werden können?

19 Hypothesentestverfahren

19.1 Das Prinzip des Testens von Hypothesen

Testverfahren

Wie bereits erläutert, dienen Hypothesentestverfahren, meist sagt man kürzer **"Testverfahren"**, dazu, eine **Entscheidung** zu treffen über die Annahme oder Ablehnung einer Hypothese über eine Eigenschaft einer Grundgesamtheit. Dabei geht man so vor, dass man das beobachtete Ergebnis einer Zufallsstichprobe daraufhin überprüft, ob es mit großer Wahrscheinlichkeit unter Gültigkeit der zu prüfenden Hypothese aus der Grundgesamtheit stammen könnte.

Wenn z. B. ein Marktforschungsinstitut vermutet, dass in einem bestimmten Bundesland in jedem Monat pro Haushalt durchschnittlich 1.000,- GE Konsumausgaben getätigt werden, dann kann man ein Konfidenzintervall aufstellen, in das mit vorgegebener Wahrscheinlichkeit ein Stichproben-mittelwert fallen muss, *wenn die Hypothese Gültigkeit hat.* Fällt dann nach der Stichprobenerhebung der Mittelwert der Stichprobe wirklich in das vorher aufgestellte Intervall, wird die aufgestellte Hypothese beibehalten. Fällt der Stichprobenmittelwert nicht in das Intervall, muss die aufgestellte Hypothese verworfen werden.

Wenn beispielsweise vermutet wird, dass der durchschnittliche Monatsumsatz jedes Lebensmittel-Einzelhandelsgeschäftes in Nordrhein-Westfalen bei 350.000,- GE liegt und man nach einem noch zu schildernden Verfahren ermittelt hat, *dass bei Gültigkeit dieser Hypothese* ein Stichprobenmittelwert mit einer Wahrscheinlichkeit von 0,95 zwischen 335.000,- GE und 365.000,- GE liegen muss, dann würde ein beobachteter Stichprobenmittelwert von $\overline{x}$ = 372.000,- GE dazu führen, dass man die Hypothese verwerfen müsste, weil dieser Wert nur mit einer Wahrscheinlichkeit von 0,05 außerhalb des aufgestellten Intervalls auftreten kann.

19.2 Arten von Hypothesentestverfahren

Es gibt sehr viele verschiedene Testverfahren, die jeweils durch eine besondere charakteristische Prüfgröße gekennzeichnet sind. Wegen der Vielfalt der Verfahren benötigt man bestimmte Ordnungskriterien für deren Systematisierung.

Testverfahren lassen sich zunächst danach unterscheiden, ob die aufgestellte Hypothese mit **einer** oder mit **mehreren** Stichproben geprüft wird. Man spricht hier von *Einstichproben- bzw. Mehrstichproben-Testverfahren.* Im Mehrstichprobenfall muss weiter unterschieden werden, ob die einzelnen **Stichproben** voneinander **unabhängig** sind oder nicht. Soll z. B. die Hypothese einer durchschnittlichen Kaufneigung bestimmter Haushaltsgruppen untersucht werden und man analysiert je eine Stichprobe von 100 Haushalten aus München und Dortmund im Sinne des Untersuchungsmerkmals, dann sind die Ergebnisse dieser beiden Stichproben voneinander unabhängig. Untersucht man aber dieselbe Stichprobe aus München beispielsweise in zeitlichem Abstand zweimal, dann sind diese beiden Stichproben voneinander abhängig. Man spricht in diesem Fall auch von **verbundenen Stichproben**.

Arten von Hypothesen

Ein weiteres Einteilungskriterium von Testverfahren ist die **Art der aufgestellten Hypothesen.** Man unterscheidet hier beispielsweise:

1. Hypothesen über Parameter einer Grundgesamtheit, z. B. über Mittelwerte, Anteilswerte, Varianzen usw. Hier kommen *Parametertests* zur Anwendung;

2. Hypothesen über bestimmte Verteilungsannahmen in der Grundgesamtheit, z. B.: die Merkmale in der Grundgesamtheit sind normalverteilt. Zur Prüfung derartiger Hypothesen verwendet man *Anpassungstests;*

3. Hypothesen über die Abhängigkeit bzw. Unabhängigkeit zwischen zwei Merkmalen in der Grundgesamtheit. Hier bedient man sich der *Unabhängigkeitstests;*

4. und viele weitere denkbare Arten von Hypothesen.

In allen Fällen kann weiter nach dem Ein- oder Mehrstichprobenfall unterschieden werden sowie danach, ob die Stichproben im Mehrstichprobenfall voneinander abhängig oder unabhängig sind.

parametrische und nichtparametrische Tests

Eine weitere wichtige Unterscheidung teilt Testverfahren ein in **parametrische** und in **nichtparametrische Tests.** Bei einem parametrischen oder verteilungsabhängigen Test muss das Untersuchungsmerkmal und seine Parameter in der Grundgesamtheit einer bestimmten Wahrscheinlichkeitsverteilung folgen, gekennzeichnet durch deren charakteristische Parameter. Oft wird hier z. B. für die Grundgesamtheit das Vorliegen einer Normalverteilung gefordert. Derartige Annahmen bedingen aber, dass das Untersuchungsmerkmal metrisch skaliert ist, denn nur in diesem Fall lassen sich Parameter berechnen. Für alle nichtmetrischen, also nominal oder ordinalskalierten Merkmale, können nur nichtparametrische, man sagt auch *verteilungsunabhängige*, Verfahren angewendet werden. Da die Bedingungen für nichtmetrisch skalierte Merkmale auch von den metrisch skalierten Merkmalen erfüllt werden, können die nichtparametrischen Testverfahren auch auf metrisch skalierte Merkmale angewendet werden, wohingegen parametrische Tests nicht auf nominal- oder ordinalskalierte Merkmale anzuwenden sind.

Wegen der Vielfalt der möglichen Testverfahren können hier nicht alle Verfahren für alle denkbaren Fragestellungen erläutert werden, sondern die für die Praxis wichtigsten Verfahren[1] seien nachfolgend dargestellt.

---

[1] Eine ausführliche Erörterung der unterschiedlichsten Testverfahren findet sich bei: SACHS, L.: Statistische Methoden-Planung und Auswertung; Band 1: 7. Aufl., Berlin, Heidelberg, 1993; Band 2 : Berlin, Heidelberg 1990.

19.3 Begriffe der Hypothesentestverfahren

Nullhypothese

Alternativhypothese

Bei der Durchführung von Testverfahren bedient man sich einer Reihe von speziellen Begriffen, die an dieser Stelle zusammengefasst zu erläutern sind. Die aufgestellte und zu prüfende Hypothese wird als die *Nullhypothese* und mit dem Symbol H_0 bezeichnet. Wird die aufgestellte Hypothese aufgrund des Stichprobenergebnisses verworfen, wird eine **vor** Beginn des Tests formulierte *Alternativhypothese* H_1 angenommen. Die Nullhypothese ist diejenige Hypothese, von der man annimmt, dass sie zutrifft und deren Verteilungsannahmen in der Grundgesamtheit man kennt.

Bei Testverfahren muss man darauf achten, wie die Alternativhypothese formuliert wird. Diese kann

1. **konkretisiert** sein, d. h. einen ganz bestimmten Wert haben, wie z. B.:

$$H_0 : \mu = 1000GE$$
$$H_1 : \mu = 1200GE$$

2. **nicht konkretisiert** sein. Hier ist weiter zu unterscheiden:

2.1 Die Alternativhypothese ist **zweiseitig formuliert,** d.h., die Alternativhypothese soll Gültigkeit haben, wenn das Testergebnis sowohl nach oben als auch nach unten über das Test-Konfidenzintervall hinausgeht. Hypothesen dieser Art formuliert man üblicherweise als:

$$H_0 : \mu = 1000GE$$
$$H_1 : \mu \neq 1000GE$$

2.2 Die Alternativhypothese ist **einseitig formuliert,** d. h., die Alternativhypothese wird angenommen, wenn das Stichprobenergebnis entweder nach oben über das Testintervall hinausgeht oder wenn es dieses Intervall nach unten überschreitet. Einseitige Alternativhypothesen sind z. B.:

entweder:

$$H_0 : \mu \leq 1000GE$$
$$H_1 : \mu > 1000GE$$

oder:

$$H_0 : \mu \geq 1000GE$$
$$H_1 : \mu < 1000GE$$

Je nachdem, ob die Alternativhypothese einseitig oder zweiseitig formuliert ist, spricht man von e*inseitigen* oder *zweiseitigen Tests.*

Wie bereits erwähnt, werden durch den Test Grenzen eines Intervalls festgelegt, in denen ein Stichprobenergebnis bei Gültigkeit der Nullhypothese mit vorgegebener, großer Wahrscheinlichkeit zu erwarten ist. Das Intervall innerhalb dieser Grenzen bezeichnet man als den *Annahmebereich der Nullhypothese.* Der Bereich außerhalb der berechneten Grenzen ist dann der *Ablehnungsbereich der Nullhypothese,* der damit zugleich Annahmebereich der Alternativhypothese ist.

Annahme- / Ablehnungsbereich

An dieser Stelle muss noch ein wichtiger Gedanke zur richtigen Verwendung eines Testergebnisses angeführt werden. Wenn aufgrund eines Tests die Nullhypothese nicht abgelehnt, also beibehalten wird, darf dieses Ergebnis **nicht** so verstanden werden, dass damit die Nullhypothese **verifiziert** ist. Mit Testverfahren lässt sich nicht die Richtigkeit von Hypothesen beweisen, sondern man kann nur sagen, dass eine Hypothese mit einer gewissen hohen Wahrscheinlichkeit nicht abgelehnt werden kann. Wenn z. B. die Nullhypothese irrtümlich falsch aufgestellt wurde und deren Annahmen zufällig irgendwelchen Gegebenheiten der Grundgesamtheit, die aber gar nicht untersucht werden sollten, entsprechen, dann kann ein Testergebnis "Beibehaltung der Nullhypothese" **nicht** bedeuten, dass damit der **Wahrheitsgehalt** der falsch formulierten Nullhypothese **bewiesen** ist.

Aussagen in Testverfahren kann man wegen des Einflusses des Zufalls auf das Stichprobenergebnis nicht mit Sicherheit, d. h. nicht mit einer Wahrscheinlichkeit von 1 machen, sondern man kann nur mit einer sehr großen Wahrscheinlichkeit vermuten, dass das Testergebnis richtig ist. Trotzdem bleibt immer noch ein Rest an *Risiko,* einen falschen Schluss zu ziehen. Mit anderen Worten besteht immer die Gefahr, einen *statistischen Fehler* zu begehen. Es sind zwei Arten von statistischen Fehlern unterscheiden. Als Testergebnis sind immer nur die **zwei Entscheidungen** möglich: *"Die Nullhypothese wird beibehalten"* oder *"Die Nullhypothese wird abgelehnt".* Wenn die Nullhypothese abgelehnt wird, wird gleichzeitig die Alternativhypothese angenommen. Diese Entscheidung gegen die Nullhypothese und für die Alternativhypothese kann aufgrund der **real** vorliegenden Gegebenheiten in der Grundgesamtheit **richtig** sein. In diesem Fall beinhaltet die Entscheidung keinen statistischen Fehler. Allerdings ist es auch denkbar, dass zufällig ein Stichprobenergebnis zustande kommt, das zu einer Ablehnung der Nullhypothese führt, obwohl nach den Verhältnissen in der Grundgesamtheit die Nullhypothese beibehalten werden müsste. Die getroffene Entscheidung ist somit falsch. Den hier begangenen Fehler bezeichnet man als *Fehler 1. Art* oder häufiger als α-Fehler. Die Größe des Risikos, einen Fehler zu begehen, geht in den Test ein durch $(1-\alpha)$, d. h. durch die Wahrscheinlichkeit, dass sich die Prüfgröße innerhalb des Prüfintervalls einstellt. Damit ist α das Risiko, dass der seltene, aber denkbare Fall eintritt, dass die Prüfgröße bei Gültigkeit der Nullhypothese einen Wert annimmt, der außerhalb der Grenzen des Prüfintervalls liegt. In diesem Fall wird der Fehler begangen, die Nullhypothese nach der Testvorschrift zu verwerfen, obwohl sie in Wirklichkeit noch zutrifft.

statistischer Fehler

α-Fehler

Kommt man zu der Entscheidung, die Nullhypothese beizubehalten und damit die Alternativhypothese abzulehnen, kann diese Entscheidung richtig sein, wenn in der Grundgesamtheit die Nullhypothese wirklich zutrifft. Behält man

β-Fehler

aber die Nullhypothese bei, obwohl in der Grundgesamtheit diese Hypothese nicht zutrifft, begeht man mit der falschen Entscheidung einen *Fehler 2. Art,* den man auch als β -Fehler bezeichnet. Die möglichen Entscheidungssituationen bei statistischen Tests sind in Tabelle 19-1 veranschaulicht.

In der Grundgesamtheit gilt **wirklich** / **Entscheidung** aufgrund des Tests	Die Nullhypothese wird als richtig akzeptiert *(und damit wird die Alternativhypothese verworfen)*	Die Nullhypothese wird als falsch zurückgewiesen *(und damit die Alternativhypothese als richtig angenommen)*
Die Nullhypothese ist tatsächlich richtig	Richtige Entscheidung - **Kein Fehler**	Falsche Entscheidung - **Fehler 1. Art = α-Fehler**
Die Nullhypothese ist tatsächlich falsch	Falsche Entscheidung - **Fehler 2. Art = β-Fehler**	Richtige Entscheidung - **Kein Fehler**

Tab. 19-1: Schematische Darstellung der Entscheidungsmöglichkeiten bei statistischen Tests

Natürlich versucht man in jedem Test, die Risiken für die beiden Fehler möglichst klein zu halten. Der α -Fehler und der β -Fehler stehen jedoch in einem Gegensatzverhältnis, d.h., eine Verminderung eines der Fehler führt zwangsläufig zu einer Erhöhung des Risikos, den anderen Fehler zu begehen.

Zur Veranschaulichung sei einmal angenommen, es werde die Nullhypothese aufgestellt, dass jeder Vier-Personen-Arbeitnehmerhaushalt mit mittlerem Einkommen pro Jahr genau 1.000,- GE im Durchschnitt spart. Als mögliche Alternativhypothese könne die jährliche durchschnittliche Sparleistung auch 1.200,- GE betragen. Man kann also schreiben:

$$H_0 : \mu = 1000GE$$
$$H_1 : \mu = 1200GE$$

Wird jetzt aufgrund des später zu erläuternden Verfahrens die einseitige Grenze des Annahmebereichs der Nullhypothese auf 1050,- GE festgelegt, dann führt jeder Stichprobenmittelwert $\overline{x} > 1.050$ zur Ablehnung der Nullhypothese, obwohl es in einigen seltenen Fällen denkbar ist, dass auch bei Gültigkeit der Nullhypothese ein derartiges Stichprobenergebnis zustande kommt. Die Entscheidungssituation mit den beiden Fehlerrisiken für dieses Beispiel ist in Abb. 19-1 dargestellt.

Aus Abb. 19-1 ergibt sich, dass es nicht möglich ist, durch eine Verschiebung der Grenze zwischen Annahme- und Ablehnungsbereich der Nullhypothese das Risiko von α - und β -Fehler gleichzeitig zu vermindern. Eine gleichzeitige Verringerung der Risiken für beide Fehlerarten ist nur durch eine Erhöhung des Stichprobenumfangs möglich. Da die Varianz der Untersuchungsmerkmale im unterstellten Fall normalverteilter Merkmalsausprägungen durch den Abstand zwischen dem Wendepunkt der Dichtefunktion und der Symmetrieachse bestimmt wird, diese Varianz aber berechnet wird z. B. nach

$$s^2 = \frac{\sum_{i=1}^{n}(x_i - \overline{x})^2}{n},$$

verringert sich bei anwachsendem Stichprobenumfang n die Größe der Varianz und damit die Breite der Dichtefunktion. Dadurch verringern sich aber auch die Flächen, die in Abb. 19-1 die Fehler 1. und 2. Art determinieren. Abb. 19-2 veranschaulicht diesen Gedankengang.

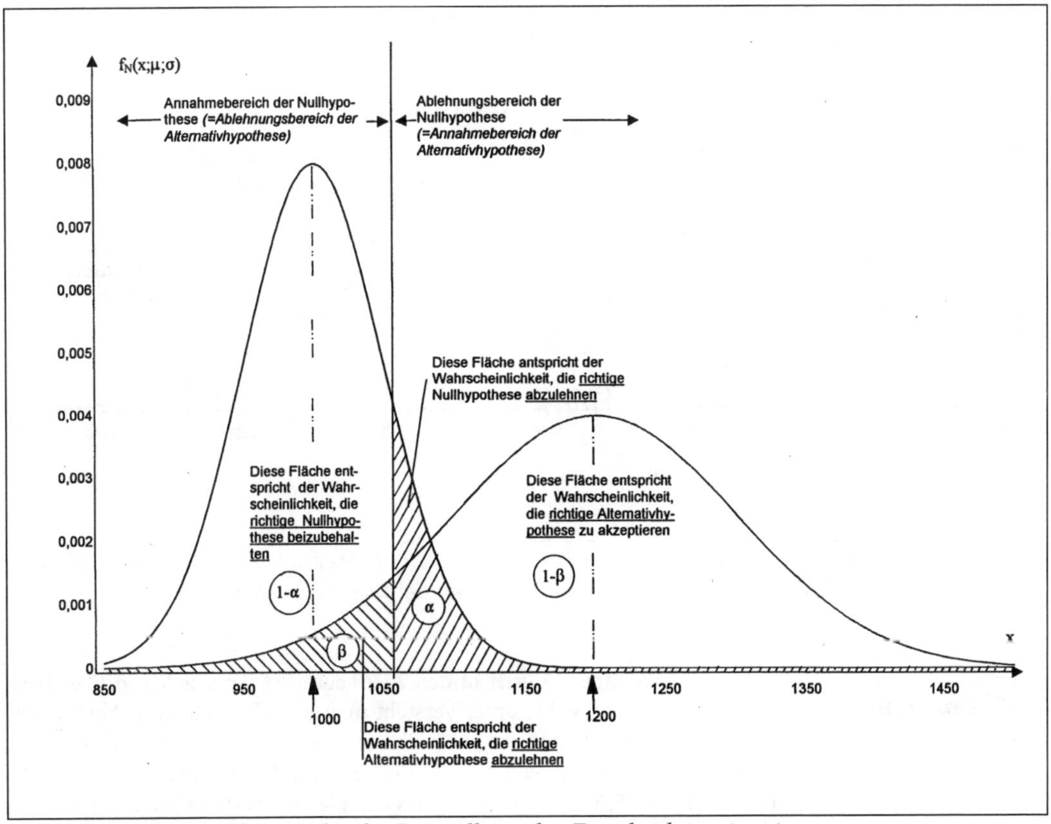

Abb. 19-1: Schematische graphische Darstellung der Entscheidungssituation bei einem Test unter Verwendung der Prüfverteilungen.

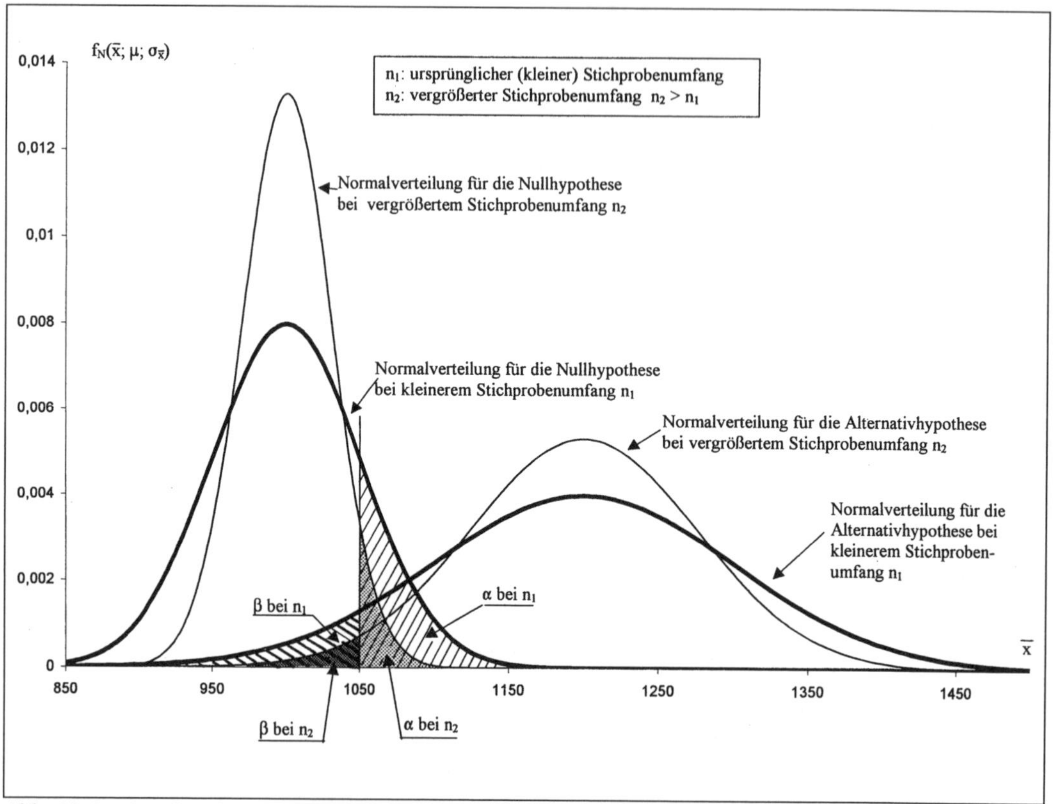

Abb. 19-2: Graphische Darstellung des Einflusses einer Erhöhung des Stichprobenumfangs von n_1 auf n_2 auf die Größe der Risiken, einen α- bzw. einen β-Fehler zu machen

Signifikanzniveau

Ein weiterer wichtiger Begriff in der Testtheorie ist der der *Signifikanz* bzw. des *Signifikanzniveaus.* Darunter versteht man die Wahrscheinlichkeit α, die an sich richtige Nullhypothese irrtümlicherweise zu verwerfen. Das Komplement zum Signifikanzniveau ist die Vertrauenswahrscheinlichkeit $(1-\alpha)$. Ist z. B. $(1-\alpha) = 0{,}95$, so besagt dies, dass der gleiche Test bei jeweils 100 Wiederholungen im langfristigen Durchschnitt in 95 Fällen zu einer richtigen Entscheidung und in 5 Fällen zu einer Fehlentscheidung führt. Fällt bei einem Test der beobachtete Wert der Prüfgröße nicht in das Annahmeintervall für die Nullhypothese, spricht man von einer **signifikanten Abweichung** von dem durch die Nullhypothese festgesetzten Parameter. Eine Erhöhung der Vertrauenswahrscheinlichkeit von z. B. 0,95 auf 0,99 führt zwar zu einer Erhöhung des Grades der Entscheidungssicherheit, weil das Risiko α einer Fehlentscheidung vermindert wird, jedoch verbreitert sich damit auch der Annahmebereich der Nullhypothese. Dieser Zusammenhang wurde bereits im Rahmen der Schätztheorie erörtert. Es ist daher bei der praktischen Durchführung von Tests immer abzuwägen zwischen der Notwendigkeit, das Fehlerrisiko α möglichst klein zu halten und der davon reziprok abhängigen Breite und damit Aussageschärfe des Annahmebereichs. Üblicherweise werden bei wirtschaftsstatistischen Tests Vertrauenswahrscheinlichkeiten von $(1-\alpha) = 0{,}95$ bis $(1-\alpha) = 0{,}99$ für ausreichend gehalten. die Vertrauenswahrscheinlichkeit $(1-\alpha)$ wird bei jedem Test **normativ** vorgegeben und ist selbst keine Variable des Tests.

19.4 Die Schritte eines Hypothesentestverfahrens

Jedes Hypothesentestverfahren sollte nach einem bestimmten Schema durchgeführt werden. Es ist dringend anzuraten, sich die möglichen Schrittfolgen einzuprägen und immer streng danach vorzugehen. Nur so kann sichergestellt werden, dass bei der Durchführung des Tests keine wesentlichen Schritte vergessen werden, was in der Regel zu schwerwiegenden Fehlern in der Entscheidung führt. Ein bewährtes und sehr einfaches Ablaufschema ist das folgende Fünf-Schritte-Schema, das anhand eines Beispiels erläutert werden soll.

Beispiel 19-1:

Aus früheren Reihenuntersuchungen ist bekannt, dass die durchschnittliche Körpergröße von Männern 177 cm betrug. Mit einem Test soll überprüft werden, ob sich dieser Wert eventuell **erhöht** oder ob er auch heute noch Gültigkeit besitzt. Die Entscheidung über Beibehaltung bzw. Ablehnung der Nullhypothese soll bei einem Signifikanzniveau von $\alpha = 0{,}01$ getroffen werden.

1. Schritt: Formulierung der Hypothesen:

$$H_0 : \mu \leq 177(\text{cm})$$
$$H_1 : \mu > 177(\text{cm})$$

Aus der Formulierung der Hypothesen ergibt sich, dass hier ein **einseitiger** Test zur Anwendung kommt, da nur geprüft werden soll, ob sich die durchschnittliche Körpergröße aller Männer **erhöht** hat.

2. Schritt: Festlegung des Tests und der Prüfgröße:

Bei diesem Schritt muss man sich aus dem Angebot der vielen Tests, mit denen man die aufgestellte Hypothese überprüfen kann, für den geeignetsten entscheiden. Jeder dieser Tests ist durch seine spezifische Prüfgröße charakterisiert. Im Falle von Beispiel 19-1 würde man hier z. B. sagen:

Die Nullhypothese wird geprüft mit einem einseitigen *standardisierten Mittelwerttest* mit der Prüfgröße

$$\boxed{z = \frac{\bar{x} - \mu}{\sigma_{\bar{x}}}}$$

3. Schritt: Angabe der Prüfverteilung:

Unter Gültigkeit der Nullhypothese ist die im zweiten Schritt angegebene Prüfgröße annähernd **standardnormalverteilt.** Daraus, aus dem angegebenen

einseitiger Test

Signifikanzniveau von $\alpha = 0{,}01$ und aus der im 1. Schritt erfolgten Festlegung einer *einseitigen Testkonfiguration* ergibt sich als Grenze zwischen Annahme- und Ablehnungsbereich der Nullhypothese ein kritischer z-Wert von:

$$z_c = 2{,}33$$

Der Index "c" ist international gebräuchlich und steht für "critical". Zu beachten ist, dass dieser kritische z-Wert bei dem vorliegenden **einseitigen** Test aus Tabelle 10c entnommen werden muss. Es empfiehlt sich stets, sich die Entscheidungssituation jedes Tests durch die Wiedergabe der Abbildung der Prüfverteilung zu veranschaulichen, wie hier durch Abb. 19-3.

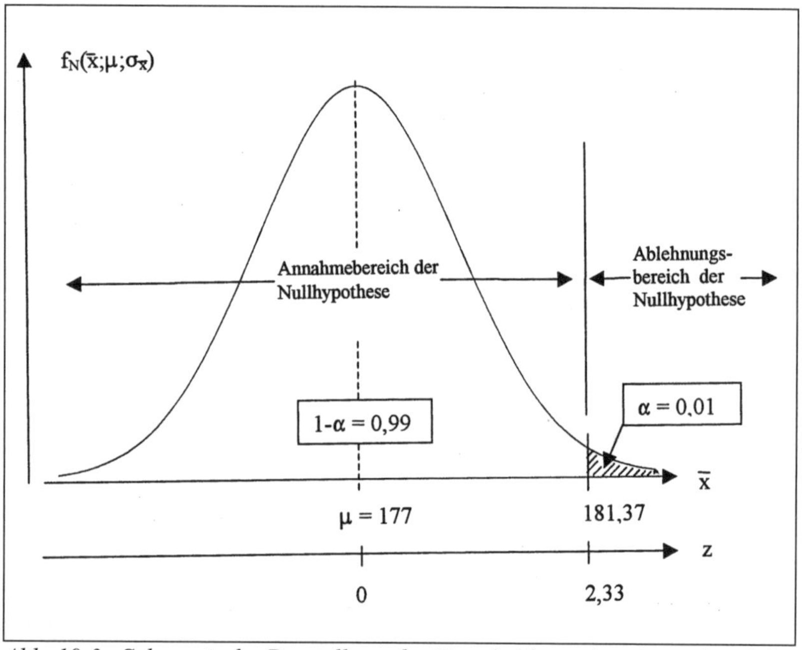

Abb. 19-3: Schematische Darstellung der Entscheidungssituation anhand der Prüfverteilung für Beispiel 19-1

Wird in dem Test ein **beobachteter** Wert der Prüfgröße, man schreibt dafür z_b, ermittelt, der kleiner oder gleich ist dem kritischen Wert von $z_c = 2.33$. muss die Nullhypothese beibehalten werden, wie sich aus Abbildung 19-3 ergibt.

4. Schritt: Berechnung der beobachteten Prüfgröße in der Stichprobe:

In diesem Schritt wird die im zweiten Schritt angegebene Prüfgröße für die Daten der Stichprobe berechnet. Es sei für Beispiel 19-1 angenommen, dass die Varianz der Grundgesamtheit $\sigma^2 = 15^2$ betrage und dass in der Stichprobe vom Umfang n = 64 eine durchschnittliche Körpergröße von $\bar{x} = 183$ cm beobachtet wurde. Für die Berechnung der Prüfgröße sind damit $\bar{x}$ und der unter

Gültigkeit der Nullhypothese zu erwartende Mittelwert μ bekannt. Berechnet werden muss $\sigma_{\bar{x}}$ aus:

$$\sigma_{\bar{x}} = \frac{\sigma}{\sqrt{n}}\sqrt{\frac{N-n}{N-1}}$$

Diese Gleichung wurde bereits im 18. Kapitel verwendet. Wegen der sehr großen Grundgesamtheit kann bei der Berechnung die Endlichkeitskorrektur unberücksichtigt bleiben. Man erhält dann für Beispiel 19-1:

$$\sigma_{\bar{x}} = \frac{15}{\sqrt{64}} = 1{,}875$$

Damit ergibt sich für Beispiel 19-1 die Prüfgröße z_b:

$$z_b = \frac{183-177}{1{,}875} = 3{,}20$$

5. Schritt: Entscheidung

Entscheidungsschema

Aus dem Vergleich von z_b, und z_c ergibt sich die Entscheidung über Beibehaltung oder Ablehnung der Nullhypothese. Allgemein gilt hierbei das in Tabelle 19-2 wiedergegebene Entscheidungsschema:

	bei zweiseitiger Fragestellung	bei einseitiger Fragestellung		
	$H_1: \mu \neq \mu_0$	$H_1: \mu < \mu_0$	$H_1: \mu > \mu_0$	
wenn	$\lvert z_b \rvert \leq \lvert z_c \rvert$,	$z_b \geq z_c$	$z_b \geq z_c$	die Nullhypothese muss beibehalten werden
wenn	$\lvert z_b \rvert > \lvert z_c \rvert$,	$z_b < z_c$	$z_b > z_c$	die Nullhypothese muss verworfen werden

Tab. 19-2: Schematische Darstellung der möglichen Entscheidungskriterien in Abhängigkeit vom Testergebnis

Da in Beispiel 19-1 (z_b= 3,20) > (z_c= 2,33), muss die Nullhypothese abgelehnt werden. Die durchschnittliche Körpergröße von Männern hat sich erhöht.

19.5 Tests von Hypothesen über Mittelwerte und Anteilswerte

Wie bereits erläutert, besteht das Prinzip eines Parametertests darin, um den als Hypothese gesetzten Parameter der Grundgesamtheit einen zweiseitig-symmetrischen oder einen einseitigen Annahmebereich zu legen, also ein Konfidenzintervall. Fällt die aus der Stichprobe berechnete Prüfgröße in dieses Konfidenzintervall, wird die Nullhypothese beibehalten.

Mittelwerttest

Bei einem Test über einen als Hypothese gesetzten **Mittelwert** μ ergeben sich aus der Angabe des Signifikanzniveaus und unter Verwendung der Prüfverteilung die Grenzen zwischen Annahme- und Ablehnungsbereich der Nullhypothese. Bei parametrischen Mittelwerttests wird üblicherweise unterstellt, dass nach dem zentralen Grenzwertsatz die arithmetischen Mittel $\overline{x}$ der Stichprobe normalverteilt sind. In diesem Fall ist die transformierte Größe

$$z = \frac{\overline{x} - E(\overline{X})}{\sqrt{V(\overline{X})}} = \frac{\overline{x} - \mu}{\sigma_{\overline{x}}}$$

standardnormalverteilt. In Abb. 19-4 ist veranschaulicht, wie sich aus der Prüfverteilung bei einer Vertrauenswahrscheinlichkeit von $(1-\alpha) = 0{,}95$ die Grenzen zwischen Annahme- und Ablehnungsbereich der Nullhypothese ergeben.

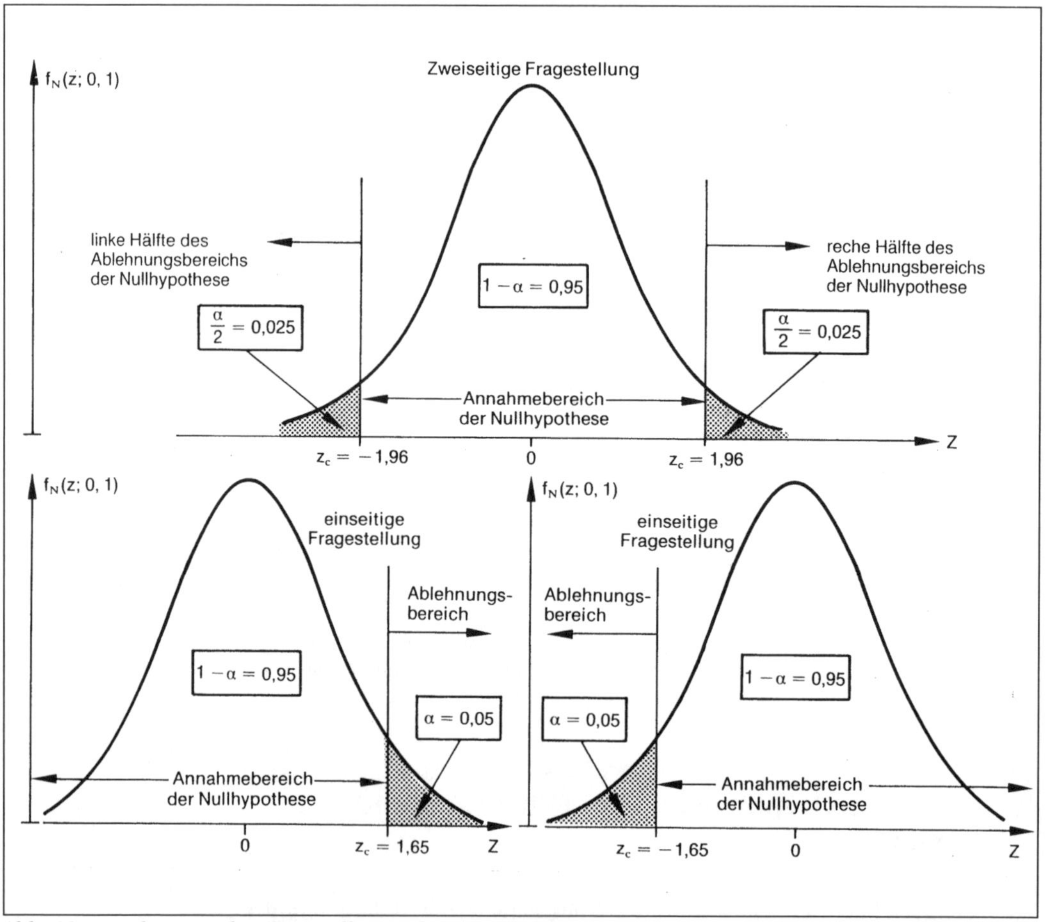

Abb. 19-4: Schematische Darstellung der Bestimmung der Grenzen zwischen Annahme- und Ablehnungsbereich der Nullhypothese bei einseitigem und zweiseitigem Mittelwerttest bei einer Vertrauenswahrscheinlichkeit von $(1-\alpha) = 0{,}95$

Ein Test mit **konkretisierter Alternativhypothese** ist zu behandeln wie ein einseitiger Test, weil auch hierbei nur Abweichungen in einer Richtung von dem als Nullhypothese gesetzten Mittelwert zur Ablehnung dieser Hypothese führen.

Die Prüfgröße des standardisierten Mittelwerttests ist bereits bekannt als

$$\boxed{z_b = \frac{\bar{x} - \mu}{\sigma_{\bar{x}}}} \qquad (19.5\text{-}1)$$

mit

$$\boxed{\sigma_{\bar{x}} = \frac{\sigma}{\sqrt{n}} \sqrt{\frac{N-n}{N-1}}} \qquad (19.5\text{-}2).$$

Die Durchführung eines Mittelwerttests wurde im Prinzip bei der Erläuterung der Schrittfolge eines Testverfahrens bereits erklärt. Zur weiteren Vertiefung diene das folgende

Beispiel 19-2:

Die Brenndauer einer bestimmten Sorte von Projektionslampen sei normalverteilt mit $\mu = 1.000$ Stunden bei einer Standardabweichung von $\sigma = 60$ Stunden. Es wird eine neue Glühfadenlegierung erprobt, von der man annimmt, dass sich durch deren Verwendung die Brenndauer verlängere. In einer Kontrollstichprobe von n = 225 Projektionsbirnen wird eine durchschnittliche Brenndauer von $\bar{x} = 1.017$ Stunden festgestellt. Kann aufgrund dieses Ergebnisses mit einer Wahrscheinlichkeit von $(1-\alpha) = 0{,}95$ darauf geschlossen werden, dass sich die durchschnittliche Brenndauer der Lampen erhöht hat?

1. Formulierung der Hypothesen:

$H_0: \mu \leq 1000$ (Die durchschnittliche Brenndauer hat sich nicht erhöht.)

$H_1: \mu > 1000$ (Die durchschnittliche Brenndauer hat sich erhöht.)

2. Testverfahren und Prüfgröße

Die Nullhypothese wird geprüft mit einem standardisierten Mittelwerttest mit der Prüfgröße

$$z_b = \frac{\bar{x} - \mu}{\sigma_{\bar{x}}}$$

3. Prüfverteilung

Unter Gültigkeit der Nullhypothese ist die angegebene Prüfgröße annähernd standardnormalverteilt. Aus der vorgegebenen Vertrauenswahrscheinlichkeit von $(1-\alpha) = 0{,}95$ bei diesem Beispiel eines **einseitigen Tests** folgt ein kritischer z-Wert aus Tabelle 10c von

$$z_c = 1{,}65$$

Dieser Wert bildet die Grenze zwischen dem Annahme- und dem Ablehnungsbereich der Nullhypothese.

4. Berechnung der Prüfgröße in der Stichprobe

Für die Berechnung der Prüfgröße sind $\overline{x} = 1.017$ und $\mu = 1.000$ bekannt. Zu berechnen ist $\sigma_{\overline{x}}$. Man erhält:

$$\sigma_{\overline{x}} = \frac{60}{\sqrt{225}} = 4{,}0$$

wobei wegen der sehr großen Grundgesamtheit den Endlichkeitskorrekturfaktor unberücksichtigt bleibt. Man kann nun die Prüfgröße z_b berechnen als

$$z_b = \frac{1017 - 1000}{4} = 4{,}25$$

5. Entscheidung

Da $(z_b = 4{,}25) > (z_c = 1{,}65)$, muss die Nullhypothese verworfen werden. Die durchschnittliche Brenndauer der Projektionslampen hat sich erhöht. Die Prüfverteilung dieses Beispiels und die Entscheidungssituation veranschaulicht Abb. 19-5. In dieser Abb. ist auf einer zweiten Abszisse auch der "kritische" Stichprobenmittelwert $\overline{x}_c$ abgetragen. Diesen ermittelt man, wenn man in (19.5-1) für z_b den Wert für z_c einsetzt und die Gleichung dann nach $\overline{x}$ auflöst. Das bedeutet allgemein:

$$z_c = \frac{\overline{x}_c - \mu}{\sigma_{\overline{x}}} \quad \rightarrow \quad \overline{x}_c = z_c \cdot \sigma_{\overline{x}} + \mu$$

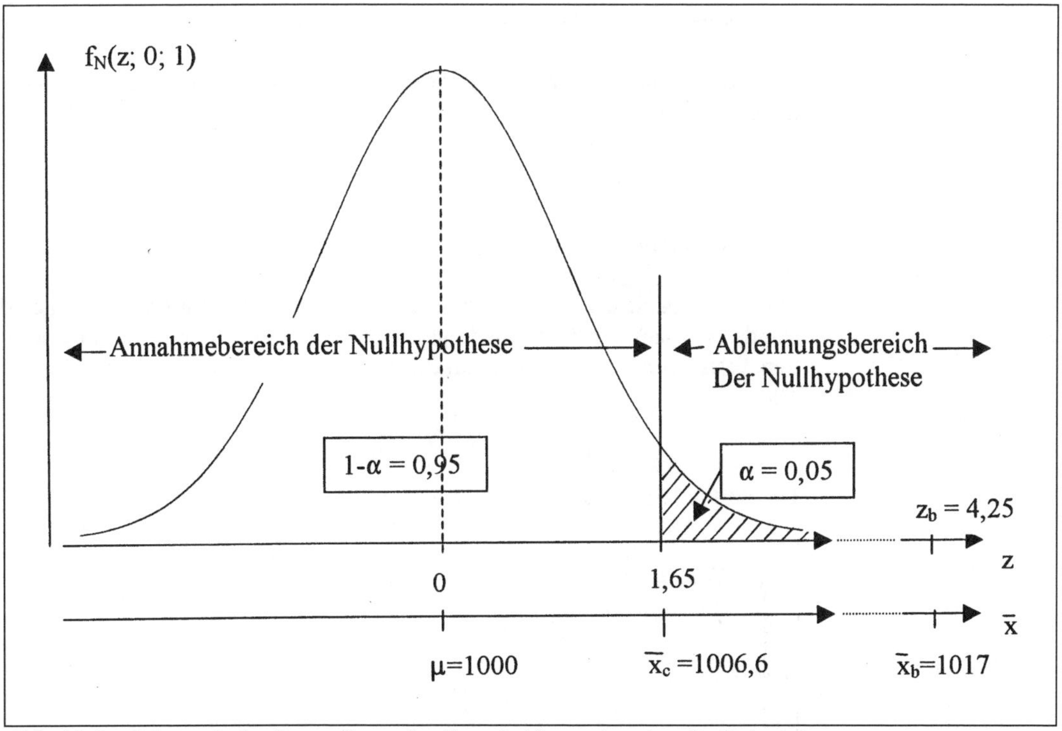

Abb. 19-5: Schematische Darstellung der Entscheidungssituation für Beispiel 19-2 (einseitiger Mittelwerttest)

Nunmehr sei ein Demonstrationsbeispiel für einen *zweiseitigen* standardisierten Mittelwerttest vorgestellt:

Beispiel 19-3:

In einem Unternehmen sei der Zahlungseingang mit durchschnittlich $\mu = 30$ Tagen nach Rechnungserteilung bei einer Standardabweichung von $\sigma = 11{,}9$ Tagen normalverteilt. Durch eine Veränderung der konjunkturellen Situation besteht die Vermutung, dass sich die durchschnittlichen Zahlungsfristen **verändert** haben. Um dies zu prüfen, wird eine Zufallsstichprobe von $n = 49$ Rechnungsvorgängen gezogen, wobei die Gesamtzahl der Rechnungsvorgänge der Grundgesamtheit sehr groß sein soll. Man findet als durchschnittliche Zahlungsfrist: $\bar{x} = 33{,}5$ Tage. Kann aufgrund dieses Ergebnisses mit einer Wahrscheinlichkeit von $(1-\alpha)=0{,}99$ geschlossen werden, dass sich die durchschnittliche Zahlungsfrist **geändert** hat?

1. Formulierung der Hypothesen

$H_0: \mu = 30$ (Die durchschnittliche Zahlungsfrist hat sich nicht geändert.)

$H_1: \mu \neq 30$ (Die durchschnittliche Zahlungsfrist hat sich geändert.)

2. Testverfahren und Prüfgröße

Die Nullhypothese wird geprüft mit einem standardisierten Mittelwerttest mit der Prüfgröße

$$z_b = \frac{\bar{x} - \mu}{\sigma_{\bar{x}}}$$

3. Prüfverteilung

Unter Gültigkeit der Nullhypothese ist die angegebene Prüfgröße annähernd standardnormalverteilt. Daraus folgt im hier vorliegenden Fall eines **zweiseitigen** Tests bei der Vertrauenswahrscheinlichkeit von $(1-\alpha) = 0{,}99$ aus Tabelle 10d:

$$z_c = 2{,}58$$

Die Prüfverteilung für Beispiel 19-3 ist in Abb. 19-6 dargestellt.

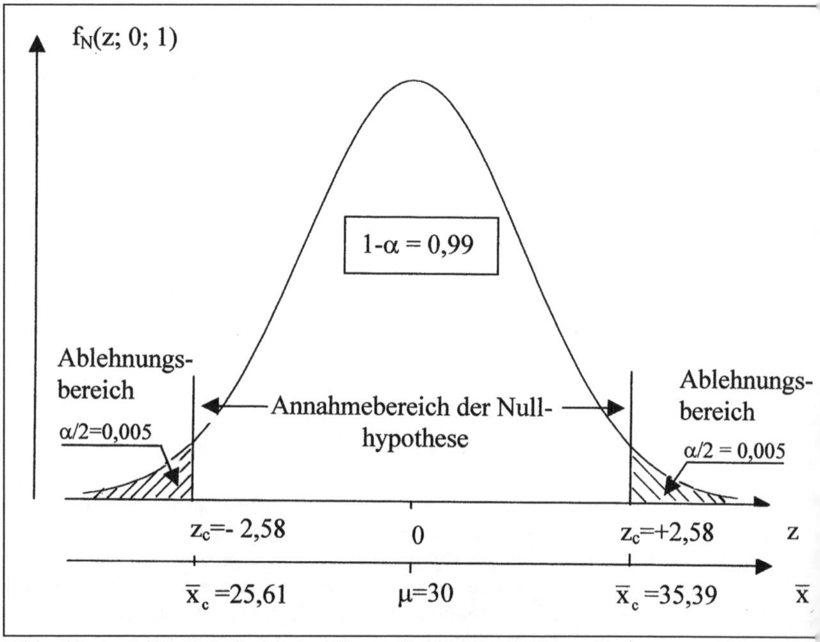

Abb. 19-6: Schematische Darstellung der Prüfverteilung für Beispiel 19-3

4. Berechnung der Prüfgröße in der Stichprobe

Für die Berechnung der Prüfgröße sind $\bar{x} = 33{,}5$ und $\mu = 30$ bekannt. Man erhält den Standardfehler $\sigma_{\bar{x}}$, unter Vernachlässigung der Endlichkeitskorrektur als:

$$\sigma_{\bar{x}} = \frac{11{,}9}{\sqrt{49}} = 1{,}70$$

Daraus folgt:

$$z_b = \frac{33{,}5 - 30}{1{,}70} = 2{,}06$$

5. Entscheidung

Da ($z_b = 2{,}06$) < ($z_c = 2{,}58$), muss die Nullhypothese beibehalten werden. Die Zahlungsfristen haben sich nicht signifikant verändert.

Anmerkung: Hätte man ein Signifikanzniveau von $(1-\alpha) = 0{,}95$ für ausreichend gehalten, hätte sich $z_c = 1{,}96$ ergeben. Damit wäre die Nullhypothese abgelehnt worden. Hier zeigt sich deutlich, dass eine Vergrößerung der Entscheidungssicherheit, d. h. eine Erhöhung des Signifikanzniveaus von 0,95 auf 0,99, auch eine Vergrößerung des Annahmebereichs der Nullhypothese bedeutet und damit eine größere **Vorsicht** bei der Verwerfung der Nullhypothese.

Häufig steht man bei Mittelwerttests vor dem Problem, dass man zwar eine Hypothese über den Mittelwert der Grundgesamtheit aufstellen kann, dass aber die **Varianz** des Untersuchungsmerkmals in der Grundgesamtheit **nicht bekannt** ist. In diesem Fall lässt sich $\sigma_{\bar{x}}$ nicht nach (19.5-2) berechnen, sondern man muss den Standardfehler als $\hat{\sigma}_{\bar{x}}$ schätzen. Dadurch verändern sich aber, wie im 18. Kapitel bereits gezeigt, die für den Test wichtigen Verteilungsannahmen. Die Prüfgröße

$$\boxed{z_b = \frac{\bar{x} - \mu}{\hat{\sigma}_{\bar{x}}}}$$

mit

$$\boxed{\hat{\sigma}_{\bar{x}} = \frac{s}{\sqrt{n-1}}\sqrt{\frac{N-n}{N-1}}} \qquad (19.5\text{-}4)^1$$

ist nämlich nicht standardnormalverteilt, sondern studentverteilt mit $\nu = n - 1$ Freiheitsgraden, wenn die Merkmale in der Grundgesamtheit normalverteilt sind. Die exakte Student-Verteilung kann allerdings für $n \geq 30$ durch die Normalverteilung approximiert werden. Für kleine Stichproben jedoch muss man den kritischen z-Wert z_c aus den Tabellen der Student-Verteilung entnehmen.

Beispiel 19-4:

Eine Lieferung von N = 340 Kurbelwellen, deren Durchmesser im Durchschnitt μ = 120 mm betragen soll, wird einer Qualitätsprüfung unterzogen. Dazu wird aus der Gesamtlieferung eine Zufallsstichprobe vom Umfang n = 17 entnommen, in der sich ein Durchschnittsdurchmesser von $\bar{x}$ = 123 mm bei einer Standardabweichung von s = 8 mm ergibt. Kann man mit einer Wahrscheinlichkeit von 0,95 annehmen, dass die gesamte Lieferung maßhaltig ist?

---

[1] Zur Problematik der Verwendung von statistischen Unterprogramme in Taschenrechnern bei der Berechnung der Stichproben-Standardabweichung "s" vgl. die Fußnote auf S. 250.

1. Formulierung der Hypothesen

$H_0: \mu = 120$ (Der durchschnittliche Durchmesser aller Kurbelwellen beträgt 120 mm)

$H_1: \mu \neq 120$ (Der durchschnittliche Durchmesser aller Kurbelwellen beträgt nicht 120 mm.)

2. Testverfahren und Prüfgröße

Die Nullhypothese wird geprüft mit einem standardisierten Mittelwerttest mit der Prüfgröße

$$z_b = \frac{\bar{x} - \mu}{\hat{\sigma}_{\bar{x}}}$$

3. Prüfverteilung

Da $\hat{\sigma}_{\bar{x}}$ aus der Stichprobenstandardabweichung s geschätzt werden muss, ist die angegebene Prüfgröße annähernd **studentverteilt** mit $\nu = 17\text{-}1$ Freiheitsgraden. Daraus folgt bei $(1\text{-}\alpha) = 0{,}95$ und der in Beispiel 19-4 vorliegenden zweiseitigen Fragestellung aus Tabelle 11b:

$$z_c = 2{,}120$$

Die Prüfverteilung und die Entscheidungssituation für Beispiel 19-4 sind in Abb. 19-7 dargestellt.

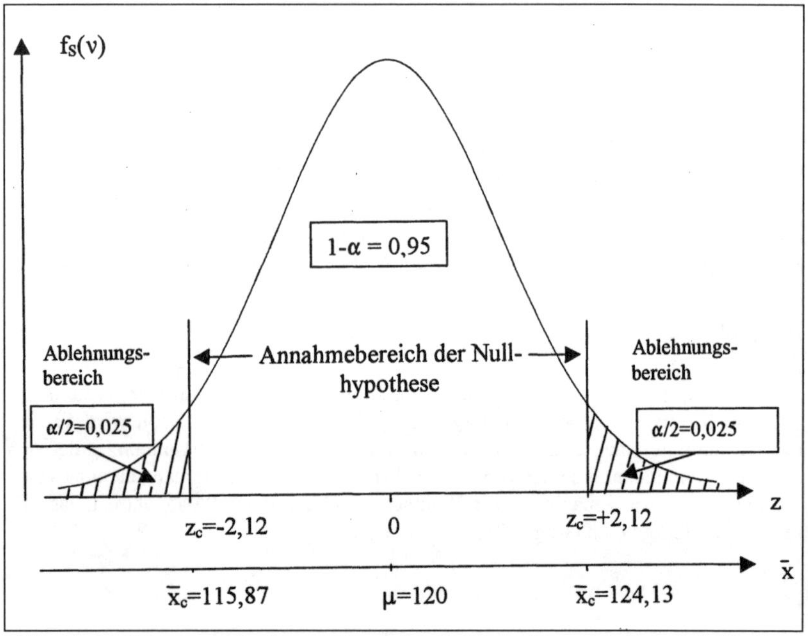

Abb. 19-7: Schematische Darstellung der Prüfverteilung für Beispiel 19-4

4. Berechnung der Prüfgröße in der Stichprobe

$\bar{x}=123$ und $\mu=120$ sind bekannt. $\hat{\sigma}_{\bar{x}}$ wird berechnet nach (19.5-4):

$$\hat{\sigma}_{\bar{x}} = \frac{8}{\sqrt{17-1}}\sqrt{\frac{340-17}{340-1}} = 2\cdot\sqrt{0,95}$$

$$\hat{\sigma}_{\bar{x}} = 1,9522$$

Damit ergibt sich als Prüfgröße:

$$z_b = \frac{123-120}{1,9522} = 1,54$$

5. Entscheidung

Da $(z_b = 1,54) < (z_c = 2,120)$, kann die Nullhypothese nicht verworfen werden. Es ist zu vermuten, dass die gesamte Lieferung maßhaltig ist.

Anteilswerttest

Setzt man als Hypothese eine Annahme über einen **Anteilswert Θ** in der Grundgesamtheit und überprüft diese Hypothese mit Hilfe eines Stichprobenanteilswertes p, so lässt sich für diese **homograde Problemstellung** der geschilderte Mittelwerttest analog als standardisierter Anteilswerttest anwenden, denn bei $n \geq 30$ ist die Prüfverteilung der hier anzuwendenden Prüfgröße

$$\boxed{z_b = \frac{p-\Theta}{\sigma_p}} \qquad (19.5\text{-}5)$$

approximativ die Standardnormalverteilung. Den Standardfehler σ_p erhält man, wie im 18. Kapitel gezeigt, aus

$$\boxed{\sigma_p = \sqrt{\frac{\Theta(1-\Theta)}{n}}\sqrt{\frac{N-n}{N-1}}} \qquad (19.5\text{-}6)$$

wobei als Θ der durch die Nullhypothese vermutete Anteilswert verwendet wird.

Beispiel 19-5:

Eine Partei vermutet, dass bei der demnächst stattfindenden Wahl $\Theta = 0,4$ der Wähler diese Partei wählen wollen. Zur Kontrolle wird eine Stichprobe vom Umfang n = 1.601 gezogen, in der sich 680 Personen finden, die diese Partei wählen wollen. Kann aufgrund dieses Ergebnisses mit einer Wahrscheinlichkeit von $(1-\alpha) = 0,95$ gefolgert werden, dass die aufgestellte Hypothese beibehalten werden kann?

1. Formulierung der Hypothesen

$H_0: \Theta = 0{,}4$ (Der Anteil der Anhänger der Partei liegt bei 40%.)

$H_1: \Theta \neq 0{,}4$ (Der Anteil der Anhänger der Partei liegt nicht bei 40 %.)

2. Testverfahren und Prüfgröße

Zur Prüfung der Nullhypothese wird ein standardisierter Anteilswerttest verwendet mit der Prüfgröße

$$z_b = \frac{p - \Theta}{\sigma_p}$$

3. Prüfverteilung

Unter Gültigkeit der Nullhypothese ist die angegebene Prüfgröße annähernd **standardnormalverteilt.** Bei der hier vorliegenden **zweiseitigen** Fragestellung ergibt sich bei der Vertrauenswahrscheinlichkeit von $(1-\alpha) = 0{,}95$:

$$z_c = 1{,}96$$

Die Prüfverteilung für Beispiel 19-5 und die sich daraus ergebende Entscheidungssituation sind in Abb. 19-8 dargestellt, wobei

$$p_c = z_c \cdot \sigma_p + \Theta \qquad (19.5\text{-}8).$$

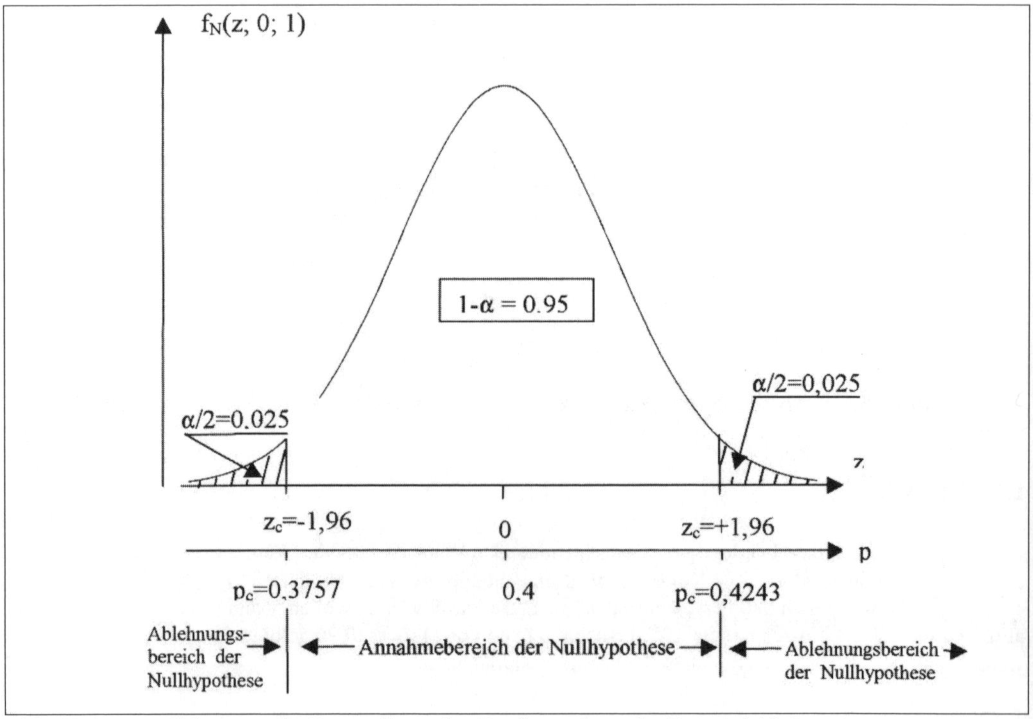

Abb. 19-8: Schematische Darstellung der Prüfverteilung für Beispiel 19-5

4. Berechnung der Prüfgröße in der Stichprobe

Es wird zunächst der Anteilswert p in der Stichprobe berechnet:

$$p = \frac{680}{1601} = 0{,}4247$$

Θ ist mit 0,4 bekannt. Der Standardfehler berechnet sich gem. (19.5-6):

$$\sigma_p = \sqrt{\frac{0{,}4(1-0{,}4)}{1601}} = 0{,}0122$$

Damit ergibt sich als Prüfgröße:

$$z_b = \frac{0{,}4247 - 0{,}4}{0{,}0122} = 2{,}02$$

5. Entscheidung

Da (z_b= 2,02) > (z_c= 1,96), muss die Nullhypothese verworfen werden. Es kann aus dem Stichprobenergebnis geschlossen werden, dass der Anteil der Anhänger der Partei in der Grundgesamtheit nicht bei 0,4 liegt.

Ein weiteres Beispiel soll einen **einseitigen Anteilswerttest** veranschaulichen.

einseitiger Anteilswerttest

Beispiel 19-6:

Bei der SPEEDY-GmbH betrug in der Vergangenheit der Anteil von Stammkunden, die jünger als 25 Jahre waren, Θ = 0,3. Durch eine gezielte Werbekampagne sollte dieser Anteil **erhöht** werden. Nach Abschluss des Werbefeldzuges werden n = 900 zufällig ausgewählte Kunden nach ihrem Alter befragt, von denen 315 angeben, jünger als 25 Jahre zu sein. Kann aufgrund dieses Ergebnisses mit einer Wahrscheinlichkeit von $(1 - \alpha) = 0{,}99$ darauf geschlossen werden, dass sich der Kundenanteil der unter 25jährigen **erhöht** hat?

1. Formulierung der Hypothesen

$H_0 : \Theta \leq 0{,}3$ (Der Anteil der Stammkunden unter 25 Jahren liegt bei $\Theta = 0{,}3$).

$H_1 : \Theta > 0{,}3$ (Der Anteil der Stammkunden unter 25 Jahren liegt höher als 0,3).

2. Testverfahren und Prüfgröße

Zur Prüfung der Nullhypothese wird ein standardisierter Anteilswerttest verwendet mit der Prüfgröße

$$z_b = \frac{p_b - \Theta}{\sigma_p}$$

3. Prüfverteilung

Unter Gültigkeit der Nullhypothese ist die angegebene Prüfgröße annähernd **standardnormalverteilt.** Bei einseitiger Fragestellung und $(1-\alpha) = 0{,}99$ folgt aus Tabelle 10c:

$$z_c = 2{,}33$$

Abb. 19-9 zeigt die Prüfverteilung und die Entscheidungssituation für Beispiel 19-6.

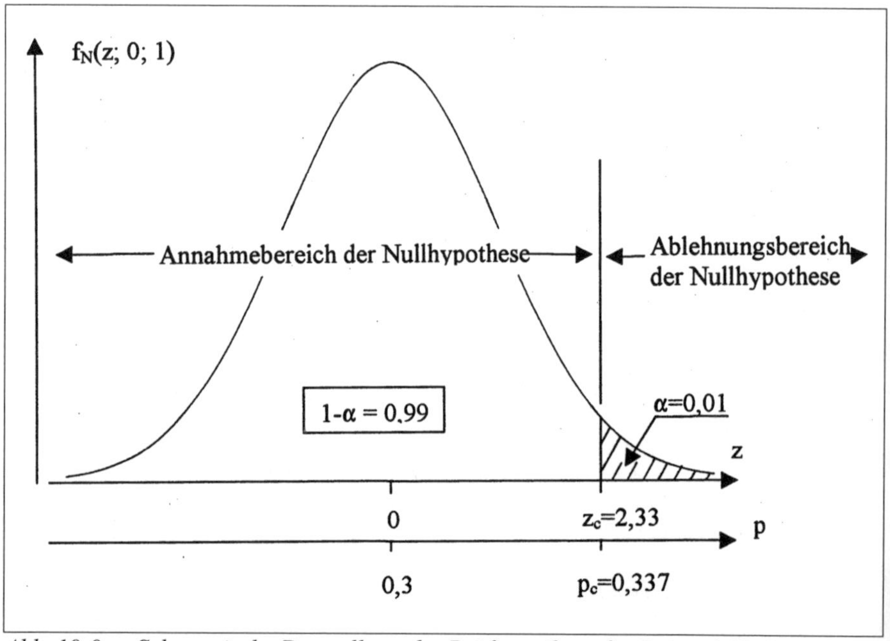

Abb. 19-9: Schematische Darstellung der Prüfverteilung für Beispiel 19-6

4. Berechnung der Prüfgröße in der Stichprobe

Es wird zunächst der beobachtete Anteil des Untersuchungsmerkmals in der Stichprobe berechnet mit:

$$P_b = \frac{315}{900} = 0{,}35$$

Mit dem durch die Nullhypothese festgelegten Anteilswert schätzt man den Standardfehler als:

$$\sigma_p = \sqrt{\frac{0{,}3(1-0{,}3)}{900}} = 0{,}0153, \text{ wobei } N \to \infty.$$

Damit ergibt sich als Prüfgröße z_b:

$$z_b = \frac{0{,}35 - 0{,}30}{0{,}0153} = 3{,}27$$

5. Entscheidung

Da (z_b= 3,27) > (z_c= 2,33), muss die Nullhypothese verworfen werden. Der Anteil der Stammkunden unter 25 Jahren hat sich erhöht.

Bisher wurden nur Mittelwert- und Anteilswerttests durchgeführt, bei denen die Alternativhypothese nicht konkretisiert war. In solchen Fällen lassen sich keine Aussagen über die Höhe des Risikos, einen β-Fehler zu begehen, machen. Zum Abschluss dieses Abschnitts sei noch ein Beispiel mit konkretisierter Alternativhypothese betrachtet:

Beispiel 19-7:

An ein Lebensmittel-Kettenunternehmen werden 10.000 Stück "Echter westfälischer Knochenschinken" geliefert, wobei der Lieferant ein Durchschnittsgewicht der abgepackten Ware von 2,5 kg/Stück zu liefern verspricht. Der Einkäufer des Unternehmens vermutet aber ein Durchschnittsgewicht von 2,1 kg. Zur Kontrolle der Lieferung werden n = 100 Stücke Schinken nachgewogen, wobei sich ein Durchschnittsgewicht von $\overline{x}$ = 2,4 kg bei einer Standardabweichung von s = 1,2 kg ergibt.

1. Kann aufgrund des Stichprobenergebnisses mit einer Wahrscheinlichkeit von (1 -α) = 0,95 davon ausgegangen werden, dass der Lieferant die versprochene Qualität geliefert hat?

2. Wie groß ist für den Einkäufer das β-Risiko, die Sendung aufgrund des Stichprobenergebnisses als qualitativ ausreichend anzunehmen, obwohl das versprochene Durchschnittsgewicht in Wirklichkeit unterschritten wird?

Lösung a):

1. Formulierung der Hypothesen

$H_0 : \mu_0 = 2{,}5$ (Die Ware hat pro Stück das zugesagte Durchschnittsgewicht von 2,5 kg)

$H_1 : \mu_1 = 2{,}1$ (Die Ware hat pro Stück das vom Einkäufer vermutete Durchschnittsgewicht von 2,1 kg.)

2. Testverfahren und Prüfgröße

Die Nullhypothese wird geprüft mit einem standardisierten Mittelwerttest mit der Prüfgröße

$$z_b = \frac{\overline{x}_b - \mu}{\sigma_{\overline{x}}}$$

3. Prüfverteilung

Unter Gültigkeit der Nullhypothese ist die angegebene Prüfgröße annähernd **standardnormalverteilt.** Es ergibt sich hier die in Abb. 19-10 wiedergegebene graphische Darstellung der Prüfverteilung, wobei zur Vereinfachung angenommen wird, dass die für die Null- und die Alternativhypothese vermuteten Grundgesamtheiten die gleiche Varianz aufweisen. Aus der vorliegenden **einseitigen** Fragestellung und der vorgegebenen Vertrauenswahrscheinlichkeit von $(1-\alpha) = 0{,}95$ folgt:

$$z_c = -1{,}65.$$

4. Berechnung der Prüfgröße in der Stichprobe

Zunächst wird aus der Standardabweichung s der Stichprobe der Standardfehler $\hat{\sigma}_{\overline{x}}$ bei Vernachlässigung der Endlichkeitskorrektur abgeschätzt:

$$\hat{\sigma}_{\overline{x}} = \frac{1{,}2}{\sqrt{99}} = 0{,}1206$$

Danach berechnet sich die Prüfgröße z_b als:

$$z_b = \frac{2{,}4 - 2{,}5}{0{,}1206} = -0{,}8292$$

5. Entscheidung

Da $(z_b = -0{,}8292) > (z_c = -1{,}65)$, muss die Nullhypothese beibehalten werden. Es kann nicht angenommen werden, dass die vereinbarte Qualität nicht geliefert wurde.

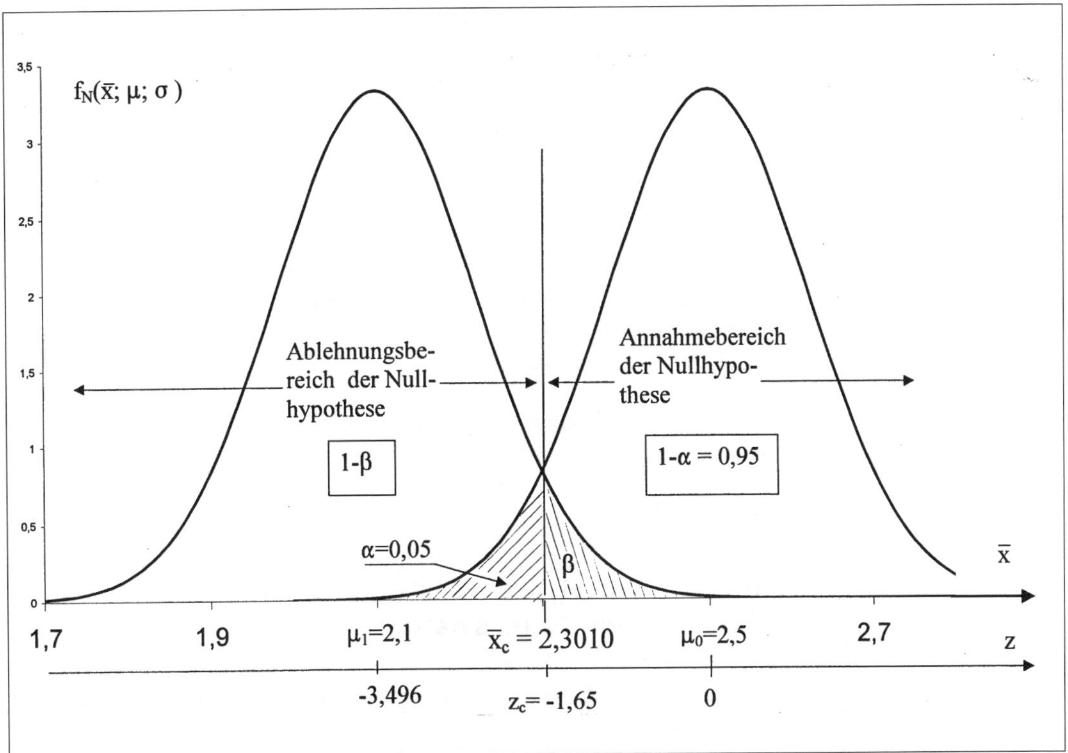

Abb. 19-10: Schematische Darstellung der Prüfverteilung für Beispiel 19-7

Lösung b):

Zur Berechnung des Risikos eines β-Fehlers stellt man zunächst fest, welches "kritische" Durchschnittsgewicht $\bar{x}_c$ dem kritischen Wert $z_c = -1{,}65$ entspricht. Nach (19.5-3) ergibt sich:

$$\bar{x}_c = z_c \cdot \hat{\sigma}_{\bar{x}} + \mu$$

$$\bar{x}_c = (-1{,}65) \cdot 0{,}1206 + 2{,}5$$

$$\bar{x}_c = 2{,}3010$$

Bei Unterstellung der Gleichheit der Varianzen in den Grundgesamtheiten bei Gültigkeit der Null- und der Alternativhypothese kann man zur Berechnung des β-Fehlers den Mittelwert $\mu_1 = 2{,}1$ bei $\hat{\sigma}_{\bar{x}} = 0{,}1206$ in die Formel für die Prüfgröße einsetzen. Es ergibt sich dann für $\bar{x}_c = 2{,}3010$:

$$z = \frac{2{,}3010 - 2{,}1}{0{,}1206} = 1{,}67$$

Diesem z-Wert entspricht nach Tabelle 10c eine Wahrscheinlichkeit von 0,0475. Bei dem vorgegebenen α-Risiko von 0,05 beträgt hier das β-Risiko 0,0475.

In Beispiel 19-7 würde ein α-Fehler darin bestehen, dass der Einkäufer eine in Wirklichkeit ordnungsgemäße Lieferung zurückweist. Da hier der Lieferant (= Verkäufer) der Leidtragende der fehlerhaften Entscheidung wäre, bezeichnet man das Risiko für einen α-Fehler auch als das **Verkäuferrisiko.** Entsprechend läge ein β-Fehler vor, wenn der Einkäufer die in Wirklichkeit nicht ausreichende Sendung als ordnungsgemäß akzeptieren würde. Der Fehler ginge also zu seinen Lasten, weswegen man die Wahrscheinlichkeit, einen β-Fehler zu begehen, auch als **Käuferrisiko** bezeichnet.

Verkäuferrisiko

Käuferrisiko

Beispiele mit konkretisierten Alternativhypothesen im homograden Fall sind analog zu Beispiel 19-7 zu behandeln.

19.6 Tests von Hypothesen über Differenzen zwischen Mittel- und Anteilswerten

Bei Tests von Hypothesen über **Differenzen** zwischen Mittel- und Anteilswerten soll hier nur der einfachste Fall betrachtet werden, dass die entsprechenden Ergebnisse **zweier** Stichproben daraufhin verglichen werden, ob der Unterschied zwischen den Ergebnissen zufällig ist.

Beispiel 19-8:

In der SPEEDY-GmbH werden Motoren eines bestimmten Typs von zwei Vorlieferanten bezogen. Es wurde bisher angenommen, dass die Motoren der beiden Hersteller die gleiche durchschnittliche Prüfstand-Laufleistung von 150.000 km haben. Nachdem sich viele Autokäufer über Mängel an den Motoren beschwert haben, werden zur Kontrolle je 32 Motoren der beiden Hersteller einem Prüfstand-Dauertest unterzogen. Die Motoren des Herstellers I kommen dabei auf eine durchschnittliche Laufleistung von $\bar{x}_1 = 154.300$ km bei einer Standardabweichung von $s_1 = 1.400$ km. Für die Motoren des Herstellers II beobachtet man $\bar{x}_2 = 148.400$ km bei $s_2 = 1.600$ km. Kann aufgrund des beobachteten Unterschiedes in den beiden Stichproben mit einer Wahrscheinlichkeit von $(1 - \alpha) = 0{,}95$ darauf geschlossen werden, dass zwischen den durchschnittlichen Laufleistungen aller Motoren der beiden Hersteller ein statistisch abgesicherter (= signifikanter) Unterschied besteht?

Aus dem zentralen Grenzwertsatz ergibt sich, dass bei sehr vielen Einzelbeobachtungen deren arithmetisches Mittel unter den bekannten Voraussetzungen normalverteilt ist mit $E(\bar{X}) = \mu$ und $V(\bar{X}) = \sigma^2_{\bar{x}}$. Man betrachtet nun die Differenz

$$|(\bar{x}_1 - \bar{x}_2)| = |d| \qquad (19.6\text{-}1)$$

Bei dieser Differenz interessiert nur deren Größe, nicht die Richtung ihrer Abweichung, weswegen man sie absolut setzen kann.

Es lässt sich nachweisen, dass die durch (19.6-1) definierte Differenz aus zwei normalverteilten arithmetischen Mitteln ebenfalls normalverteilt ist mit E (D) = μ_D und V(D) = $\sigma^2{}_D$. Wenn beide Mittelwerte $\overline{x}_1$ und $\overline{x}_2$ aus der gleichen Grundgesamtheit stammen, ihre Differenz damit nur zufallsbedingt ist, dann wird die Zufallsvariable D den Erwartungswert

$$\boxed{E(D) = 0 = \mu_D} \qquad (19.6\text{-}2)$$

haben. Der Standardfehler der Mittelwertdifferenzen ergibt sich aus

$$\boxed{\sigma_D = \sqrt{\frac{\sigma^2{}_1}{n_1} + \frac{\sigma^2{}_2}{n_2}}} \qquad (19.6\text{-}3)$$

wobei n_1 und n_2 die Stichprobenumfänge der beiden Stichproben sind.

Wenn aber die Hypothese richtig ist, dass beide Stichproben aus derselben Grundgesamtheit stammen, dann ist auch

$$\sigma_1 = \sigma_2 = \sigma \qquad (19.6\text{-}4)$$

Damit lässt sich (19.6-3) umformen in:

$$\boxed{\sigma_D = \sigma\sqrt{\frac{1}{n_1} + \frac{1}{n_2}}} \qquad (19.6\text{-}5).$$

Da σ in der Regel nicht bekannt ist, muss es aus den Standardabweichungen s_1 und s_2 der beiden Stichproben abgeschätzt werden nach

$$\boxed{\hat{\sigma} = \sqrt{\frac{(n_1 - 1)\cdot s_1{}^2 + (n_2 - 1)\cdot s_2{}^2}{n_1 + n_2 - 2}}} \qquad (19.6\text{-}6).$$

Verwendet man $\hat{\sigma}$ statt σ in (19.6-5), dann wird σ_D selbst zum Schätzwert, was durch die Schreibweise $\hat{\sigma}_D$ gekennzeichnet wird.

Es soll nun der Test der Hypothese über die Gleichheit der Differenz zwischen Mittelwerten für Beispiel 19-8 durchgeführt werden. Für die etwas umständliche Bezeichnung des Tests sagt man meist kürzer: **Differenzentest** oder **t-Test**. Der Differenzentest wird hier übrigens für den Fall durchgeführt, dass die beiden Stichproben voneinander unabhängig sind. **t-Test**

1. Formulierung der Hypothesen

$H_0: \mu_1 - \mu_2 = 0$ (Beide Stichproben stammen aus derselben Grundgesamtheit mit dem Mittelwert μ, so dass $\mu_1 - \mu_2 = 0$

$H_1: \mu_1 - \mu_2 \neq 0$ (Beide Stichproben stammen nicht aus derselben Grundgesamtheit, d. h.: $\mu_1 \neq \mu_2$)

2. Testverfahren und Prüfgröße

Zu prüfen ist die Nullhypothese mit einem standardisierten Differenzentest für Mittelwerte für zwei unabhängige heterograde Stichproben mit der Prüfgröße

$$z_b = \frac{|d| - \mu_D}{\sigma_D} \tag{19.6-7}$$

für die wegen (19.6-2) kürzer geschrieben werden kann:

$$\boxed{z_b = \frac{|d|}{\sigma_D} = \frac{|\bar{x}_1 - \bar{x}_2|}{\sigma_D}} \tag{19.6-8}$$

3. Prüfverteilung

Unter Gültigkeit der Nullhypothese ist die angegebene Prüfgröße annähernd standardnormalverteilt. Daraus folgt bei der hier vorliegenden zweiseitigen Fragestellung und der vorgegebenen Vertrauenswahrscheinlichkeit von $(1-\alpha)$=0,95;

$$z_c = 1{,}96.$$

Die Prüfverteilung und die Entscheidungssituation für diesen Test ist in Abb. 19-11 veranschaulicht.

4. Berechnung der Prüfgröße in den Stichproben

In Beispiel 19-8 wurde beobachtet:

$$|d| = |\bar{x}_1 - \bar{x}_2| = 154300 - 148400 = 5900$$

Den Standardfehler $\hat{\sigma}_D$ schätzt man aus den Stichprobenstandardabweichungen. Dazu berechnet man zunächst nach (19.6-6):

$$\hat{\sigma} = \sqrt{\frac{(32-1)\cdot(1400)^2 + (32-1)\cdot(1600)^2}{32+32-2}}$$

$$\hat{\sigma} = 1503{,}30$$

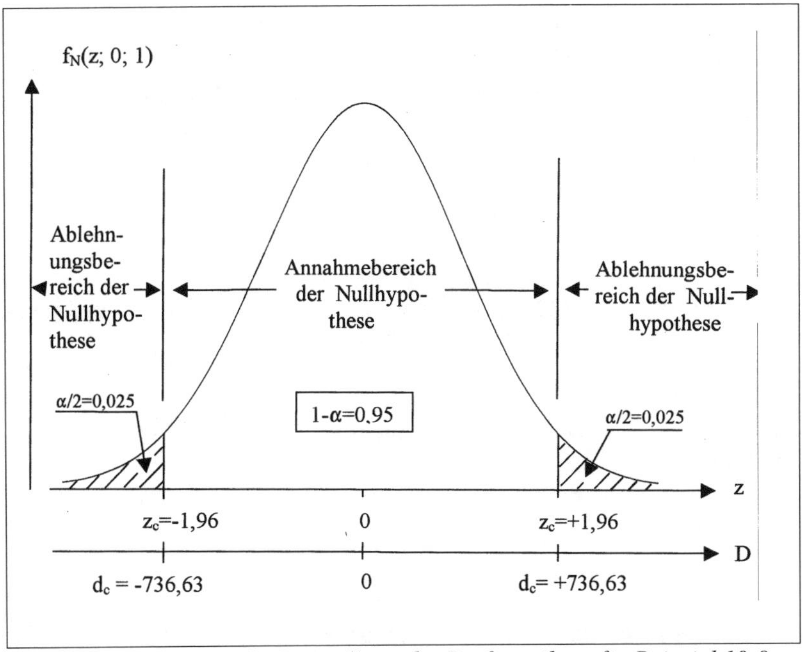

Abb. 19-11: Schematische Darstellung der Prüfverteilung für Beispiel 19-8

Daraus folgt nach (19.6-5):

$$\hat{\sigma}_D = 1503{,}30 \sqrt{\frac{1}{32} + \frac{1}{32}}$$

$$\hat{\sigma}_D = 375{,}83$$

Damit lässt sich z_b ermitteln nach (19.6-8):

$$z_b = \frac{5900}{375{,}83} = 15{,}70$$

5. Entscheidung

Da ($z_b = 15{,}70$) > ($z_c = 1{,}96$), muss die Nullhypothese verworfen werden. Bezüglich der Prüfstand-Laufleistung der Motoren der beiden Hersteller besteht ein signifikanter Unterschied.

Nachfolgend sollen Differenzentests im **homograden** Fall betrachtet werden. Hier wird die Differenz zwischen zwei Stichproben-Anteilswerten p_1 und p_2, also

$$|p_1 - p_2| = |r| \qquad (19.6\text{-}9)$$

als Ausprägung einer Zufallsvariablen R untersucht. Es lässt sich nachweisen, dass die Zufallsvariable R normalverteilt ist mit $E(R) = \mu_R$ und $V(R) = \sigma^2_R$, wobei mit der gleichen Begründung wie im heterograden Fall gilt:

$$\boxed{E(R) = 0 = \mu_R} \qquad (19.6\text{-}10)$$

Der Standardfehler σ_R berechnet sich aus:

$$\boxed{\sigma_R = \sqrt{\Theta(1-\Theta)}\sqrt{\frac{1}{n_1} + \frac{1}{n_2}}} \qquad (19.6\text{-}11)$$

Muss Θ aus den beiden Stichprobenanteilswerten geschätzt werden, so geschieht dies nach

$$\boxed{\hat{\Theta} = \frac{n_1 \cdot p_1 + n_2 \cdot p_2}{n_1 + n_2 - 2}} \qquad (19.6\text{-}12).$$

Verwendet man $\hat{\Theta}$ statt Θ in (19.6-11), dann wird auch der Standardfehler zum Schätzwert $\hat{\sigma}_R$.

Zur Veranschaulichung eines Differenzentests bei homograder Fragestellung soll folgendes Beispiel betrachtet werden:

Beispiel 19-9:

In einer ländlichen Region beenden in einem Jahr $n_1 = 50$ Auszubildende in einer bestimmten Berufsrichtung erfolgreich ihre Lehre, von denen 24 Mädchen sind. Zum gleichen Zeitpunkt beenden in einer Großstadt $n_2 = 40$ Auszubildende im gleichen Beruf erfolgreich ihre Ausbildung, von denen 16 Mädchen sind. Kann aufgrund des unterschiedlichen Anteils weiblicher Auszubildender bei einer Vertrauenswahrscheinlichkeit von $(1 - \alpha) = 0{,}95$ darauf geschlossen werden, dass der Anteil der Mädchen an den Auszubildenden dieses Berufs in der Großstadt signifikant niedriger ist?

1. Formulierung der Hypothesen

$H_0: \Theta_1 - \Theta_2 \leq 0$ (Es besteht kein Unterschied in den Anteilen weiblicher Auszubildender, d. h., beide Stichproben entstammen derselben Grundgesamtheit).

$H_1: \Theta_1 - \Theta_2 > 0$ (Der Anteil weiblicher Auszubildender in der Großstadt ist niedriger).

2. Testverfahren und Prüfgröße

Die Nullhypothese wird geprüft mit einem standardisierten Differenzentest für zwei unabhängige, homograde Stichproben mit der Prüfgröße

$$\boxed{z_b = \frac{|r| - \mu_R}{\sigma_R}} \qquad (19.6\text{-}13)$$

Wegen (19.6-10) lässt sich (19.6-13) vereinfachen zu:

$$\boxed{z_b = \frac{|r|}{\sigma_R} = \frac{|p_1 - p_2|}{\sigma_R}} \qquad (19.6\text{-}14).$$

3. Prüfverteilung

Unter Gültigkeit der Nullhypothese ist die angegebene Prüfgröße annähernd **standardnormalverteilt.** Daraus und wegen der hier vorliegenden **einseitigen** Fragestellung ergibt sich bei dem vorgegebenen Signifikanzniveau von $(1 - \alpha) = 0{,}95$:

$$z_c = 1{,}65.$$

Die Prüfverteilung für dieses Beispiel mit der Entscheidungssituation des Tests ist anschaulich in Abb. 19-12 wiedergegeben.

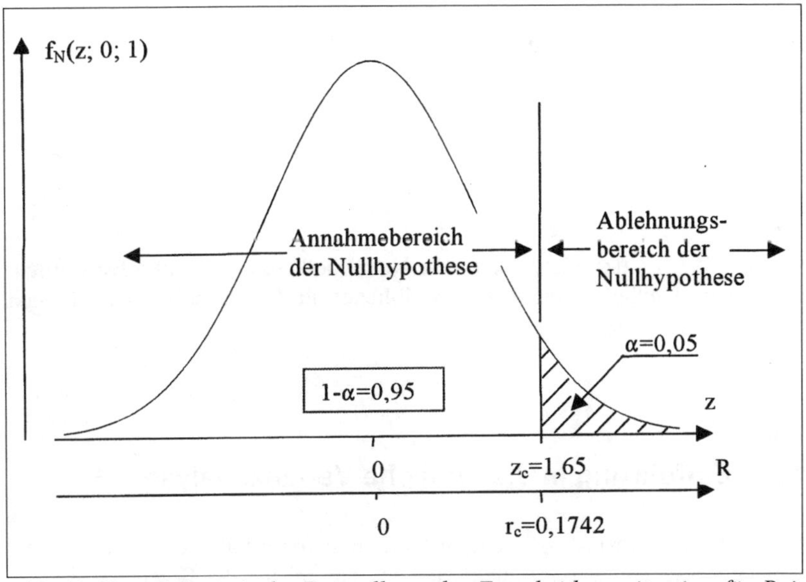

Abb. 19-12: Schematische Darstellung der Entscheidungssituation für Beispiel 19-9

4. Berechnung der Prüfgröße in den Stichproben

In Beispiel 19-9 wurde beobachtet:

$$p_1 = \frac{24}{50} = 0{,}48 \qquad p_2 = \frac{16}{40} = 0{,}40$$

Daraus folgt:

$$|r| = |p_1 - p_2| = 0{,}08$$

Zur Berechnung des Standardfehlers wird zunächst Θ geschätzt:

$$\hat{\Theta} = \frac{50 \cdot 0{,}48 + 40 \cdot 0{,}40}{50 + 40 - 2} = 0{,}455$$

Dann kann man $\hat{\sigma}_R$ berechnen:

$$\hat{\sigma}_R = \sqrt{0{,}455 \cdot (1 - 0{,}455)}\sqrt{\frac{1}{50} + \frac{1}{40}} = 0{,}1056$$

Damit ergibt sich als Prüfgröße:

$$z_b = \frac{0{,}08}{0{,}1056} = 0{,}76$$

5. Entscheidung

Da ($|z_b|= 0{,}76$) < ($|z_c|= 1{,}65$), kann die Nullhypothese nicht verworfen werden. Der unterschiedliche Anteilswert weiblicher Prüfungsabsolventen hat sich durch Zufall ergeben.

19.7 Einführung in die einfache Varianzanalyse

Vergleich mehrerer Stichproben

In Abschnitt 19.6 wurde u. a. ein Testverfahren vorgestellt, bei dem die Unterschiede zwischen zwei arithmetischen Mitteln anhand der Ergebnisse zweier unterschiedlicher Stichproben beurteilt wurden. Die einfache Varianzanalyse ist ein Testverfahren, bei dem diese Betrachtung ausgeweitet wird auf die Untersuchung von **mehr als zwei Stichproben** und entsprechend auf den Vergleich von mehr als zwei arithmetischen Mitteln. Die Bezeichnung "Varianzanalyse" rührt daher, dass für die Prüfgröße dieses Testverfahrens Varianzen eine wesentliche Rolle spielen.

Beispiel 19-10 möge diese Problemstellung veranschaulichen:

Beispiel 19-10:

In einer Kaffeerösterei wird Kaffee auf **r** = 3 verschiedenen Abfüllmaschinen in Packungen mit einem Sollgewicht von 500 g abgefüllt. Bedingt durch unterschiedliche Ursachen (Genauigkeit der Justierung, Umgebungstemperatur, Kaffeesorte usw.) schwanken die tatsächlich abgefüllten Mengen aber in gewissen Grenzen. In einer bestimmten Stunde seien von jeder Maschine **n** = 5 Packungen zufällig entnommen und auf ihr tatsächliches Gewicht hin untersucht worden. Man habe erhalten:

Kaffeegewicht x_{ji} [in g] von den Maschinen j=1, 2, 3 und aus den Proben i=1, 2, 3, 4, 5			
Probe	Maschine 1	Maschine 2	Maschine 3
i	x_{1i}	x_{2i}	x_{3i}
1	484	505	503
2	502	497	497
3	501	491	513
4	496	504	499
5	497	503	508

Aus diesen Beobachtungen kann man zunächst berechnen:

für Maschine 1: $\overline{x}_1 = 496$ [g],
für Maschine 2: $\overline{x}_2 = 500$ [g],
für Maschine 3: $\overline{x}_3 = 504$ [g].

Man kann nun fragen, ob sich diese Stichproben-Mittelwerte $\overline{x}_j$ unterscheiden, weil die Mittelwerte μ_1, μ_2 und μ_3 der zugrunde liegenden Grundgesamtheiten verschieden sind. Oder resultieren die Unterschiede in den $\overline{x}_j$ aus Zufallsabweichungen innerhalb der Maschinen bei ansonsten gleichen Grundgesamtheits-Mittelwerten?

Zur Untersuchung dieser Frage wird die Varianzanalyse als besonderes Testverfahren eingesetzt. Die zu prüfenden Hypothesen werden hier formuliert als

$$H_0 : \mu_1 = \mu_2 = \mu_3$$

d. h., alle Grundgesamtheits-Mittelwerte sind gleich. Die Prämisse der Varianzanalyse ist nämlich, dass die jeweilige untersuchte Zufallsvariable X_j (hier die Untersuchungsgewichte der Maschinen 1, 2 und 3) jeweils aus einer normalverteilten Grundgesamtheit stammt mit dem Erwartungswert μ_j und der Varianz σ_j^2 und dass

$$\mu_1 = \mu_2 = \ldots = \mu_r$$

und

$$\sigma_1^2 = \sigma_2^2 = \ldots = \sigma_r^2$$

Als Alternativhypothese ergibt sich dann:

H_1: Es existiert **zumindest ein Paar** von Grundgesamtheits-Mittelwerten, für das gilt: $\mu_j \neq \mu_k$ für $j \neq k$

Zur Überprüfung der Nullhypothese wird zunächst aus den beobachteten Stichprobenmittelwerten wiederum ein Gesamtmittelwert $\bar{\bar{x}}$ berechnet:

$$\boxed{\bar{\bar{x}} = \frac{\sum_{j=1}^{r} \bar{x}_j}{r}} \qquad (19.7\text{-}1)$$

Im Beispiel 19-10 bedeutet dies:

$$\bar{\bar{x}} = \frac{496 + 500 + 504}{3} = 500.$$

Varianz der Stichproben-Mittelwerte

Anschließend ist die **Varianz der beobachteten Stichproben-Mittelwerte** zu ermitteln nach:

$$\boxed{s_{\bar{x}}^{\,2} = \frac{\sum_{j=1}^{r} \left(\bar{x}_j - \bar{\bar{x}}\right)^2}{r-1}} \qquad (19.7\text{-}2)$$

Das bedeutet für das Beispiel 19-10:

$$s_{\bar{x}}^{\,2} = \frac{(496-500)^2 + (500-500)^2 + (504-500)^2}{3-1} = 16$$

Diese Varianz reicht aber zur Beurteilung noch nicht aus. Sie ist zu vergleichen mit der **zusammengefassten Varianz der Einzelbeobachtungen.** Zur Berechnung dieser Varianz ermittelt man zunächst die Summe der Abweichungsquadrate **innerhalb** der einzelnen Stichproben, also

$$\sum_{i=1}^{n} \left(x_{ji} - \bar{x}_j\right)^2 \quad \text{für } j = 1, 2, \ldots, r$$

Im Beispiel 19-10 ergibt sich so:

Maschine 1:
$(484\text{-}496)^2 + (502\text{-}496)^2 + (501\text{-}496)^2 + (496\text{-}496)^2 + (497\text{-}496)^2 = 206$

Maschine 2:
$(505\text{-}500)^2 + (497\text{-}500)^2 + (491\text{-}500)^2 + (504\text{-}500)^2 + (503\text{-}500)^2 = 140$

Maschine 3:
$(503-504)^2 + (497-504)^2 + (513-504)^2 + (499-504)^2 + (508-504)^2 = 172$

Daraus berechnet man die zusammengefasste Varianz (= **gepoolte Varianz**) als

gepoolte Varianz

$$s_p^2 = \frac{\sum_{j=1}^{r}\sum_{i=1}^{n}\left(x_{ji} - \bar{x}_j\right)^2}{r \cdot (n-1)} \qquad (19.7\text{-}3)$$

und im Beispiel 19-10:

$$s_p^2 = \frac{206 + 140 + 172}{3 \cdot (5-1)} = 43{,}167$$

Aus der Varianz $s_{\bar{x}}^2$ der Stichprobenmittelwerte und der gepolten Varianz s_p^2 wird nun die **Prüfgröße** des Tests abgeleitet als:

$$F_b = \frac{n \cdot s_{\bar{x}}^2}{s_p^2} \qquad (19.7\text{-}4)$$

Wenn die Nullhypothese zutrifft, wird diese Prüfgröße etwa den Wert 1 annehmen, wenn H_0 falsch ist, wird $n \cdot s_{\bar{x}}^2 >> s_p^2$ und damit $F_b > 1$.

Es lässt sich - mathematisch sehr aufwändig - beweisen, dass die Prüfgröße F_b unter den genannten Prämissen in guter Annäherung einer F-Verteilung folgt mit

und $\left.\begin{matrix} \nu_1 = (r-1) \\ \nu_2 = r \cdot (n-1) \end{matrix}\right\} \textit{Freiheitsgraden (= FG)}$

Aus der Tabelle der F-Verteilung entnimmt man für ein bestimmtes vorgegebenes Fehlerrisiko α den kritischen Wert F_c. Wenn $F_b \leq F_c$, wird H_0 beibehalten, ist dagegen $F_b > F_c$, ist H_0 abzulehnen und statt dessen H_1 anzunehmen.

Akzeptiert man ein Fehlerrisiko von $\alpha = 0{,}05$, dann kann man der Tabelle 12a der F-Verteilung bei $\nu_1 = (3 - 1) = 2$ FG und $\nu_2 = 3 - (5 - 1) = 12$ FG ein $F_c = 3{,}89$ entnehmen

Im angeführten Beispiel 19-10 ergibt sich:

$$F_b = \frac{5 \cdot 16}{43{,}167} = 1{,}853$$

Da (F_b= 1,853) < (F_c= 3,89), ist die Nullhypothese beizubehalten. Es spricht nichts dagegen anzunehmen, dass die arithmetischen Mittelwerte der Grundgesamtheiten der drei Abfüllmaschinen gleich sind. Die in den drei Zufallsstichproben gefundenen Unterschiede in den Strichproben-Mittelwerten resultieren aus zufälligen Abweichungen.

Das geschilderte Modell der **einfachen** Varianzanalyse stellt nur das **Grundmodell** der Varianzanalyse dar. Es lässt sich erweitern zur zweifachen Varianzanalyse, wenn man z. B. in die Betrachtung des Beispiels neben dem Abfüllgewicht noch die Kaffeesorte als Untersuchungsmerkmal einbezieht. Es lässt sich dann fragen,

- ob die durchschnittlichen Abfüllgewichte identisch sind;
- ob die durchschnittlichen Abfüllgewichte für alle Kaffeesorten identisch sind;
- ob Wechselwirkungen zwischen dem Abfüllgewicht und der Kaffeesorte bestehen, z. B. dass Maschine 1 besonders zum Abfüllen von Sorte X geeignet ist.

Die Durchführung einer zweifachen Varianzanalyse ist aber so aufwendig, dass deren Darstellung an dieser Stelle zu umfangreich und mathematisch zu anspruchsvoll würde.

19.8 Anpassungstests

Anpassung einer beobachteten Verteilung an eine theoretische Verteilung

Bei einem Anpassungstest wird als Nullhypothese eine bestimmte **Wahrscheinlichkeitsverteilung** für die Grundgesamtheit unterstellt. Es wird geprüft, ob eine beobachtete Stichprobe aus dieser Grundgesamtheit stammen kann, d.h., ob sich die Verteilung der Stichprobe gut an die Verteilung der Grundgesamtheit anpasst.

Beispiel 19-11:

Gegeben sei der folgende Block von einstelligen Zufallszahlen:

0	4	3	2	5	8	7	9	4	3
1	1	4	7	8	9	6	3	1	2
5	4	7	6	3	1	9	8	7	8
9	1	1	3	4	5	8	9	6	3
7	6	7	8	9	1	2	4	0	3

Gleichverteilung

Ein Kriterium von Zufallszahlen ist es, dass jede Zahl die gleiche Chance haben muss, **gleich oft** in die Zufallsauswahl aufgenommen zu werden. Das bedeutet, dass für eine Auswahl von Zufallszahlen gelten muss, dass sie aus einer Grundgesamtheit stammen müssen, in der alle Zahlen gleich oft vorkommen, d. h. aus einer Grundgesamtheit, für die eine *Gleichverteilung* der verschiedenen Zahlen unterstellt werden kann. Diese Hypothese soll bei einer Vertrauenswahrscheinlichkeit von $(1-\alpha) = 0{,}95$ untersucht werden.

1. Formulierung der Hypothesen

H_0: Die beobachteten Zufallszahlen entstammen einer gleichverteilten Grundgesamtheit und sind damit selbst gleichverteilt.

H_1: Die beobachteten Zufallszahlen stammen nicht aus einer gleichverteilten Grundgesamtheit.

2. Testverfahren und Prüfgröße

Zur Prüfung der Nullhypothese verwendet man den verteilungsfreien χ^2-Anpassungstest (lies: Chi-Quadrat), der gekennzeichnet ist durch die Prüfgröße

$$\chi_b{}^2 = \sum_{i=1}^{r} \frac{(h_i - h'_i)^2}{h'_i} \qquad (19.7\text{-}1)$$

In dieser Prüfgröße sind:

h_i: die beobachteten Häufigkeiten der einzelnen Merkmalsausprägungen,
h'_i: die Häufigkeiten der einzelnen Merkmalsausprägungen, die sich **bei Gültigkeit der Nullhypothese** ergeben müssten.

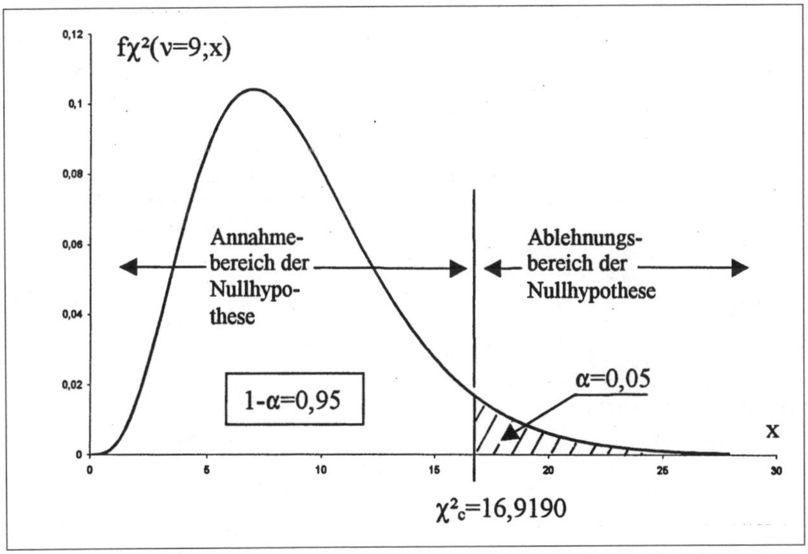

Abb.: 19-13: χ^2-Dichtefunktion mit $\nu = 9$ Freiheitsgraden als Prüfverteilung für Beispiel 19-11

3. Prüfverteilung

Unter Gültigkeit der Nullhypothese ist die angegebene Prüfgröße annähernd χ^2**-verteilt** mit $\nu = (r-1)$ Freiheitsgraden. Da im vorliegenden Beispiel 10 verschiedene Zahlen (0,1,2,...,9) vorliegen, ist r = 10 und damit $\nu = 9$. Bei dem vorgegebenen Signifikanzniveau von $(1 - \alpha) = 0,95$ lässt sich die Prüfverteilung und die Entscheidungssituation für Beispiel 19-11 wie in Abb. 19-13 darstellen.

Ergibt sich für Beispiel 19-11 ein Wert der Prüfgröße in der Stichprobe von $\chi_b^2 > (\chi_c^2{}_{(9;0,95)} = 16,9190)$, muss die Nullhypothese verworfen werden.

4. Berechnung der Prüfgröße in der Stichprobe

In Beispiel 19-11 wurden 50 einstellige Zufallszahlen beobachtet. Einstellige Zufallszahlen können alle Werte von 0, 1, 2,.....,9 annehmen. Die beobachteten Zufallszahlen sollen auf Gleichverteilung untersucht werden. Wenn die Nullhypothese der Gleichverteilung Gültigkeit haben soll, muss jede der verschiedenen Zahlen gleich häufig auftreten. Im Beispiel hätte jede Zahl genau 5 mal beobachtet werden müssen, wenn die Nullhypothese zutreffen soll. Man muss nun für den beobachteten Zahlenblock auszählen, wie oft die einzelnen Zahlen tatsächlich beobachtet wurden. Es empfiehlt sich, die Berechnung der Prüfgröße nach einer Arbeitstabelle wie der folgenden vorzunehmen.

Zahl	Strichliste	h_i	h'_i	$(h_i - h'_i)$	$(h_i - h'_i)^2$	$\frac{(h_i - h'_i)^2}{h'_i}$
0	||	2	5	-3	9	1,8
1	||||| ||	7	5	+2	4	0,8
2	||||	4	5	-1	1	0,2
3	||||| |	6	5	+1	1	0,2
4	||||| |	6	5	+1	1	0,2
5	|||	3	5	-2	4	0,8
6	||||	4	5	-1	1	0,2
7	||||| |	6	5	+1	1	0,2
8	||||| |	6	5	+1	1	0,2
9	||||| |	6	5	+1	1	0,2
Summen		50	50	-	-	4,8

Tab. 19-3: Arbeitstabelle für den χ^2-Anpassungstest

Aus der Arbeitstabelle ergibt sich:

$$\chi_b^2 = \sum_{i=1}^{10} \frac{(h_i - h'_i)^2}{h'_i} = 4,8$$

5. Entscheidung

Da $(\chi_b^2 = 4,8) < (\chi_c^2{}_{(9;0,95)} = 16,9190)$, kann die Nullhypothese nicht verworfen werden. Es ist davon auszugehen, dass die beobachteten Zufallszahlen gleichverteilt sind.

Zur Vertiefung diene

Beispiel 19-12:

Ein Zeitungshändler hat an den 360 Tagen eines Jahres beobachtet, dass eine bestimmte Fachzeitschrift pro Tag unterschiedlich oft nachgefragt wurde. Im Einzelnen machte er die folgenden Beobachtungen:

Anzahl der nachgefragten Exemplare	x_i	0	1	2	3	4	5	6	≥ 7	$\sum$
Diese Nachfragemengen wurden an ... Tagen beobachtet	h_i	20	70	80	80	50	30	15	15	360

Tab. 19-4: Beobachtungen zu Beispiel 19-12

Es zeigt sich, dass der Händler pro Tag im Durchschnitt eine Nachfrage von

$$\bar{x} = \sum_{i=1}^{10} \frac{x_i \cdot h_i}{n} = \frac{1020}{360} \approx 2{,}8$$

Exemplaren dieser Zeitung beobachtet hat. Es wird nun behauptet, dass man die beobachtete Nachfrageverteilung gut durch eine Poissonverteilung mit μ = 2,8 erklären könne. Diese Behauptung soll bei einer Vertrauenswahrscheinlichkeit von $(1-\alpha) = 0{,}95$ überprüft werden.

1. Formulierung der Hypothesen

H_0: Die beobachtete Nachfrageverteilung lässt sich durch eine Poissonverteilung mit $\mu = 2{,}8$ erklären.

H_1: Die beobachtete Nachfrageverteilung lässt sich nicht durch eine Poissonverteilung mit $\mu = 2{,}8$ erklären.

2. Testverfahren und Prüfgröße

Zur Prüfung der Nullhypothese wird ein χ^2-Anpassungstest verwendet mit der Prüfgröße

$$\chi_b^2 = \sum_{i=1}^{r} \frac{(h_i - h_i')^2}{h_i'}$$

3. Prüfverteilung

Unter Gültigkeit der Nullhypothese ist die angegebene Prüfgröße annähernd χ^2-verteilt mit $\nu = 8 - 1 - 1 = 6$ Freiheitsgraden[1]. Bei dem vorgegebenen Signifikanzniveau von $\alpha = 0{,}05$ ergibt sich eine analog zu Abb. 19-13 interpretierbare Prüfverteilung und Entscheidungssituation. Festzuhalten ist hier, dass

$$\chi^2_{c\,(6;0{,}95)} = 12{,}5916$$

4. Berechnung der Prüfgröße in der Stichprobe

Man erhält die unter Gültigkeit der Nullhypothese zu erwartenden Häufigkeiten h_i' dadurch, dass die Eintrittswahrscheinlichkeiten $W(X = x_i)$ einer Poissonverteilung mit $\mu = 2{,}8$ mit der Gesamtzahl der Beobachtungen, also mit 360, multipliziert werden. Man berechnet χ^2_b zweckmäßigerweise mit einer Arbeitstabelle wie der folgenden:

Merkmalsausprägung x_i	beobachtete Häufigkeit h_i	Wahrscheinlichkeitsfunktion einer Poissonverteilung mit $\mu = 2{,}8$	erwartete Häufigkeit $f(x_i)\cdot n$	Zwischenrechnung		
x_i	h_i	$f(x_i)$	h_i'	$(h_i - h_i')$	$(h_i - h_i')^2$	$\frac{(h_i - h_i')^2}{h_i'}$
0	20	0,0608	21,8880	-1,8880	3,5645	0,1692
1	70	0,1703	61,3080	+8,6920	75,5509	1,2323
2	80	0,2384	85,8240	- 5,8240	33,9190	0,3952
3	80	0,2225	80,1000	- 0,1000	0,0100	0,0001
4	50	0,1557	56,0520	- 6,0520	36,6267	0,6534
5	30	0,0872	31,3920	-1,3920	1,9377	0,0617
6	15	0,0407	14,6520	0,3480	0,1211	0,0083
≥ 7	15	0,0244	8,7840	6,2160	38,6387	4,3988
Summe	360	1,0000	360,0000	-	-	**6,9190**

Tab. 19-5: Arbeitstabelle zum χ^2-Anpassungstest für Beispiel 19-12

Aus Tab. 19-5 ist zu entnehmen :

$$\boldsymbol{\chi^2_b = 6{,}9190}$$

[1] Müssten bei einem χ^2-Anpassungstest m verschiedene Parameter der als Nullhypothese gesetzten Verteilung selbst aus den Ergebnissen der Stichprobe geschätzt werden, berechnet sich die Zahl der Freiheitsgrade als $\nu = r - m - 1$. Da für eine Poissonverteilung nur ein Parameter, nämlich μ, geschätzt werden muss, wäre hier m=1.

5. Entscheidung

Da (χ^2_b = 6,9190) < ($\chi^2_{c(6;\,0,95)}$ = 12,5916), kann die Nullhypothese nicht verworfen werden. Die beobachtete Nachfrageverteilung lässt sich in guter Annäherung durch eine Poissonverteilung mit μ = 2,8 erklären.

Wie bereits erwähnt wurde, hält die statistische Methodenlehre für die meisten Problemstellungen mehrere Testverfahren bereit. Bisher wurde für alle aufgezeigten Fälle in diesem einführenden Lehrbuch immer nur ein Testverfahren vorgestellt, und zwar das bewährteste. Von dieser Vorgehensweise soll nun beim Anpassungstest exemplarisch abgewichen werden, um darzustellen, auf welche Aspekte bei der Auswahl eines Testverfahrens zu achten ist. Zusätzlich zum χ^2-Anpassungstest soll nachfolgend nun der **KOLMOGOROW-SMIRNOW-Anpassungstest (= KSA-Test)** vorgestellt werden.

KSA-Test

Der KSA-Test ist von seiner prinzipiellen Auslegung her ein Anpassungstest und dient damit zur Untersuchung der Frage, ob sich eine bestimmte **beobachtete** Verteilung ausreichend gut an eine vorgegebene **theoretische** Wahrscheinlichkeitsverteilung anpasst. Der KSA-Test hat im Vergleich mit dem χ^2-Anpassungstest folgende spezifische Stärken:

1. Der KSA-Test ist auch schon bei kleineren Stichprobenumfängen anwendbar. Dieses Problem wird z. B. bei vielen Fragen der empirischen Marktforschung akut. Der χ^2-Anpassungstest entfaltet seine volle Wirksamkeit erst für Stichprobenumfänge von n > 50.

2. Der KSA-Test eignet sich besonders gut dafür, die Anpassung einer beobachteten Verteilung an eine **Normalverteilung** $\mathbf{N\,(x;\mu,\sigma)}$ zu überprüfen.

Zur Veranschaulichung diene folgendes Beispiel:

Beispiel 19-13:

In einer Marktforschungsstudie wird untersucht, wie lange Hausfrauen bei einer bestimmten Waschmittelmarke bleiben, bevor sie auf ein anderes Waschmittel wechseln. Über diese sogenannte Marken-Verweildauer wurden folgende Beobachtungen bei 20 zufällig ausgewählten Hausfrauen gemacht:

Verweildauer [Tage] bei der untersuchten Waschmittelmarke
67 69 58 62 55 59 60 59 60 66
63 58 60 61 54 61 64 56 59 61

Es soll untersucht werden, ob diese Beobachtungen aus einer Normalverteilung $N\,(x;\mu=60,\sigma=10)$ stammen können.

Zur Ermittlung der Prüfgröße des KSA-Tests wird die beobachtete Verteilungsfunktion der relativen Häufigkeiten verglichen mit der Verteilungsfunktion der als Hypothese vermuteten theoretischen Verteilung. Zu diesem Vergleich werden für jedes x_i die Differenzen zwischen den beiden Verteilungsfunktionen gebildet als

$$\left.\begin{aligned} &d_1(x_i) = \left|F_{th}(x_i) - F_b(x_i)\right| \\ \text{und} \quad &d_2(x_i) = \left|F_{th}(x_i) - F_b(x_{i-1})\right| \end{aligned}\right\} \quad \text{für } i = 1, 2, \ldots, n.$$

Prüfgröße des KSA-Tests

Als **Prüfgröße des KSA-Tests** verwendet man dann

$$\boxed{D_b = \underbrace{\max}_{x} \left|d_1(x_i), d_2(x_i)\right|} \qquad (19.7\text{-}2),$$

d. h. die größte vorkommende Differenz zwischen den beiden Verteilungsfunktionen. Das Prinzip des Vergleichs zwischen den beiden Verteilungsfunktionen verdeutlicht Abbildung 19-14:

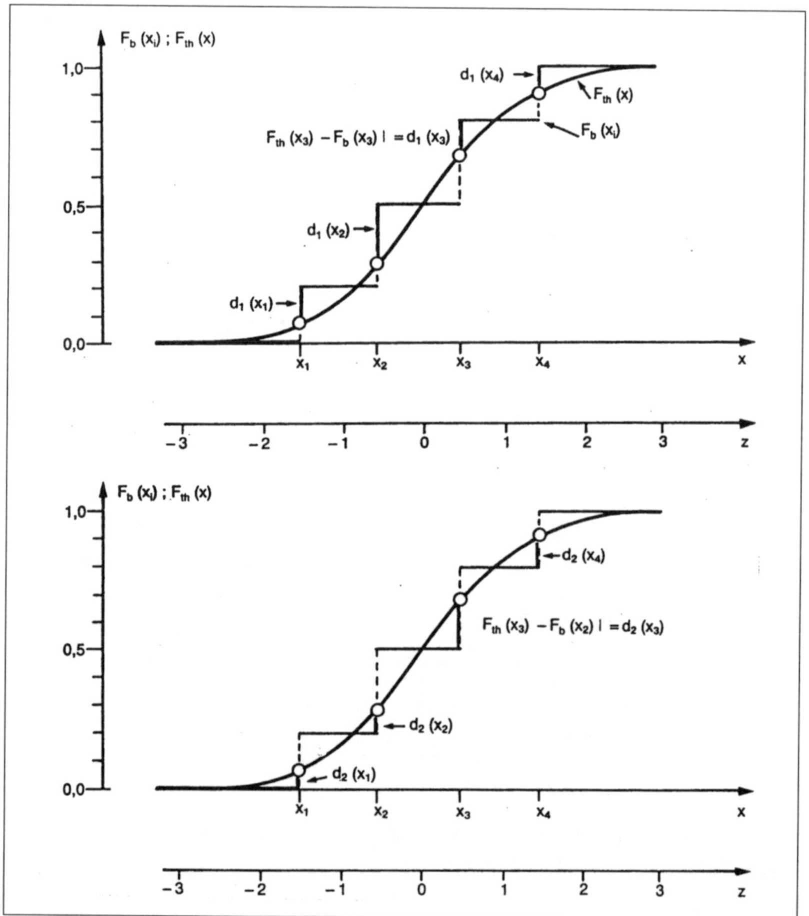

Abb. 19-14: Graphische Veranschaulichung des Vergleichs zwischen der empirisch beobachteten Verteilungsfunktion und der hypothetisch unterstellten theoretischen Verteilungsfunktion

Wie Abb. 19-14 veranschaulicht, wird an jeder beobachteten Stelle x_i der **Abstand** der theoretischen Verteilungsfunktion von der empirisch beobachteten Verteilungsfunktion gemessen, und zwar der Abstand

nach **oben** als $\left|F_{th}(x_i) - F_b(x_i)\right| = d_1(x_i)$

und

nach **unten** als $\left|F_{th}(x_i) - F_b(x_{i-1})\right| = d_2(x_i)$

Die längste dieser Abstandsstrecken wird als Prüfgrößenwert D_b des KSA-Tests verwendet. Diese Prüfgröße folgt keiner der bekannten, sondern einer eigenständigen Prüfverteilung. Diese KSA-Verteilung ist für alle theoretischen Verteilungen identisch und ist nur abhängig vom Stichprobenumfang n und vom Signifikanzniveau α. Einige ausgewählte kritische Werte D_c kann man der Tabelle 19-6 entnehmen

Kritische Werte des KSA-Tests

n	$\alpha = 0{,}10$	$\alpha = 0{,}05$	n	$\alpha = 0{,}10$	$\alpha = 0{,}05$
3	0,636	0,708	20	0,265	0,294
4	0,565	0,624	21	0,259	0,287
5	0,509	0,563	22	0,253	0,281
6	0,468	0,519	23	0,247	0,275
7	0,436	0,483	24	0,242	0,269
8	0,410	0,454	25	0,238	0,264
9	0,387	0,430	26	0,233	0,259
10	0,369	0,409	27	0,229	0,254
11	0,352	0,391	28	0,225	0,250
12	0,338	0,375	29	0,221	0,246
13	0,325	0,361	30	0,218	0,242
14	0,314	0,349	31	0,214	0,238
15	0,304	0,338	32	0,211	0,234
16	0,295	0,327	33	0,208	0,231
17	0,286	0,318	34	0,205	0,227
18	0,278	0,309	35	0,202	0,224
19	0,271	0,301			

$n > 35: D_c \approx \frac{1{,}224}{\sqrt{n}}$ für $\alpha = 0{,}10$ $\quad D_c \approx \frac{1{,}258}{\sqrt{n}}$ für $\alpha = 0{,}05$

Quelle: Auszug aus Tab. 1 in: MILLER, L. H.: Table of percentage points of Kolmogorov statistics; journal of the American Statistical Association Band 51 (1956), S. 113 - 115

Tab. 19-6: Annahmekennzahlen D_c für den KOLMOGOROW-SMIRNOW Anpassungstest für ausgewählte Werte von n und α

Ist beim KSA-Test

$D_b \le D_c$ wird die Nullhypothese beibehalten;

$D_b > D_c$ wird die Nullhypothese verworfen.

Anhand von Beispiel 19-13 soll nun ein KSA-Test exemplarisch durchgeführt werden:

1. Formulierung der Hypothesen

H_0: Die beobachtete Verteilung der Verweildauern passt sich ausreichend gut an eine N (x; $\mu = 60, \sigma = 10$) - Verteilung an.

H_1: Die beobachtete Verteilung stammt nicht aus einer N (x; $\mu = 60, \sigma = 10$) – verteilten Grundgesamtheit.

2. Testverfahren und Prüfgröße

Zur Untersuchung der aufgestellten Hypothesen wird ein KOLMOGOROW-SMIRNOW-Anpassungstest verwendet mit der Prüfgröße

$$D_b = \underbrace{\max}_{x} |d_1(x_i), d_2(x_i)|$$

3. Prüfverteilung und kritischer Wert der Prüfgröße

Unter Gültigkeit der Nullhypothese folgt die angegebene Prüfgröße der speziellen KSA-Verteilung. Tabelle 19-6 entnimmt man für n = 20 und $\alpha = 0{,}05$

$$D_c = 0{,}294.$$

4. Berechnung des beobachteten Wertes D_b der Prüfgröße anhand der Stichprobenergebnisse

Zur Berechnung von D_b empfiehlt sich, eine Arbeitstabelle wie Tab. 19-7:

x_i	h_i	$f(x_i)$	$\mathbf{F_b(x_i)}$	$z_i = \frac{x_i - \mu_0}{\sigma_0}$	$\mathbf{F_{th}(x_i)}$ **(Tab.10b)**	$\lvert F_{th}(x_i) - F_b(x_i)\rvert = d_1(x_i)$	$\lvert F_{th}(x_i) - F_b(x_{i-1})\rvert = d_2(x_i)$
54	1	0,05	**0,05**	-0,6	**0,2743**	0,2243	0,2743
55	1	0,05	**0,10**	-0,5	**0,3085**	0,2085	0,2585
56	1	0,05	**0,15**	-0,4	**0,3446**	0,1946	0,2446
58	2	0,10	**0,25**	-0,2	**0,4207**	0,1707	0,2707
59	3	0,15	**0,40**	-0,1	**0,4602**	0,0602	0,2102
60	3	0,15	**0,55**	0	**0,5000**	0,0500	0,1000
61	3	0,15	**0,70**	0,1	**0,5398**	0,1602	0,0102
62	1	0,05	**0,75**	0,2	**0,5793**	0,1707	0,1207
63	1	0,05	**0,80**	0,3	**0,6179**	0,1821	0,1321
64	1	0,05	**0,85**	0,4	**0,6554**	0,1946	0,1446
66	1	0,05	**0,90**	0,6	**0,7257**	0,1743	0,1243
67	1	0,05	**0,95**	0,7	**0,7580**	0,1920	0,1420
69	1	0,05	**1,00**	0,9	**0,8159**	0,1841	0,1341

Tab. 19-7: Arbeitstabelle für Beispiel 19-13

Als größtmögliche Differenz und damit als beobachteter Wert der Prüfgröße ergibt sich

$$D_b = 0{,}2743.$$

5. Entscheidung

Da (D_b= 0,2743) < (D_c= 0,294), kann H_0 nicht verworfen werden. Die Abweichungen zwischen der beobachteten Verteilung der Verweildauern und der N(x; μ = 60, σ = 10) - Verteilung sind nicht signifikant und können als zufällig erklärt werden.

19.9 Der χ^2-Unabhängigkeitstest

Bei Unabhängigkeitstests werden an den Untersuchungsobjekten gleichzeitig die Ausprägungen von zwei oder mehr als zwei Merkmalen beobachtet. Es wird geprüft, ob das Auftreten der Untersuchungsmerkmale in der Grundgesamtheit voneinander unabhängig ist. Der Einfachheit halber sollen nachfolgend nur die Beziehungen zwischen zwei Merkmalen betrachtet werden[1].

Die Durchführung eines Unabhängigkeitstests soll veranschaulicht werden an folgendem

Beispiel 19-14:

Ein Marktforschungsinstitut untersucht in einer Stichprobe von n = 100 Pfeifenrauchern deren Rauchgewohnheiten. Die Raucher werden befragt, ob sie eine Pfeife des Typs A, B oder C rauchen und ob sie Tabak der Sorten I, II oder III kaufen. Das Befragungsergebnis ist in Tabelle 19-8 zusammengefasst.

Pfeifentyp \ Tabaksorte	I	II	III	$\sum$
A	15	15	10	40
B	15	10	5	30
C	20	5	5	30
$\sum$	50	30	20	100

Tab. 19-8: Befragungsergebnis zu Beispiel 19-14

Kann aufgrund dieses Beobachtungsergebnisses bei einem Signifikanzniveau von α = 0,05 darauf geschlossen werden, dass zwischen den beiden Merkmalen "Pfeifentyp" und "Tabaksorte" Unabhängigkeit besteht?

[1] Über Unabhängigkeitstests zwischen drei und mehr als drei Merkmalen vgl.: KOBELT, H.: Die Beurteilung multivariater Zusammenhänge bei nominalskalierten Daten, dargestellt an Beispielen aus den Wirtschaftswissenschaften, Münster 1974, S. 43 ff.

1. Formulierung der Hypothesen

H_0: Zwischen den beiden Merkmalen besteht Unabhängigkeit.

H_1: Zwischen den beiden Merkmalen besteht Abhängigkeit.

2. Testverfahren und Prüfgröße

Die Nullhypothese wird geprüft mit dem verteilungsfreien χ^2-Unabhängigkeitstest mit der Prüfgröße

$$\boxed{\chi_b^{\,2} = \sum_{i=1}^{r}\sum_{j=1}^{c}\frac{\left(h_{ij} - h'_{ij}\right)^2}{h'_{ij}}} \qquad (19.8\text{-}1).$$

In dieser Prüfgröße sind die h_{ij} die Beobachtungshäufigkeiten und h_{ij}' die Häufigkeiten, die unter Gültigkeit der Nullhypothese zu erwarten wären. Nach Satz 8 der Wahrscheinlichkeitsrechnung ergeben sich diese bei Gültigkeit der Nullhypothese zu erwartenden Häufigkeiten aus

$$\boxed{h'_{ij} = \frac{h_{i\bullet} \cdot h_{\bullet j}}{n}} \qquad (19.8\text{-}2).$$

3. Prüfverteilung

Unter Gültigkeit der Nullhypothese ist die mit (19.8-1) definierte Prüfgröße annähernd χ^2-verteilt mit $\nu = (r-1)\cdot(c-1)$ Freiheitsgraden, wobei r = Anzahl der Zeilen und c = Anzahl der Spalten der Beobachtungsmatrix. In Beispiel 19-14 gibt es mithin $\nu = (3-1)\cdot(3-1) = 4$ Freiheitsgrade. Bei der vorgegebenen Vertrauenswahrscheinlichkeit von $(1-\alpha) = 0{,}95$ ergibt sich die in Abbildung 19-15 wiedergegebene Prüfverteilung und Entscheidungssituation mit

$$\chi^2_{c(4;0{,}95)} = 9{,}4877$$

4. Berechnung der Prüfgröße in der Stichprobe

Zur Veranschaulichung werden zunächst in Tabelle 19-9 die Beobachtungshäufigkeiten mit den zugehörigen allgemeinen Symbolen angegeben.

Tabaksorte (Merkmal Y) / Pfeifentyp (Merkmal X)	I (y_1)	II (y_2)	III (y_3)	$\sum$
A(x_1)	$h_{11}=15$	$h_{12}=15$	$h_{13}=10$	$h_{1\bullet}=40$
B(x_2)	$h_{21}=15$	$h_{22}=10$	$h_{23}=5$	$h_{2\bullet}=30$
C(x_3)	$h_{31}=20$	$h_{32}=5$	$h_{33}=5$	$h_{3\bullet}=30$
$\sum$	$h_{\bullet 1}=50$	$h_{\bullet 2}=30$	$h_{\bullet 3}=20$	$h_{\bullet\bullet} = n = 100$

Tab. 19-9: Beobachtungshäufigkeiten zu Beispiel 19-14

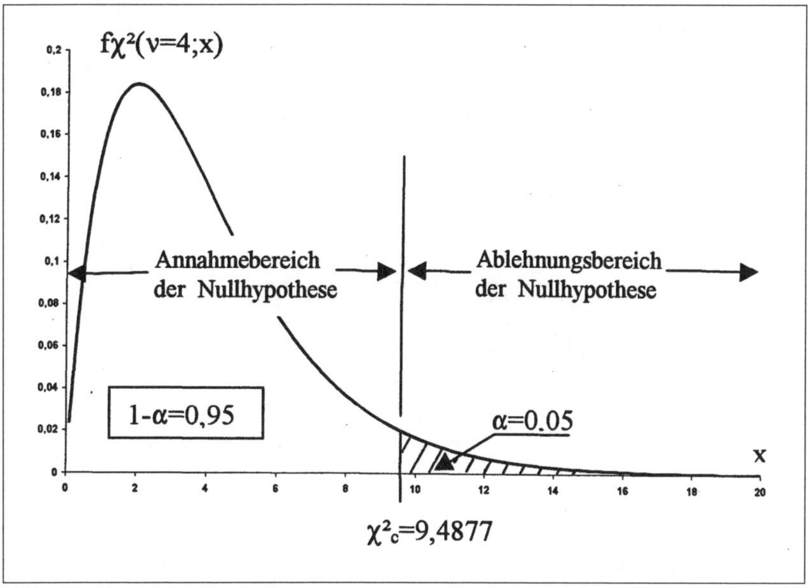

Abb. 19-15: χ^2-Dichtefunktion mit $\nu = 4$ Freiheitsgraden als Prüfverteilung für Beispiel 19-14

Nach (19.8-2) berechnen sich die unter Gültigkeit der Nullhypothese zu erwartenden Häufigkeiten h'_{ij} mit Hilfe der Randhäufigkeiten $h_{i\bullet}$ und $h_{\bullet j}$. Man erhält z. B.:

$$h'_{11} = \frac{h_{1\bullet} \cdot h_{\bullet 1}}{n} = \frac{40 \cdot 50}{100} = 20$$

$$h'_{12} = \frac{h_{1\bullet} \cdot h_{\bullet 2}}{n} = \frac{40 \cdot 30}{100} = 12$$

$$h'_{31} = \frac{h_{3\bullet} \cdot h_{\bullet 1}}{n} = \frac{30 \cdot 50}{100} = 15$$

usw.

Nach Berechnung aller h'_{ij} können diese ebenfalls tabellarisch zusammengestellt werden:

Tabaksorte (Merkmal Y) / Pfeifentyp (Merkmal X)	I (y_1)	II (y_2)	III (y_3)	$\sum$
A(x_1)	h'_{11}=20	h'_{12}=12	h'_{13}=8	$h_{1\bullet}$=40
B(x_2)	h'_{21}=15	h'_{22}=9	h'_{23}=6	$h_{2\bullet}$=30
C(x_3)	h'_{31}=15	h'_{32}=9	h'_{33}=6	$h_{3\bullet}$=30
$\sum$	$h_{\bullet 1}$=50	$h_{\bullet 2}$=30	$h_{\bullet 3}$=20	$h_{\bullet\bullet}$ = n = 100

Tab. 19-10: Die unter Gültigkeit der Nullhypothese zu erwartenden Häufigkeiten h_{ij}' zu Beispiel 19-14

Mit den Werten aus den beiden Arbeitstabellen lässt sich die Prüfgröße gem. (19.8-1) berechnen:

$$\chi^2{}_b = \frac{(15-20)^2}{20} + \frac{(15-12)^2}{12} + \frac{(10-8)^2}{8}$$
$$+ \frac{(15-15)^2}{15} + \frac{(10-9)^2}{9} + \frac{(5-6)^2}{6}$$
$$+ \frac{(20-15)^2}{15} + \frac{(5-9)^2}{9} + \frac{(5-6)^2}{6}$$
$$\chi^2{}_b = \frac{25}{20} + \frac{9}{12} + \frac{4}{8} + \frac{0}{15} + \frac{1}{9} + \frac{1}{6} + \frac{25}{15} + \frac{16}{9} + \frac{1}{6}$$

$$\boldsymbol{\chi_b^2 = 6{,}3889}$$

5. Entscheidung

Da ($\chi_b^2 = 6{,}3889$) < ($\chi_c^2 = 9{,}4877$), kann die Nullhypothese nicht verworfen werden. Aufgrund des Stichprobenergebnisses muss davon ausgegangen werden, dass in der Grundgesamtheit zwischen den beiden Untersuchungsmerkmalen Unabhängigkeit besteht.

Bei der Verwendung der geschilderten χ^2-Tests müssen drei wichtige Gesichtspunkte beachtet werden.

Die Prüfgrößen des χ^2-Unabhängigkeitstests haben nur dann die χ^2-Verteilung als Prüfverteilung, wenn der Beobachtungsumfang sehr groß ist. Man kann nachweisen, dass für Beobachtungsumfänge von $n \leftarrow 50$ die Approximation der Verteilung der Prüfgrößen durch die χ^2-Verteilung schon ausreichend gut ist.

Bei χ^2-Tests dürfen nur unter Gültigkeit der Nullhypothese zu erwartende Häufigkeiten $h_i' \geq 5$ bzw. $h_{ij}' \geq 5$ vorkommen. Ergibt sich aus der Berechnung dieser zu erwartenden Häufigkeiten ein Wert, der kleiner als fünf ist, wird die Anpassung der beobachteten Stichprobenverteilung an die stetige χ^2-Prüfverteilung unzulässig verschlechtert. Man hilft sich hier dadurch, dass man die entsprechende Spalte oder Zeile der Arbeitstabelle mit der Nachbarspalte oder -zeile zusammenfasst. Dadurch vergrößern sich die h_i' bzw. h_{ij}', allerdings verringert sich gleichzeitig die Zahl der Freiheitsgrade.

Die Zahl der Freiheitsgrade sollte immer $\nu \geq 2$ sein. Bei $\nu = 1$ Freiheitsgrad wird wieder die Anpassung der beobachteten Stichprobenverteilung an die exakte χ^2-Prüfverteilung unzulässig verschlechtert. Um auch im Falle *eines* Freiheitsgrades den geschilderten Unabhängigkeitstest anwenden zu können, ist eine Korrektur der Prüfgröße vorzunehmen. Diese besteht beim χ^2-Unabhängigkeitstest darin, statt der durch (19.8-1) gegebenen Prüfgröße die korrigierte Größe

$$\chi^2{}_b = \sum_{i=1}^{r}\sum_{j=1}^{c}\frac{\left(\left|h_{ij} - h'_{ij}\right| - 0{,}5\right)^2}{h'_{ij}} \qquad (18.8\text{-}5)$$

zu verwenden.

Man bezeichnet diese Anpassungskorrektur nach ihrem Urheber als die YATES-Korrektur.

YATES-Korrektur

Das folgende Beispiel soll die Berücksichtigung der YATES-Korrektur veranschaulichen.

Beispiel 19-15:

Es soll für eine bestimmte Zeitung untersucht werden, ob Unabhängigkeit besteht zwischen der regionalen Zugehörigkeit von Personen und der Tatsache, dass die Person ständiger Leser dieser Zeitung ist, oder nicht. Bei n = 100 befragten Personen ergab sich das folgende Untersuchungsergebnis:

Regionale Zugehörigkeit / Lesereigenschaft	Befragte Person wohnt in Großstadt X	Befragte Person wohnt im Umland der Großstadt X	$\sum$
Befragte Person ist ständiger Leser der Zeitung	45	15	60
Befragte Person ist nicht ständiger Leser der Zeitung	15	25	40
$\sum$	60	40	100

Tab.19-11: Befragungsergebnis zu Beispiel 19-15

Es ist zu untersuchen, ob aufgrund dieses Stichprobenergebnisses davon auszugehen ist, dass die regionale Zugehörigkeit einer Person unabhängig ist davon, ob eine Person ständiger Leser der Zeitung ist. Anders ausgedrückt soll untersucht werden, ob die regionale Zugehörigkeit die Tatsache **beeinflusst,** ob jemand ständiger Leser der Zeitung ist. Es soll ein Signifikanzniveau von $\alpha = 0{,}05$ unterstellt werden.

1. Formulierung der Hypothesen

H_0: Zwischen den beiden Merkmalen besteht Unabhängigkeit.

H_1: Zwischen den beiden Merkmalen besteht Abhängigkeit.

2. Testverfahren und Prüfgröße

Zur Prüfung der Nullhypothese wird ein χ^2-Unabhängigkeitstest verwendet. Da es sich hier um eine auszuwertende Tabelle vom Umfang 2 x 2 handelt, die Prüfverteilung damit nur einen Freiheitsgrad hat, ist die Prüfgröße

$$\chi^2_b = \sum_{i=1}^{r}\sum_{j=1}^{c}\frac{\left(\left|h_{ij} - h'_{ij}\right| - 0{,}5\right)^2}{h'_{ij}}$$

unter Berücksichtigung der YATES-Korrektur verwenden.

3. Prüfverteilung

Unter Gültigkeit der Nullhypothese ist die angegebene Prüfgröße annähernd χ^2-verteilt mit $\nu = (2\text{-}1) \cdot (2\text{- }1) = 1$ Freiheitsgrad. Zur Verbesserung der Anpassung soll die YATES-korrigierte Prüfgröße verwendet werden. Unter Berücksichtigung der Vertrauenswahrscheinlichkeit von $(1\text{-}\alpha) = 0{,}95$ ergibt sich die in Abb. 19-16 wiedergegebene Abbildung der Prüfverteilung und der Entscheidungssituation.

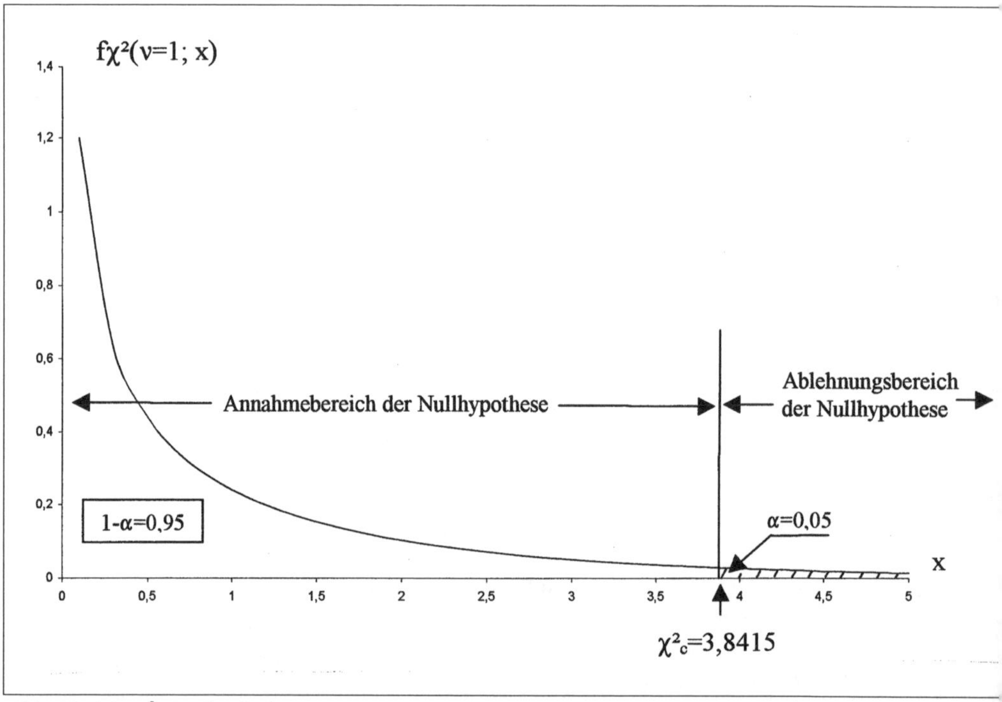

Abb. 19-16: χ^2-Dicbtefunktion mit $\nu = 1$ Freiheitsgrad als Prüfverteilung für Beispiel 19-15

4. Berechnung der Prüfgröße in der Stichprobe

Man berechnet zunächst die Häufigkeiten h_{ij}', die sich bei Gültigkeit der Nullhypothese ergeben müssten, und erhält das in Tabelle 19-12 zusammengestellte Ergebnis.

Lesereigenschaft \ Wohnort	Großstadt X	Umland zu X	$\sum$
Leser	36	24	60
Nicht-Leser	24	16	40
$\sum$	60	40	100

Tab. 19-12: Die unter Gültigkeit der Nullhypothese zu erwartenden Häufigkeit h_{ij}' zu Beispiel 19-15

Danach wird die Prüfgröße unter Beachtung der YATES-Korrektur berechnet:

$$\chi^2_b = \frac{(|45-36|-0{,}5)^2}{36} + \frac{(|15-24|-0{,}5)^2}{24} + \frac{(|15-24|-0{,}5)^2}{24} + \frac{(|25-16|-0{,}5)^2}{16}$$

$$\chi^2_b = \frac{8{,}5^2}{36} + \frac{8{,}5^2}{24} + \frac{8{,}5^2}{24} + \frac{8{,}5^2}{16}$$

$$\mathbf{\chi^2_b = 12{,}54}$$

5. Entscheidung

Da (χ^2_b = 12,54) >($\chi^2_{c(1;\ 0,95)}$ =3,8415), muss die Nullhypothese verworfen werden. Es *besteht* ein *signifikanter* Zusammenhang zwischen dem Wohnort einer Person und der Tatsache, ob sie ständiger Leser der Zeitung ist oder nicht.

Aufgaben zum 19. Kapitel:

199. Ein großes amerikanisches Unternehmen, das sehr viele Auto-Waschanlagen in den USA betreibt, hat in der Vergangenheit festgestellt, dass jede der firmeneigenen Anlagen pro Tag durchschnittlich 512 Autos abfertigt. Eine erneute Untersuchung des Auslastungsgrades bei 65 zufällig ausgewählten Zweigstellen ergibt, dass jede von diesen täglich im Durchschnitt 548 Wagen bedient bei einer Standardabweichung von 80 Wagen/Tag.

     Kann aufgrund der erneuten Untersuchung bei einem Signifikanzniveau von 5 % darauf geschlossen werden, dass sich der Auslastungsgrad aller Waschanlagen erhöht hat?

Aufgaben

200. Aus früheren Untersuchungen ist bekannt, dass das durchschnittliche Monatseinkommen von Studenten in einem Land 485,- GE/Monat beträgt. Um zu überprüfen, ob diese Angabe auch heute noch Gültigkeit hat, werden 65 Studenten ausgewählt und nach ihrem Monatseinkommen befragt, wobei sich ein durchschnittlicher Betrag von 514,- GE/Monat bei einer Standardabweichung von 80,- GE/Monat ergibt.
    a) Kann aufgrund dieses Befragungsergebnisses bei einem Signifikanzniveau von 5 % darauf geschlossen werden, dass sich das Durchschnittseinkommen aller Studenten dieses Landes verändert hat?
    b) Kann aufgrund dieses Befragungsergebnisses bei einem Fehlerrisiko von $\alpha = 0{,}05$ darauf geschlossen werden, dass sich das Durchschnittseinkommen aller Studenten dieses Landes erhöht hat?

201. Ein Filial-Handelsunternehmen mit N = 800 Läden hat beobachtet, dass im Durchschnitt in jeder Filiale ein Tagesumsatz von 10.000,- GE bei einer Standardabweichung von 400,- GE erfolgt. In einer erneuten Untersuchung von n = 36 Filialen ergab sich für diese beobachteten Läden ein durchschnittlicher Tagesumsatz von 10.200,- GE. Kann aufgrund dieses Ergebnisses mit einer Wahrscheinlichkeit von 95% geschlossen werden, dass sich der durchschnittliche Tagesumsatz aller Filialen erhöht hat?

202. Ein Besitzer eines Hotels mit Restaurant weiß aus Erfahrung, dass jeder Gast bei ihm im Durchschnitt für die Übernachtung ohne Frühstück 34,- GE ausgibt. Um zu überprüfen, ob diese Angabe noch stimmt, werden die Rechnungen von n = 17 zufällig ausgewählten Gästen ausgewertet. Es ergibt sich hier ein Durchschnittsbetrag für Übernachtungen von 32,20 GE bei einer Standardabweichung von 10,- GE. Kann man mit 95%iger Wahrscheinlichkeit daraus schließen, dass sich die durchschnittlichen Übernachtungsausgaben pro Gast verändert haben?

203. Eine Mineralölfirma vermutet, dass 30% aller Autofahrer ständige Kunden an den Tankstellen dieser Firma sind. Zur Kontrolle der Vermutung werden n = 1.600 zufällig ausgewählte Autofahrer nach der von ihnen bevorzugten Benzinmarke befragt. Von diesen erklären 450, ständig bei den Zapfsäulen der betreffenden Marke zu tanken. Kann man aufgrund dieses Ergebnisses mit einer Wahrscheinlichkeit von 95% schließen, dass sich der Marktanteil der Mineralölfirma verändert hat?

204. Bei einem Hersteller von Elektrogroßgeräten waren bisher an 15% aller ausgelieferten Waschmaschinen Nachbesserungen im Rahmen von Garantieleistungen notwendig. Nach öffentlicher Kritik durch Verbraucherberatungsstellen führt der Hersteller eine Reorganisation seiner Endkontrolle durch. Nach Durchführung dieser Maßnahme werden an den 900 Maschinen eines zufällig ausgewählten Tages 120 Nachbesserungen durchgeführt. Kann aufgrund dieser Beobachtung geschlossen werden, dass sich der Anteil mangelhafter Geräte signifikant (d. h. mit $1 - \alpha = 0{,}95$) vermindert hat?

Aufgaben

205. Nach den Planungen des Wissenschaftsministeriums eines Bundeslandes soll der Anteil von Abiturienten an den Jugendlichen eines Jahrgangs 35% betragen. Eine Kontrolluntersuchung von 64 Jugendlichen eines Jahrgangs ergibt 24 Abiturienten. Kann man aufgrund dieses Befragungsergebnisses darauf schließen, dass der Anteil der Abiturienten signifikant (d.h. mit $1 - \alpha = 0{,}95$) höher ist als angestrebt?

206. Ein Hersteller liefert 10.000 Exemplare eines bestimmten Gutes. Aus der Erfahrung schätzt er den Anteil nicht einwandfreier Stücke auf $\Theta_0 = 0{,}01$. Der Abnehmer vermutet aufgrund seiner Beobachtungen aber einen Anteil fehlerhafter Stücke von $\Theta_1 = 0{,}04$. Lieferant und Käufer einigen sich auf eine Abnahmekontrolle, bei der gemeinsam $n = 200$ Stücke geprüft werden sollen. Der Käufer will die ganze Lieferung annehmen, wenn der Anteil fehlerhafter Stücke in der Kontrollauswahl nicht höher ist als 2%.
    a) Berechnen Sie das Risiko des Lieferanten, dass seine an sich ordnungsmäßige Gesamtlieferung aufgrund der Abnahmekontrolle zurückgewiesen wird!
    b) Berechnen Sie das Risiko des Käufers, dass er die an sich mit einem zu großen Ausschussanteil behaftete Gesamtlieferung zufällig aufgrund des Ergebnisses der Kontrollstichprobe annimmt!

207. Eine Zufallsstichprobe von $n_1 = 400$ Haushalten in M ergab 39 Haushalte mit einem Jahreseinkommen von über 50.000,-GE. Eine Paralleluntersuchung in S ergab bei $n_2 = 300$ befragten Haushalten 45 mit einem entsprechenden Jahreseinkommen. Würden Sie aus den Ergebnissen dieser beiden Untersuchungen schließen, dass in S signifikant (d. h. bei $1-\alpha = 0{,}95$) mehr Haushalte ein Jahreseinkommen von mehr als 50.000,- GE haben als in M?

208. Bei einer Untersuchung soll festgestellt werden, ob zwischen Kindern aus dem Ruhrgebiet und aus Ostfriesland ein signifikanter ($1-\alpha=0{,}95$) Intelligenzunterschied besteht. Zu diesem Zweck werden in beiden Gebieten je 50 Kinder zufällig ausgewählt und einem Intelligenztest unterzogen. Bei den Kindern aus dem Ruhrgebiet ergab sich ein durchschnittlicher Intelligenzquotient von 110 Punkten, bei den ostfriesischen Kindern von 118 Punkten. Die Standardabweichung betrug in beiden Gruppen jeweils 20 Punkte. Zu welchem Untersuchungsergebnis kommen Sie?

209. Bei einer Marktstudie über den Bekanntheitsgrad eines Möbelhauses geben von 2.000 befragten Männern 440 an, den Namen dieses Hauses zu kennen, während dies bei den 2.500 befragten Frauen bei 460 zutrifft. Kann aufgrund dieses Ergebnisses bei einem Signifikanzniveau von 5 % geschlossen werden, dass mehr Männer als Frauen das Geschäft kennen?

Aufgaben

210. Ein großer Zeitschriftenverlag hat in seinem Programm unter anderem die bekannten Zeitschriften A und B. Ein potentieller Inserent, dessen Zielgruppe Junggesellen sind, möchte vor der Erteilung der Inserate erfahren, wie groß der Anteil der zielgruppenentsprechenden Leser bei den beiden Zeitschriften ist. Zu diesem Zweck werden in einer Zufallsauswahl ständige Leser beider Zeitschriften nach ihrem Familienstand befragt. Man erhält die folgenden Ergebnisse:

Befragungsergebnis bei Zeitschrift A			
Fam.stand / Geschlecht	ledig	verh.	sonst.
Männer	81	33	27
Frauen	37	42	5

Befragungsergebnis bei Zeitschrift B			
Fam.stand / Geschlecht	ledig	verh.	sonst.
Männer	18	10	10
Frauen	16	16	5

Kann aufgrund dieses Befragungsergebnisses bei einem Signifikanzniveau von 5 % davon ausgegangen werden, dass der Anteil der zielgruppenentsprechenden Leser bei beiden Zeitschriften gleich ist?

211. Überprüfen Sie, ob in Aufgabe 173 die Hypothese gerechtfertigt ist, dass die beobachtete Nachfrageverteilung durch eine Poissonverteilung beschrieben werden könnte ($1-\alpha = 0{,}95$)!

212. überprüfen Sie, ob folgender Zahlenblock einer Gleichverteilung der verwendeten Zahlen 0-9 folgt ($1-\alpha = 0{,}95$)!

0 1 0 4 9 8 7 3 2 4
8 7 4 3 9 7 6 3 1 0
1 2 5 7 0 9 4 3 7 1
2 4 6 7 6 9 3 4 1 0
0 4 6 8 2 3 5 7 9 1

213. Ein Marktforschungsinstitut möchte erfahren, ob Abhängigkeit besteht zwischen dem Alter von PKW-Käufern und der von jenen ausgewählten PKW-Farbe. Zur Untersuchung dieser Frage wurden 200 PKW-Käufer zufällig ausgewählt und befragt, für welche Farbe sie sich entschieden hätten und in welche Altersgruppe sie fielen. Man erhielt folgendes Untersuchungsergebnis:

PKW-Farbe / Alter d. Käufers	rot	grün	weiß	schwarz
18-30 Jahre	23	12	13	12
31-50 Jahre	34	16	17	13
51-80 Jahre	23	12	10	15

Prüfen Sie, ob aufgrund des Befragungsergebnisses von einem signifikanten ($1-\alpha = 0{,}95$) Zusammenhang zwischen Altersgruppe und gewählter PKW-Farbe gesprochen werden kann!

Aufgaben

214. Ein Betrieb stellt optische Systeme in zwei Arbeitsschichten her. Es besteht der Verdacht, dass die Qualität der produzierten Systeme abhängig ist von der Schicht, in der sie hergestellt wurden. Zur Oberprüfung des Verdachts werden an einem Tag in der Tagschicht $n_1 = 600$ Systeme und in der Nachtschicht $n_2 = 800$ Systeme zufällig ausgewählt und auf Qualität geprüft. Dabei ergab sich folgendes Ergebnis:

Schicht / Qualität	Tagschicht	Nachtschicht
Hochwertig	420	600
Ausreichend	150	160
Ausschuss	30	40

Kann mit einer Wahrscheinlichkeit von 0,99 behauptet werden, dass die Qualität der produzierten Systeme von der Tageszeit der Produktion abhängt?

215. Zwei Produktionsstätten der gleichen Firma stellen denselben Serienartikel her. Stichproben aus der laufenden Produktion von $n_1 = n_2 = 100$ ergaben bei dem Produktionsort A 10 Stücke Ausschuss und bei dem Produktionsort B 20 Stücke Ausschuss. Kann aufgrund dieses Ergebnisses mit einer Wahrscheinlichkeit von 0,99 behauptet werden, dass die Qualität der Produktion vom Produktionsort abhängt?

20 Multivariate Datenanalyse

20.1 Vorbemerkungen

In den vergangenen Kapiteln haben wir uns ausführlich mit der Darstellung von ein oder zwei Variablen (in der beschreibenden Statistik sagt man auch "Merkmale") und mit der Analyse von Beziehungen zwischen zwei Variablen beschäftigt. Dabei waren wir uns stillschweigend darüber im klaren, dass für eine hinreichend zufriedenstellende Beschreibung komplexer ökonomischer Zusammenhänge die Betrachtung einzelner Variablen, d.h. die univariate oder bivariate Betrachtungsweise, bei weitem nicht ausreicht, denn die (ökonomische) Wirklichkeit ist **multivariat**, lässt sich also durch die simultane Betrachtung vieler Variablen weitaus besser beschreiben. Die Klasse statistischer Verfahren, die sich mit der Analyse von Strukturen, Zusammenhängen und Abhängigkeiten mehrere Variablen beschäftigt, fasst man unter dem Begriff **multivariate Analyseverfahren** oder **multivariate Datenanalyse** zusammen.

multivariat

Im Gegensatz zu den in den vorderen Kapiteln ausführlich entwickelten uni- und bivariaten Verfahren erfordern allerdings die multivariaten Verfahren erheblich mehr Vorkenntnisse der höheren Mathematik, die wir in Rahmen dieser elementaren Einführung nicht vermitteln können. Wir werden daher in diesem Kapitel folgendes Lernziel verfolgen: Der Leser soll – ohne mathematische Einzelheiten – die Anwendungsmöglichkeiten einzelner multivariater Verfahren kennen lernen und in der Lage sein, die Ergebnisse inhaltlich zu interpretieren. Da man multivariate Verfahren nicht mehr per Hand oder per Taschenrechner, sondern mit entsprechender Statistiksoftware auswertet, setzt das Interpretieren der Ergebnisse das Verstehen der entsprechenden Computeroutputs voraus.

Multivariate Verfahren sind einerseits Verallgemeinerungen bekannter uni- und bivariater Verfahren, wie etwa die Regressionsanalyse (vgl. Kapitel 10): im multivariaten Fall der **multiplen Regressionsanalyse** treten mehr als eine unabhängige Variablen, also statt einem X mehrere X_1, ... X_m auf, um die abhängige Variable Y zu schätzen. Bei der **Varianzanalyse** werden im multivariaten Fall mehrere simultane Gruppeneinteilungen (Mehrwegsvarianzanalyse) und/oder mehrere unabhängige Variablen (multivariate Varianzanalyse) untersucht. Auch die beiden folgenden Verfahren wären univariat oder bivariat möglich: **Diskriminanzanalyse**: Es wird eine vorgegebene Gruppeneinteilung (gegeben durch eine nominale Variable) durch die Werte einer oder mehrerer Variablen erklärt und gegebenenfalls prognostiziert. **Clusteranalyse:** Es wir eine Gruppeneinteilung von untereinander ähnlichen Objekten hergestellt. Die Ähnlichkeit wird dabei aus dem Grad der Übereinstimmung in einer oder mehrerer Variablen berechnet. Bei der **Faktorenanalyse** wird versucht, die innere Struktur einer Vielzahl von Variablen durch Reduktion auf wenige wichtige Dimensionen (sogenannte **Faktoren**) zu erklären. Bei der **Kanonischen Analyse** sollen die Beziehungen zweier Gruppen von Variablen zu einander analysiert werden. Mit der **Multidimensionalen Skalierung (MDS)** werden Ähnlichkeiten zwischen Objekten (Stimuli) räumlich dargestellt und somit aus Ähnlichkeitsbeziehungen Skalenwerte hypothetischer Variablen ermittelt. Die **Korrespondenzanalyse** dient der graphischen Darstellung der Inhalte von Kontingenztafeln. Mit Hilfe der **Conjoint-Analyse** lassen sich die Nutzenwerte von Produkteigenschaften wie z.B. Farbe, Geschmack, Verpackung etc. schätzen.

Nach diesem kurzen Überblick über wichtige multivariate Verfahren wollen wir uns im Folgenden lediglich mit der Darstellung der multiplen Regressionsanalyse, der Faktorenanalyse und den beiden Klassifikationsverfahren Clusteranalyse und Diskriminanzanalyse beschäftigen.

Zur Auswertung von Daten mit den angeführten multivariaten Analyseverfahren hat das Statistik Programmsystem SPSS[1] weltweite Verbreitung gefunden. Deshalb wird es auch bei den hier behandelten Beispielen verwendet. Zum besseren Verständnis könnte es daher sinnvoll sein, zunächst die entsprechenden Abschnitte des Kapitels 21 zu studieren, wo eine ausführliche Beschreibung dieses Programmpaketes gegeben wird.

20.2 Die multiple Regressionsanalyse

Wir haben bereits im Kapitel 10 die Regression zwischen zwei Variablen kennen gelernt, bei der eine (lineare) Funktionsgleichung der Form

$$y = b_0 + b_1 x$$

für die abhängige Variable Y (Regressand) und die unabhängige Variable X (Regressor oder erklärende Variable) nach der **Methode der kleinsten Quadrate** zu ermitteln war. Bei der multiplen Regression soll die abhängige Variable Y durch zwei oder mehr unabhängige Variablen $X_1, \ldots, X_m$ geschätzt werden. Man sucht also eine Funktionsgleichung der Form

Methode der kleinsten Quadrate

$$y = b_o + b_1 x_1 + \ldots + b_m x_m \qquad (20.2\text{-}1)$$

zu berechnen.

Die Ermittlung einer multiplen Regressionsfunktion der Form (20.2-1) geschieht analog wie in Abschnitt 10.3 nach der Methode der kleinsten Quadrate.

Gegeben seien also die n Beobachtungspunkte (y_i, x_{ij}) . Wir haben hier mit x_{ij} die Merkmalsausprägungen der Variablen X_j für das Objekt **i** bezeichnet $(i=1,\ldots,n\ ;\ j=1,\ldots,m)$.

Man **minimiere** die Funktion

$$q(b_o, b_1,\ldots,b_m) = \sum_{i=1}^{n}(y_i - y_i^*)^2 , \qquad (20.2\text{-}2)$$

[1] Eingetragene Warenzeichen sind nicht besonders gekennzeichnet. Deshalb ist den Bezeichnungen nicht zu entnehmen, ob sie freie Warennamen sind bzw. ob Patente oder Gebrauchsmuster vorliegen.

wobei hier aber im Gegensatz zu (10.3-1)

$$y_i^* = b_0 + x_{i1}\, b_1 + \ldots + x_{im}\, b_m$$

oder kurz

$$y_i^* = b_0 + \sum_{j=1}^{m} x_{ij} b_j \qquad (20.2\text{-}3)$$

bedeutet.

Die Minimierungsaufgabe von (20.2-2) ist übrigens auch im Falle nichtlinearer Funktionen zu stellen, erfordert jedoch erheblich schwierigere Lösungsverfahren. Im Falle des linearen Ansatzes (20.2-3), den wir hier ausschließlich behandeln werden, geschieht die Minimierung mit Hilfe der Differentialrechnung, indem man die partiellen Ableitungen der Funktion **q** nach den m+1 Argumenten $b_0, b_1, \ldots, b_m$ gleich Null setzt (notwendige Bedingung). Man erhält wie bei der linearen Einfachregression ein lineares Gleichungssystem mit den Unbekannten $b_0, b_1, \ldots, b_m$.

Dies kann man noch vereinfachen durch die folgende theoretische Herleitung zur Berechnung der Regressionskoeffizienten $b_0, b_1, \ldots, b_m$:

Zunächst werden die Variablen Y und X_j in standardisierte Variablen U und Z_j (mit Mittelwert 0 und Standardabweichung 1) transformiert. Man erhält

$$u_i = \frac{y_i - \bar{y}}{s_y} \qquad \text{und} \qquad z_{ij} = \frac{x_{ij} - \bar{x}_j}{s_j} \qquad (i=1,\ldots,n\,;\, j=1,\ldots,m)\,.$$

Hier bedeuten: $\bar{y}$, $\bar{x}_j$, s_y, s_j die arithmetischen Mittel und Standardabweichungen von Y und X_j . Daraus ergibt sich als Regressionsfunktion

$$u = \beta_1 z_1 + \ldots + \beta_m z_m\,.$$

standardisierte Regressionskoeffizienten

Die β_j werden auch als **standardisierte Regressionskoeffizienten** bezeichnet. Falls das Problem für U und Z_j gelöst wird, indem die Koeffizienten β_j bestimmt werden, ergeben sich daraus die (unstandardisierten) Regressionskoeffizienten $b_0, b_1, \ldots, b_m$ mit

$$b_j = \frac{s_y}{s_j}\beta_j,\ (j=1, \ldots, m) \qquad \text{und} \qquad b_0 = \bar{y} - \sum_{j=1}^{m} b_j \bar{x}_j\,.$$

Mit der Methode der kleinsten Quadrate lässt sich die Lösung für U, Z_j finden:

$$\text{Minimiere} \qquad q(\beta_1,\ldots,\beta_m) = \sum_{i=1}^{n}\left(u_i - \sum_{j=1}^{m}\beta_j z_{ij}\right)^2.$$

Nullsetzen der partiellen Ableitungen $dq/d\beta_j$ führt auf das lineare Gleichungssystem (in Matrixschreibweise):

$$\mathbf{R} \cdot \mathbf{ß} = \mathbf{r_u} \ .$$

Hierbei bedeuten $\mathbf{R}$ die symmetrische ($m \times m$)-Korrelationskoeffizientenmatrix der X_j (welche identisch ist mit derjenigen der Z_j) . Der Spaltenvektor $\mathbf{r_u}$ besteht aus den Korrelationskoeffizienten zwischen Y und den X_j (welche identisch sind mit denen von U mit den Z_j). **ß** ist der Spaltenvektor der standardisierten Regressionskoeffizienten $ß_j$. Die Rechenarbeit überlassen wir aber dem Computer. Wir wollen die multiple Regression an einem Beispiel erläutern.

Beispiel 20-1:

Für 12 Vertragshändler der SPEEDY GmbH wurden der Jahresumsatz (in Mio. GE) Y, die Ausstellungsfläche (in 1000 qm) X_1 und die durchschnittliche Anzahl getätigter Probefahrten pro Woche X_2 erhoben. Diese Daten sind in Tabelle 20-1 wiedergegeben:

Nr.	X_1 Ausstellungs-fläche	X_2 Probe-fahrten	Y Jahres-umsatz
1	,34	18,43	14,94
2	1,08	13,52	26,88
3	1,33	19,46	34,93
4	1,42	17,80	35,75
5	1,23	24,70	35,80
6	1,64	25,06	42,58
7	,86	15,37	22,08
8	1,03	22,25	29,43
9	1,42	22,09	39,17
10	,53	19,82	16,12
11	,26	14,85	7,75
12	,61	16,76	16,06

Tab. 20-1: Ausstellungsfläche, Probefahrten und Jahresumsatz von 12 Vertragshändlern der SPEEDY GmbH

Wir wollen nun eine lineare Regressionsfunktion der Form

$$y = b_0 + b_1 x_1 + b_2 x_2$$

ermitteln, mit der wir also den Zusammenhang zwischen dem Umsatz und den beiden erklärenden Variablen Ausstellungsfläche und Anzahl der Probefahrten quantifizieren wollen.

Diese Berechnungen führen wir mit der Prozedur REGRESSION von SPSS durch. In Abbildung 20-1 ist der SPSS-Ergebnisübersicht zur Linearen Regression wiedergegeben. **REGRESSION**

Syntax-Fenster für die multiple Regressionsanalyse:

```
REGRESSION
/VARIABLES y x1 x2
/DESCRIPTIVES DEFAULT
/DEPENDENT Y
/METHOD ENTER.
```

Regression

Deskriptive Statistiken

	Mittelwert	Standardabweichung	N
Umsatz	26,7908	11,2468	12
Fläche	,9792	,4575	12
Probefahrten	19,1758	3,7785	12

Korrelationen

		Umsatz	Fläche	Probefahrten
Korrelation nach Pearson	Umsatz	1,000	,984	,651
	Fläche	,984	1,000	,541
	Probefahrten	,651	,541	1,000

Modellzusammenfassung

Modell	R	R-Quadrat	Korrigiertes R-Quadrat	Standardfehler des Schätzers
1	,994[a]	,988	,986	1,3531

a. Einflußvariablen : (Konstante), Probefahrten, Fläche

ANOVA[b]

Modell		Quadratsumme	df	Mittel der Quadrate	F	Signifikanz
1	Regression	1374,921	2	687,460	375,502	,000[a]
	Residuen	16,477	9	1,831		
	Gesamt	1391,397	11			

a. Einflußvariablen : (Konstante), Probefahrten, Fläche

b. Abhängige Variable: Umsatz

Koeffizienten[a]

Modell		Nicht standardisierte Koeffizienten		Standardisierte Koeffizienten	T	Signifikanz
		B	Standardfehler	Beta		
1	(Konstante)	-4,331	2,127		-2,036	,072
	Fläche	21,944	1,060	,893	20,699	,000
	Probefahrten	,502	,128	,169	3,915	,004

a. Abhängige Variable: Umsatz

Abb. 20-1: SPSS-Ergebnisübersicht zur Linearen Regression für Beispiel 20-1

Das Ergebnistableau in Abbildung 20-1 enthält zuerst das Syntaxfenster mit den erforderlichen SPSS-Programmbefehlen für die multiple lineare Regression. Die eigentlichen Ergebnisse der Regression folgen danach. Es werden zuerst die deskriptiven Statistiken wie arithmetische Mittel, Standardabweichungen der Variablen Y, X_1 und X_2 ausgedruckt. Es folgt die Korrelationskoeffizientenmatrix. Man erkennt die hohen Korrelationskoeffizienten 0,984 und 0,651 der Variablen X_1 und X_2 mit Y, aber auch eine mittlere Korrelation von 0,541 zwischen den Regressoren X_1 und X_2 selber. Die Modellzusammenfassung gibt uns eine erste Auskunft über die Güte der Anpassung. Die angegebene Größe R nennt man den **linearen multiplen Korrelationskoeffizienten**. Hierunter versteht man den Korrelationskoeffizienten zwischen den Werten von Y und denen der berechneten Regressionsfunktion, der in diesem Falle mit R=0,994 sehr hoch ist. R-Quadrat (also das Quadrat von R) nennt man auch das **Bestimmtheitsmaß**, was den (hier sehr hohen) Anteil der durch die beiden Variablen X_1 und X_2 erklärten Varianz von Y angibt. Es lässt sich also 98,8% der Varianz des Umsatzes der 12 SPEEDY-Vertragshändler durch die beiden Variablen Ausstellungsfläche und getätigte Probefahrten erklären. Dieser hohe Zusammenhang wird durch die folgende Anova-Tabelle noch unterstrichen, wo ein hochsignifikanter F-Wert (siehe Abschnitt 16.5) als Maß für die Güte der Approximation durch die Regressionsfunktion ausgedruckt wird. Das eigentliche Ergebniss der Regressionsanalyse, nämlich die Koeffizienten der Regressionsfunktion ist in der letzten Tabelle des Ergebnistableaus wiedergegeben.

multiple Korrelationskoeffizienten

Bestimmtheitsmaß

In der mit B überschriebenen Spalte liest man die Koeffizienten b_j der Regressionsfunktion ab. Es ergibt sich daher:

$$Y = -4{,}331 + 21{,}994\, x_1 + 0{,}502\, x_2$$

oder inhaltlich

$$\text{Umsatz} = -4{,}331 + 21{,}944 \times \text{Fläche} + 0{,}502 \times \text{Probefahrten}.$$

Die in unserer theoretischen Herleitung erwähnten **standardisierten Regressionskoeffizienten** ß_j findet man in der mit Beta überschriebenen Spalte. Da es sich hierbei um die Koeffizienten der Regressionsfunktion mit den standardisierten Variablen handelt, geben die ß-Werte den relativen Einfluss der erklärenden Variablen (Ausstellungsfläche und Probefahrten) auf die abhängige Variable Umsatz an. Also ist in unserem Beispiel die Bedeutung der Fläche mit ß_1=0,89 mehr als fünf mal so groß wie die der Probefahrten mit ß_2=0,169. Dass die Regressionskoeffizienten (sowohl die unstandardisierten b_1 und b_2 wie die standardisierten ß_1 und ß_2) hochsignifikant von Null verschieden sind, sagt uns die letzte mit "Signifikanz" überschriebene Spalte. Ob die Konstante b_0 signifikant von Null verschieden ist, interessiert meist nicht. Der angegebene empirische Signifikanzwert von 0,072 würde allerdings bei einem vorgegebenen Signifikanzniveau von α=0,05 zur Beibehaltung der Nullhypothese (b_0=0) führen.

Die inhaltliche Interpretation der Regressionskoeffizienten b_1 und b_2 bedeutet hier wie bei der linearen Einfachregression, dass - ceteris paribus – der Umsatz um 21,944 Mio. GE zunehmen würde, wenn man die Ausstellungsfläche um 1000 qm vergrößern könnte oder um ungefähr eine halbe Million GE (0,502 Mio. GE) mit einer Probefahrt mehr pro Woche. Bei der Interpretation muss man allerdings Vorsicht walten lassen, da die beiden Regressoren X_1 und X_2 eine mittlere Korrelation von 0,541 aufweisen, sich also gegenseitig beeinflussen. Dies ist ein Effekt, den es bei der Einfachregression nicht gibt, und der bei der multiplen Regression (erschwerend) hinzukommt. Man spricht in einem solchen Falle von **Multikollinearität**. Dass diese in extremen Fällen zu inhaltlich unsinnigen Ergebnissen führen kann, werden wir am nächsten Beispiel sehen.

Multikollinearität

Beispiel 20-2:

Ein Unternehmen hat sein Absatzgebiet in 15 Absatzbezirke aufgeteilt. Für einen bestimmten Zeitraum wurden folgende Beobachtungen über die Größe des jeweiligen Verkaufsbezirkes (in qkm) X_1, die jeweilige Einwohnerzahl (in Tausend) X_2 und den dort erzielten Umsatz Y gemacht. Diese Daten sind in Tabelle 20-2 wiedergegeben.

Y Umsatz (TGE)	X1 Größe (in qkm)	X2 Einwohner (in Tausend)
805	110	510
750	88	420
720	72	350
830	125	600
840	130	700
802	108	495
695	62	300
725	76	356
820	114	520
730	81	400
750	87	515
800	98	420
828	121	580
818	112	510
805	105	450

Tab. 20-2: Größe, Einwohnerzahl und Umsatz von 15 Verkaufsbezirken

Zur Quantifizierung der Zusammenhangsbeziehungen dieser Variablen, also zwischen Umsatz und den beiden erklärenden Variablen "Größe des Bezirkes" und "Einwohnerzahl" wird wiederum eine lineare multiple Regression mit der SPSS-Prozedur REGRESSION gerechnet. Die Ergebnisse finden sich in Abbildung 20-2. Die Interpretation verläuft völlig analog zu der in Beispiel 20-1. Man erhält die Regressionsfunktion

$$Y=557{,}083 + 2{,}932\ x_1 - 0{,}141\ x_2$$

oder inhaltlich

$$\text{Umsatz}= 557{,}083 + 2{,}932 \times \text{Größe} - 0{,}141 \times \text{Einwohnerzahl}.$$

Syntax-Fenster für die multiple Regressionsanalyse

```
REGRESSION
 DESCRITIVES DEFAULT/DEPENDENT y /METHOD=ENTER x1 x2.
```

Regression

Deskriptive Statistiken

	Mittelwert	Standardabweichung	N
Umsatz (1000 Euro)	781,2000	47,59232	15
Groesse (qkm)	99,2667	20,64830	15
Einwohner (x1000)	475,0667	105,71557	15

Korrelationen

		Umsatz (1000 Euro)	Groesse (qkm)	Einwohner (x1000)
Korrelation nach Pearson	Umsatz (1000 Euro)	1,000	,983	,861
	Groesse (qkm)	,983	1,000	,923
	Einwohner (x1000)	,861	,923	1,000

Modellzusammenfassung

Modell	R	R-Quadrat	Korrigiertes R-Quadrat	Standardfehler des Schätzers
1	,991(a)	,981	,978	6,99937

a Einflußvariablen : (Konstante), Einwohner (x1000), Groesse (qkm)

ANOVA(b)

Modell		Quadratsumme	df	Mittel der Quadrate	F	Signifikanz
1	Regression	31122,506	2	15561,253	317,634	,000(a)
	Residuen	587,894	12	48,991		
	Gesamt	31710,400	14			

a Einflußvariablen : (Konstante), Einwohner (x1000), Groesse (qkm)
b Abhängige Variable: Umsatz (1000 Euro)

Koeffizienten(a)

Modell		Nicht standardisierte Koeffizienten		Standardisierte Koeffizienten	T	Signifikanz
		B	Standardfehler	Beta		
1	(Konstante)	557,083	9,177		60,702	,000
	Groesse (qkm)	2,932	,235	1,272	12,479	,000
	Einwohner (x1000)	-,141	,046	-,313	-3,070	,010

a Abhängige Variable: Umsatz (1000 Euro)

Abb. 20-2: SPSS-Ergebnisübersicht zur Linearen Regression für Beispiel 20-2

Die Approximation durch diese Regressionsfunktion ist wie in Beispiel 20-1 sehr gut und die Regressionkoeffizienten sind hochsignifikant von Null verschieden. Allerdings erweisen sie sich als ökonomisch unsinnig, denn die Interpretation würde ergeben, dass der Umsatz mit steigender Größe des Bezirkes zunimmt und mit steigender Einwohnerzahl abnimmt. Ceteris paribus würde die Vergrößerung des Bezirkes um 1 qkm tendenziell einen um 2,932 TGE höheren Umsatz bewirken, aber die Erhöhung der Einwohnerzahl um 1000 würde den Umsatz um 141 GE verringern. Es ist aber ökonomisch im allgemeinen völlig unplausibel, dass die Erhöhung der Einwohnerzahl zu einer Verringerung des Umsatzes führen könnte. Der Grund für dieses Ergebnis liegt in der Multikollinearität des Problems. Wie man der Korrelationstabelle in Abbildung 20-2 entnimmt, korrelieren die beiden erklärenden Variablen X_1 und X_2 mit 0,923 sehr hoch miteinander. Das heißt, je größer das Gebiet ist, desto mehr Einwohner hat es tendenziell.

Dadurch wird die ebenfalls sehr hohe Korrelation dieser beiden Regressoren mit dem Regressanden Y von 0,983 und 0,861 überkompensiert.Es empfiehlt sich also bei der Interpretation von multiplen Regressionsfunktionen stets auf Multikollinearität zu achten, das heißt auch die Korrelationskoeffizienten der Regressoren untereinander zu beobachten.

20.3 Die Faktorenanalyse

Hat man bei einer empirischen Untersuchung, beispielsweise bei einer Imageanalyse oder bei Einstellungsmessungen eine Anzahl entsprechender Variablen erhoben, so werden diese meist mehr oder weniger stark miteinander korrelieren. Es ist dann zu vermuten, dass hinter dieser Vielzahl von Variablen wenige übergeordnete, überschaubare Grunddimensionen stehen, die den wesentlichen Inhalt dieser Itembatterien beschreiben können. Dies ist das Hauptanliegen der **Faktorenanalyse**, die in den verschiedensten Disziplinen zur Strukturierung umfangreicher Datenmengen eingesetzt wird. Sie zielt auf die Definition hypothetischer Größen, die aus einer Vielzahl beobachteter Einzeldaten abgeleitet und als "Faktoren" oder "Dimensionen" bezeichnet werden. Diese Einflussgrößen können nicht unmittelbar gemessen werden, sondern stellen das Ergebnis der Faktorenanalyse dar. Die Faktoren als hinter den Beobachtungen stehende Größen sollen die vorgegebenen Daten hinreichend genau abbilden. Zugleich ist ihre Anzahl möglichst gering zu halten. Diese beiden Forderungen konkurrieren miteinander und verdeutlichen, dass das faktorenanalytische Resultat entscheidend von subjektiven Aspekten abhängig ist.Während die Faktorenanalyse ursprünglich in der Psychologie zur Identifizierung allgemeiner Intelligenz- und Leistungsfaktoren, die aus einer Vielzahl von Testaufgaben extrahiert werden sollen, entwickelt worden ist, wird sie heute in all jenen Situationen eingesetzt, in denen aus einer Vielzahl von Einzelmerkmalen der besseren Überschaubarkeit wegen auf wenige Gemeinsamkeiten geschlossen werden soll. Bevor wir dieses Verfahren ausführlich an einem Beispiel erklären, wollen wir eine kurze theoretisch Herleitung versuchen.

Ausgangspunkt der Faktorenanalyse sind m zumindest intervallskalierte Variablen $X_1, \ldots X_m$, die für n Untersuchungseinheiten erfasst worden sind. Diese sollen mit möglichst geringem Informationsverlust in wenige Faktoren $F_1, \ldots, F_r$ transformiert werden. Sinnvollerweise gilt: $r < m$ und $m < n$.

Die Werte der Variablen $X_1,\ldots,X_m$ für die n Untersuchungseinheiten

$$x_{ij}\ , (i=1,\ldots,n\ ;\ j=1,\ldots,m)$$

denken wir uns zunächst standardisiert:

$$z_{ij} = \frac{x_{ij} - \bar{x}_j}{s_j}\quad , (i=1,\ldots,n\ ; j=1,\ldots,m)\ .$$

Hier bedeuten wieder $\bar{x}_j$, s_j arithmetisches Mittel und Standardabweichungen von X_j. Die Forderung des faktorenanalytischen Ansatzes, die beobachteten Ausprägungen z_{ij} durch wenige Faktoren möglichst gut beschreiben zu können formulieren wir mathematisch dahingehend, dass wir sie durch wenige **Faktorenwerte** f_{il} approximieren wollen, indem wir sie als Linearkombination dieser Faktoren schreiben:

$$z_{ij} = a_{j1}\, f_{i1} + \ldots + a_{jr}\, f_{ir}\ , (i=1,\ldots,n\ ; j=1,\ldots,m);\quad 1 \le r \le m \qquad (20.3\text{-}1).$$

Fundamentaltheorem der Faktorenanalyse

Die Beziehung (20.3-1), die man übrigens nur in Ausnahmefällen exakt, im allgemeinen nur bis auf einen Fehler lösen kann, nennt man auch das **Fundamentaltheorem der Faktorenanalyse**. Es handelt sich um ein (für uns noch) etwas ungewöhnliches Gleichungssystem mit $n \times m$ Gleichungen für die $r \times m + r \times n$ Unbekannten.
In Matrixschreibweise:

$$\mathbf{Z} = \mathbf{F} \cdot \mathbf{A}' \qquad \mathbf{(20.3\text{-}2)}$$

Faktorladungen Faktorenwert

$\mathbf{Z}$ ist die – standardisierte – (n×m)-Datenmatrix bestehend aus den Werten z_{ij}, die (m×r) -Matrix $\mathbf{A}$ bezeichnet man auch als Faktorenmuster, ihre Koeffizienten als **Faktorladungen** und die (n×r)-Matrix $\mathbf{F}$ als Matrix der **Faktorenwerte**. Die Faktorladungen stellen die Korrelationskoeffizienten der Faktoren $F_1, \ldots, F_r$ mit den Variablen $Z_1,\ldots,Z_m$ (und somit zugleich die mit den ursprünglichen Variablen $X_1,\ldots,X_m$) dar und werden auch entsprechend zu interpretieren sein.

Hauptkomponentenmethode

Zur Lösung von (20.3-1) oder (20.3-2) gibt es verschiedene Ansätze. Am meisten verbreitet ist die Hauptkomponentenmethode, die aber das Niveau dieser Einführung übersteigt, so dass wir sie hier nicht näher erläutern können. Sie führt auf das so genannte Eigenwertproblem für die Korrelationsmatrix $\mathbf{R}$. Bei diesem Verfahren können maximal m positive Eigenwerte und zugehörige Faktoren berechnet werden. Da die Eigenwerte ein Maß für die Bedeutung des jeweiligen Faktors (im Sinne von erklärter Varianz) sind, nimmt man nur diejenigen $r < m$ Faktoren, die zu den r größten Eigenwerten gehören. Im Beispiel werden wir auf die Problematik der Festlegung dieser Anzahl r noch zurückkommen.

Die so gewonnen Faktoren sind aber nur eindeutig bis auf beliebige Rotationen. Deshalb entscheidet man sich (unter den unendlich vielen) für diejenige Lösung, die am einfachsten zu interpretieren ist. Da man die Faktoren anhand der Faktorladungen, also mit Hilfe von Korrelationskoeffizienten interpretiert, ist diejenige Lösung am einfachsten, bei der deutliche Ladungen auftreten. Das sind solche, die betraglich möglichst nahe bei 1 oder bei 0 liegen. Hierzu existieren eine Reihe von Ansätzen, von denen die **Varimax-Rotation** am weitesten verbreitet ist.

Varimax-Rotation

Hauptergebnis bei der Anwendung einer Faktorenanalyse sind also die **rotierten Faktorladungen**, die zur Interpretation der Faktoren dienen, und die r **Faktorenwerte,** welche die Ergebnisvariablen darstellen. Sie liefern für jede Untersuchungseinheit neue Werte. Kennt man die inhaltliche Bedeutung der Faktoren, so kann man bei der weiteren Analyse anstelle der vielen Variablen $X_1,...,X_m$ die überschaubare und daher übersichtlichere Anzahl $F_1,...,F_r$ der Faktoren verwenden. Ein weiterer Vorteil besteht darin, dass die Faktoren unkorreliert sind. Außerdem werden sie so berechnet, dass sie standardisiert sind, das heißt, sie haben Mittelwert 0 und Standardabweichung 1.
Wir wollen nun die Faktorenanalyse an einem Beispiel erläutern.

Beispiel 20-3:

Die SPEEDY GmbH führt gemeinsam mit einem großen Kraftfahrzeugversicherer eine groß angelegte Untersuchung zum Thema "Verkehrssicherheit" durch. Ein Fragebogen, der von einigen Tausend Verkehrsteilnehmern ausgefüllt werden soll, enthält neben anderen Fragestellungen auch eine Reihe von Statements (Variablen) über Einstellungen und Vorurteile gegenüber anderen Verkehrsteilnehmern.
Hiervon haben wir 8 ausgewählt und mit X_1 , ..., X_8 bezeichnet. In Tabelle 20-3 sind diese 8 Statements wörtlich wiedergegeben.
Der Befragte sollte auf einer 4-er-Skala antworten:

1 = stimme voll und ganz zu
2 = stimme eher zu
3 = stimme eher nicht zu
4 = stimme überhaupt nicht zu.

X_1:	Die Sitten im Straßenverkehr sind in den letzten Jahren insgesamt rauer geworden
X_2:	Im Vergleich zu früher ärgere ich mich heutzutage öfter über andere Verkehrsteilnehmer
X_3:	Rüpelhafte Fahrer erkennt man oft schon am Erscheinungsbild ihres Autos
X_4:	Manche Autos sind so auffällig ausgerüstet, dass ich dem Besitzer nicht über den Weg trauen würde
X_5:	Die Art wie jemand Auto fährt und wie er aussieht, passen oft zusammen
X_6:	Mein Verhalten im Straßenverkehr hängt stark davon ab, mit wem ich es zu tun habe
X_7:	Ich benehme mich allen Verkehrsteilnehmern gegenüber in gleicher Weise
X_8:	Ich glaube, wenn einem jemand sympathisch ist, ist man eher bereit, im Straßenverkehr nachzugeben

Tab. 20-3: Ausgewählte Statements der Studie zur Verkehrssicherheit

Ein Auszug aus der Datenmatrix mit 104 Interviews befindet sich an Ende dieses Abschnittes in Tab. 20-4 .Das Ergebnistableau in Abbildung 20-3 enthält zuerst das Syntaxfenster für die hier durchgeführte Faktorenanalyse. Es besagt, dass die mit den Variablen X_1 bis X_8 gerechnete Faktorenanalyse 3 Faktoren liefern soll "CRITERIA FACTORS(3)", die nach der Hauptkomponentenmethode zu extrahieren sind: "EXTRACTION=PC". Es folgt eine Varimax-Rotation "ROTATION VARIMAX" und Berechnung der Faktorenwerte nach der Regressionsmethode, die im Programm dann die Variablennamen FAKTOR1 bis FAKTOR3 bekommen werden "SAVE REG (ALL FAKTOR)".Die angegebenen Spezifikationen kann man selbstverständlich auch per Mausklick eingeben.

Die eigentlichen Ergebnisse folgen danach. Es werden zuerst die deskriptiven Statistiken wie arithmetische Mittel, Standardabweichungen, der Variablen X_1,..., X_8 ausgedruckt, anschließend die Korrelationsmatrix in Kurzform. Da sie bekanntlich symmetrisch ist, wird nur das untere Dreieck ausgedruckt. Die mit "Erklärte Gesamtvarianz" überschriebene Tabelle in Abbildung 20-4 besteht aus 2 Teilen: Spalten 1-4 und Spalten 5-7. In der mit "Gesamt" überschriebenen Spalte 2 sind die 8 Eigenwerte der Größe nach absteigend aufgeführt. Da die Summe der Eigenwerte die Summe der Varianzen der standardisierten Variablen, also 8 ergibt, beträgt der Anteil des ersten Faktors an der Gesamtvarianz 2,170 : 8 * 100%=27,125% (Spalte 3). Eine (Faust-)Regel für die Anzahl der Faktoren, die maximal zu berücksichtigen sind, besagt, dass ihre Anzahl durch die der Eigenwerte, die größer als 1 sind, zu begrenzen sei. In unserem Falle also durch drei. Diese drei Faktoren erklären insgesamt 59,451% der Varianz (Spalte 4). Diese kumulierte Varianz ändert sich nach der Varimaxrotation nicht, wohl aber die der drei einzelnen rotierten Faktoren (Spalte 5). Die mit "rotierte Komponentenmatrix" überschriebene Tabelle enthält die rotierten Faktorladungen, die wir nun zur Interpretation der Faktoren benutzen. Die Rotation hat bewirkt, dass die Ladungen betraglich nahe bei 1 oder nahe bei 0 sind.

Syntax-Fenster für die Faktorenanalyse

```
FACTOR
  /VARIABLES X1 X2 X3 X4 X5 X6 X7 X8
  /ANALYSIS  X1 X2 X3 X4 X5 X6 X7 X8
  /PRINT UNIVARIATE CORRELATION INITIAL ROTATION
  /FORMAT SORT BLANK (0.2)
  /CRITERIA FACTORS(3)
  /EXTRACTION PC
  /ROTATION VARIMAX
  /SAVE REG(ALL FAKTOR)
   .
```

Faktorenanalyse

Deskriptive Statistiken

	Mittelwert	Standardabweichung	Analyse N	Fehlendes N
Die Sitten im Straßenverkehr sind in den letzten Jahren insg	1,712	,878	104	0
Im Vergleich zu früher ärgere ich mich heutzutage öfter über	2,240	,960	104	0
Rüpelhafte Fahrer erkennt man oft schon am Erscheinungsbild	2,615	1,046	104	0
Manche Autos sind so auffällig ausgerüstet, daß ich dem Besi	2,625	,967	104	0
Die Art wie jemand Auto fährt und wie er aussieht, passen of	2,192	,996	104	0
Mein Verhalten im Straßenverkehr hängt stark davon ab, mit w	3,288	,809	104	0
Ich benehme mich allen Verkehrsteilnehmern gegenüber in glei	1,721	,864	104	0
Ich glaube, wenn einem jemand sympathisch ist, ist man eher	2,250	1,040	104	0

Korrelationsmatrix:

	X1	X2	X3	X4	X5	X6	X7
X1	1.00000						
X2	.41710	1.00000					
X3	.15299	-.01339	1.00000				
X4	.16867	.01437	.48954	1.00000			
X5	.13072	.10347	.37939	.36786	1.00000		
X6	.10470	-.00264	.27029	.17688	.18363	1.00000	
X7	-.04308	.12835	-.13059	-.21923	-.02734	-.30060	1.00000
X8	-.02658	.01700	-.01785	.02653	.14055	.16733	-.17008

Abb. 20-3: SPSS-Ergebnisübersicht zur Faktorenanalyse von Beispiel 20-3 (Teil 1)

Erklärte Gesamtvarianz

Komponente	Anfängliche Eigenwerte Gesamt	% der Varianz	Kumulierte %	Rotierte Summe der quadrierten Ladungen Gesamt	% der Varianz	Kumulierte %
1	2,170	27,125	27,125	1,908	23,854	23,854
2	1,437	17,957	45,082	1,432	17,899	41,753
3	1,149	14,369	59,451	1,416	17,698	59,451
4	,947	11,843	71,294			
5	,736	9,203	80,497			
6	,567	7,086	87,584			
7	,528	6,604	94,187			
8	,465	5,813	100,000			

Extraktionsmethode: Hauptkomponentenanalyse.

Rotierte Komponentenmatrix[a]

	Komponente 1	2	3
Rüpelhafte Fahrer erkennt man oft schon am Erscheinungsbild	,828		
Manche Autos sind so auffällig ausgerüstet, daß ich dem Besi	,790		
Die Art wie jemand Auto fährt und wie er aussieht, passen of	,654		
Im Vergleich zu früher ärgere ich mich heutzutage öfter über		,868	
Die Sitten im Straßenverkehr sind in den letzten Jahren insg		,786	
Ich glaube, wenn einem jemand sympathisch ist, ist man eher			,702
Ich benehme mich allen Verkehrsteilnehmern gegenüber in glei			-,699
Mein Verhalten im Straßenverkehr hängt stark davon ab, mit w	,295		,639

Extraktionsmethode: Hauptkomponentenanalyse.
Rotationsmethode: Varimax mit Kaiser-Normalisierung.

a. Die Rotation ist in 5 Iterationen konvergiert.

Abb. 20-4: SPSS-Ergebnisübersicht zur Faktorenanalyse von Beispiel 20-3 (Teil 2)

Zur besseren Übersicht haben wir dafür gesorgt, dass kleine Ladungen ($\leq 0,2$) nicht gedruckt werden und dass die Faktorladungen jeweils absteigend sortiert erscheinen "FORMAT SORT BLANK(0.2)".

Wenn man sich erinnert, dass Ladungen Korrelationskoeffizienten zwischen den Faktoren und den Variablen sind, so wird klar, wie man einen Faktor interpretieren muss: Man überlege sich eine gemeinsame Überschrift für die Statements, die bei dem Faktor hoch laden. Dabei muss man auch das Vorzeichen der Ladung berücksichtigen.

Das sind bei Faktor 1

X_3:	Rüpelhafte Fahrer erkennt man oft schon am Erscheinungsbild Ihres Autos **(Ladung: 0,828)**
X_4:	Manche Autos sind so auffällig ausgerüstet, dass ich dem Besitzer nicht über den Weg trauen würde **(Ladung:0,790)**
X_5:	Die Art wie jemand Auto fährt und wie er aussieht, passen oft zusammen **(Ladung: 0,654)**

und deutlich geringer noch

X_6:	Mein Verhalten im Straßenverkehr hängt stark davon ab, mit wem ich es zu tun habe **(Ladung: 0,295)**

Man beachte aber, dass X_6 bei Faktor 3 hoch lädt.

Wir finden als gemeinsame Überschrift für diese Variable die Bezeichnung für den

Faktor 1: "Anstoß nehmen an Äußerlichkeiten"

Bei Faktor 2 gibt es die hoch ladenden Variablen:

X_1:	Die Sitten im Straßenverkehr sind in den letzten Jahren insgesamt rauer geworden **(Ladung: 0,786)**
X_2:	Im Vergleich zu früher ärgere ich mich heutzutage öfter über andere Verkehrsteilnehmer **(Ladung: 0,868)**

Wir finden als gemeinsame Überschrift für diese Variable die Bezeichnung für den

Faktor 2: "Früher war es weniger schlimm"

Bei Faktor 3 gibt es die hoch ladenden Variablen:

X_6:	Mein Verhalten im Straßenverkehr hängt stark davon ab, mit wem ich es zu tun habe **(Ladung: 0,639)**
X_7:	Ich benehme mich allen Verkehrsteilnehmern gegenüber in gleicher Weise **(Ladung: –0,699)**
X_8:	Ich glaube, wenn einem jemand sympathisch ist, ist man eher bereit, im Straßenverkehr nachzugeben **(Ladung: 0,702)**

Wir finden als gemeinsame Überschrift für diese Variable die Bezeichnung für den

Faktor 3: "Durch persönliche Sympathie geprägtes Verhalten"

Hier ist die negative Ladung von –0,699 bei X_7 als gegenläufiger Zusammenhang entsprechend berücksichtigt worden.

Eine Interpretation von Faktoren enthält stets subjektive Elemente. Sie gelingt auch oft nur sehr unbefriedigend. Das kann daran liegen, dass die Variablen eben keine deutliche Struktur haben, oder dass man eine zu geringe oder zu hohe Anzahl Faktoren gewählt hat (dann versuche man es mit einer anderen Faktorenzahl). Man sollte aber auch im Auge behalten, dass "Interpretierbarkeit" von Ergebnissen nicht nur eine Eigenschaft der Daten, sondern eher eine Eigenschaft des Interpretierenden ist.

In Abbildung 20-5 werden noch Ergebnisse der weiteren Analyse mit den Faktorenwerten der drei Faktoren wiedergegeben. Die drei Faktoren wurden noch nach der Automarke der Befragten ausgewertet (Variablenname in der Datenmatrix: MARKE). Dabei haben wir in unserem Datensatz SPEEDY-Fahrer der Modelle "SPEEDY Power", "SPEEDY Sport" und "SPEEDY Fun".

Die erste Spalte liefert uns Gesamtmittelwert und Gesamtstandardabweichung aller Befragten, die, wie bereits oben erwähnt, 0 und 1 sind. Da kleine Werte bei den Variablen hohe Zustimmung bedeuten, gilt das ebenso für die Faktoren, wobei dort wegen der Standardisierung kleine, zustimmende Werte negativ sind.

"SPEEDY Power"- Fahrer nehmen demnach weniger Anstoß an Äußerlichkeiten (0,66) und trauern auch nicht einer früher besseren Zeit nach (0,78), ihr Verhalten ist aber geringfügig mehr durch persönliche Sympathie geprägt (-0,22). Letzteres gilt auch für den "SPEEDY Sport"-Fahrer (-0,23) der aber eher an Äußerlichkeiten bei anderen Verkehrsteilnehmern Anstoß nimmt (-0,39). Schließlich gibt der "SEEDY Fun- Fahrer wenig auf Äußerlichkeiten (0,37), sein Verhalten ist auch nicht von persönlicher Sympathie geprägt (0,65), jedoch findet er eher, dass es immer schlimmer im Verkehr (-0,43) wird.

```
TABLES
 /PTOTAL=T1 'Alle'
 /OBSERVATION=FAKTOR1 TO FAKTOR3
 /TABLES=FAKTOR1+FAKTOR2+FAKTOR3  BY T1+MARKE
 /STATISTICS=MEAN ('Mittel' (F4.2)) STDEV ('Streuung' (F4.2))
 /TITLE='Unterschiede der Faktoren bei den SPEEDY-Marken'
  .
```

Tabellen

Unterschiede der Faktoren bei den SPEEDY-Marken

			MARKE		
		Alle	SPEEDY Power	SPEEDY Sport	SPEEDY Fun
Faktor 1	Mittel	,00	,66	-,39	,37
	Streuung	1,00	,90	,96	,75
Faktor 2	Mittel	,00	,78	-,05	-,43
	Streuung	1,00	,98	,98	,75
Faktor 3	Mittel	,00	-,22	-,23	,65
	Streuung	1,00	,73	,99	,93

Abb. 20-5: SPSS-Ergebnisübersicht Tabelle der Faktorenwerte nach den SPEEDY-Marken

NR	MARKE	X1	X2	X3	X4	X5	X6	X7	X8
1	2	1	3	3	3	2	3	1	2
2	2	1	1	4	3	1	4	4	1
3	2	1	2	2	2	2	3	2	2
4	2	3	3	3	3	1	3	1	2
5	3	1	2	4	4	3	4	1	4
6	1	1	3	4	4	4	4	2	2
7	1	1	4	4	4	2	4	1	3
8	2	1	3	1	3	1	1	2	1
9	2	2	3	1	1	1	4	1	1
10	2	3	3	3	3	2	3	3	2
11	1	1	1	3	2	4	4	1	1
12	2	2	2	4	3	2	3	2	2
13	2	1	3	3	3	2	3	1	4
14	2	1	2	3	3	2	3	2	2
15	2	2	3	3	2	2	3	4	2
16	1	3	4	4	3	3	3	1	2
17	3	1	2	3	4	3	4	1	3
18	2	2	3	2	2	1	2	2	1
19	3	1	1	4	3	3	3	1	3
20	3	2	1	3	3	3	4	1	4
21	2	2	2	2	1	2	3	1	2
22	3	1	1	4	3	4	4	2	4
23	1	3	3	2	3	3	3	3	1
24	2	1	3	3	2	2	3	2	2
25	2	2	1	2	2	1	3	2	2
26	2	2	2	1	2	1	3	2	2
27	2	1	2	3	3	1	3	1	1
28	3	4	3	4	3	3	4	1	4
29	1	4	4	3	4	4	4	1	2
30	2	1	2	1	1	1	3	2	2
31	2	1	1	1	2	1	4	1	1
32	2	1	1	1	1	1	3	2	2
33	2	1	1	3	1	1	1	3	1
34	2	1	2	3	2	1	4	1	3
35	3	1	1	2	3	3	3	2	3
36	3	2	1	3	3	2	2	2	2
37	2	2	2	4	3	3	4	1	2
38	2	1	1	4	3	1	4	1	2
39	2	1	2	1	1	1	4	1	3
40	1	1	3	4	4	3	4	1	1
41	2	3	3	1	2	1	3	2	4
42	3	1	2	2	3	3	2	1	3
43	1	2	4	4	4	4	4	1	1
44	2	1	1	4	2	3	3	3	1
45	1	1	3	2	3	2	4	1	1
46	3	3	2	3	3	3	4	1	4
47	3	2	2	2	3	3	3	1	3
48	2	1	2	4	3	3	4	2	1
49	2	2	3	4	1	1	2	2	2
50	2	2	3	4	4	2	4	3	1
51	2	2	2	1	4	1	3	2	1
52	2	3	4	2	1	2	4	3	2
53	2	1	1	1	1	1	4	1	1
54	1	4	4	4	4	3	4	1	1
55	3	1	1	1	3	1	4	1	4
56	3	1	2	2	3	2	4	1	3
57	2	1	1	2	3	1	3	2	1
58	2	1	3	2	1	1	4	1	4
59	2	3	4	1	1	3	4	4	4
60	2	1	2	2	1	1	4	2	3
61	3	3	2	4	4	3	3	2	3
62	2	1	2	2	2	2	3	2	2
63	2	1	1	3	3	1	1	1	1
64	1	3	3	4	1	4	4	2	2
65	3	1	1	2	3	3	4	2	3
66	3	2	1	3	3	3	3	1	2
67	2	3	3	3	4	1	4	1	4
68	3	3	2	2	2	2	3	1	3
69	2	2	3	3	3	2	3	1	3
70	3	2	1	1	4	2	2	2	1
71	2	1	3	2	2	2	3	1	3
72	2	1	2	3	3	1	4	1	4
73	1	3	3	2	4	3	4	1	2
74	2	2	3	1	2	2	2	3	2
75	2	3	4	2	3	1	4	1	3
76	2	2	2	4	4	3	4	3	2
77	3	2	2	3	3	3	3	1	3
78	2	2	2	3	2	2	3	2	2
79	1	3	2	4	3	4	4	1	1
80	3	1	1	4	4	4	4	1	4
81	3	1	2	3	3	3	3	3	4
82	2	1	1	3	2	2	4	1	1
83	2	1	4	1	2	2	1	4	4
84	2	1	2	1	1	1	4	1	2
85	3	2	1	2	3	4	4	1	2
86	2	1	2	2	1	2	3	2	2
87	1	2	3	2	2	3	3	3	2
88	2	3	3	3	3	1	2	1	2
89	1	2	4	2	2	2	4	3	2
90	2	4	1	4	4	1	4	1	1
91	2	3	3	3	2	2	3	2	2
92	3	1	1	2	1	1	4	1	4
93	2	1	1	2	3	1	3	3	2
94	1	1	3	1	3	3	2	3	1
95	2	1	3	4	3	2	4	3	1
96	1	1	3	2	2	3	3	3	2
97	3	1	2	3	4	4	4	1	4
98	1	2	4	1	2	3	3	1	2
99	3	1	1	3	3	2	4	2	3
100	3	1	2	3	3	4	2	1	4
101	3	2	2	2	2	3	2	3	2
102	2	2	2	4	4	2	4	1	1
103	2	1	2	2	1	2	2	2	1
104	1	1	2	2	3	3	3	2	2

Tab. 20-4: Rohdaten für das Beispiel 20-3 (und die Beispiele 20-5 und 20-6)

20.4 Die Clusteranalyse

Clusteranalyse steht als Sammelbegriff für eine Reihe von Verfahren der multivariaten Datenanalyse, deren Ziel darin besteht, eine größere Menge von Objekten (Untersuchungsobjekten, Elementen, Fällen, Personen, ...) in Klassen (Cluster, Teilmengen, Typen, Segmente, Gruppen ...) von untereinander ähnlichen Objekten einzuteilen. Ähnlichkeiten/Distanzen zwischen den Objekten werden dabei aus den in den Variablen enthaltenen Informationen berechnet. Wenn es gilt, eine Vielzahl von Objekten auf wenige überschaubare "Interpretationseinheiten" zu reduzieren, sind Clusteranalysen hilfreich und werden mit Erfolg eingesetzt. Daher gibt es zahlreiche Anwendungen von Clusteranalysen in den verschiedensten Disziplinen. Als ökonomische Anwendungen der Clusteranalyse kann man beispielhaft nennen: Jegliche Art von Typologien, z.B. Konsumententypologien, Unternehmenstypologien, Marktsegmentierung, Klassifikation von Nachfragekurven, Optimierung von Absatzstellen, Klassifizierung von Firmen nach Berufsgruppenbedarf, Auswahl von Testmärkten, Organisationsuntersuchungen, Insolvenzprognosen u.v.a.m.

Typologien

Beispielsweise könnte die SPEEDY-GmbH im Rahmen einer Marktforschungsstudie entsprechende Merkmale erheben. Anhand dieser Merkmale werden dann aus der Gesamtheit aller Autokäufer bestimmte Cluster gebildet, auf die dann Marketingaktivitäten zielgruppengerecht ausgerichtet werden. Eine solche Gruppe könnte etwa sein: junge Käufer, männlich, unteres bis mittleres Einkommen, legen Wert auf sportliches Design, aber umweltfreundliches Image des Fahrzeuges.

Bevor wir die Clusteranalyse an praktischen Beispielen demonstrieren, geben wir zunächst eine kurze mathematische Formulierung des Clusteranalysenproblems:

Sei $E=\{e_1, ...e_n\}$ eine Menge von n zu gruppierenden Objekten. Gesucht ist eine Gruppeneinteilung von E in $k < n$ elementfremde Teilmengen (Cluster) $g_1, ..., g_k$:

$$E = g_1 \cup .... \cup g_k \quad \text{und } g_l \cap g_r=\varnothing \qquad \text{falls } l \neq r . \qquad (20.4\text{-}1)$$

Für diese n Objekte haben wir Werte für die m Variablen $X_1, ..., X_m$. Wir beschränken uns hier auf den (wichtigsten) Fall, dass diese Variablen mindestens intervallskaliert sind. Dann kann man die Forderung, dass die Objekte innerhalb der zu konstruierenden Cluster bezüglich dieser Variablen möglichst ähnlich sein sollen, mit Hilfe des folgenden, **Varianzkriterium** genannten Gütekriteriums quantifizieren. Man suche diejenige Zerlegung $g_1,...,g_k$, für welche die folgende Zielfunktion $\mathbf{z}(g_1,...,g_k)$ ein Minimum annimmt:

Varianzkriterium

$$\mathbf{z}(g_1,...,g_k) = \sum_{l=1}^{k} \sum_{e_i \in g_l} \sum_{j=1}^{m} (x_{ij} - \overline{x}_{g_l j})^2 \rightarrow \text{Minimum} \qquad (20.4\text{-}2)$$

Hierbei ist x_{ij} der Merkmalswert für Objekt e_i und Variable X_j und $\overline{x}_{g_l j}$ der Mittelwert der Variablen X_j in der Gruppe g_l .Die Zielfunktion $\mathbf{z}(g_1,...,g_k)$ stellt die Summe der Quadrate aller Abstände zwischen den Objekten und den jeweiligen Clustermittelpunkten dar. Eine gute Gruppierung ist diejenige, bei der diese Zahl besonders klein ist, denn dann liegen alle Objekte nahe an ihrem Clustermittelpunkt. Bei den Abstandsquadraten handelt es sich um die Summe der Quadrate der Differenzen zwischen den jeweiligen Komponenten. Andere Distanzmaße als diese sogenannten **euklidischen Distanzen** könnten auch sinnvoll sein.

euklidische Distanzen

Das denkbar einfachste Verfahren, die Totalenumeration, d.h. Berechnen der Kriteriumswerte für alle Gruppierungen und diejenige mit dem Minimum von **z** auswählen, entfällt, da die Anzahl möglicher Gruppierungen astronomisch hoch ist. Es gibt z.B. mehr als 10^{47} Möglichkeiten, 100 Objekte in 3 Gruppen einzuteilen. Bei praktischen Anwendungen ist die Anzahl der Objekte aber noch sehr viel höher.

Daher ist man auf heuristische Verfahren angewiesen, also solche Verfahren, bei denen zwar auf plausible Weise ein gutes, aber nicht das optimale Ergebnis garantiert ist. Von den zahlreichen Verfahren werden wir zwei wichtige besprechen, nämlich das Austauschverfahren und später noch hierarchisch agglomerative Verfahren.

Das **Austauschverfahren** ist ebenso einfach wie wirkungsvoll und leicht zu beschreiben:

Austauschverfahren

1) Man gebe die gewünschte Clusteranzahl und eine Anfangsgruppierung (wenn man nichts besseres weiß: per Zufallseinteilung) vor.

2) Jedes Objekt wird daraufhin überprüft, ob durch einen Wechsel in ein anderes Cluster die Gruppierung im Sinne des Varianzkriteriums (20.4-2) besser wird. Wenn ja, Wechsel in das Cluster mit der größten Verbesserung.

3) Fahre fort bei 2) bis in einem Durchgang kein Wechsel mehr erfolgt.

Erfahrungsgemäß erzielt man mit dem Austauschverfahren auf effiziente Weise gute Ergebnisse. Es konvergiert gegen ein lokales Minimum (in dem Sinne, dass durch den Wechsel eines einzigen Objektes in ein anderes Cluster keine Verbesserung mehr möglich ist).

Beispiel 20-4:

In Fortführung von Beispiel (20-3). Bei der Verkehrssicherheitsstudie, möchte man auch untersuchen, ob sich die Verkehrsteilnehmer bezüglich der ausgewählten Statements clustern lassen. Ob sich also Typen von Verkehrsteilnehmern identifizieren lassen, die in Bezug auf die Vorurteilsstrukturen besonders auffällig sind.

Das Ergebnistableau in Abbildung 20-6 enthält zuerst das Syntaxfenster für die hier durchgeführte Clusteranalyse. Das von uns beschriebene Austauschverfahren wird von der SPSS–Prozedur "QUICK CLUSTER" (Clusterzentrenanalyse) mit der Methode "KMEANS(UPDATE)" durchgeführt. Man sieht im Iterationsprotokoll, dass das Verfahren in 5 Durchgängen konvergiert hat. Die für die inhaltliche Interpretation entscheidende Tabelle ist mit "Clusterzentren der endgültigen Lösung" überschrieben. Dort sieht man die Werte des jeweils typischen Repräsentanten eines Clusters, das sind die Mittelwerte der 8 Variablen in dem jeweiligen Cluster. Man schaut sich also für jedes Cluster diejenigen Variablen an, deren

QUICK CLUSTER

Mittelwerte sich besonders von denen der anderen Cluster unterscheiden, und sucht eine treffende Bezeichnung für einen Typus, der also bei diesen Variablen eher zustimmend oder eher ablehnend reagiert als die anderen. Bei einer solchen Vorgehensweise käme man vermutlich zu der folgenden Beschreibung der Cluster:

Der typische Repräsentant von **Cluster 1** ist jemand, der stark von Vorurteilen anderen Verkehrsteilnehmern gegenüber, die auf Äußerlichkeiten beruhen, geprägt ist und davon, dass es im Straßenverkehr immer schlimmer wird. Er ist sich darüber vermutlich nicht im Klaren, glaubt er doch, dass er sich in seinen Handlungen anderen gegenüber nicht davon beeinflussen lasst. Clusteranzahl: 30 von 104.

Die Angehörigen von **Cluster 2** hingegen meinen zwar auch, dass die Sitten im Straßenverkehr immer schlimmer werden, hegen jedoch weniger Vorurteile anderen gegenüber aufgrund von Äußerlichkeiten. Was sein Verhalten anderen gegenüber betrifft, so gibt er doch eher als Cluster 1 zu, dass er sich darin von Sympathien leiten lässt. Clusteranzahl: 40 von 104.

Cluster 3 drückt in seinen Einstellungen anderen Verkehrsteilnehmern gegenüber die meiste Gelassenheit aus. Clusteranzahl: 34 von 104.

In Teil 2 der Ergebnisübersicht in der Abbildung 20-7 gibt die mit ANOVA (Analysis of Variance) überschriebene Tabelle Auskunft über die Größe der Unterschiede der Variablen zwischen den Clustern, was in der SPSS-Befehlsfolge mit "PRINT ANOVA" angefordert wurde. Es werden die Ergebnisse von univariaten Varianzanalysen angegeben. In der letzten Spalte (Sig.) entnimmt man das empirische Signifikanzniveau, was außer bei X_2 hochsignifikante Unterschiede nachweist.

hierarchische Verfahren

Während das bisher beschriebene Austauschverfahren besonders gut geeignet ist für große Fallzahlen und auf der Basis der Clusterzentren zu interpretieren ist, eignen sich die **hierarchischen Verfahren** besonders gut bei kleineren Fallzahlen. Die Ergebnisse lassen sich mit Hilfe eines Baumdiagrammes (Dendrogramm) gut visualisieren und auf der Basis der Untersuchungseinheiten selber interpretieren.

Syntax-Fenster der iterativen Clusteranalyse

```
QUICK CLUSTER
  x1 x2 x3 x4 x5 x6 x7 x8
  /CRITERIA= CLUSTER(3) MXITER(25) CONVERGE(0.005)
  /METHOD=KMEANS(UPDATE)
  /SAVE CLUSTER
  /PRINT  ANOVA.
```

Quick Cluster

Iterationsprotokoll[a]

Iteration	Änderung in Clusterzentren		
	1	2	3
1	1,633	3,042	2,228
2	,977	,537	,968
3	1,751	,717	,203
4	,650	,381	,154
5	1,969E-02	9,774E-03	4,386E-03

a. Erzielte Konvergenz aufgrund keiner oder geringer Distanzänderung. Die maximale Distanz, um die ein Zentrum verändert wurde, ist 1,367E-02. Die aktuelle Iteration ist 5. Die minimale Distanz zwischen anfänglichen Zentren ist 5,745.

Clusterzentren der endgültigen Lösung

	Cluster		
	1	2	3
Die Sitten im Straßenverkehr sind in den letzten Jahren insg	1,5	1,5	2,1
Im Vergleich zu früher ärgere ich mich heutzutage öfter über	2,4	2,0	2,4
Rüpelhafte Fahrer erkennt man oft schon am Erscheinungsbild	1,5	2,8	3,4
Manche Autos sind so auffällig ausgerüstet, daß ich dem Besi	1,6	2,7	3,4
Die Art wie jemand Auto fährt und wie er aussieht, passen of	1,5	2,1	2,9
Mein Verhalten im Straßenverkehr hängt stark davon ab, mit w	3,2	3,0	3,7
Ich benehme mich allen Verkehrsteilnehmern gegenüber in glei	1,8	2,1	1,2
Ich glaube, wenn einem jemand sympathisch ist, ist man eher	2,4	1,8	2,7

Abb. 20-6: SPSS-Ergebnisübersicht zur Clusteranalyse von Beispiel 20-4 (Teil 1)

ANOVA

	Cluster		Fehler			
	Mittel der Quadrate	df	Mittel der Quadrate	df	F	Sig.
Die Sitten im Straßenverkehr sind in den letzten Jahren insg	4,820	2	,690	101	6,984	,001
Im Vergleich zu früher ärgere ich mich heutzutage öfter über	2,333	2	,894	101	2,609	,079
Rüpelhafte Fahrer erkennt man oft schon am Erscheinungsbild	28,707	2	,547	101	52,523	,000
Manche Autos sind so auffällig ausgerüstet, daß ich dem Besi	26,482	2	,430	101	61,615	,000
Die Art wie jemand Auto fährt und wie er aussieht, passen of	15,375	2	,707	101	21,747	,000
Mein Verhalten im Straßenverkehr hängt stark davon ab, mit w	4,744	2	,573	101	8,281	,000
Ich benehme mich allen Verkehrsteilnehmern gegenüber in glei	8,399	2	,595	101	14,110	,000
Ich glaube, wenn einem jemand sympathisch ist, ist man eher	8,250	2	,941	101	8,771	,000

Die F-Tests sollten nur für beschreibende Zwecke verwendet werden, da die Cluster so gewählt wurden, daß die Differenzen zwischen Fällen in unterschiedlichen Clustern maximiert werden. Dabei werden die beobachteten Signifikanzniveaus nicht korrigiert und können daher nicht als Tests für die Hypothese der Gleichheit der Clustermittelwerte interpretiert werden.

Anzahl der Fälle in jedem Cluster

Cluster	1	30,000
	2	40,000
	3	34,000
Gültig		104,000
Fehlend		,000

Abb. 20-7: SPSS-Ergebnisübersicht zur Clusteranalyse von Beispiel 20-4 (Teil 2)

Man geht aus von der (n × n)-Distanz- oder Ähnlichkeitsmatrix zwischen allen n Objekten.

1) Verschmelze ("agglomeriere") die beiden ähnlichsten Objekte (oder auf einer höheren Stufe: bereits gefundenen Gruppen) zu einer Gruppe.
2) Berechne die Ähnlichkeit zwischen den neuen Gruppen und allen anderen Objekten bzw. Gruppen neu.
3) Fahre fort bei 1.) bis alle Objekte in einer Gruppe sind.

Auf diese Weise wird eine hierarchische Folge von Gruppierungen konstruiert, ausgehend von der feinsten Gruppierung, wo jedes Objekt eine eigene Gruppe bildet, bis zur gröbsten Gruppierung, wo alle Objekte schließlich in einer Gruppe sind. Der Wert des Varianzkriteriums (20.4-2) hat für die feinste Gruppierung den Wert Null und steigt mit zunehmender Verschmelzung monoton.

Die bekannten Verfahren unterscheiden sich nur darin, wie in Schritt 2 die Ähnlichkeit zwischen Gruppen aus den ursprünglich gegebenen Ähnlichkeiten zwischen den Objekten berechnet wird. Bei dem von uns nachfolgend benutzten **WARD-Verfahren** geht man von der Matrix der quadrierten euklidischen Distanzen aus. Für die Ähnlichkeit zwischen zwei Gruppen wird eine Formel (die wir hier nicht angeben wollen) benutzt, die garantiert, dass in jedem weiteren Schritt diejenigen beiden Gruppen zusammengefasst werden, die das Varianzkriterium (20.4-2) am wenigsten vergrößern.

WARD-Verfahren

Der Verschmelzungsprozess bei einem hierarchisch agglomerativen Verfahren lässt sich graphisch sehr anschaulich in einem **Dendrogramm** darstellen, was auch für die Interpretation der Ergebnisse verwendet wird. Ein solches Dendrogramm befindet sich in Abbildung 20-8 für

Dendrogramm

Beispiel 20-5:

Wir wollen 20 westliche Industrieländer hinsichtlich 7 relevanter volkswirtschaftlicher Indikatoren gruppieren. Solche Indikatoren sind: Arbeitslosenquote (alo), Bruttoinlandsprodukt (bip), Preissteigerungsrate (pst), Staatsquote (stq), Einkommensteuerhöchstsatz (ekst), Arbeitskosten je Stunde in GE (Arko) und Jahressollarbeitszeit (Arze) in Stunden.
In Tabelle 20-5 finden sich diese Werte in der jeweils mit dem Variablennamen überschriebenen Spalte.
Es handelt sich, wo verfügbar, um aktuelle Daten aus den Jahren 1997 und 1998. Die mit "land" überschriebene erste Spalte enthält die Ländernamen (Autokennzeichen), die sich auch als Beschriftung im Dendrogramm in Abbildung 20-8 wiederfinden.

land	alo	bip	pst	stq	ekst	Arko	Arze
A	4.4	79	1.1	49.8	50.0	38.94	1713
B	8.8	79	1.0	51.7	60.8	40.00	1702
D	9.4	74	1.0	47.9	55.9	47.92	1573
DK	5.1	86	1.9	56.4	58.0	40.73	1665
E	18.8	55	1.9	42.2	56.0	25.00	1782
F	11.9	72	0.7	54.2	54.0	32.03	1771
FIN	11.4	71	1.5	54.1	55.5	38.91	1716
GB	6.3	70	3.4	41.0	40.0	28.62	1774
GR	9.6	47	4.8	42.9	45.0	15.83	1840
I	12.2	71	1.7	50.6	46.0	29.96	1736
IRL	7.8	74	2.8	34.7	46.0	24.81	1802
L	2.8	114	1.6	40.0	47.2	35.07	1784
NL	4.0	77	1.8	48.7	60.0	36.63	1715
P	4.9	50	2.7	43.9	40.0	11.06	1823
S	8.2	70	0.4	62.3	56.0	39.41	1752
CH	4.2	87	0.1	40.0	42.4	42.90	1844
N	3.3	91	2.3	44.3	41.7	43.60	1733
CDN	8.3	80	1.2	42.6	50.9	29.20	1850
J	4.1	79	0.4	35.2	65.0	34.97	1840
USA	4.5	100	1.6	31.6	45.4	31.83	1904

Tab. 20-5: Volkswirtschaftliche Indikatoren einiger Westlicher Industrieländer

Das Ergebnistableau in Abbildung 20-8 enthält zunächst das Syntaxfenster für die hier durchgeführte hierarchisch agglomerative Clusteranalyse mit dem WARD-Verfahren. Im ersten Schritt wird mit PROXIMITIES eine Matrix mit den quadrierten euklidischen Distanzen berechnet ("MEASURE=SEUCLID"). Die Variablen werden vorher zur besseren Vergleichbarkeit z-standardisiert (Mittelwert 0, Standardabweichung 1) ("STANDARDIZE=VARIABLE Z"). Für die eigentliche Clusteranalyse verwenden wir die SPSS-Prozedur CLUSTER, die für hierarchisch agglomerative Verfahren zuständig ist, und verlangen das WARD-Verfahren ("METHOD WARD") und einen Dendrogramm-Plot ("PLOT DENDROGRAM"). Das Dendrogramm liest man von links nach rechts: zwei Länder werden um so eher zu einer Gruppe verschmolzen, je eher die von ihnen ausgehende "Äste" sich treffen, das bedeutet auch: je näher sie sind. Wenn man durch das Dendrogramm an der Stelle einen senkrechten Schnitt macht, wo noch drei Äste (waagerecht) sind, erhält man die drei Ländergruppen:

CLUSTER

B, FIN, S, F, I, DK, NL, A, D
L, N, CDN, USA, CH, J
GB, IRL, GR, P, E .

Wir überlassen es dem Leser, auszurechnen aufgrund welcher besonderen Merkmalskonstellation diese Ländergruppen so zusammengefunden haben. Hierzu berechne man die Mittelwerte der 7 Variablen in den jeweiligen Gruppen und sieht deutliche Unterschiede.

Syntax-Fenster der hierarchischen Clusteranalyse

```
PROXIMITIES  alo bip pst stq ekst arko arze
  /MATRIX OUT  (*)
  /MEASURE= SEUCLID
  /PRINT  NONE
  /ID= land
  /STANDARDIZE= VARIABLE Z .

CLUSTER
  /MATRIX IN  (*)
  /METHOD WARD
  /ID=land
  /PLOT DENDROGRAM .
```

Ward-Linkage

Dendrogramm

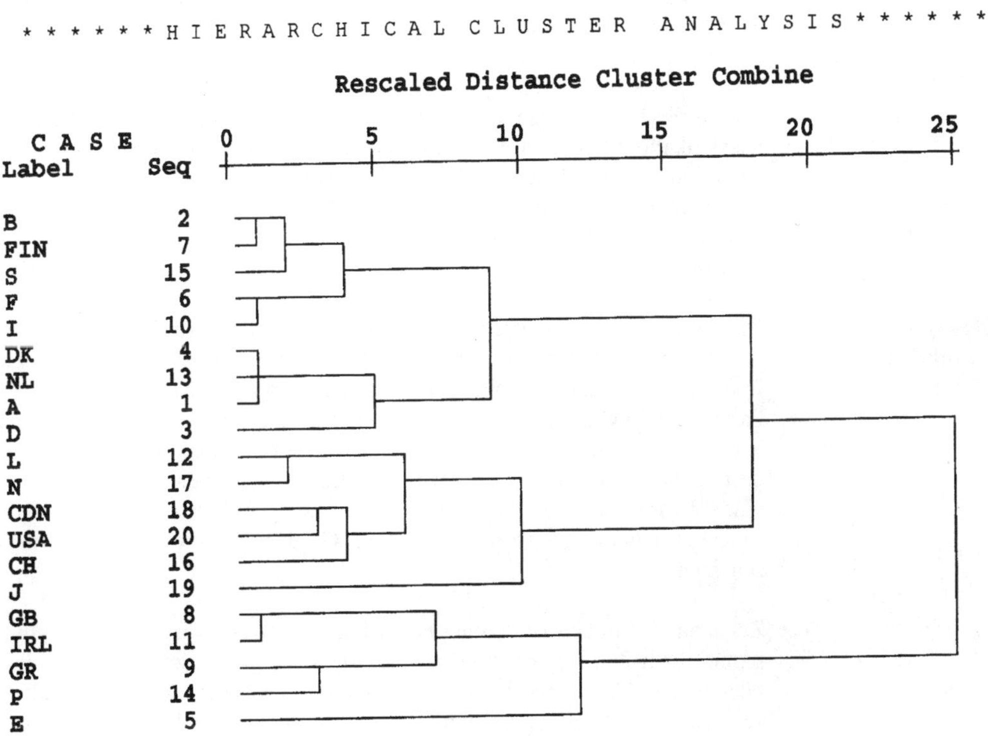

Abb. 20-8: SPSS-Ergebnisübersicht zur hierarchischen Clusteranalyse von Beispiel 20-5

20.5 Die Diskriminanzanalyse

Die Diskriminanzanalyse zielt darauf, vorgegebene Gruppen von Objekten optimal zu trennen ("zu diskriminieren"). Gegeben ist also eine nominale Variable, welche die Gruppeneinteilung in k Gruppen angibt und m intervallskalierte Variablen X_1, ... X_m , die der Analyse dieser Gruppeneinteilung dienen. Von Interesse ist hierbei sowohl der Beitrag, den die einzelne Variable zur Trennung der gegebenen Gruppen liefert, als auch, mit welcher Wahrscheinlichkeit neue Objekte mit Hilfe ihrer Merkmalsausprägungen den bereits existierenden Gruppen richtig zugeordnet werden können.

Insolvenzprognose

Wir möchten die Diskriminanzanalyse anhand einer der häufigsten betriebswirtschaftlichen Anwendung, nämlich der Insolvenzprognose mit Hilfe von Bilanzkennzahlen, erklären.

Eine einzelne Kennzahl reicht für eine hinreichend treffsichere Entscheidung, ob einem Unternehmen Insolvenz droht oder nicht, bei weitem nicht aus, ebenso wenig eine bloße Aneinanderreihung von Kennzahlen, die jeweils univariat gut trennen, vielmehr sollen mehrere Kennzahlen simultan in ein Verfahren einbezogen werden. Das leistet die multiple Diskriminanzanalyse. Sie besteht aus zwei Phasen. In der ersten Phase werden die Variablen bezüglich der vorgegebenen Gruppeneinteilung analysiert, in der zweiten Phase, der Klassifikationsphase, wird mit Hilfe dieser Variablen eine Vorschrift zur Klassifikation entwickelt und gegebenenfalls angewendet.
Wir werden dies für den Spezialfall des Zwei-Gruppen-Falles (solvent/insolvent) erläutern. Der allgemeine Fall von k>2 Gruppen lässt sich daraus verallgemeinern.

Analysephase
Diskriminanzfunktion

Die erste Phase der multiplen Diskriminanzanalyse, die **Analysephase**, besteht in der Ermittlung der **Diskriminanzfunktion h** im Zwei-Gruppen-Fall bzw. in der Ermittlung von (maximal) k-1 Diskriminanzfunktionen $\mathbf{h}_1$, ..., $\mathbf{h}_{k-1}$ im Falle von k>2 Gruppen. Darunter versteht man die Transformation der Variablen X_1, ... X_m auf eine Gerade, d.h. Bildung einer Linearkombination, so dass dort die beiden Gruppen möglichst gut getrennt erscheinen. Im Falle k>2 ist es eine Transformation auf eine Hyperebene und die Bildung von (maximal) k-1 Linearkombinationen, so dass dort die k Gruppen möglichst gut getrennt erscheinen.

Zur mathematischen Herleitung ist zu konkretisieren, was "möglichst gut getrennt" bedeutet. Hierzu fordert man, dass für die Diskriminanzfunktion **h** oder $\mathbf{h}_z$ das Verhältnis der Abstandsquadrate zwischen den Gruppenzentren zur Gesamtabstandsquadratsumme (Summe der Abstandsquadrate zwischen allen Diskriminanzfunktionswerten und dem Gesamtmittelwert) möglichst groß wird. Dies ist eine aus geometrischen Überlegungen resultierende Extremierungsforderung. Sie führt auf ein kompliziertes mathematisches Optimierungsproblem, nämlich ähnlich wie bei der Faktorenanalyse auf ein Eigenwertproblem. Man erhält im Zwei-Gruppen-Fall:

$$\mathbf{h} = b_o + b_1 x_1 + ... + b_m x_m \qquad (20.5\text{-}1)$$

Hierbei bezeichnet man b_0, b_1, ..., b_m als **unstandardisierte Diskriminanzfunktionskoeffizienten.**

unstandardisierte Diskriminanzfunktionskoeffizienten

Die Berechnung der Diskriminanzfunktion vereinfacht sich, wenn man wie bei der Regressionsanalyse und bei der Faktorenanalyse anstelle der Variablen X_1, ... X_m ihre z-standardisierten Werte einsetzt, die wir $Z_1,...,Z_m$ bezeichnen wollen. Man erhält dann

$$\mathbf{h}_z = ß_1\, z_1 + ... + ß_m\, z_m \qquad (20.5\text{-}2)$$

Die Größen $ß_1,...,ß_m$ werden auch als **standardisierte Diskriminanzfunktionskoeffizienten** bezeichnet.

standardisierte Diskriminanzfunktionskoeffizienten

Die Diskriminanzfunktionskoeffizienten lassen sich ähnlich wie Regressionskoeffizienten in der Art interpretieren, dass ein (betraglich) hoher Wert einen hohen Einfluss der entsprechenden Variablen auf die Diskriminanzfunktion und somit auf das Trennergebnis andeutet. Von daher erwartet man, dass die Diskriminanzfunktionskoeffizienten in konkreten Anwendungsfällen auch ökonomisch sinnvolle Interpretationen zulassen. Leider gibt es bei der Diskriminanzanalyse wie bei der Regressionsanalyse auch das Problem der **Multkollinearität**: eine hohe Korrelation zwischen den Variablen X_1, ..., X_m kann deren Diskriminanzfunktionskoeffizienten verfälschen. Eine solche (ökonomisch unsinnige) Diskriminanzfunktion kann gleichwohl gute Trenneigenschaften aufweisen.

Multikolinearität

Die zweite Phase der multiplen Diskriminanzanalyse, die **Klassifikationsphase**, besteht darin, eine **Klassifikationsregel** zu entwickeln, mit deren Hilfe man Objekte unbekannter (Gruppen-)Herkunft möglichst treffsicher der richtiger Gruppe zuordnen kann. In unserem Beispiel soll man also aus der alleinigen Kenntnis der Bilanzkennzahlen für das Unternehmen möglichst gut eine drohende Insolvenz vorhersagen können. Die Aufgabe besteht im zwei Gruppen Fall also darin, die Diskriminanzfunktionswerte durch einen Cut-off-Wert so in zwei Hälften zu teilen, dass in der einen Hälfte möglichst alle Fälle der ersten Gruppe (z.B. solvente Unternehmen) und in der anderen Hälfte (z.B. später insolvente Unternehmen) liegen. Im Falle von k>2 Gruppen bekommt man anstelle eines Cut-off-Wertes auf einer Geraden Trennhyperebenen im (k-1)-dimensionalen Raum.

Klassifikationsphase, Klassifikationsregel

Eine vollständige Trennung ist wegen der Überlappung der Wertebereiche beider Gruppen i.d.R. nicht erreichbar, der Cut-off-Wert (bzw. die Trennhyperebenen) werden vielmehr so zu ermitteln sein, dass die hieraus resultierenden Klassifikationsregeln einen möglichst geringen Verlust durch Fehltreffer verursachen. Verschiedene Arten von Fehlentscheidungen sind möglich, die an Beispiel der Insolvenzprognose erläutert werden sollen. Als Fehler erster Art bezeichnet man, wenn ein in Wahrheit solventes Unternehmen auf der insolventen Seite des Cut-off-Wertes liegt, d.h. als insolvent klassifiziert wird. Mit Fehler zweiter Art ist der umgekehrte Fall gemeint: ein insolventes Unternehmen wird fälschlicherweise als solvent klassifiziert.

Die Beantwortung der Frage, welche der beiden Fehlerarten schwerer wiegt, lässt sich im Rahmen eines statistischen Verfahrens nicht beantworten und stellt auch aus ökonomischer Sicht ein nicht voreilig zu lösendes Problem dar. Einerseits wiegt der Fehler zweiter Art schwer, wenn er zu der Fehlentscheidung führt, dass ein Konkursantrag nicht oder zu spät gestellt wird, da tendenziell die durch einen Konkurs verursachten Verluste auf Gläubigerseite mit dem Herauszögern des Zeitpunktes der Konkursantragstellung zunehmen. Andererseits wiegt ein Fehler erster Art schwer, wenn er durch Konkurs zur Zerschlagung des Unternehmens und somit zu Substanzverlusten führt, obwohl eine Weiterführung des Unternehmens die bessere Alternative gewesen wäre (Abgesehen davon, dass eine endgültige Entscheidung über den Gang zum Konkursrichter nicht allein einem statistischen Verfahren überlassen sein wird und darf und ein so automatisiertes Verfahren nur ein Bestandteil einer integrierten Insolvenzprognose sein kann, der zunächst nur dringende Hinweise auf die Notwendigkeit weiterer insolvenzdiagnostischer Maßnahmen liefert).

Wir werden die Anwendung der Diskriminanzanalyse an einem weiteren Beispiel und mit k=3 Gruppen aus unserer Verkehrssicherheitstudie erläutern.

Beispiel 20-6:

In Fortführung der Beispiele 20-3 und 20-4: Bei der Verkehrssicherheitsstudie möchte die SPEEDY GmbH wissen, in wieweit sich die Fahrer ihrer Modelle SPEEDY Power, SPEEDY Sport und SPEEDY Fun in bezug auf die Vorurteilsstrukturen von einander unterscheiden.

WILK´s Lambda

Die Ergebnisübersicht in Abbildung 20-9 und 20-10 enthält zunächst das Syntaxfenster für die Tabellen. Diese enthalten Mittelwerte und Standardabweichungen der 8 Variablen nach den jeweiligen Marken und gesamt. Bei genauem Hinsehen erkennt man bereits (ohne Diskriminanzanalyse) deutliche Unterschiede. Es folgt das Syntaxfenster für die hier durchgeführte Diskriminanzanalyse.Bei drei Gruppen gibt es maximal zwei Diskriminanzfunktionen, über die in den nächsten drei Tabellen Informationen gegeben werden. Die Eigenwerte besagen zunächst, dass die Bedeutung, oder anders ausgedrückt: die Trennkraft der ersten Diskriminanzfunktion mit 2,145 fast doppelt so hoch ist wie die der zweiten mit 1,208. Der WILK's Lambda Test beantwortet die Fragestellung einer multivariaten Varianzanalyse und besagt, dass sich die Gruppen im Raum der Diskriminanzfunktionen hochsignifikant unterscheiden, und zwar bezüglich beider Dimensionen. Die standardisierten Diskriminanzfunktionskoeffizienten beschreiben die relative Bedeutung, welche die einzelnen Variablen für die Gruppentrennung haben, oder inhaltlich formuliert worin sich die Besitzer der unterschiedlichen SPEEDY-Modelle besonders unterscheiden. Hohe Koeffizienten haben hauptsächlich die Variablen X_2 (-0,914, 0,576), X_5 (0,593, 0.851) und X_8 (0,876, -0,5), was bestätigt wird durch die deutlichen Mittelwertunterschiede in den eingangs erwähnten univariaten Mittelwerttabellen. Würde man die Gruppenzentren im zweidimensionalen Raum der Diskriminanzfunktionen darstellen wollen, so gibt uns die nächste Tabelle deren Koordinatenwerte. Zur Erinnerung: dieser Raum war ja so beschaffen, dass in ihm die drei Gruppen möglichst gut getrennt erscheinen.

```
TABLES
 /PTOTAL=T1 'Alle'
 /OBSERVATION=x1 to x8
 /tables=x1+x2+x3+x4+x5+x6+x7+x8 BY T1+MARKE
 /STATISTICS=MEAN ('Mittel' (F4.2)) STDEV ('Streuung' (F4.2))
 /TITLE='Unterschiede der Variablen bei den SPEEDY-Marken'
  .
```

Tabellen

Unterschiede der Variablen bei den SPEEDY-Marken

		Alle	MARKE SPEEDY Power	SPEEDY Sport	SPEEDY Fun
Die Sitten im Straßenverkehr sind in den letzten Jahren insg	Mittel	1,71	2,05	1,64	1,63
	Streuung	,88	1,08	,81	,84
Im Vergleich zu früher ärgere ich mich heutzutage öfter über	Mittel	2,24	3,16	2,26	1,56
	Streuung	,96	,83	,89	,58
Rüpelhafte Fahrer erkennt man oft schon am Erscheinungsbild	Mittel	2,62	2,84	2,48	2,74
	Streuung	1,05	1,12	1,08	,90
Manche Autos sind so auffällig ausgerüstet, daß ich dem Besi	Mittel	2,63	3,00	2,29	3,07
	Streuung	,97	,94	,97	,68
Die Art wie jemand Auto fährt und wie er aussieht, passen of	Mittel	2,19	3,16	1,57	2,85
	Streuung	1,00	,69	,65	,82
Mein Verhalten im Straßenverkehr hängt stark davon ab, mit w	Mittel	3,29	3,58	3,17	3,33
	Streuung	,81	,61	,86	,78
Ich benehme mich allen Verkehrsteilnehmern gegenüber in glei	Mittel	1,72	1,68	1,88	1,41
	Streuung	,86	,89	,92	,64
Ich glaube, wenn einem jemand sympathisch ist, ist man eher	Mittel	2,25	1,63	2,02	3,19
	Streuung	1,04	,60	,96	,83

```
DISCRIMINANT
  /GROUPS=MARKE(1 3)
  /VARIABLES=X1 X2 X3 X4 X5 X6 X7 X8
  /ANALYSIS X1 TO X8
  /STATISTICS=MEAN STDDEV  TABLE
  .
```

Diskriminanz

Zusammenfassung der kanonischen Diskriminanzfunktionen

Eigenwerte

Funktion	Eigenwert	% der Varianz	Kumulierte %	Kanonische Korrelation
1	2,145[a]	64,0	64,0	,826
2	1,208[a]	36,0	100,0	,740

a. Die ersten 2 kanonischen Diskriminanzfunktionen werden in dieser Analyse verwendet.

Wilks' Lambda

Test der Funktion(en)	Wilks-Lambda	Chi-Quadrat	df	Signifikanz
1 bis 2	,144	188,947	16	,000
2	,453	77,244	7	,000

Abb. 20-9: SPSS-Ergebnisübersicht zur Diskriminanzanalyse von Beispiel 20-6 (Teil 1)

Standardisierte kanonische Diskriminanzfunktionskoeffizienten

	Funktion	
	1	2
Die Sitten im Straßenverkehr sind in den letzten Jahren insg	,269	-,114
Im Vergleich zu früher ärgere ich mich heutzutage öfter über	-,914	,576
Rüpelhafte Fahrer erkennt man oft schon am Erscheinungsbild	-,342	-,388
Manche Autos sind so auffällig ausgerüstet, daß ich dem Besi	,399	,182
Die Art wie jemand Auto fährt und wie er aussieht, passen of	,593	,851
Mein Verhalten im Straßenverkehr hängt stark davon ab, mit w	-,302	,258
Ich benehme mich allen Verkehrsteilnehmern gegenüber in glei	-,155	-,238
Ich glaube, wenn einem jemand sympathisch ist, ist man eher	,876	-,500

Funktionen bei den Gruppen-Zentroiden

	Funktion	
MARKE	1	2
SPEEDY Power	-,746	2,222
SPEEDY Sport	-,889	-,696
SPEEDY Fun	2,435	-6,766E-02

Nicht-standardisierte kanonische Diskriminanzfunktionen, die bezüglich des Gruppen-Mittelwertes bewertet werden

Klassifizierungsstatistiken

Klassifizierungsergebnisse[a]

			Vorhergesagte Gruppenzugehörigkeit			
		MARKE	SPEEDY Power	SPEEDY Sport	SPEEDY Fun	Gesamt
Original	Anzahl	SPEEDY Power	19	0	0	19
		SPEEDY Sport	3	55	0	58
		SPEEDY Fun	0	0	27	27
	%	SPEEDY Power	100,0	,0	,0	100,0
		SPEEDY Sport	5,2	94,8	,0	100,0
		SPEEDY Fun	,0	,0	100,0	100,0

a. 97,1% der ursprünglich gruppierten Fälle wurden korrekt klassifiziert.

Abb. 20-10: SPSS-Ergebnisübersicht zur Diskriminanzanalyse von Beispiel 20-6 (Teil 2)

Die Ergebnisse der Klassifikationphase entnimmt man der letzten Tabelle. Diese Phase solle ja eine Klassifikationsvorschrift liefern, mit deren Hilfe man Fälle unbekannter Herkunft richtig einordnen kann: Ein SPEEDY-Fahrer beantwortet also die 8 Fragen und mit Hilfe dieser Vorschrift lässt sich mit hoher Treffsicherheit sagen, ob er einen Power, Sport oder Fun fährt. Die letzte Tabelle gibt nun den Vergleich zwischen der bekannten Gruppierung und der durch die Klassifikationsvorschrift vorhergesagten Gruppenzugehörigkeit wieder. Die hohe Treffsicherheit von 101 oder 97,1% richtig klassifizierten Fällen sagt auch etwas über die Qualität der Gruppeneinteilung in Bezug auf die vorgegebenen 8 Variablen aus.

21 Computational Statistics

21.1 Einführung

In den Kapiteln über die beschreibende und schließende Statistik wurden statistische Verfahren vorgestellt und anhand zahlreicher Beispielrechnungen verdeutlicht. Diese Rechenarbeiten sind zum Verständnis der Verfahren unverzichtbar. Bei der Bearbeitung von praktisch vorkommendem Datenmaterial wird man heutzutage allerdings auf den Einsatz von Taschenrechnern oder Computern nicht verzichten wollen. Während man bei kleineren Fallzahlen zu preiswerten, mit Statistikoptionen ausgestatteten programmierbaren Taschenrechnern greifen wird, steht in heutigen PC's, die inzwischen Handwerkszeug nicht nur für jeden Wissenschaftler geworden sind, Standardsoftware und Spezialsoftware für elementare und komplexe statistische Berechnungen zur Verfügung. Beispielhaft sollen in den folgenden Abschnitten zunächst die statistischen Fähigkeiten von Tabellenkalkulationssoftware am Beispiel des weltweit verbreiteten Programms EXCEL[1] erläutert werden. Anschließend werden ausgewählte Anwendungen des Statistikprogramms SPSS beschrieben, auf das bereits bei den in Kapitel 20 vorgestellten multivariaten Verfahren zurückgegriffen worden ist.

Es muss dabei aber PC-Grundwissen wie die Bedienung einfacher Windows Anwendungen vorausgesetzt werden. Das betrifft auch elementare EXCEL-Kenntnisse.

21.2 Einfache statistische Berechnungen mit Tabellenkalkulationssoftware EXCEL

Tabellenkalkulation stellt mit Textverarbeitung die häufigste Anwendung des PC dar. Bei der Tabellenkalkulation erscheint der Computerbildschirm wie ein tabellarisches Arbeitsblatt bestehend aus Zellen, die in Zeilen und Spalten angeordnet sind. In diese Zellen kann man Zahlen, Texte und Rechenvorschriften zur Verknüpfung der Zelleninhalte eintragen, deren Ergebnisse sofort berechnet und angezeigt werden. Bei Änderung der Zellen finden sofortige Neuberechnungen statt. Diese "Was-Wäre-Wenn-Rechnung" ist einer der vielen Vorteile der Tabellenkalkulation. Es ist naheliegend, dass diese Arbeitweise für vielfältige Rechenarbeiten aus dem Wirtschaftsleben sehr nützlich ist. Tabellenkalkulationssoftware ist inzwischen soweit ausgereift, dass in diesen Programmen neben den vier Grundrechenarten auch verbreitete Funktionen aus Mathematik und Statistik als Rechenvorschriften zur Verfügung stehen.

Die Berechnung von Parametern der beschreibenden Statistik ist mit EXCEL einfach durchzuführen, da es dafür viele vorgefertigte Funktionen gibt.

[1] Eingetragene Warenzeichen sind nicht besonders gekennzeichnet. Deshalb ist den Bezeichnungen nicht zu entnehmen, ob sie freie Warennamen sind bzw. ob Patente oder Gebrauchsmuster vorliegen.

In einem Bereich (üblicherweise gekennzeichnet durch die linke obere und rechte untere Zelle, z.B. "A1:B10") stehen die Merkmalsausprägungen eines Merkmals einer statistischen Untersuchung. Man platziere in eine freie Zelle die Funktion: MITTELWERT(Bereich). Dort erscheint sofort das **arithmetische Mittel**. Dieser Aufruf kann, wie bei EXCEL üblich, durch Eingabe des Funktionsnamens und der Bereichsangabe erfolgen oder durch Mausklick (Einfügen > Funktion > Statistik > MITTELWERT) und Markieren des Zahlenbereichs. Überflüssig zu erwähnen, was passiert, wenn man analog die EXCEL-Funktionen MODALWERT(Bereich), MEDIAN(Bereich), STABWN (Bereich), VARIANZ(Bereich) aufruft.

Mittelwert (Bereich)

Auch zur Berechnung des **Korrelationskoeffizienten** oder der **Kovarianz** für zwei Merkmale X und Y stehen Funktionen zur Verfügung, bei denen man für jedes der Merkmale einen Bereich angeben muss: KORREL(Bereich für X; Bereich für Y), KOVARIANZ(Bereich für X; Bereich für Y).

Eine lineare **Einfachregression** der Form $y= b_0 + b_1 x$ lässt sich ebenfalls leicht mit EXCEL durchführen, wenn man sich erinnert, dass b_0 der Achsenabschnitt und b_1 die Steigung der Regressionsgeraden bedeuten. Man platziere also in eine freie Zelle die Funktion ACHSENABSCHNITT(Bereich für Y; Bereich für X) zur Berechnung von b_0 und in eine andere freie Zelle die Funktion STEIGUNG(Bereich für Y; Bereich für X) zur Berechnung von b_1.

Diese statistischen Funktionen sollen nun an den Daten des Beispiels 10-1 demonstriert werden. Das entsprechende Arbeitsblatt sieht folgendermaßen aus:

B22 = =STEIGUNG(B2:B11;A2:A11)

	A	B	C	D	E
1	X	Y			
2	4	3,8			
3	3	3,6			
4	7	5,7			
5	5	4,6			
6	2	2,7			
7	10	6,8			
8	8	5,8			
9	11	7,5			
10	6	5,9			
11	9	6,7			
12					
13	x-quer	y-quer			
14	6,5	5,31			
15	s-x	s-y			
16	2,87228132	1,490268432			
17					
18	Cov(x,y)	4,175			
19	r	0,97536014			
20					
21	b0	2,020606061			
22	b1	0,506060606			

Abb. 21-1: EXCEL-Arbeitsblatt für Beispiel 10-1, Darstellung der Ergebnisse

In Abbildung 21-1 sieht man ein Arbeitsblatt mit Berechnungen für das Beispiel 10-1. Es wurden beschreibende Statistiken für X und Y, Kovarianz und Korrelationskoeffizient und die Regressionsgerade y= b_0 x + b_1 berechnet. Das Arbeitsblatt zeigt bereits die Ergebnisse der Rechnung. Alternativ lassen sich die hierfür verwendeten Funktionsaufrufe sichtbar machen (Mausklick: Extras > Optionen > Ansicht > Formeln), siehe Abbildung 21-2.

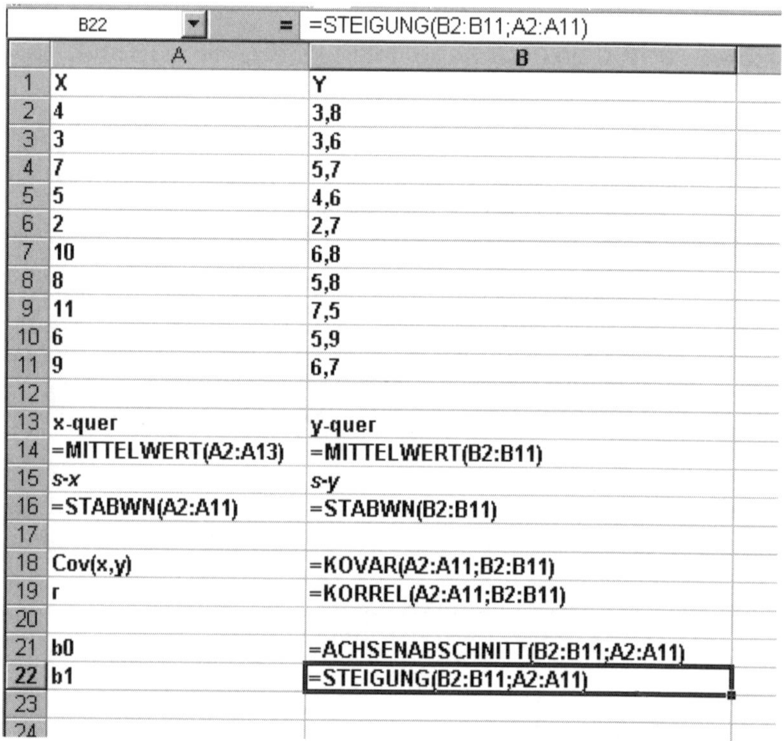
B22 = =STEIGUNG(B2:B11;A2:A11)

	A	B
1	X	Y
2	4	3,8
3	3	3,6
4	7	5,7
5	5	4,6
6	2	2,7
7	10	6,8
8	8	5,8
9	11	7,5
10	6	5,9
11	9	6,7
12		
13	x-quer	y-quer
14	=MITTELWERT(A2:A13)	=MITTELWERT(B2:B11)
15	s-x	s-y
16	=STABWN(A2:A11)	=STABWN(B2:B11)
17		
18	Cov(x,y)	=KOVAR(A2:A11;B2:B11)
19	r	=KORREL(A2:A11;B2:B11)
20		
21	b0	=ACHSENABSCHNITT(B2:B11;A2:A11)
22	b1	=STEIGUNG(B2:B11;A2:A11)
23		
24		

Abb. 21-2: EXCEL-Arbeitsblatt für Beispiel 10-1, Darstellung der Funktionsaufrufe

Am Beispiel des T-Tests für unabhängige Stichproben (in diesem Buch "Differenzentest für Mittelwerte" genannt, vgl. Kapitel 19.6) wird nun gezeigt, wie man mit EXCEL einen statistischen Test durchführt. In der folgenden Abbildung 21-3 sind die Zahlenreihen einer Stichprobe für die Körpergröße von Männern (M) und Frauen (F) angegeben, darunter stehen die jeweiligen Mittelwerte und Standardabweichungen.

empirisches Signifikanzniveau

Als Ergebnis des T-Test erscheint die Zahl *0,013681863*. Dies ist das **empirische Signifikanzniveau.** Hier wird ein deutlicher Unterschied zwischen der Art, wie ein statistischer Test manuell durchgeführt wird und wie er in Computerprogrammen abläuft, erkennbar. Nach der in Kapitel 19 beschriebenen manuellen Methode ist zuerst ein Signifikanzniveau α vorzugeben. Dann wird die Prüfgröße berechnet und ermittelt, ob sie in den von α abhängigen Annahme- oder Ablehnungsbereich der Nullhypothese fällt. Bei Computerprogrammen hingegen wird das "empirische Signifikanzniveau" berechnet, also derjenige Wert für ein Signifikanzniveau, bei dem die aus den vorliegenden Daten ermittelte Prüfgröße gerade den kritischen Wert zwischen Annahme- und Ablehnungsbereich annehmen würde. Fällt das empirische Signifikanzniveau kleiner aus, als das α, was man auch im Falle des Computereinsatzes vorzugeben hat, so ist die Nullhypothese abzulehnen.

B17 = =TTEST(A2:A9;B2:B8;1;3)

	A	B	C	D
1	M	F		
2	175	167		
3	181	165		
4	177	167		
5	172	164		
6	182	172		
7	190	179		
8	173	181		
9	183			
10				
11	x-quer (M)	x-quer (F)		
12	179,125	170,7142857		
13	s-x (M)	s-x (F)		
14	5,64441095	6,340668863		
15				
16				
17	T-Test	0,013681863		
18				

Abb. 21-3: EXCEL-Arbeitsblatt für eine T-Test

Bei einen Signifikanzniveau α=0,05 muss man also die Nullhypothese, dass Männer und Frauen gleich groß sind, ablehnen, da das berechnete empirische Signifikanzniveau von *0,013681863* kleiner ist, und können sagen, dass Männer signifikant (bei einem Signifikanzniveau von α=0,05) größer sind (einseitige Fragestellung) als Frauen. Der T-Test wird durch den Funktionsaufruf TTEST(A2:A9;B2:B8;3;1) oder entsprechende Mausklicks aktiviert. Dabei stehen in den Bereichen A2:A9 und B2:B8 die Werte der zu vergleichenden zwei Gruppen, der dritte Parameter legt fest, ob ein einseitiger (wie hier mit der Zahl 1) oder zweiseitiger Test zu rechnen ist und der vierte Parameter legt die Art des Tests fest (die Zahl 3 bedeutet hier: unabhängige Stichproben mit ungleichen Varianzen).

Die Berechnung von Häufigkeitsfunktionen, also das Auszählen von Merkmalen ("Strichlisten") ist in EXCEL etwas kompliziert, da in diesem Falle das Ergebnis einer statischen Funktion ein Bereich (Tabelle), in dem die als Ergebnis gelieferten Häufigkeiten erscheinen sollen, und nicht eine einzelne Zahl ist. Als erstes ist dieser Zielbereich zu markieren. Dann wird über die Mausklicks Einfügen > Funktion > Statistik > HÄUFIGKEIT der Funktionsaufruf HÄUFIGKEIT(Daten;Klassen) aktiviert. "Daten" ist der Bereich mit den auszuzählenden Daten und "Klassen" steht für diejenigen Zahlenwerte (oder obere Intervallgrenzen), die auszuwerten sind. Die vorher markierte Ergebnismatrix muss eine Zelle mehr haben als der Bereich "Klassen", denn dort erscheint die Anzahl der Werte, die in "Klassen" nicht abgedeckt sind. Wichtig ist dann, dass das Fenster nicht mit "Ende" geschlossen wird, sondern mit der (etwas umständlichen) Eingabe "Strg+Umschalt+Eingabe". Daraufhin erscheint in dem vorher markierten Zielbereich die Häufigkeitsfunktion.

Als Beispiel zählen wir das Merkmal MARKE für die Daten aus Tabelle 20-4 der SPEEDY- Verkehrssicherheitsstudie aus. Das Ergebnis erscheint in Abbildung 21-4.

L8 = {=HÄUFIGKEIT(A2:A105;K8:K10)}

	A	B	C	D	E	F	G	H	I	J	K	L	M
1	MARKE	X1	X2	X3	X4	X5	X6	X7	X8				
2	2	1	3	3	3	2	3	1	2				
3	2	1	1	4	3	1	4	4	1				
4	2	1	2	2	2	2	3	2	2				
5	2	3	3	3	3	1	3	1	2				
6	3	1	2	4	4	3	4	1	4		Häufigkeitsfunktion von MARKE		
7	1	1	3	4	4	4	4	2	2				
8	1	1	4	4	4	2	4	1	3		1	19	
9	2	1	3	1	3	1	1	2	1		2	58	
10	2	2	3	1	1	1	4	1	1		3	27	
11	2	3	3	3	3	2	3	3	2		Rest	0	
12	1	1	1	3	2	4	4	1	1				
13	2	2	2	4	3	2	3	2	2				
14	2	1	3	3	3	2	3	1	4				
15	2	1	2	3	3	2	3	2	2				
16	2	2	3	3	2	2	3	4	2				
17	1	3	4	4	3	3	3	1	2				
18	3	1	2	3	4	3	4	1	3				
19	2	2	3	2	2	1	2	2	1				
20	3	1	1	4	3	3	3	1	3				
21	3	2	1	3	3	3	4	1	4				
22	2	2	2	2	1	2	3	1	2				
23	3	1	1	4	3	4	4	2	4				
24	1	3	3	2	3	3	3	3	1				
25	2	1	3	3	2	2	3	2	2				
26	2	2	1	2	2	1	3	2	2				
27	2	2	2	1	2	1	3	2	2				
28	2	1	2	3	3	1	3	1	1				
29	3	4	3	4	3	3	4	1	4				
30	1	4	4	3	4	4	4	1	2				
31	2	1	2	1	1	1	3	2	2				
32	2	1	1	1	2	1	4	1	1				
33	2	1	1	1	1	1	3	2	2				
34	2	1	1	3	1	1	1	3	1				

häufig

Abb. 21-4: EXCEL-Arbeitsblatt für eine Häufigkeitsfunktion

Auf die umfangreichen Möglichkeiten, mit EXCEL graphische Darstellungen von Häufigkeitsfunktionen herzustellen, sei zum Abschluss nur kurz hingewiesen. Kurzeinführung: man markiere den Bereich der Häufigkeitsfunktion und folge anschließend dem Menü des Diagramm-Assistenten.

21.3 Statistische Berechnung mit SPSS

Das Statistikprogrammsystem SPSS ist bereits seit Mitte der siebziger Jahre weltweit verbreitet und heute Marktführer auf dem Gebiete der statistischen Datenanalyse. Die Abkürzung SPSS stand ursprünglich für "**S**tatistical **P**ackage for the **S**ocial **S**ciences" und hat sich inzwischen zu "**S**tatistical **P**roducts and **S**ervice **S**olution" gewandelt[1]. Ursprünglich für Großrechner entwickelt, bei denen die Eingabe anfangs noch auf Lochkarten erfolgte, gibt es inzwischen Versionen für Mikrocomputer unterschiedlicher Hersteller und Betriebssysteme. Unter WINDOWS ist zur Zeit SPSS for WINDOWS Version 14.0 aktuell. Die Eingabe der Befehle erfolgt heutzutage vorzugsweise per Mausklick, wenngleich ebenso gut eine Eingabe durch Kommandozeilen aus einer Datei, dem Syntaxfenster, erfolgen kann, was insbesondere bei fortgeschrittenen Verfahren empfehlenswert ist. Eine mit einem solchen Statistikpaket durchgeführte Datenanalyse besteht aus drei Teilen: dem Datendefinitions-, dem Datenmodifikations- und dem Datenauswertungsteil.

Datendefinition

Bei der **Datendefinition** müssen die Variablen (Merkmale) festgelegt werden, die in Form einer Datenmatrix einzugeben sind. Die Zeilen entsprechen den Merkmalsobjekten und die Spalten den Variablen, denen man einen Namen geben muss, um bei späteren Auswertungen darauf zugreifen zu können. Die Dateneingabe erfolgt wahlweise - wie zu Lochkartenzeiten - mit einer ASCII-Datei oder durch eine Eingabemaske im Dateneditor, der wie ein Arbeitsblatt in EXCEL erscheint. Darüber hinaus versteht SPSS verschiedene Fremdformate, wie z.B. auch von EXCEL, und einige Programme können fertige SPSS-Dateien liefern.

Datenmodifikation

Datenmodifikationen sind dann erforderlich, wenn die Rohdaten erst durch Rechenoperationen für eine spätere Auswertung aufbereitet werden müssen. Hier bietet SPSS umfangreiche Programmierhilfen an, die hier allerdings nicht weiter behandelt werden können.

Datenauswertung

Zur **Datenauswertung** steht eine Vielzahl von Prozeduren für ein breites Spektrum uni- und multivariater statistischer Verfahren zur Verfügung, von denen wir bereits in Kapitel 20 einige kennen gelernt haben.

Dateneditor
Ausgabefenster
Syntaxfenster

Bei der Arbeit mit SPSS for WINDOWS benutzt man normalerweise drei Fenster, zwischen denen man durch Mausklick auf die Schaltfläche "Fenster" wechseln kann. Diese lassen sich auch als Dateien speichern. Im **Dateneditor** befinden sich die aktuell auszuwertenden Daten, im **Ausgabefenster** erscheinen die Ergebnisse der Auswertungen, und das **Syntaxfenster** kann die Kommandozeilen enthalten, die man entweder selbst dort eingibt oder die als Dokumentation der Mausklicks bei der Auswahl eines bestimmten Verfahrens für spätere Verwendung dorthinein platziert werden (Mausklick: "Einfügen", nachdem man in der Dialogbox eines Verfahrens die Auswahlen getroffen

[1] Nähere Informationen zu SPSS bekommt man im Internet auf der Homepage von SPSS (www.spss.com) oder direkt auf der Homepage von SPSS-Deutschland www.spss.com/germany .

hat). Alle drei Fenster kann man auch editieren. Der Umgang mit SPSS wird nun an einigen Beispielen näher erläutert.

Variablenlabel
Wertelabel

In Abbildung 21-5 ist der Dateneditor, der nach Aufruf von SPSS erscheint, dargestellt. In den ersten beiden Spalten wurden bereits die Zahlen von Beispiel 10-1 eingegeben. Zunächst bezeichnet SPSS diese beiden Variablen automatisch mit VAR1 und VAR2. Mit einem Doppelklick auf den Variablennamen eröffnet sich eine Dialogbox, in der man diesen Namen ändern und weitere Textangaben zu den Variablen eingeben kann, wie Variablenlabel oder Wertelabel, Skalenniveau und Druckformatangaben. Zur besseren Lesbarkeit der Ergebnisse empfiehlt es sich, Variablenlabel, hier "Ausbringungsmenge" und "Kosten" einzugeben. Weiterhin wurde bereits die Schaltfläche "Analysieren" und in dem sich dann öffnenden Popdownmenue mit Auswertungsverfahren "Deskriptive Statistiken" angeklickt, was die Auswahl für verschiedene Verfahren der beschreibenden Statistik anbietet. Wählt man nun ein bestimmtes Verfahren aus, öffnet sich eine Dialogbox, in der man Einzelheiten des jeweiligen Verfahrens wie die zu berücksichtigende Variablen und weitere Optionen auswählen kann. Anklicken von "OK" löst das Verfahren aus. Es erscheint das Ausgabefenster mit den Ergebnissen. Klickt man statt dessen in der Dialogbox auf die Schaltfläche "Einfügen", so schreibt SPSS die Kommandozeilen in das Syntaxfenster, was dann angezeigt wird. Auch hieraus kann man durch Mausklick auf "Ausführen" Ergebnisse berechnen und im Ausgabefenster anzeigen lassen.

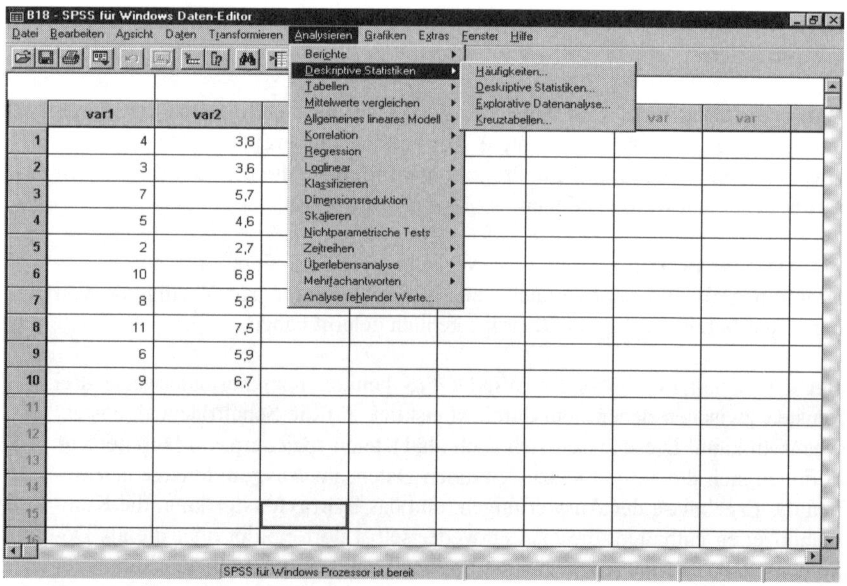

Abb. 21-5: SPSS Dateneditor für das Beispiel 10-1 mit ausgeklappten Popdown Menues

Abbildung 21-6 zeigt das Ausgabefenster mit den Ergebnissen der Berechnung der Korrelationskoeffizienten zwischen den Variablen Ausbringungsmenge und Kosten aus Beispiel 10-1. Mausklick: "Analysieren > Korrelation > bivariat". In der Dialogbox, die dann erscheint, wurden die beiden Variablen VAR1 und VAR2 ausgewählt und der Korrelationskoeffizient nach Pearson. Anklicken der "Optionen" erlaubt die Auswahl weiterer statistischer Parameter. Die Kommandozeilen im Syntaxfenster (Mausklick: "Einfügen") erscheinen als erste im Ausgabefenster. Es folgen die deskriptiven Statistiken, arithmetisches Mittel und Standardabweichung, für die beiden Variablen. In der nächsten Tabelle liest man den Korrelationskoeffizient **r**=0,975 ab. Dass dieser bei einem Signifikanzniveau von α=0,01 signifikant von Null verschieden, ist erkennt man an den beiden Sternchen an der Zahl 0,975 (ein Sternchen würde bei α=0,05 erscheinen). Das genaue empirische Signifikanzniveau des zweiseitigen Tests (Nullhypothese: r=0) wird mit 0,000 angegeben. Das bedeutet aber nicht, wie oft fälschlicherweise vermutet, dass es Null ist. Es ist vielmehr so klein, dass es mit den 3 Dezimalen nicht darstellbar ist. Die Bedeutung des empirischen Signifikanzniveaus bei statistischen Tests mit Computerprogrammen wurde bereits im vorigen Abschnitt 21.2 erläutert.

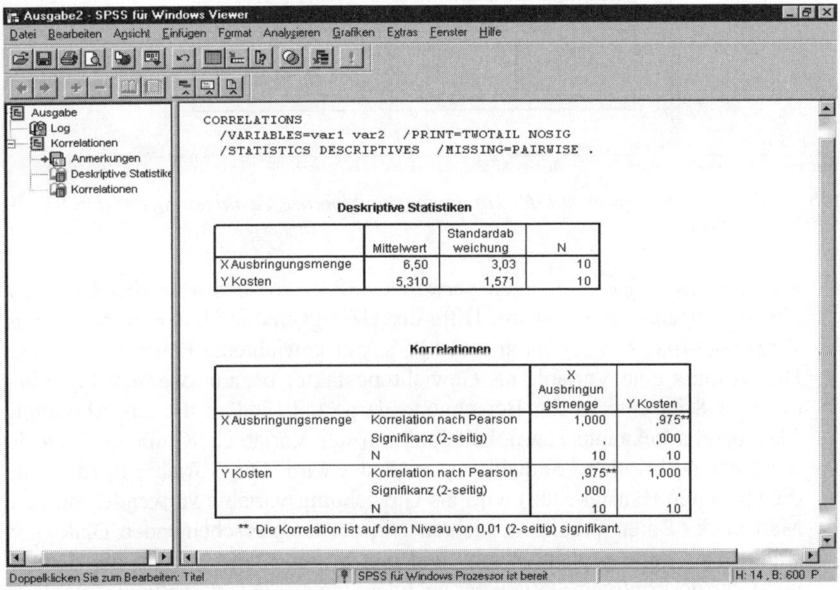

Abb. 21-6: Ausgabefenster mit der Korrelationsrechnung von Beispiel 10-1

Einfache Häufigkeitsfunktionen sind mit SPSS erheblich einfacher zu berechnen als mit EXCEL, wo ja bekanntlich eine Vorgabe des Wertebereichs erforderlich ist. SPSS kann Häufigkeitsauszählungen auch mit Variablen vornehmen, deren Wertebereich von vornherein unbekannt ist oder aus beliebigen Zeichenketten besteht. Mausklick: "Analysieren > Deskriptive Statistiken > Häufigkeiten". Als Beispiel zeigen wir die Häufigkeitsfunktion des Merkmals X_2 ("Im Vergleich zu früher ärgere ich mich heutzutage öfter über andere Verkehrsteilnehmer") für die Daten der SPEEDY-Verkehrssicherheitsstudie aus Tabelle 20-4. Das Ergebnis erscheint in Abbildung 21-7. Die Ausgabe enthält zuerst die Kommandozeilen des zugehörigen Syntaxfensters. Es folgen die angeforderten deskriptiven Statistiken und danach die Häufigkeitsfunktion der Variablen X_2, die keiner weiteren Erläuterung bedürfen. Weiterhin kann man eine graphische Darstellung in Form von Kreis- oder Säulendiagrammen anfordern.

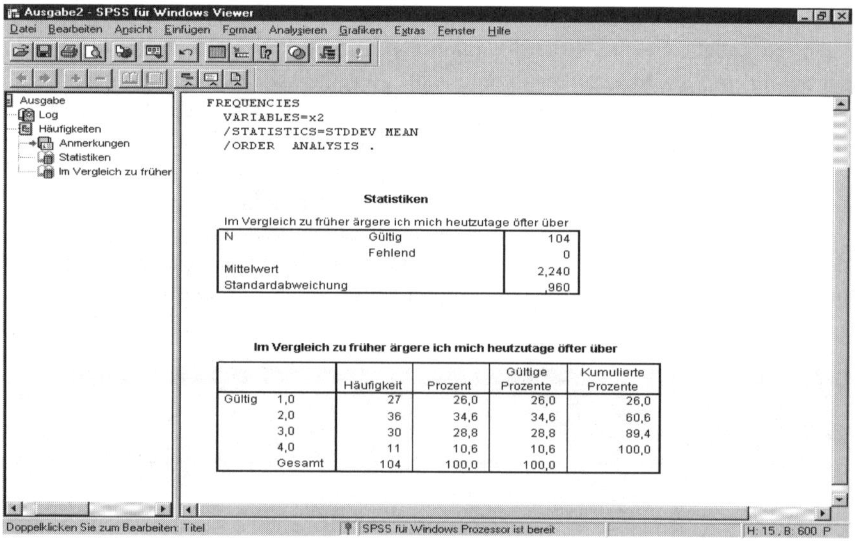

Abb. 21-7: Ausgabefenster mit der Häufigkeitsfunktion der Variablen X_2 aus der Tabelle 20-4

gewichtete Fälle

Für statistische Berechnungen verwendet SPSS vorzugsweise die Rohdaten. Um statistische Parameter mit Hilfe der Häufigkeitsfunktionen zu berechnen, verwendet man die Fähigkeit von SPSS, mit gewichteten Fällen zu rechnen. Hierzu muss eine Variable als Gewichtungsfaktor benannt werden. In Abbildung 21-8 ist eine solche Berechnung dargestellt, indem die aus Abbildung 21-7 bereits bekannte Häufigkeitsfunktion der Variablen X_2 für die Berechnung der deskriptiven Statistiken verwendet wird. Die Variable hi (das sind die absoluten Häufigkeiten) wird als Gewichtungsvariable verwendet mit dem Mausklick "Daten > Fälle gewichten". In der dann erscheinenden Dialogbox wählt man "Fälle gewichten mit" und gibt hi ein. Mausklick für die Berechnung der deskriptiven Statistiken, nachdem zuvor die Gewichtungsvariable hi festgelegt wurde: "Analysieren > Deskriptive Statistiken > Deskriptive Statistiken". In der Dialogbox wählt man als Variable xi aus. Das Syntaxfenster mit den entsprechenden Kommandozeilen ist in Abbildung 21-8 ebenfalls eingeblendet. Wir sparen uns den Ausdruck des Ausgabefensters für diese Aufgabe, da klar ist, dass die gleichen Ergebnisse für das arithmetische Mittel (=2,24) und die Standardabweichung (=0,96) wie in Abbildung 21-7 herauskommen müssen.

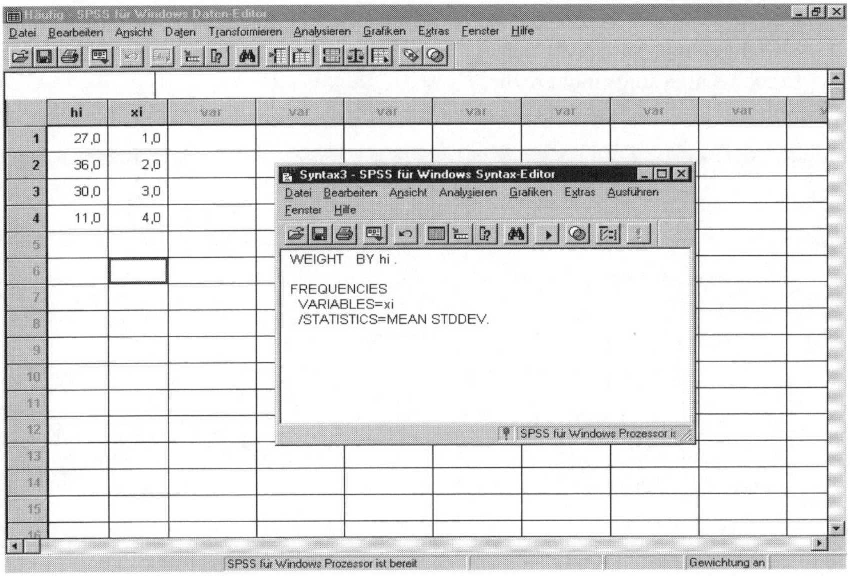

Abb. 21-8: Berechnung von deskriptiven Statistiken aus einer Häufigkeitsfunktion der Variablen X_2 aus der Tabelle 20-4

einfache Varianzanalyse

Als letztes Beispiel wird in Abbildung 21-9 das Ausgabefenster für eine einfache Varianzanalyse gezeigt. Hiermit soll in der SPEEDY-Verkehrssicherheitsstudie überprüft werden, ob es zwischen den Besitzern verschiedener SPEEDY-Marken in der Variablen X_2 Unterschiede gibt. Als Gruppierungsvariable (Faktor) wird also die Variable MARKE und als abhängige Variable X_2 verwendet. Nachdem die Datenmatrix der SPEEDY-Verkehrssicherheitsstudie aus Tabelle 20-4 ins Datenfenster geladen ist, Mausklick: "Datei > öffnen", dann "auto.sav" auswählen (das ist hier der Name dieser SPSS-Datei), wird die Schaltfläche "Analysieren" angeklickt. Die einfache Varianzanalyse wird dann mit den Mausklicks: "Mittelwerte vergleichen > einfaktorielle ANOVA" aufgerufen. In der Dialogbox wähle man X_2 als abhängige Variable und MARKE als Faktor aus. Das Ausgabefenster enthält zunächst wieder die Kommandozeilen des zugehörigen Syntaxfensters. Es folgen deskriptive Statistiken der Variablen X_2 für die jeweiligen Gruppen (SPEEDY-Marken) und Gesamt. Die Ergebnisse der eigentlichen Varianzanalyse stehen in der mit ANOVA (**An**alysis **o**f **V**ariance) überschriebenen Tabelle. Darin sind die in Kapitel 19.7 beschriebenen Varianzen der beobachteten Mittelwerte ("zwischen den Gruppen") und die gepolten Varianzen ("innerhalb der Gruppen") angegeben und die daraus berechnete Prüfgröße **F**. Der Wert von F=21,8338 (bei 2 und 101 Freiheitsgraden) entspricht einem empirischen Signifikanzniveau von kleiner als 0,0005, da es mit den 3 Stellen der in der Spalte "Signifikanz" abgedruckten Zahl "0,000" nicht dargestellt werden kann. Bei Vorgabe eines Signifikanzniveaus von α=0,01 ist also die Nullhypothese ("die Mittelwerte der drei Gruppen sind gleich") abzulehnen. Also unterscheiden sich die Besitzer der drei Marken "SEEDY-Power", "SPEEDY-Sport" und "SPEEDY-Fun" signifikant (α=0,01) bezüglich der Variablen X_2, also bezüglich der Aussage "Im Vergleich zu früher ärgere ich mich heutzutage öfter über andere Ver-

ANOVA

kehrsteilnehmer". Nachdem wir in Kapitel 20.5 bereits eine Diskriminanzanalyse gerechnet hatten, in der die Variable X_2 vorkommt, wundert uns dieses Ergebnis allerdings nicht mehr.

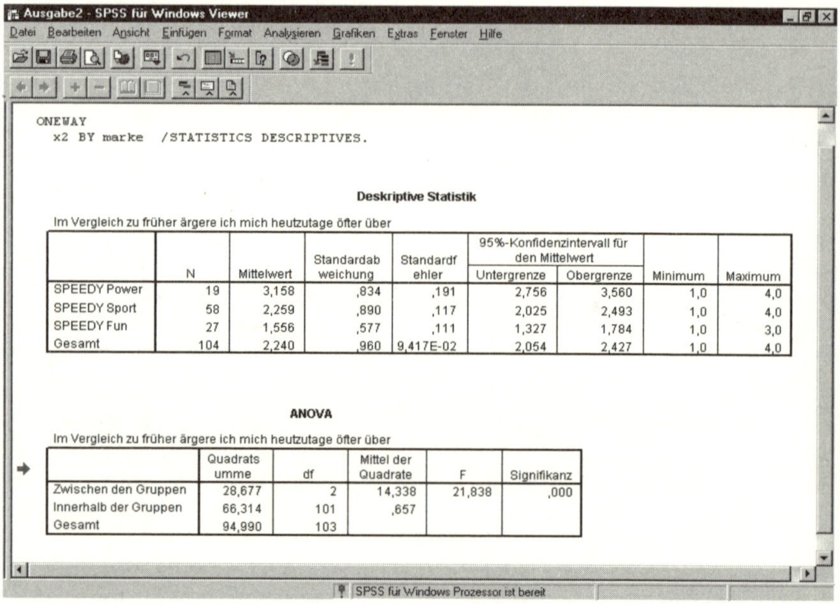


```
ONEWAY
  x2 BY marke  /STATISTICS DESCRIPTIVES.
```

Deskriptive Statistik

Im Vergleich zu früher ärgere ich mich heutzutage öfter über

	N	Mittelwert	Standardabweichung	Standardfehler	95%-Konfidenzintervall für den Mittelwert: Untergrenze	Obergrenze	Minimum	Maximum
SPEEDY Power	19	3,158	,834	,191	2,756	3,560	1,0	4,0
SPEEDY Sport	58	2,259	,890	,117	2,025	2,493	1,0	4,0
SPEEDY Fun	27	1,556	,577	,111	1,327	1,784	1,0	3,0
Gesamt	104	2,240	,960	9,417E-02	2,054	2,427	1,0	4,0

ANOVA

Im Vergleich zu früher ärgere ich mich heutzutage öfter über

	Quadratsumme	df	Mittel der Quadrate	F	Signifikanz
Zwischen den Gruppen	28,677	2	14,338	21,838	,000
Innerhalb der Gruppen	66,314	101	,657		
Gesamt	94,990	103			

Abb. 21-9: Einfache Varianzanalyse der unabhängigen Variablen X_2 mit der Gruppierungsvariablen MARKE aus der Tabelle 20-4

Lösungshinweise zu den Übungsaufgaben

Nachfolgend werden Lösungshinweise zu den gestellten Übungsaufgaben gegeben. Dies können aus Platzgründen keine vollständigen Lösungen mit allen Zwischen- und Nebenrechnungen sein, sondern nur Endergebnisse zur Lösungskontrolle. Ist zu einer Aufgabe keine Lösung angegeben, ergibt sich diese unmittelbar aus den entsprechenden Ausführungen des jeweiligen Kapitels.

6. a) nominalskaliert b) intervallskaliert c) verhältnisskaliert
   d) nominalskaliert e) ordinalskaliert f) verhältnisskaliert

7. a) nominalskaliert b) intervall- oder verhältnisskaliert, je nach betriebswirtschaftlicher Interpretation des "Betriebserfolges"
   c) verhältnisskaliert d) nominalskaliert e) ordinalskaliert
   f) intervallskaliert g) verhältnisskaliert

9. Es gibt bei n=10 Elementen n! = 10! = 3.628.800 verschiedene Anordnungsmöglichkeiten (=Permutationen).

10. ABCD ACBD ADBC BACD BCAD BDAC CABD CBAD CDAB DABC DBAC DCAB
    ABDC ACBD ADCB BADC BCDA BDCA CADB CBDA CDBA DACB DBCA DCDA

11. Da n=3, gibt es n! = 3! = 6 verschiedene mögliche Touren, nämlich:
    $A \to B \to C$ $B \to A \to C$ $C \to A \to B$ $A \to C \to B$ $B \to C \to A$ $C \to B \to A$

12. Für die angegebene Menge gibt es

$$\frac{5!}{3!} = \frac{120}{6} = 20 \text{ Permutationen mit Wiederholungen,}$$

nämlich:
ABBBC CABBB BACBB BBBAC BCBBA ABBCB CBABB BCABB BBBCA BBCBA ABCBB
CBBAB BBACB BABBC BABCB ACBBB CBBBA BBCAB BBABC BCBAB

13.

$$^{w}P_n^k = \frac{n!}{k_1! \cdot k_2!} = \frac{15!}{9! \cdot 6!} = 5.005$$

14.

$$\binom{5}{4} = 5 \quad \binom{10}{6} = 210 \quad \binom{15}{7} = 6.435 \quad \binom{19}{15} = \binom{19}{4} = 3.876 \quad \binom{6}{9} = 0$$

15.

$$C_{20}^{6} = \binom{20}{6} = 38{,}760$$

16.

$$C_{49}^{5} = \binom{49}{5} = \frac{49 \cdot 48 \cdot 47 \cdot 46 \cdot 45}{1 \cdot 2 \cdot 3 \cdot 4 \cdot 5} = 1.906.884$$

17.

$$a)\binom{8}{6}=28 \quad b)\binom{6}{4}=15 \quad c)\binom{4}{3}\cdot\binom{4}{3}+\binom{4}{4}\cdot\binom{4}{2}=16+6=22$$

18. Es handelt sich um Kombinationen mit Wiederholungsmöglichkeit:

$$^{W}C_{12}^{5}=\binom{n+k-1}{k}=\binom{12+5-1}{5}=\binom{16}{5}=4.368$$

19.

$$^{W}C_{8}^{4}=\binom{8+4-1}{4}=\binom{11}{4}=330$$

20.

$$V_{20}^{15}=\left(\frac{n!}{(n-k)!}\right)=\frac{20!}{(20-15)!}=\frac{20!}{5!}=2{,}02741834\cdot 10^{16}$$

21.

$$V_{10}^{4}=\frac{10!}{(10-4)!}=\frac{10!}{6!}=5.040$$

22.

$$V_{5}^{2}=\frac{5!}{(5-2)!}=\frac{5!}{3!}=20$$

23.

$$^{W}V_{3}^{5}=n^{k}=3^{5}=243$$

24.

$$^{W}V_{4}^{2}=4^{2}=16$$

25.

$$^{W}V_{10}^{3}=10^{3}=1.000$$

28.

	Konfession	Häufigkeit	
		absolut	relativ
i	x_i	h_i	f_i
1	Römisch-katholisch	8.260.295	0,4943
2	Evangelisch	5.979.042	0,3578
3	Islamisch	573.280	0,0343
4	Jüdisch	7.216	0,0004
5	Sonstige	333.842	0,0200
6	ohne	1.558.170	0,0932
	Summen	16.711.845	1,0000

29.

	Automarken	Häufigkeiten	
		absolut	relativ
i	x_i	h_i	f_i
1	Opel	326	0,34
2	VW	301	0,31
3	Ford	136	0,14
4	Renault	120	0,13
5	Fiat	80	0,08
	Summen	963	1,00

30.

	Anzahl der tankenden Kunden in einer Stunde	Häufigkeit	
		absolut	relativ
i	x_i	h_i	f_i
1	0	1	0,042
2	1	1	0,042
3	2	3	0,125
4	3	1	0,042
5	4	2	0,083
6	5	1	0,042
7	6	1	0,042
8	7	3	0,125
9	8	4	0,166
10	9	2	0,083
11	10	5	0,208
	Summen	24	1,000

32.

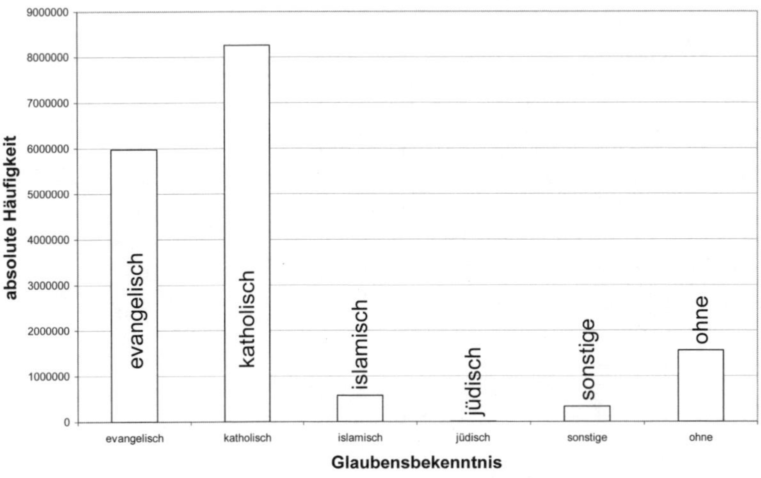

33.

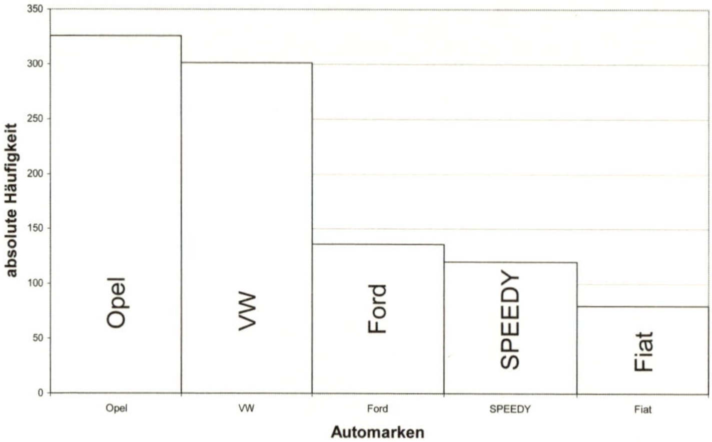

34.

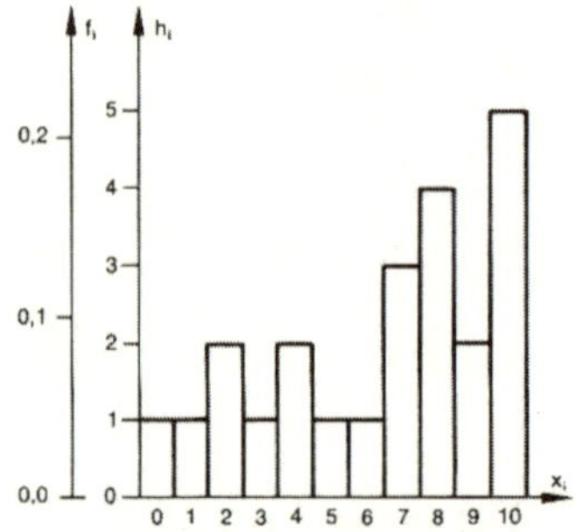

35.

	Farbe				
Automarke	Weiß	Rot	Grün	Blau	gelb
VW	30	25	16	24	15
Opel	27	20	30	13	10
SPEEDY	34	26	17	13	10
Audi	15	14	12	13	26
Mercedes	8	13	7	18	4
Sonstige	20	12	13	15	10

37.

Punkte	Klasse (=Zensur)	Häufigkeiten	
		absolut	relativ
0-24	6	1	0,1
25-49	5	1	0,1
50-64	4	3	0,3
65-79	3	3	0,3
89-90	2	1	0,1
91-100	1	1	0,1
	Summen	10	1,0

38.

Punkte	Klasse (=Zensur)	Häufigkeiten	
		absolut	relativ
0-24	6	4	0,0533
25-49	5	4	0,0533
50-63	4	16	0,2134
64-76	3	21	0,2800
77-90	2	18	0,2400
91-100	1	12	0,1600
	Summen	75	1,0000

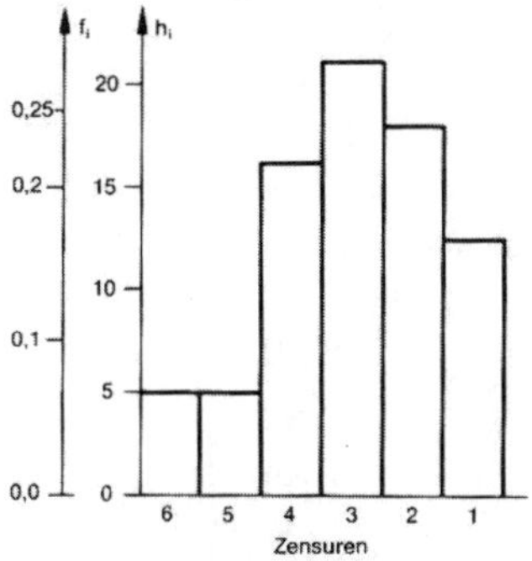

41.

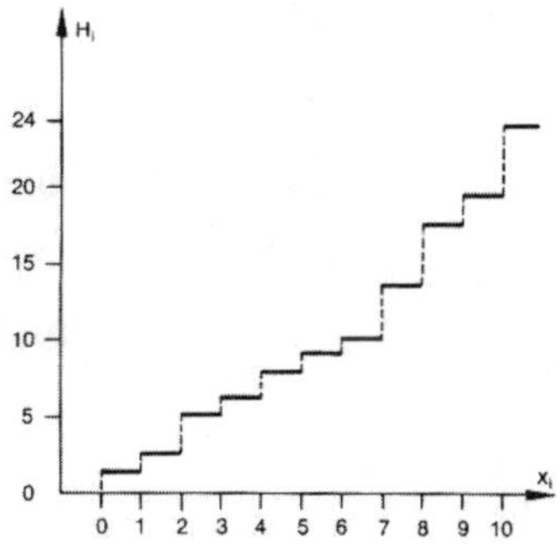

42.

Klasse	Häufigkeit		Kumulierte Häufigkeit	
j	absolut h_j	relativ f_j	absolut H_j	relativ F_j
>150-160	9	0,18	9	0,18
>160-170	23	0,46	32	0,64
>170-180	14	0,28	46	0,92
>180-190	2	0,04	48	0,96
>190-200	2	0,04	50	1,00

Abbildungen zu 42.:

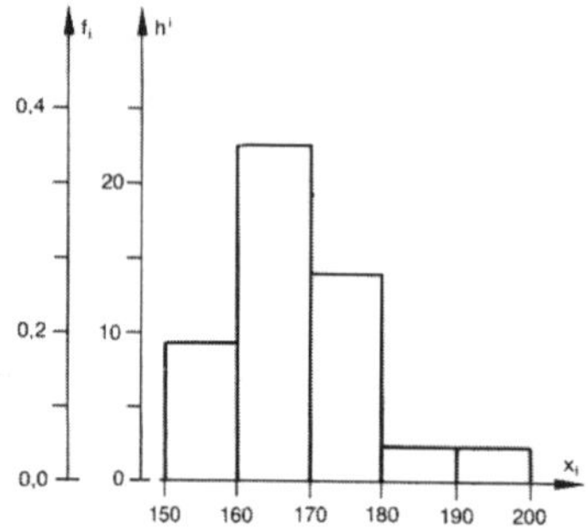

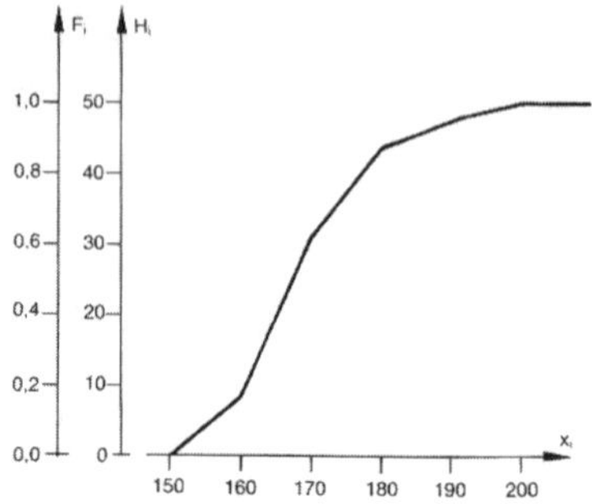

43.

	Bruttomonats-verdienst	Häufigkeit		Kumulierte Häufig-keit	
Klasse	[GE]	absolut	relativ	absolut	relativ
j	x_j	h_j	f_j	H_j	F_j
1	500- 699	6	0,012	6	0,012
2	700- 899	20	0,040	26	0,052
3	900-1099	47	0,094	73	0,146
4	1100-1299	54	0,108	127	0,254
5	1300-1499	60	0,120	187	0,374
6	1500-1699	59	0,118	246	0,492
7	1700-1899	54	0,108	300	0,600
8	1900-2099	48	0,096	348	0,696
9	2100-2299	44	0,088	392	0,784
10	2300-2499	42	0,084	434	0,868
11	2500-2699	40	0,080	474	0,948
12	2700-2899	26	0,052	500	1,000

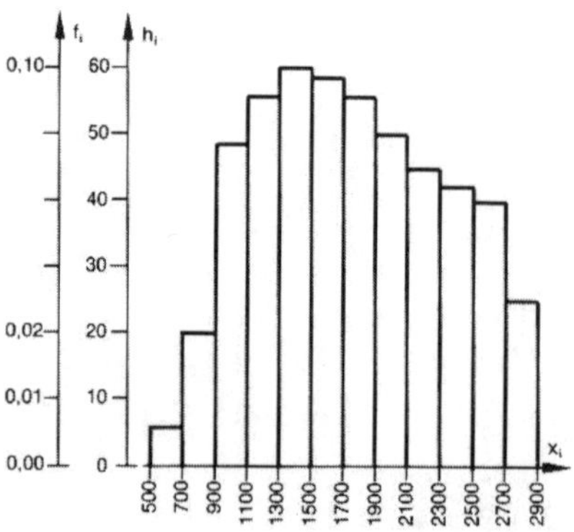

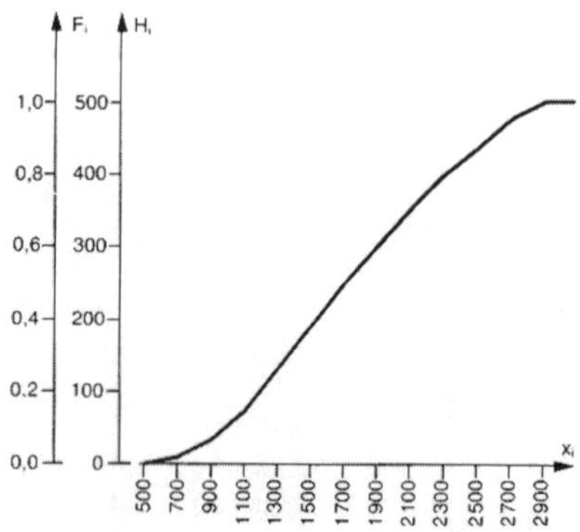

44.

a) $h_{1\bullet}=20$ $h_{3\bullet}=50$ $h_{\bullet 1}=40$ $h_{\bullet 3}=20$

b)

Y / X	y_1	y_2	y_3	Σ
x_1	0,10	0,05	0,05	0,20
x_2	0,10	0,15	0,05	0,30
x_3	0,20	0,20	0,10	0,50
Σ	0,40	0,40	0,20	1,00

c)

	y_2
x_1	5
x_2	15
x_3	20
	40

d)

	y_2
x_1	0,125
x_2	0,375
x_3	0,500
	1,000

45.

a), b)

Ausstattungs-Variante / Land	X-2	X-4	L-2	L-4	Σ
F	50	120	150	80	400
S	10	120	50	120	300
I	40	60	100	100	300
Σ	100	300	300	300	1000

c)

Ausstattungs-Variante / Land	X-2	X-4	L-2	L-4	Σ
F	0,05	0,12	0,15	0,08	0,4
S	0,01	0,12	0,05	0,12	0,3
I	0,04	0,06	0,10	0,10	0,3
Σ	0,1	0,3	0,3	0,3	1,0

d)

Land	F	S	I	Σ
$h_{ij/j=2}$	150	50	100	300
$f_{ij/j=2}$	0,50	0,167	0,333	1,000

Land	F	S	I	Σ
$h_{ij/j=1}$	50	10	40	100
$f_{ij/j=1}$	0,50	0,10	0,40	1,00

Ausst.	X-2	X-4	L-2	L-4	Σ
$h_{ij/i=1}$	50	120	150	80	400
$f_{ij/i=1}$	0,125	0,300	0,375	0,200	1,000

Ausst.	X-2	X-4	L-2	L-4	Σ
$h_{ij/i=3}$	40	60	100	100	300
$f_{ij/i=3}$	0,134	0,200	0,333	0,333	1,000

50. Mo = 1.300-1.499 Mo_f = 1.470,57

51. Me = 1.700-1.899 Me_f = 1.714,74

52. Me_f = 685,71

53. $\overline{x} = 1.754,80$

54. Die mittlere Verzinsung liegt bei 9,961%, denn: $G = \sqrt[6]{1{,}76778} = 1{,}09661$

55. $G = \sqrt[6]{1 \cdot 2 \cdot 3 \cdot 4 \cdot 5 \cdot 6} = \sqrt[6]{3.780} = 3{,}947$

56. G = 1,11497. Die mittlere Wachstumsrate beträgt rund 11,5%

57. $\bar{x} = 3{,}389$ $s^2 = 2{,}349$ $s = 1{,}533$

58. $\bar{x} = 5{,}30$ $s = 2{,}28$

59. $s^2 = 329.556{,}96$ $s = 574{,}07$

61.

a) Mo = 1 (Feinberechnung nicht möglich) Me = 5 (Feinberechnung nicht möglich)
$\bar{x} = 4{,}72$ R = 8 $s^2 = 7{,}8016$ $s = 2{,}7931$

b) absolute Streuung : s = 2,7931 relative Streuung : CV = 59,177%

62.

a)

I	Geschwindigkeits-klasse	x_i'	Häufigkeit absolut h_i	Häufigkeit relativ f_i	$x_i' \cdot h_i$	$(x_i')^2$	$x_i'^2 \cdot h_i$
1	>45-47	46	2	0,067	92	2.116	4.232
2	>47-49	48	9	0,300	432	2.304	20.736
3	>49-51	50	7	0,233	350	2.500	17.500
4	>51-53	52	7	0,233	364	2.704	18.928
5	>53-55	54	4	0,133	216	2.916	11.664
6	>55-57	56	1	0,034	56	3.136	3.136
7	>57-59	58	0	0,000	0	0	0
	Summen		30	1,000	1.510		76.196

b)

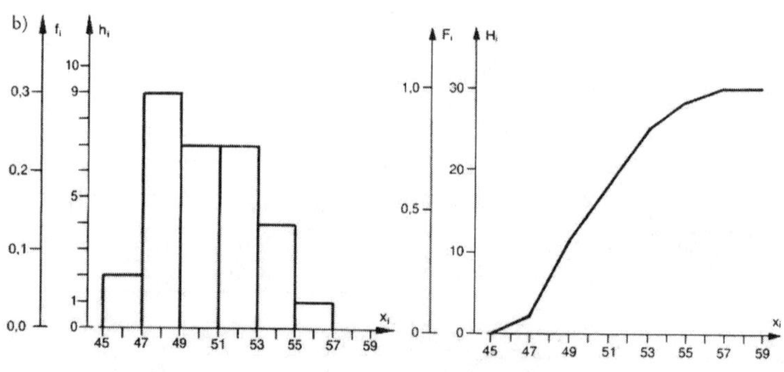

c) $\bar{x} = 50{,}33\,\text{km/h}$

d) Die Abweichung ergibt sich daraus, dass die x_i nicht gleichmäßig in den jeweiligen Merkmalsklassen verteilt sind. Damit sind die x_i' nicht repräsentativ für die Merkmalsklassen.

e) s = 2,534

63. Vergleich der absoluten Streuungen: $(s_1 = 4{,}9) > (s_2 = 4{,}5)$
Vergleich der relativen Streuungen: $(CV_1 = 14{,}516\%) > (CV_2 = 14{,}0\ \%)$

64. Mo = 2 Me = 3 $\bar{x} = 3$ G = 2,826 R = 3 s = 1,6069 CV = 35,635%

65. $\bar{x} = 4$ $\bar{y} = 2{,}2$ $s_x = 1{,}265$ $s_y = 0{,}748$ COV(X,Y) = 0,4

68. $\bar{x} = 9$ Die durchschnittliche Entfernung zwischen Wohnung und Arbeitsstätte beträgt 9 km.

$\bar{y} = 2$ Im Durchschnitt werden 2 Personen pro Fahrzeug transportiert.

$s_x = 2$ Die Entfernungen zwischen Wohnung und Arbeitsstätte streuen durchschnittlich um 2 km.

$s_y = 0{,}7746$ Die Zahl der transportierten Personen streut durchschnittlich um 0,7746 Personen.

COV(X,Y) = +0,25 Die Merkmale variieren **gleichläufig**. Je länger die Entfernung ist, desto mehr Personen werden tendenziell befördert.

69.
a) $\bar{x} = 4$ $\bar{y} = 3{,}4$ $s_x = 0{,}6325$ $s_y = 1{,}4967$ COV(X,Y) = 0,4
b) Merkmal Y hat die größere absolute Streuung.
Merkmal Y hat die größere relative Streuung: $(CVy = 44{,}02\%) > (CV_x = 15{,}81\%)$

70.
a) $\bar{x} = 2{,}5938$ Der durchschnittliche Kunstdüngereinsatz pro Feld betrug 2,5938 dz.
$\bar{y} = 5{,}1875$ Der durchschnittliche Ernteertrag pro Feld betrug 5,1875 t.
b) $s_x = 1{,}1141$ dz $s_y = 1{,}5499$ t
c) COV(X,Y) = 0,3887.

73. $y = -0{,}5 + 0{,}75 \cdot x$ 74. R = 0,9487 75. $Y = 442{,}857 + 5{,}1027 \cdot x$

76. a) $y = 19{,}9298 + 5{,}0526 \cdot x$ b) r = 0,9876 c) $y_{11} = 75{,}50877$ t.

77. b) $y = 16{,}2 + 4{,}1 \cdot x$ c) $y_{70} = 303{,}2$

78. a) $y = 15.000 + 5 \cdot x$ b) $a_1 = 15.000$ = Fixkosten
$b_1 = 5$ = Grenzkosten (pro Stück)
c) r = 0,9899 sehr starker, gleichläufiger Zusammenhang
c) wenn y = 10.000, dann gilt: x = 65.000

79. a) $y = -6{,}16 + 2{,}95 \cdot x$ b) r = 0,8808

80. a) (1) $\bar{x} = 169$ cm $\bar{y} = 72$ kg
(2) $s_x = 12{,}05$ cm $s_y = 12{,}98$ kg
(3) COV(X,Y) = 122,9
(4) $y = -71{,}045 + 0{,}846 \cdot x$
(5) $x = 116{,}454 + 0{,}730 \cdot y$
(6) r = 0,786

81. $y = 24{,}236 \cdot x^{2{,}0153}$ 82. $y = 27.823{,}18 \cdot x^{-4{,}22}$ 83. $y = 5{,}218 \cdot 1{,}414^x$

84. a) $y = 3{,}8488 \cdot 1{,}105^x$ b) für Beobachtungsjahr x = 14: $y_{14} = 15{,}6$

85. $U_{01} = 103{,}23$ $U_{02} = 106{,}23$ $U_{03} = 111{,}10$

86. ${}_{L}P_{01} = 102{,}16$ ${}_{L}P_{02} = 106{,}16$ ${}_{L}P_{03} = 109{,}33$

87. ${}_{P}P_{01} = 102{,}31$ ${}_{P}P_{02} = 106{,}19$ ${}_{P}P_{03} = 109{,}93$

88. ${}_{L}Q_{01} = 120{,}43$ ${}_{L}Q_{02} = 106{,}63$ ${}_{L}Q_{03} = 147{,}39$

${}_{P}Q_{01} = 120{,}6$ ${}_{P}Q_{02} = 106{,}67$ ${}_{P}Q_{03} = 148{,}19$

89. $U_{01} = 123{,}21$ $U_{02} = 113{,}24$ $U_{03} = 162{,}02$

90.

a) ${}_{L}P_{01} = 120{,}0$ ${}_{L}P_{02} = 102{,}9$ ${}_{P}P_{01} = 123{,}4$ ${}_{P}P_{02} = 84{,}8$

b) ${}_{L}Q_{01} = 177{,}1$ ${}_{L}Q_{02} = 188{,}6$ ${}_{P}Q_{01} = 123{,}4$ ${}_{P}Q_{02} = 155{,}6$

c) $U_{01} = 218{,}6$ $U_{02} = 160{,}0$

91.

$${}_{P}P_{01} = \frac{p_1 \cdot q_1}{p_0 \cdot q_1} \cdot 100 = 137{,}82 \qquad {}_{L}Q_{01} = \frac{q_1 \cdot p_0}{q_0 \cdot p_0} \cdot 100 = 147{,}62$$

92.

a)

Jahr	Land X	Land Y
1990	63,69	43
1995	100,00	100
1996	103,82	108
1997	107,01	115
1998	110,83	122
1999	115,29	127
2000	119,75	138

b)

Jahr	Land X	Land Y
1990	100	100,00
1995	157	232,56
1996	163	251,16
1997	168	267,44
1998	174	283,72
1999	181	295,35
2000	188	320,93

93.

a)

Jahr	Land A	Land B
1985	100	100
1992	140	110
1995	200	125
1996	230	145
1997	270	160
1998	300	175
1999	330	185
2000	340	190

b)

Jahr	Land A	Land B
1985	50	80
1992	70	88
1995	100	100
1996	115	116
1997	135	128
1998	150	140
1999	165	148
2000	170	152

94.

a) b)

	Preisindex für die Lebenshaltung	
Jahr	Alter Index $I_{80,t}$	Neuer Index $I^*_{85,t}$
1980	100,0	***82,64***
1981	106,3	***87,85***
1982	111,9	***92,48***
1983	115,6	***95,54***
1984	118,4	***97,85***
1985	121,0	100,0
1986	***120,88***	99,9
1987	***121,12***	100,1
1988	***122,69***	101,4
1989	***126,08***	104,2
1990	***129,47***	107,0

95.

a) b)

Jahr	Alter Index	Neuer Index
1992	100	***80***
1993	105	***84***
1994	110	***88***
1995	115	***92***
1996	120	***96***
1997	125	100
1998	***135***	108
1999	***150***	120
2000	***155***	124
2001	***165***	132

96.

Jahr	1995	1996	1997	1998	1999	2000	2001
Reallohnindex	121,7	127,1	129,8	132,3	135,3	137,8	136,7

97.

Jahr	1992	1993	1994	1995	1996	1997	1998	1999	2000	2001
Umbasierter Preisindex	100,0	112,5	117,5	125,0	162,5	175,0	185,0	195,0	202,5	207,5
Deflationierter Exportwertindex	100,0	106,7	114,9	120,0	99,7	102,9	108,1	112,8	121,0	130,1

98.

Jahr	Preisindex	Differenz zum Vorjahr (in Prozentpunkten)	Steigerungsrate zum Vorjahr [in %]
1991	100,0		
1992	104,0	4,0	4,00
1993	107,7	3,7	3,59
1994	110,6	2,9	2,69
1995	112,5	1,9	1,72
1996	114,1	1,6	1,42
1997	116,7	2,6	2,28

99.

b)

Beobachtungsjahr	Umsatz	Gleitende Dreier-Mittel	Gleitende Fünfer-Mittel
1	16		
2	17	17,0	
3	18	18,3	18,6
4	20	20,0	20,2
5	22	22,0	22,2
6	24	24,3	24,4
7	27	26,7	26,4
8	29	28,7	28,2
9	30	30,0	30,0
10	31	31,3	31,8
11	33	33,3	
12	36		

c) Man erhält als lineare Trendfunktion: $U = 13{,}23 + 1{,}85 \cdot t$

d) $U_{(14)} = 39{,}12$ $U_{(16)} = 42{,}82$

100.

a) $U = 8 + 2 \cdot t$

b) $U_6 = 20$ $\overline{x}_6 = 10$

$U_7 = 22$ $\overline{x}_7 = 11$

$U_8 = 24$ $\overline{x}_8 = 12$

c)

Halbjahr	Umsatz Jahr 1	2	3	4	5	Saisonindices im Jahr $S_{i \bullet j}$ 1	2	3	4	5	Durchschnitt S_j
1	4	5	6	7	8	80,0	83,3	85,7	87,5	88,9	85,1
2	5	6	7	8	9	120,0	116,7	114,3	112,5	111,1	114,9

d) $U_{6\bullet 1}$= 8,5 $U_{6\bullet 2}$=11,5 $U_{7\bullet 1}$=9,4 $U_{7\bullet 2}$=12,6 $U_{8\bullet 1}$=10,2 $U_{8\bullet 2}$=13,8

104. a) W(AZ = 6) = 1/6 b) W(AZ = 3) = 1/6 c) $W(AZ = 4 \cup 5)$ = 1/6+1/6 = 1/3
d) W(gerade AZ) = $W(AZ = 2 \cup 4 \cup 6)$ = ½
e) W(AZ < 4) = $W(AZ = 1 \cup 2 \cup 3)$ = ½

105. W(rot) = 18/37 = 0,4865
Wenn man beim Roulett z.B. nur auf "Rot" setzt, gewinnt man langfristig in 48,65% aller Spiele etwas und verliert in 51,35% aller Spiele seinen Einsatz. Man kann langfristig gegen die Spielbank aber nur gewinnen, wenn man im Durchschnitt in mehr als 50% aller Spiele gewinnt. Genauso verhält es sich bei jeder anderen Form des "Setzens" mit den Gewinnaussichten.

106. a) W(r) = 5/8 $W(r_2 / r_1) = (5/8) \cdot (4/7) = 20/56$
b) W(w) = 3/8 $W(r_2 / w_1) = (3/8) \cdot (5/7) = 15/56$

107. a) $W(r_1 \cap r_2 \cap r_3) = (5/8) \cdot (5/8) \cdot (5/8) = 125/512$
b) $W(w_1 \cap w_2 \cap w_3) = (3/8) \cdot (3/8) \cdot (3/8) = 27/512$
c) $W(r_1 \cap w_2 \cap w_3) = (5/8) \cdot (3/8) \cdot (3/8) = 45/512$

108. a) W(Kreuz-Dame $\cup$ Herz-Zehn) = 2/52 b) W(Kreuz-Karte $\cup$ Karo-Karte) = 26/52
c) W(As $\cup$ Zehn) = 8/52

109. a) W(AZ = 1 $\cup$ 6) = 2/6 b) W(AZ 1 $\cup$ >3) = 4/6 c) W(1 $\cup$ 2 $\cup$ 4 $\cup$ 6) = 4/6
d) W(AZ = 2 $\cup$ 4 $\cup$ 6) = 3/6

110. W(kein Regen) = 1 – 0,25 = 0,75

111. W(kein Erfolg) = 1 – 0,7 = 0,3

112. a) W(Kreuz-Karte $\cup$ Bild-Karte) = 13/52 + 16/52 – 4/52 = 25/52
b) W(As $\cup$ Karo-Karte) = 4/52 + 13/52 – 1/52 = 16/52
c) W(Zahlen-Karte $\cup$ Herz-Karte) = 36/52 + 13/52 – 9/52 = 40/52

113. a) W(AZ_1 = 6 $\cup$ AZ_2 = 6) = 1/6 + 1/6 – 1/36 = 11/36
b) W(AZ_1 > 4 $\cup$ AZ_2 > 4) = 2/6 + 2/6 – 4/36 = 20/36
c) W(AZ_1 = gerade $\cup$ AZ_2 = gerade) = 3/6 + 3/6 – 9/36 = 27/36

114. a) W([AZ_1 > 3] $\cap$ [AZ_2 = nicht-6]) = (3/6) · (5/6) = 15/36
b) W([AZ_1 = 2 $\cup$ 4 $\cup$ 6] $\cap$ [AZ_2 = nicht(1$\cup$6)]) = (3/6) · (4/6) = 12/36 = 1/3115

115. W(AZ_2 = 6 / AZ_1 = 6) = (1/36) : (1/6) = 1/6
W(AZ_2 = gerade / AZ_1 = gerade) = (9/36) : (18/36) = ½
W(AZ_2 = [1 $\cup$ 6] / AZ_1 = $\leq$ 3) = (6/36) : (18/36) = 1/3

116. W(essbare Birne beim 2. Zug / essbare Birne beim 1. Zug) = 5/9

117. In allen drei Unteraufgaben der Aufgabe 115. Liegt stochastische Unabhängigkeit vor
In Aufgabe 116 liegt <u>keine</u> stochastische Unabhängigkeit vor.

118. a) W(AZ_1 = 6 $\cap$ AZ_2 = 6) = (1/6) · (1/6) = 1/36
b) W(AZ_1 = 6 $\cap$ AZ_2 = 1) = (1/6) · (1/6) = 1/36
c) W(AZ_1 = 6 $\cap$ AZ_2 > 3) = (1/6) · (3/6) = 3/36
d) W(AZ_1 > 4 $\cap$ AZ_2 > 4) = (2/6) · (2/6) = 4/36

119. a) $W(AZ_1 = 6 \cap AZ_2 = 6 \cap AZ_3 = 6 \cap AZ_4 = 6) = \left(\frac{1}{3}\right)^4 = \frac{1}{81}$

b) $W(AZ_1 = \overline{6} \cap AZ_2 = \overline{6} \cap AZ_3 = \overline{6} \cap AZ_4 = \overline{6}) = \left(\frac{2}{3}\right)^4 = \frac{16}{81}$

c) W(AZ_1 = ungerade $\cap$ AZ_2 = 1) = (5/12) · (1/6) = 5/72

d) W(Summe aller Augenzahlen = 7) = 1/6

120. W(unbrauchbares Stück beim 1. Zug $\cap$ unbrauchbares Stück beim 2. Zug) = $\frac{2}{10} \cdot \frac{1}{9} = \frac{2}{90}$

121. a) W(genau ein Triebwerk fällt aus) = 0,095
b) W(höchstens 1 Triebwerk fällt aus) = 0,9975
c) W(kein Triebwerk fällt aus) = 0,9025
d) W(beide Triebwerke fallen aus) = 0,0025

122. $W(S_1) = 0{,}4$ $W(S_2) = 0{,}3$ $W(S_3) = 0{,}3$
$W(F/S_1) = 0{,}06$ $W(F/S_2) = 0{,}05$ $W(F/S_3) = 0{,}04$

$$W(F) = \sum_{i=1}^{3} W(S_i) \cdot W(F/S_i) = 0{,}4 \cdot 0{,}06 + 0{,}3 \cdot 0{,}05 + 0{,}3 \cdot 0{,}04 = 0{,}051$$

123. Aus Aufgabe 122: W(F) = 0,051

$$W(S_1/F) = \frac{W(S_1) \cdot W(F/S_1)}{W(F)} = \frac{0{,}4 \cdot 0{,}06}{0{,}051} = 0{,}4706$$

Analog: $W(S_2/F) = 0{,}2491$ $W(S_3/F) = 0{,}2353$

124. a) W(genau ein Bremskreis fällt aus) = 0,0582
b) W(mindestens ein Bremskreis fällt aus) = 0,0591
c) W(höchstens ein Bremskreis fällt aus) = 0,9991
d) W(beide Bremskreise fallen aus) = 0,0009

125. a) $W(\overline{P}) = 0{,}17$ b) W(A/P) = 0,1687

126. Aus der Aufgabenstellung folgt: $W(S) = 0{,}4$ $W(T) = 0{,}3$ $W(\overline{S} \cup \overline{T}) = 0{,}8$

Gesucht : $W(S \cup T) = W(S) + W(T) - W(S \cap T)$, da sich S und T nicht ausschließen.
Es gilt nach den Regeln der Mengenalgebra: $(\overline{A} \cup \overline{B}) = (\overline{A \cap B})$.
Das bedeutet hier: $W(\overline{S} \cup \overline{T}) = W(\overline{S \cap T}) = 0{,}8$. Daraus folgt: $W(S \cap T) = 0{,}2$
$W(S \cup T) = 0{,}4 + 0{,}3 - 0{,}2 = 0{,}5$.
Bedingung der Unabhängigkeit: $W(S \cap T) = W(S) \cdot W(T)$
Hier : $W(S \cap T) = 0{,}2 \neq 0{,}4 \cdot 0{,}3$. Es liegt keine Unabhängigkeit vor.

127. a) W(Ausschuss) = 0,036
b) W(B/Ausschuss) = 0,333

128. a) Für den Export sind durchschnittlich 765 Gläser bestimmt.
b) Für den Inlandsabsatz sind durchschnittlich 220 Gläser bestimmt.
c) Durchschnittlich sind 15 Gläser Ausschuss.

130. Der Wertebereich der Zufallsvariablen ist: $X(e_i) = \{-5; 0: 4: 5\}$
Als Zuordnung ergibt sich:

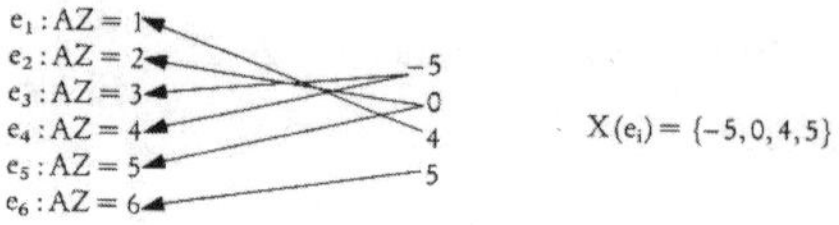

133. a)

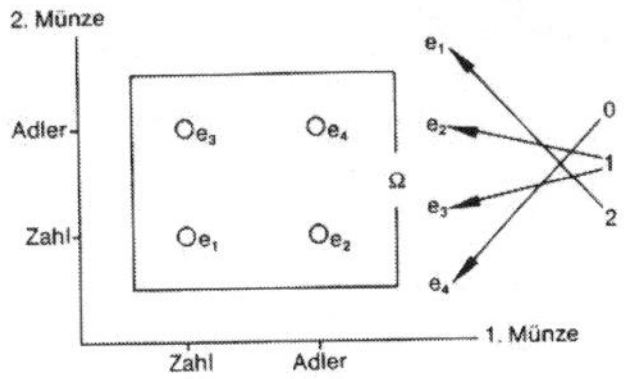

Wahrscheinlichkeitsfunktion

Elementarereignis	e_1	e_2	e_3	e_4
Zuordnungszahl	2	1	1	0

x_i	$f(x_i)$
0	0,25
1	0,50
2	0,25
	1,00

b)

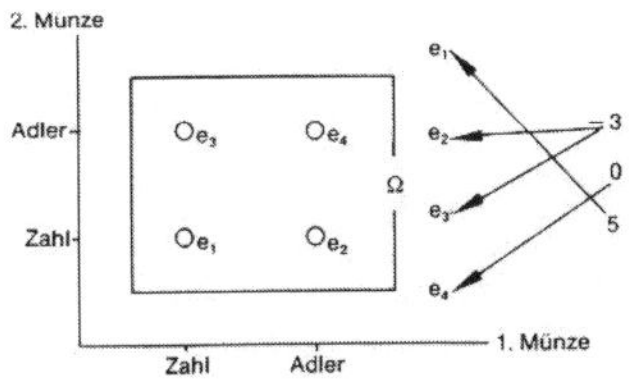

Elementarereignis	e_1	e_2	e_3	e_4
Zuordnungszahl	5	-3	-3	0

x_i	$f(x_i)$
-3	0,50
0	0,25
5	0,25
	1,00

134.

x_i	$f(x_i)$
-5	0,333
0	0,333
4	0,167
5	0,167
	1,000

135.

Wahrscheinlichkeitsfunktion zu Aufgabe 130

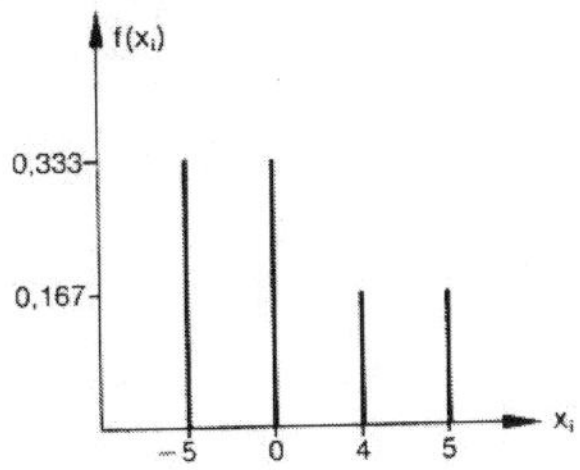

Wahrscheinlichkeitsfunktionen zu Aufgabe 133

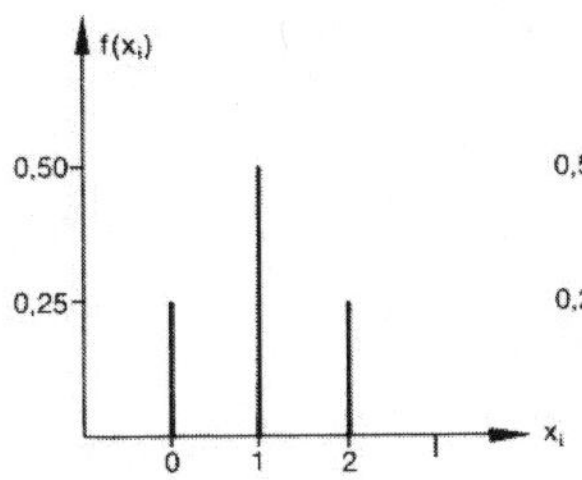

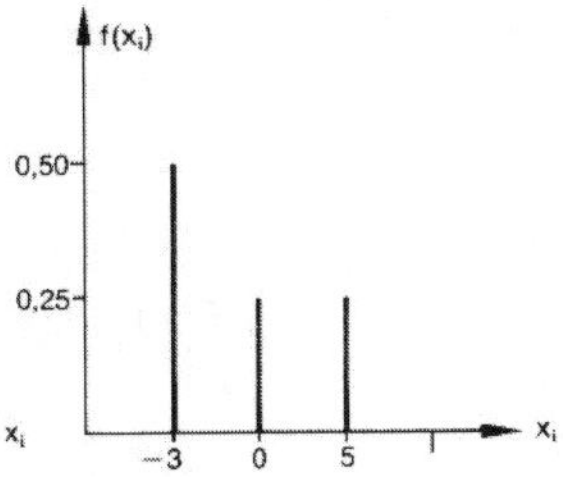

136.

Verteilungsfunktion zu Aufgabe 133a)

x_i	$F(x_i)$
0	0,25
1	0,75
2	1,00

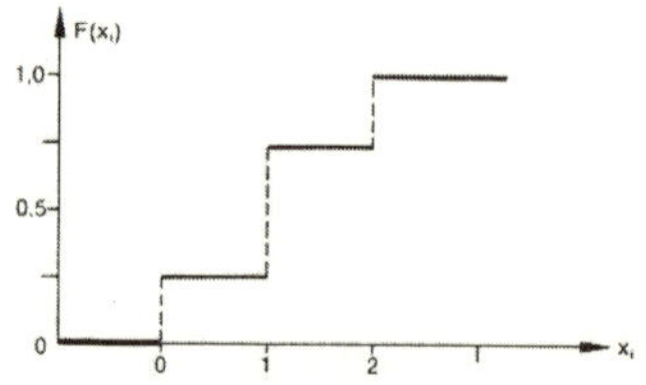

Verteilungsfunktion zu Aufgabe 133b)

x_i	$F(x_i)$
-3	0,50
0	0,75
5	1,00

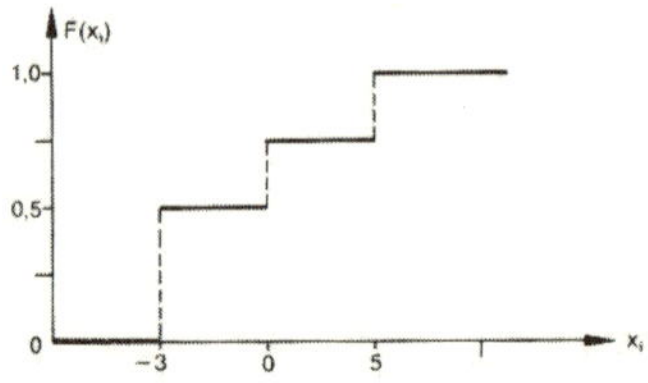

137.

x_i	$F(x_i)$
-5	0,333
0	0,666
4	0,833
5	1,000

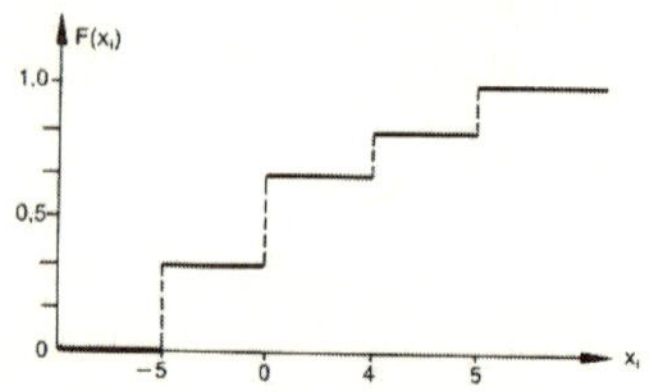

139.

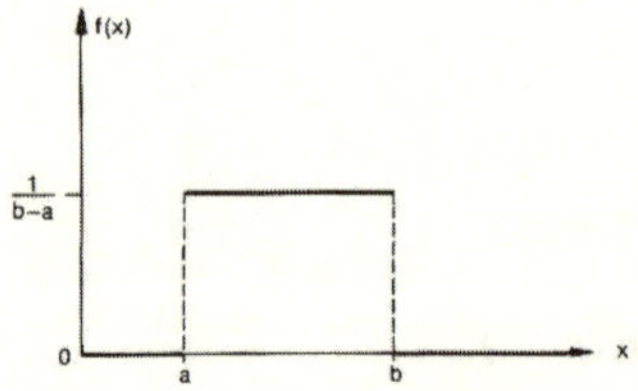

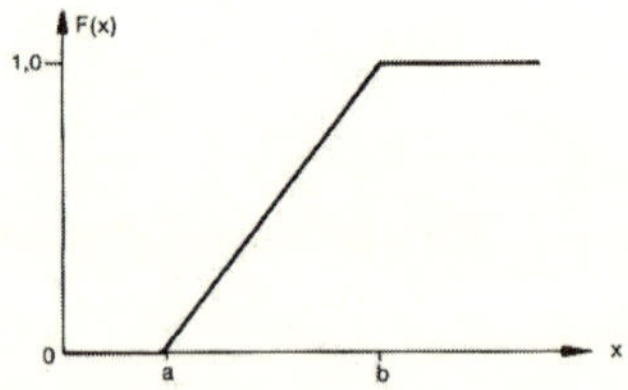

142. $E(X_1) = 0 \cdot 0{,}25 + 1 \cdot 0{,}5 + 2 \cdot 0{,}25 = 1{,}0$

$E(X_2) = -3 \cdot 0{,}5 + 0 \cdot 0{,}25 + 5 \cdot 0{,}25 = -0{,}25$

143. a) W(rot) · 100 + W(rot) · (-100) = 18/37 · 100 + 19/37 · (-100) = -2,703 [GE]
E(X) = -2,703 [GE]

b) W(Z) · 3.500 + W($\overline{Z}$) · (-100) = 1/37 · 3.500 + 36/37 · (-100) = -2,703 [GE]
E(X) = -2,703 [GE]

Der Erwartungswert ist zu interpretieren als durchschnittlicher Gewinn pro Spiel bei einem Einsatz von jeweils 100 GE, wenn man unendlich oft spielt. Es lässt sich zeigen: gleichgültig, welche Spielvariante man beim Roulett wählt, der Erwartungswert bei 100 GE Einsatz ist immer gleich hoch und mit –2,703 GE negativ. Deswegen kann man **langfristig** nicht gegen die Spielbank gewinnen.

144. E(x) = -(1/6)

145. $$E(X) = \int_a^b \frac{1}{b-a} \cdot x \cdot dx = \left[\frac{x^2}{2(b-a)}\right]_a^b = \frac{b^2}{2(b-a)} - \frac{a^2}{2(b-a)} = \frac{b^2 - a^2}{2(b-a)} = \frac{(b+a)\cdot(b-a)}{2(b-a)}$$

$$E(X) = \frac{(b+a)}{2}$$

146. $V(X_1) = 0,5$ $V(X_2) = 10,6875$

147. V(X) = 15,13889

148. a) V(X) = 9992,6954 b) V(X) = 340.803,506

149. $$V(X) = \int_a^b [x - E(X)]^2 \cdot f(x) \cdot dx = \int_a^b \left[x - \frac{a+b}{2}\right]^2 \cdot \left[\frac{1}{b-a}\right] \cdot dx$$

Nach einigen Schritten erhält man: $V(X) = \frac{(b-a)^2}{12}$

152. a) 3! = 6 b) 5! = 120 c) 1! = 1 d) 7! = 5.040 e) 10! = 3.628.800

153. a) $\binom{5}{2} = 10$ b) $\binom{7}{3} = 35$ c) $\binom{6}{4} = 15$ d) $\binom{5}{5} = 1$ e) $\binom{4}{1} = 4$ f) $\binom{10}{0} = 1$

155. a) W(X = 0) = 0,3 b) W(X = 1) = 0,6 c) W(X = 2) = 0,1

157. a) W(X = 4) = 0,0000 b) W(X = 3) = 0,1143 c) W(X = 2) = 0,5143
d) W(X = 1) = 0,3429 e) W(X = 0) = 0,0286

158. a) W(X = 0) = 0,3333 b) W(X = 3) = 0,0000 c) W(X = 4) = 0,0000
d) $W(X \leq 2) = 1,0000$ e) $W(X \geq 3) = 1 - W(X \leq 2) = 1 - 1,0000 = 0,0000$

159. a)

x_i	$f(x_i)$
0	0,2
1	0,6
2	0,2
	1,0

x_i	$F(x_i)$
0	0,2
1	0,8
2	1,0

b) $W(X = 0) = 0{,}2$ c) $W(X \leq 1) = 0{,}8$

160. Aufgabe 155: $E(X) = 0{,}8$ $V(X) = 0{,}36$
Aufgabe 157: $E(X) = 1{,}714$ $V(X) = 0{,}4898$
Aufgabe 158: $E(X) = 0{,}8$ $V(X) = 0{,}4267$
Aufgabe 159: $E(X) = 1{,}0$ $V(X) = 0{,}40$

162. a) $W(X = 0) = 0{,}512$ b) $W(X = 1) = 0{,}384$ c) $W(X = 2) = 0{,}096$ d) $W(X = 3) = 0{,}008$

164. a) $W(X \leq 1) = 0{,}896$ b) $W(X \geq 1) = 1 - W(X = 0) = 1 - 0{,}512 = 0{,}488$

165. $E(X) = 0{,}6$ $V(X) = 0{,}48$

166. a) $W(X = 1) = 0{,}3720$ b) $W(X = 0) = 0{,}4783$ c) $W(X = 7) = 0{,}0000$ d) $W(X \leq 4) = 0{,}9998$
e) $W(2 \leq X \leq 4) = W(X \leq 4) - W(X \leq 1) = 0{,}9998 - 0{,}8503 = 0{,}1495$

167. a) $W(A \cap Z \cap Z) = 0{,}125$ b) $W(A \cap A \cap Z) = 0{,}125$ c) $W(X_A \leq 1) = 0{,}5$
d) $W(X_Z \geq 1) = 1 - W(X = 0) = 0{,}875$

168. a) $W(X = 0) = 0{,}0503$ b) $W(X = 3) = 0{,}2757$ c) $W(X \leq 3) = 0{,}8599$
d) $W(1 \leq X \leq 3) = 0{,}8185$

169. a) $W(X = 4) = 0{,}0324$ b) $W(X \leq 3) = 0{,}9569$
c) Vgl. Tabellensammlung

170. a) $W(X = 10) = 0{,}0008$ b) $W(X \leq 5) = 0{,}9161$ c) $W(X \geq 4) = 0{,}3528$
d) $W(3 \leq X \leq 7) = 0{,}5649$

171. a) $W(X = 0) = 0{,}0907$ b) $W(X = 12) = 0{,}0000$ c) $W(X \leq 5) = 0{,}9643$
d) $W(X \geq 5) = 0{,}0959$ e) $W(2 \leq X \leq 4) = 0{,}5957$

172. a) $W(X = 0) = 0{,}0273$ b) $W(X = 12) = 0{,}0003$ c) $W(X \geq 4) = 0{,}4848$
d) $W(3 \leq X \leq 7) = 0{,}6665$

173. a)

Nachfragemenge	Wahrscheinlichkeitsfunktion	Beobachtete Häufigkeit	Absolute Häufigkeit, die sich bei Unterstellung einer Poissonverteilung mit $\mu = 1$ ergibt
x_i	$f_p(x_i;\mu = 1)$	h_i	$h_i' = n \cdot f_P(x_i;\mu=1)$
0	0,3679	73	73,58
1	0,3679	75	73,58
2	0,1839	37	36,78
3	0,0613	11	12,26
4	0,0153	3	3,06
5	0,0031	0	0,62
6	0,0005	1	0,10
7	0,0001	0	0,02
≥8	0,0000	0	0,00
		200	200,00

b) Erstellung der Gewinntabelle

Nachfragemenge	Wahrsch.-funktion	Gewinn bei verschiedenen Anzahlen angeschaffter Busse					
		1 Bus		2 Busse		3 Busse	
x_i	$f_P(x_i;\mu)$	G_i	$G_i \cdot f_P$	G_i	$G_i \cdot f_P$	G_i	$G_i \cdot f_p$
0	0,3679	-200	-73,58	-400	-147,16	-600	-220,74
1	0,3679	300	110,37	100	36,79	-100	-36,79
2	0,1839	300	55,17	600	110,34	400	73,56
3	0,0613	300	18,39	600	36,78	900	55,17
4	0,0153	30	4,59	600	9,18	900	13,77
5	0,0031	300	0,93	600	1,86	900	2,79
6	0,0005	300	0,15	600	0,30	900	0,45
7	0,0001	300	0,03	600	0,06	900	0,09
≥8	0,0000	300	0,00	600	0,00	900	0,00
	Erwartungswerte		116,05		48,15		-111,70

Der Unternehmer sollte 1 Bus kaufen, da sich hierbei für ihn der höchste Durchschnittsgewinn Pro Betriebstag (=Erwartungswert) ergibt.

175. a) $W(170 \leq X \leq 180) = 0{,}3829$ aus $F_N^{**}(z=0{,}5; 0; 1)$
b) $W(173 \leq X \leq 180) = 0{,}2708$ aus $F_N^*(z=0{,}2; 0; 1) + F_N^*(z=0{,}5; 0; 1)$
c) $W(160 < X) = 0{,}0668$ aus $0{,}5 - F_N^*(z=1{,}5 ; 0 ; 1)$
d) $W(X > 190) = 0{,}6668$ aus $1 - F_N(z=1{,}5 ; 0 ; 1)$
e) In der Stadt wohnen 38.290 Menschen, die mindestens 170 cm und höchstens 180 cm groß sind.
In der Stadt wohnen 27.080 Menschen, die mindestens 173 cm und höchstens 180 cm groß sind.
In der Stadt wohnen 6.680 Menschen, die kleiner als 160 cm sind.
In der Stadt wohnen 6.680 Menschen, die größer als 190 cm sind.

176. a) $W(100 \leq X \leq 220) = 0{,}7887$ b) $W(100 \leq X \leq 200) = 0{,}6911$
c) $W(X > 275) = 1 - W(X \leq 275) = 0{,}0082$ d) $W(X < 50) = 1 - W(X \geq 50) = 0{,}0110$

177. Der Ausschussanteil der Produktion liegt bei 2,9%.

178. a) Bei 1.000 Koffern wiegen im Durchschnitt 22,8 Koffer höchstens 2,5 kg.
b) Bei 1.000 Koffern wiegen im Durchschnitt 22,8 Koffer mehr als 3,7 kg.

179. a) Unter den 12.000 insgesamt bezogenen Leisten ist ein Ausschussanteil von 4,767%. Die von M gelieferten Leisten haben dabei einen Ausschussanteil von 2,67%, die von L gelieferten Leisten von 8.96%.
b) M liefert monatlich im Durchschnitt 212,8 Ausschussleisten, L liefert monatlich im Durchschnitt 358,4 Ausschussleisten.

180. $N = 4.417$ $\sigma = 3$ $n = 90$ $\overline{x} = 22{,}6$ $\sigma_{\overline{x}} = 0{,}3162 = \dfrac{\sigma}{\sqrt{n}}$

a) $\mathbf{22{,}28 \le \mu \le 22{,}92}$ mit $z = 1{,}00$
b) $\mathbf{22{,}08 \le \mu \le 23{,}12}$ mit $z = 1{,}65$
c) $\mathbf{21{,}98 \le \mu \le 23{,}22}$ mit $z = 1{,}96$
d) $\mathbf{21{,}97 \le \mu \le 23{,}23}$ mit $z = 2{,}00$
e) $\mathbf{21{,}78 \le \mu \le 23{,}42}$ mit $z = 2{,}58$

181. $N = 10.000$ $\overline{x} = 160.000$ $s = 15.000$

$n = 101$ $\hat{\sigma}_{\overline{x}} = \dfrac{15.000}{\sqrt{101-1}} = 1.500$

a) $\mathbf{157.525 \le \mu \le 162.475}$ mit $z = 1{,}65$
b) $\mathbf{157.060 \le \mu \le 162.940}$ mit $z = 1{,}96$
c) $\mathbf{156.130 \le \mu \le 163.870}$ mit $u = 2{,}58$

$n = 17$ $\hat{\sigma}_{\overline{x}} = \dfrac{15.000}{\sqrt{17-1}} = 3.750$

a) $\mathbf{153.452{,}50 \le \mu \le 166.547{,}50}$ mit $z = 1{,}746$ (aus Student-Verteilung)
b) $\mathbf{152.050{,}00 \le \mu \le 167.950{,}00}$ mit $z = 2{,}120$ (aus Student-Verteilung)
c) $\mathbf{149.046{,}25 \le \mu \le 170.953{,}75}$ mit $z = 2{,}921$ (aus Student-Verteilung)

182. $N \to \infty$ $\sigma = 250$ $\overline{x} = 900$

a) $\mathbf{850{,}00 \le \mu \le 950{,}00}$ mit $z = 2{,}00$ und $\sigma_{\overline{x}} = 25$
b) $\mathbf{875{,}00 \le \mu \le 925{,}00}$ mit $z = 2{,}00$ und $\sigma_{\overline{x}} = 12{,}5$
c) $\mathbf{883{,}33 \le \mu \le 916{,}67}$ mit $z = 2{,}00$ und $\sigma_{\overline{x}} = 8{,}33$

183. $N \to \infty$ $n = 16$ $\overline{x} = 3{,}02$ $\sigma = 0{,}024$ $\sigma_{\overline{x}} = \dfrac{0{,}024}{\sqrt{16}} = 0{,}006$

$3{,}008 \le \mu \le 3{,}032$ mit $z = 2{,}00$

184. $N = 35.000$ $\overline{x} = 30$ $s^2 = 25$ $s = 5$

a) $n = 26$ $\hat{\sigma}_{\overline{x}} = \dfrac{5}{\sqrt{26-1}} = 1{,}0$

α) $\mathbf{27{,}940 \le \mu \le 32{,}060}$ mit $z=2{,}060$ (Stud.vert.)

β) $\mathbf{26{,}92 \le \mu \le 33{,}078}$ mit $z = 3{,}078$ (Stud.vert.)

b) $n = 401$ $\hat{\sigma}_{\overline{x}} = \dfrac{5}{\sqrt{401-1}} = 0{,}25$

α) $\mathbf{29{,}5100 \le \mu \le 30{,}4900}$ mit $z = 1{,}96$

β) $\mathbf{29{,}2975 \le \mu \le 30{,}7025}$ mit $z = 2{,}81$

185. $N \to \infty$ $\sigma = 300$ $n = 400$ $\overline{x} = 1.000$ $\sigma_{\overline{x}} = \frac{300}{\sqrt{400}} = 15$

$970 \leq \mu \leq 1.030$ mit $z = 2,00$

186. $N \to \infty$ $n = 10$ $\overline{x} = 198$ $s^2 = 56,25 \to s = 7,5$

a) $\hat{\sigma}_{\overline{x}} = \frac{7,5}{\sqrt{10-1}} = 2,5$ **$189,875 \leq \mu \leq 206,125$** mit $z = 3,250$ (Stud.vert.)

b) $\sigma_{\overline{x}} = \frac{7,5}{\sqrt{10}} = 2,3717$ **$191,88 \leq \mu \leq 204,12$** mit $z = 2,58$

187. $N \to \infty$ $\sigma = 4$ $n = 16$ $\overline{x} = 5$ $s^2 = 36 \to s = 6$

$\sigma_{\overline{x}} = \frac{4}{\sqrt{16}} = 1,0$ **$48,35 \leq \mu \leq 51,65$** mit $z = 1,65$

188. $\hat{\sigma}_{\overline{x}} = \frac{6}{\sqrt{16-1}} = 1,5492$ **$47,28 \leq \mu \leq 52,72$** mit $z = 1,753$ (Stud.vert.)

189. $N = 5.000$ $n = 50$ $\overline{x} = \frac{20.000}{50} = 400$ $s^2 = 44.100 \to s = 210$

$\hat{\sigma}_{\overline{x}} = \frac{210}{\sqrt{50-1}} = 30$ **$340 \leq \mu \leq 460$** mit $z = 2,00$

$1.700.000 \leq \mu \cdot N \leq 2.300.000$

190. $p = \frac{320}{1600} = 0,2$ $n = 1.600$ $\hat{\sigma}_p = \sqrt{\frac{0,2 \cdot (1-0,2)}{1600-1}} = 0,01$

a) Hypergeometrische Verteilung
b) Vgl. die Approximationsbedingungen in der Tabellensammlung
c) **$0,18 \leq \theta \leq 0,22$** mit $z = 2,00$

191. $N = 2.500$ $n = 900$ $p = 0,1$ $\hat{\sigma}_p = \sqrt{\frac{0,1 \cdot (1-0,1)}{900-1}} \cdot \sqrt{\frac{2500-900}{2500-1}} = 0,008$

$0,0868 \leq \theta \leq 0,1132$ mit $z = 1,65$

192. $N = 300.000$ $n = 400$ $p = \frac{80}{400} = 0,2$ $\hat{\sigma}_p = \sqrt{\frac{0,2 \cdot (1-0,2)}{400-1}} = 0,02$

$0,1600 \leq \theta \leq 0,2400$ mit $z = 2,00$

193. $N = 1.500.000$ $n = 1.000$ $p = 0{,}4$ $\hat{\sigma}_p = \sqrt{\dfrac{0{,}4 \cdot (1-0{,}4)}{1000-1}} = 0{,}0155$

0,3744 $\leq \theta \leq$ 0,4256 mit $z = 1{,}65$

561.638,3 $\leq \theta \cdot N \leq$ 638.361,7 (bei genauer Rechnung)

194. $N = 500$ $n = 100$ $p = 0{,}2$ $\hat{\sigma}_p = \sqrt{\dfrac{0{,}2 \cdot (1-0{,}2)}{100-1}} \cdot \sqrt{\dfrac{500-100}{500-1}} = 0{,}036$

0,1406 $\leq \Theta \leq$ 0,2594 mit $z = 1{,}65$

195. $n = 25$ $s^2 = 800$ $1\text{-}\alpha = 0{,}96$ $\chi^2_{(0,02\,;\,24)} = 11{,}9918$ $\chi^2_{(0,98;\,24)} = 40{,}2704$

$\dfrac{25 \cdot 800}{40{,}2704} \leq \sigma^2 \leq \dfrac{25 \cdot 800}{11{,}9918}$ **496,64 $\leq \sigma^2 \leq$ 1.667,81**

196. $n = 26$ $s^2 = 400$ $1\text{-}\alpha = 0{,}9$ $\chi^2_{(0,05;\,25)} = 14{,}6114$ $\chi^2_{(0,95;\,25)} = 37{,}6525$

276,21 $\leq \sigma^2 \leq$ 711,77

197. $\Delta\mu = 10$ $1\text{-}\alpha = 0{,}9545 \rightarrow z = 2{,}00$ $n_v = 50$ $s_v = 25$
$\hat{\sigma} = 25{,}2538$ $\hat{\sigma}^2 = 637{,}755$

$n \geq \dfrac{4{,}00 \cdot 637{,}755}{10^2} = 25{,}51 \rightarrow n \geq 26$

198. $N = 10.000$ $\Delta\Theta = 0{,}03$ $1\text{-}\alpha = 0{,}9545 \rightarrow z = 2{,}00$ $n_v = 100$ $p_v = 0{,}3$

$\Theta \cdot (1\text{-}\Theta) = 0{,}2121$

$n \geq \dfrac{4{,}00 \cdot 10.000 \cdot 0{,}2121}{0{,}03^2 \cdot (10.000-1) + 4{,}00 \cdot 0{,}2121} = 861{,}54 \rightarrow n \geq 862$

199. Da ($|z_b| = 3{,}6$) > ($z_c = 1{,}65$), muss die Nullhypothese verworfen werden.

200. a) Da ($|z_b| = 2{,}9$) > ($z_c = 1{,}96$), muss die Nullhypothese verworfen werden.
b) Da ($|z_b| = 2{,}9$) > ($z_c = 1{,}65$), muss die Nullhypothese verworfen werden.

201. Da ($|z_b| = 3{,}1$) > ($z_c = 1{,}65$), muss die Nullhypothese verworfen werden.

202. Da ($|z_b| = 0{,}72$) < ($z_c = 2{,}12$), muss die Nullhypothese *beibehalten* werden.

203. Da ($|z_b| = 1{,}64$) < ($z_c = 1{,}96$), muss die Nullhypothese *beibehalten* werden.

204. Da ($|z_b| = 1{,}40$) < ($z_c = 1{,}65$), muss die Nullhypothese *beibehalten* werden.

205. Da ($|z_b| = 0{,}42$) < ($z_c = 1{,}65$), muss die Nullhypothese *beibehalten* werden.

206. a) Das Risiko des Lieferanten beträgt 0,0778
b) Das Risiko des Käufers beträgt 0,0749.

207. Da ($|z_b| = 2,12$) > ($z_c = 1,65$), muss die Nullhypothese verworfen werden.

208. Da ($|z_b| = 1,98$) > ($z_c = 1,96$), muss die Nullhypothese verworfen werden.

209. Da ($|z_b| = 3,0$) > ($z_c = 1,65$), muss die Nullhypothese verworfen werden.

210. Da ($|z_b| = 1,91$) < ($z_c = 1,96$), muss die Nullhypothese *beibehalten* werden.

211. Da ($\chi^2_b = 0,1033$) < ($\chi^2_{c3;\ 0,95} = 7,8147$), muss die Nullhypothese *beibehalten* werden.
Die letzten 6 Klassen mussten zusammengefasst werden. Dadurch ergaben sich $\nu = 3$ Freiheitsgrade.

212. Da ($\chi^2_b = 5,200$) < ($\chi^2_{c(9;\ 0,95)} = 16,9190$), muss die Nullhypothese *beibehalten* werden.

213. Da ($\chi^2_b = 2,0000$) < ($\chi^2_{c(6;\ 0,95)} = 12,5916$, muss die Nullhypothese *beibehalten* werden.

214. Da ($\chi^2_b = 5,047$) < ($\chi^2_{c(2;\ 0,99)} = 9,2103$), muss die Nullhypothese *beibehalten* werden.

215. Da ($\chi^2_b = 3,177$) < ($\chi^2_{c(1;\ 0,99)} = 6,6349$), muss die Nullhypothese *beibehalten* werden.
Bei dieser Problemstellung musste die YATES-Korrektur verwendet werden.

Literaturhinweise

Anderson, O., Popp, W., Schaffranek, M., Steinmetz, D., Stenger, H.: Schätzen und Testen – Eine Einführung in die Wahrscheinlichkeitsrechnung und Schließende Statistik; 2., vollständig überarbeitete und erweiterte Auflage; Heidelberg 1997

Backhaus, K., Erichson, B., Plinke, W., Weiber, R.: Multivariate Analysemethoden; 10. Auflage, Berlin, Heidelberg 2003

Bamberg, G. und Baur, F.: Statistik; 12. Auflage, München, Wien, Oldenbourg 2002

Bleymüller, J., Gehlert, G. und Gülicher, H.: Statistik für Wirtschaftswissenschaftler; 14. Auflage, München 2004

Bleymüller, J. und Gehlert, G.: Statistische Formeln, Tabellen und Programme; 10. Auflage, München 2003

Bortz, J. und Lienert, G.A.: Kurzgefaßte Statistik für die klinische Forschung; 2. Auflage, Berlin, Heidelberg 2003

Bourier, G.: Beschreibende Statistik – Praxisorientierte Einführung mit Aufgaben und Lösungen; 5. Auflage, Wiesbaden 2003

Brosius, F.: SPSS 8.0 – professionelle Statistik mit Windows; Bonn 1998

Bühl, A.: Professionelle Datenanalyse mit SPSS für Windows; Bonn 1996

Dürr, W. und Mayer, H.: Wahrscheinlichkeitsrechnung und schließende Statistik; 5. verbesserte Auflage, München, Wien 2004

Hochstädter, D.: Einführung in die statistische Methodenlehre; 8. verbesserte Auflage, Frankfurt/Main, Thun 1996

Lienert, G. A.: Verteilungsfreie Methoden in der Biostatistik, Band l.; 4., völlig neu bearbeitete Auflage, Meisenheim am Glahn 1990

Mayer, H.: Beschreibende Statistik; 3. überarbeitete Auflage, München, Wien 1995

Mertens, P. (Hrsg.): Prognoserechnung; 6., völlig neu bearbeitete und erweiterte Auflage, Würzburg, Wien 2004

Ostermann, R.: Statistik; 3. Auflage, München, Wien 2005

Pinnekamp, H.-J. und Siegmann, F.: Deskriptive Statistik - Einführung in die statistische Methodenlehre; 3. erweiterte und bearbeitete Auflage, München, Wien 1993

Sachs, L.: Statistische Methoden – Planung und Auswertung; 7. überarbeitete Auflage, Berlin, Heidelberg, New York 1993

Scharnbacher, K.: Statistik im Betrieb - Lehrbuch mit praktischen Beispielen; 14. aktualisierte Auflage, Wiesbaden 2004

Schwarze, J.: Grundlagen der Statistik I – Beschreibende Verfahren; 10. Auflage, Herne , Berlin 2005

Schwarze, J.: Grundlagen der Statistik II – Wahrscheinlichkeitsrechnung und induktive Statistik; 7. Auflage, Herne, Berlin 2001

Steinhausen, D. und Langer, K.: Clusteranalyse; Berlin 1977

Steinhausen, D. und Zörkendörfer, S.: Statistische Datenanalyse mit dem Programmsystem SPSS^{x} und SPSS/PC*; 2. Auflage, München, Wien 1990

Voß, W.: Praktische Statistik mit SPSS; München, Wien 1997

Sachwortverzeichnis

I

K

L

M

N

O

P

Q

R

S